POLÍTICA, SOCIOLOGIA E TEORIA SOCIAL

FUNDAÇÃO EDITORA DA UNESP

Presidente do Conselho Curador
Mário Sérgio Vasconcelos

Diretor-Presidente
Jézio Hernani Bomfim Gutierre

Superintendente Administrativo e Financeiro
William de Souza Agostinho

Conselho Editorial Acadêmico
Danilo Rothberg
João Luís Cardoso Tápias Ceccantini
Luiz Fernando Ayerbe
Marcelo Takeshi Yamashita
Maria Cristina Pereira Lima
Milton Terumitsu Sogabe
Newton La Scala Júnior
Pedro Angelo Pagni
Renata Junqueira de Souza
Rosa Maria Feiteiro Cavalari

Editores-Adjuntos
Anderson Nobara
Leandro Rodrigues

ANTHONY GIDDENS

POLÍTICA, SOCIOLOGIA E TEORIA SOCIAL

ENCONTROS COM O PENSAMENTO SOCIAL CLÁSSICO E CONTEMPORÂNEO

Tradução de
Cibele Saliba Rizek

Copyright © 1995 by Anthony Giddens
Título original em inglês: *Politics, Sociology and Social Theory.*
Encounters with Classical and Contemporary Social Thought.

© 1997 da tradução brasileira:
Fundação Editora da UNESP (FEU)
Praça da Sé, 108
01001-900 – São Paulo – SP
Tel.: (0xx11) 3242-7171
Fax: (0xx11) 3242-7172
www.editoraunesp.com.br
www.livrariaunesp.com.br
feu@editora.unesp.br

CIP-Brasil. Catalogação na fonte
Sindicato Nacional dos Editores de Livros, RJ

G385p
2.ed.

Giddens, Anthony, 1938-
Política, sociologia e teoria social: Encontros com o pensamento social clássico e contemporâneo/Anthony Giddens; tradução de Cibele Saliba Rizek. – 2.ed. – São Paulo: Ed. Unesp, 2011.
338p.

Tradução de: Politics, sociology and social theory: encounters with classical and contemporary social thought
Inclui bibliografia
ISBN 978-85-393-0216-1

1. Sociologia - Filosofia. 2. Ciências sociais - Filosofia. I. Título.

11-8379.
CDD: 301.01
CDU: 316

Índice para catálogo sistemático:
1. Filosofia da sociologia   301.01

Editora afiliada:

Asociación de Editoriales Universitarias
de América Latina y el Caribe

Associação Brasileira de
Editoras Universitárias

SUMÁRIO

7 Prefácio

9 Introdução

25 Capítulo 1
Política e sociologia no pensamento de Max Weber

73 Capítulo 2
Marx, Weber e o desenvolvimento do capitalismo

103 Capítulo 3
A sociologia política de Durkheim

147 Capítulo 4
Durkheim e a questão do individualismo

169 Capítulo 5
Comte, Popper e o positivismo

241 Capítulo 6
"Poder" nos escritos de Talcott Parsons

263 Capítulo 7
O guru improvável: relendo Marcuse

283 Capítulo 8
Garfinkel, etnometodologia e hermenêutica

297 Capítulo 9
Sobre o trabalho e interação em Habermas

313 Capítulo 10
Foulcault, Nietzsche e Marx

325 Índice remissivo

PREFÁCIO

Os artigos que compõem este livro foram extraídos de várias fontes. O primeiro artigo da coleção, "Política e Sociologia no Pensamento de Max Weber", foi publicado originalmente como um opúsculo. Os demais artigos vêm de duas outras fontes: *Estudos em teoria social e política* (*Studies in Social and Political Theory*), originalmente publicado pela Hutchinson, e *Abordagens e críticas em teoria social* (*Profiles and Critiques in Social Theory*), publicado primeiramente pela Macmillan. Para escolher os artigos desses dois livros, utilizei como critério principal sua relevância contemporânea. Espero que o leitor concorde que os artigos republicados aqui permanecem, ainda hoje, interessantes. Fiz pequenas alterações em alguns dos artigos aqui incluídos e cortei algumas notas supérfluas. Entretanto, os artigos permanecem substancialmente os mesmos.

Agradeço a várias pessoas que me auxiliaram na preparação deste livro para publicação. Sou grato, em particular, a Katy Giddens, Don Hubert e Nicola Ross.

INTRODUÇÃO

Este livro oferece uma série de reflexões integradas sobre um conjunto de tópicos da teoria social clássica e de escolas de pensamento mais recentes. No momento em que alguns dos primeiros artigos deste volume foram escritos, o estado da reflexão sobre os "clássicos" da sociologia era muito diferente do atual. Há duas décadas, os "clássicos" não eram ainda o que se tornaram desde então. Naquele momento, no mundo de língua inglesa, a sociologia era dominada pelas perspectivas americanas, especialmente no que se refere ao trabalho teórico. A agenda era estabelecida pelo livro *A estrutura da ação social* de Talcott Parsons, publicado pela primeira vez em 1937, mas que só conseguiu uma influência substancial posteriormente, no período do pós-guerra. Foi Parsons que tentou estabelecer o que mais tarde seria chamado de "paradigma" em sociologia e, para isso, teve que ir além dos escritos dos pensadores europeus do século XIX e começo do XX. Desde o início, o trabalho de Parsons foi ferozmente criticado e, ainda hoje, continua alvo de debate crítico.

Apesar dos méritos e deméritos do livro de ruptura de Parsons, uma das suas principais intenções era trazer à opinião corrente a ideia de que havia uma "geração" de pensadores que estabeleceram a sociologia e, em algum grau, também as outras ciências sociais, como empreendimentos viáveis. Aquela "geração", a "geração 1890-

1920", segundo Parsons, rompeu definitivamente com as formas de interpretação social mais especulativas que a precederam; e aquela geração, em boa medida, limpou o terreno para a emergência posterior de uma fundação adequada da estrutura teórica da ciência social. Parsons, é claro, não era o único a sugerir essas ideias, mas sua influência foi, sem dúvida, bastante profunda. Parsons ajudou a promover a ideia segundo a qual havia distintos pais fundadores da sociologia – noção que R. K. Merton, aluno e colega de Parsons, mais tarde consubstanciou. A estrutura da ação social de Parsons também foi importante sob outro aspecto. Essa importância se deve ao fato de ter sido Parsons, mais do que qualquer outro autor, que apresentou Max Weber ao público anglo-saxônico, como um dos principais fundadores da sociologia. Parsons traduziu A ética protestante e o espírito do capitalismo, preparou a primeira tradução de trechos de Economia e sociedade e divulgou publicamente os aspectos sociológicos do trabalho de Weber.

Parsons tinha uma interpretação de Weber idiossincrática, já que queria, acima de tudo, fazer uso de Weber para desenvolver suas próprias doutrinas. Apesar das objeções que possam ser feitas ao "Weber de Parsons", não há dúvida de que Parsons foi o estudioso que mais precocemente ajudou, no âmbito da sociologia de língua inglesa, a fazer de Weber o personagem de extraordinária estatura em que ele se transformou. Mesmo que isso acontecesse de qualquer maneira, antes de Parsons Weber era tido pelos autores anglo-saxões principalmente como um historiador da economia e um teórico da jurisprudência (do direito). Esse era o modo pelo qual Weber tinha sido interpretado, por exemplo, por R. H. Tawney e também por Frank Knight, o tradutor dos textos que apareceram em inglês sob o título de General Economic History [História econômica geral].

Parsons não teve muita influência sobre a acolhida de Durkheim no mundo de língua inglesa. Vários dos trabalhos de Durkheim tornaram-se acessíveis antes dos de Weber, e Durkheim, cujo pensamento teve desde o começo algum impacto tanto sobre a sociologia quanto sobre a antropologia na Grã-Bretanha e nos Estados Unidos, autoproclamava-se um defensor da sociologia. Entretanto, com exceção da sua acolhida na antropologia – particularmente nos escritos de Radcliffe-Brown –, o pensamento de Durkheim era pobremente entendido entre os autores da sociologia anglo-saxônica. Muitos pensavam em

Durkheim como teórico de uma consciência coletiva metafísica — alguém que pensava o "coletivo" como sendo sempre superior ao "individual". O trabalho de Parsons sobre Durkheim apresenta muitas reduções, mas ele realmente contribuiu para dar à análise crítica dos trabalhos de Durkheim um outro nível de sofisticação.

Quando escrevi meu próprio livro, *Capitalism and Modern Social Theory* (1971) [*Capitalismo e a moderna teoria social*] e alguns outros textos incluídos nesta coletânea, a influência de Parsons estava em seu ponto máximo. Entretanto, naquela época, curiosamente, poucas pessoas pensavam em termos de uma tríade de clássicos que mais tarde se tornariam o núcleo dos ensinamentos recebidos nos cursos de graduação em sociologia. *A estrutura da ação social* incluía apenas algumas páginas breves sobre Marx, que Parsons encarava como um precursor da geração de 1890-1920.

Havia muitos autores — Ralph Dahrendorf, John Rex, David Lockwood, entre outros — que recorriam a Marx como contrapartida àquilo que viam como tendência a uma certa parcialidade do pensamento de Parsons. Entretanto, muitos marxistas tinham pouca intimidade tanto com Weber quanto com Durkheim e viam o desenvolvimento do pensamento sociológico, principalmente, ou como uma linha de continuidade a partir de Marx e Engels, passando pelas várias escolas do marxismo que se desenvolveram ao longo do século, ou como algo próximo disso.

Mesmo nos anos 1960, a ideia de que havia distintos pais fundadores da sociologia, que deveriam ser encontrados especialmente na Europa, mal tinha se estabelecido. A sociologia britânica tendia a ser, até aquele período, fortemente empírica — dominada pelo fabianismo e orientada para as questões do bem-estar social. Os escritos de T. H. Marshall talvez representem seu principal exemplo. A reflexão teórica em sociologia era obscurecida pelo pensamento antropológico. A sociologia não tinha ninguém que pudesse se comparar ao grupo fascinante de autores em antropologia que, além de Radcliffe-Brown, incluía Bronislaw Malinowski, E. E. Evans-Pritchard, Edmond Leach, Raymond Firth, Meyer Fortes, Audrey Richards e muitos outros. Com exceção de um ou dois autores emigrados, tal como Karl Mannheim — cujo trabalho era, em todo caso, bastante anterior —, os teóricos sociais autóctones não pertenciam ao mesmo grupo. Eles procuravam principalmente, como fonte de inspiração, pensadores britânicos anteriores tais como Spencer e Hobhouse, mais do que o pensamento continental: o trabalho de Morris Ginsburg é exemplo disso. Nos Estados Unidos, na mesma época, a maioria dos sociólogos buscava suas origens em fontes autóctones — o interacionismo simbólico, a escola de Chicago e assim por diante. Como resultado da influência de Albion Small, os escritos de Georg Simmel — ou alguns deles — foram, por algum tempo, mais bem conhecidos nos Estados Unidos do que os de Weber e de Durkheim, sem mencionar os trabalhos de Marx. Os esforços de Parsons, como também de um considerável grupo de autores imigrantes, acabaram por alterar essa ênfase. Autores como Hans Gerth, Reinhard Bendix e Lewis Coser eram críticos de Parsons e deram impulso à sua própria interpretação. Sua influência coletiva contribuiu fortemente para reorientar, em direção à Europa, as interpretações americanas sobre o passado da sociologia.

Em *Capitalismo e a moderna teoria social*, incluí capítulos sobre Marx tão abrangentes quanto os dedicados a Weber e Durkheim. Procurei questionar as ideias de Parsons sobre a geração de "descobridores" de 1890-1920, assim como algumas especificidades de suas interpretações de Weber e Durkheim. Tentei mostrar também que Marx antecipou alguns dos teoremas principais trabalhados por Weber e Durkheim; a influência de Marx sobre Weber era um elemento que aparecia apenas de forma vaga nas considerações de Parsons e eu queria, de modo semelhante, esclarecer minuciosamente o quanto Weber era devedor de Marx. Daí em diante, a ideia de um trio de pais fundadores se fortaleceu substancialmente — fenômeno que eu não antecipei completamente e para o qual não desejava mesmo contribuir.

Os últimos anos assistiram a algumas mudanças básicas relativas ao *status* dos três principais sociólogos clássicos. Houve debates importantes na história intelectual — debates que incidem sobre a interpretação da história do passado intelectual de todas as disciplinas, tendo sido, porém, conduzidos de modo mais extenso no que diz respeito à área de sociologia. Acrescente-se ainda que, repentinamente, a "santíssima trindade" deixou de ser uma trindade — graças ao que parece ser o desaparecimento final do marxismo. Aos olhos de muitos, estamos mais ou menos de volta ao ponto de partida, quando Parsons surgiu em cena. O colapso do comunismo soviético e a desintegração do socialismo, como modelo para uma ordem social alternativa, têm como significação o fato de que Marx deveria ser eliminado do *status* de autor equivalente a Weber e Durkheim. Mais tarde, voltarei à questão do *status* atual de Marx; antes, entretanto, devo abordar os debates sobre o *status* dos clássicos da sociologia em geral.

O que devemos entender por "clássicos da sociologia"? A expressão "teoria social clássica" tem alguma força real ou é apenas um rótulo vago e conveniente? E o termo "clássicos" pode ser entendido como idêntico a "fundadores"?

Eu afirmaria, antes de mais nada, que toda disciplina de natureza intelectual, inclusive a sociologia, traz em si uma história sociológica ou, de acordo com a preferência, uma história construída. A ideia segundo a qual houve um certo ponto de Arquimedes no qual uma disciplina foi fundada – iniciada por seus pais fundadores – não resiste a um exame cuidadoso. Assim, Parsons afirmou que a geração de 1890-1920 estabeleceu um "grande divisor de águas" em relação a tudo que a antecedeu. A história séria da sociologia, em outras palavras, pode ser datada a partir daquele período. Mas essa afirmação é, no mínimo, contestável. Ela aceita imediatamente as próprias afirmações da geração de 1890-1920, segundo as quais ter-se-ia estabelecido uma nova disciplina. Se olharmos mais para trás na evolução do pensamento social, encontraremos uma sucessão de pensadores que reivindicam ter suplantado as lacunas de seus precursores e ter instituído, pela primeira vez, uma nova ciência da sociedade. Durkheim argumentou dessa forma em relação a Marx. Marx também acreditava ter ultrapassado Comte e Montesquieu; Montesquieu, por sua vez, pensava o mesmo em relação aos seus predecessores. Até mesmo muito antes, Vico considerava-se o primeiro fundador de uma "nova ciência" do social (nesse caso, talvez, ele realmente o fosse).

Eu sugeriria, então, que todas as disciplinas de natureza intelectual têm seus fundadores comumente reconhecidos, mas apenas em algumas os trabalhos desses fundadores são amplamente pensados como "clássicos". Todas as disciplinas têm seus fundadores porque eles são parte de seus mitos de origem. Não há mais divisões naturais entre as disciplinas do que entre países em um mapa. Toda disciplina intelectual reconhecida passou por um processo de autolegitimação não muito diferente daqueles que estiveram envolvidos na fundação das nações. Todas as disciplinas têm suas histórias de ficção, todas constituem comunidades imaginadas que evocam mitos do passado como um recurso para cartografar seu próprio desenvolvimento interno e sua unidade, assim como para estabelecer seus limites em relação às disciplinas vizinhas.

A territorialidade de uma nação pode alcançar um valor simbólico imenso, apesar de decididamente não obedecer a nenhum aspecto natural. Frequentemente, essa territorialidade é, de forma imediata, fonte de devoção e de cismas. Isso se aplica, em grande parte, às disciplinas de natureza intelectual, que dependem, em sua identidade e suas diferenças, dos currículos de ensino. Até mesmo a terminologia é bastante similar: um Estado tem um território e uma disciplina demarca um "campo"; em cada caso a área de maior amplitude é igualmente demarcada em sub-regiões que, algumas vezes, podem se constituir em ameaça para a unidade do todo.

As histórias de ficção que moldam as comunidades imaginárias dos domínios intelectuais – tal como no caso das ideologias nacionais – são altamente seletivas. O que conta, obviamente, não se limita ao que é "institucionalmente rememorado" e comemorado em um sentido, de alguma maneira, ritual, mas o que é esquecido na reformulação do passado. Marx, Durkheim, Weber, Simmel e outros são lembrados e ainda lidos. Mas quem recorda ou, mais ainda, lê Schäffle, Worms ou Le Play? Os fundadores sofrem de uma falta de prestígio retrospectiva que, ao menos em parte, resulta de uma rememoração seletiva; normalmente, ela não corresponde ao modo como os indivíduos em questão foram julgados pelos seus contemporâneos.

As formas pelas quais são vistos os grandes personagens do passado, tal como no caso das ideologias nacionalistas, não são estáticas. Elas são interpretadas e reinterpretadas à luz de imperativos, modas e mudanças nos acontecimentos. Wolin afirmou que a legitimação dos fundadores "tem igualmente uma *dimensão política* e de *implementação política*". O ato de fundar é uma "teorização política" precisamente porque os princípios inferidos a partir do trabalho dos fundadores legitimam dimensões básicas da atividade intelectual. Nessa batalha retrospectiva, para que algumas ideias possam "vencer", obviamente, outras precisam ser derrotadas. Nesse contexto, a ação política significa uma luta mais ou menos constante entre forças diferentes em relação à constituição legítima de uma arena intelectual. A "política" da herança intelectual se torna obscura no mesmo grau em que se registram, com sucesso, reivindicações monopolizadoras: as pressuposições dominantes avalizam, então, ideias e procedimentos.

A questão que se coloca é: quão arbitrárias são as estruturas que se tornam legitimadas dessa maneira? Se, de alguma forma, a história houvesse tomado um outro rumo, teríamos, hoje, os livros de Schäffle, Worms e Le Play em nossas estantes, em vez dos de Marx, Durkheim, Weber e outros? Resistiram ao "teste do tempo" cuja validade é quase evolucionista? Fazemos, aqui, a transição da noção de fundadores para a noção de clássicos. Todas as disciplinas intelectuais têm fundadores, mas apenas as ciências sociais têm a tendência de reconhecer a existência de "clássicos". Os clássicos, eu afirmaria, são fundadores que ainda falam para nós com uma voz que é considerada relevante. Eles não são apenas relíquias antiquadas, mas podem ser lidos e relidos com proveito, como fonte de reflexão sobre problemas e questões contemporâneas.

Provavelmente, há várias razões para explicar por que esse sentido dos "clássicos" tem uma força específica nas ciências sociais. Uma delas é metodológica. Existe um hiato lógico entre as ciências naturais e sociais; não há, nas ciências sociais, a mesma forma de conhecimento cumulativo que pode caracterizar as ciências naturais. Em segundo lugar, há, em relação a essa questão, um engajamento reflexivo inevitável da sociologia e de outras ciências sociais com o tema — ações humanas historicamente constituídas — que elas buscam analisar e explicar.

Seguem-se duas consequências até certo ponto paradoxais. De um lado, ideias e achados podem se tornar banais na medida em que são "tragados" e incorporados ao conhecimento cotidiano dos atores na própria sociedade; quando os contextos de ação mudam, eles podem vir a parecer arcaicos ou triviais. De outro lado, há, assim como houve, ensinamentos no trabalho de alguns autores que falam de aspectos de longa duração da existência social humana.

Os "teóricos épicos" de Wolin são indivíduos cujo trabalho contêm exatamente tais ensinamentos. Os teóricos épicos, tal como Wolin sugere, não apenas são legitimados por uma invenção retrospectiva, como conseguem seu *status* por meio de seus próprios feitos. Esses feitos são saltos heroicos no nível do pensamento: envolvem essencialmente a invenção de novas perspectivas sobre a consideração de temas que eram anteriormente vistos de formas diversas. Alguns teóricos épicos, entretanto, suportam o "teste do tempo" apenas por causa da escala simples de suas descobertas, quando comparadas às de pensadores anteriores ou subsequentes. O julgamento da "história" guarda, inegavelmente, uma certa arbitrariedade em relação a essas descobertas, bem como apresenta uma característica de mutabilidade. Ainda assim, o *status* épico tem que ser conquistado, ele não pode ser meramente atribuído.

Suponha-se que alguém pergunte por que os sociólogos ainda leem Weber, mas não leem mais Sombart. Entre os dois, Sombart era provavelmente o mais famoso e seus escritos foram amplamente divulgados. Mesmo assim, o trabalho de Sombart foi, em boa medida, esquecido, enquanto o diálogo vivo com Weber continua. Penso que se alguém se dispusesse a uma comparação sistemática entre as conclusões de Sombart e as de Weber, concluiria que o esquecimento de Sombart é um tanto arbitrário. Isto é, poder-se-ia imaginar um mundo de desenvolvimento intelectual possível no qual Sombart continuaria a figurar como um autor de relevância persistente. Ao mesmo tempo, olhando desapaixonadamente, poder-se-ia também concluir que Weber foi, em um grau muito maior do que Sombart jamais conseguiu atingir, um teórico épico. A mesma conclusão poderia ser extraída se tivesse havido uma comparação entre os trabalhos de Durkheim e os de Schäffle, Worms, Le Play ou uma multidão de outros autores comparáveis, cujos trabalhos deixaram de ter grande público há muito tempo.

Desde a primeira vez que comecei a escrever sobre Marx, Weber, Durkheim e outros, surgiram várias controvérsias sobre o *status* correto de uma história intelectual. Já está suficientemente claro que a história da sociologia encapsulou o que se produziu a seu respeito. Problemas relativos à interpretação do sentido, à intencionalidade e ao caráter histórico da criação cultural não são discutidos apenas nos textos de sociologia, mas precisam ser enfrentados toda vez que se analisa a significação desses textos em si. O confundir-se em meio às implicações desse fenômeno produziu perspectivas largamente diversas; e, evidentemente, essas diferentes perspectivas refletem, por sua vez, variações teóricas de grande amplitude nas visões sobre as questões aí envolvidas.

Não pretendo tratar dessa diversidade aqui. Entretanto, Quentin Skinner e outros sugeriram uma abordagem que tem sido particularmente debatida. Os chamados "historicistas" criticam tanto as versões conservadoras da história intelectual quanto as posições mais relativistas, tidas por alguns como influenciadas pelo estruturalismo e pelo pós-estruturalismo. A história intelectual, tal como sugerem, deveria ser escrita com a devida sensibilidade em relação ao contexto. Os usos que podemos fazer dos "clássicos", nos dias de hoje, por exemplo, podem ser bem diferentes dos impulsos que, originariamente, dirigiram sua produção em direção a um determinado conjunto de ideias, em um contexto particular. Deve-se dotar de precisão o que se entende por "contexto", nesse estilo de raciocínio sobre a história intelectual. A palavra não significa apenas situar ideias ou escritos em uma articulação mais ampla da produção intelectual. Temos que investigar meticulosamente, afirmam os historicistas, o que os autores pretendiam quando escreveram seus textos, para quais tipos de público os escreveram e qual a qualidade do problema ou questões que eles tinham em mente ao formulá-los. Seus trabalhos podem ser entendidos como incorporados em um nexo de atos ilocucionais — atos esses que são sempre práticos, constitutivos tanto quanto simplesmente intelectuais.

Assim, Robert Jones afirmou que, para entender Durkheim, deve-se compreender as intenções de Durkheim ao produzir seus textos por meio de descrições que o próprio autor aceitasse como autênticas. Durkheim "não pode ser acusado de ter dado um sentido ou feito alguma coisa se *ele*, pelo menos em princípio, não aceitasse essa sentença como uma afirmação acurada sobre o que ele estava dizendo ou fazendo". É fácil ver quão precisamente esse tipo de visão sobre um autor reproduz os aspectos mais gerais da hermenêutica. O princípio é mais ou menos o mesmo tal como foi enunciado nem tanto por J. L. Austin quanto por Wittgenstein. Para saber da escolha de um agente, um observador ou um intérprete deve conhecer o que esse agente conhece e aplica em relação à sua própria ação. A descrição de uma ação que ignore essa qualidade de "adequação" pode se constituir em um engano.

O historicismo tem sido amplamente criticado, tanto na versão desenvolvida por Skinner quanto nos seus aspectos mais sociológicos. Já se apontou, por exemplo, que muitos autores — o que se aplicaria de modo particularmente importante aos "teóricos épicos" — de fato não orientam seus argumentos apenas em relação aos contextos locais de suas atividades. Os autores podem não apenas escrever tendo em mente um público futuro indefinido, mas também ver a si mesmos como investigadores de questões muito gerais que fazem parte da totalidade das tradições intelectuais. Os "contextos", que parecem ser um caminho para o estreitamento e delimitação dos públicos a quem os trabalhos são endereçados, ampliam-se de novo e se reconectam com a totalidade dos parâmetros da cultura.

A tese central dos historicistas não pode ser refutada por uma observação desse tipo, ainda que, de fato, perca algo de seu aparente realismo. A questão de entender as intenções de um autor em um contexto permanece importante; se é filosoficamente válida, como penso que seja, fornece sólida proteção contra as excentricidades do relativismo.

Considerem-se as várias interpretações que ofereço de Weber e Durkheim nos capítulos iniciais deste livro. Neles, discuto os contextos sociopolíticos nos quais Weber e Durkheim desenvolveram suas ideias sociológicas. Esses contextos são interessantes em si e por si mesmos, mas eles nos permitem, de forma crucial, compreender a razão maior que conduziu os dois autores a escrever da forma como o fizeram. Quando sabemos mais sobre o contexto no qual Weber e Durkheim escreveram, podemos inferir mais sobre suas intenções, e a inferência a partir de suas intenções permite-nos, por sua vez, elucidar ainda mais os contextos de seus escritos.

As implicações dessas observações devem ser esclarecidas. A questão não é se um autor teve ou poderia ter tido a palavra final — caso ele ou ela estivesse à disposição para ser interrogado — sobre o que um texto significa. O autor não tem esse privilégio final. O que está em questão, ao contrário, é a compreensão do que um "autor" é. Todos somos autores de nossas próprias ações, mesmo se formos afetados por influências que nós não entendemos completamente ou se houver consequências de nossas atividades que não poderíamos antecipar.

Ser o "autor" de um texto tem vínculos com ser o autor de uma ação. Foucault e outros afirmaram que um autor é uma espécie de reunião de qualidades "discursivas". Mas não se trata disso; escrever alguma coisa ou fazer alguma coisa implica um agir, em reflexividade e em emaranhar-se em intenções com projetos de longa duração. Na história intelectual – em oposição ao uso anterior dos trabalhos como clássicos – a autoria é essencialmente interrogada do mesmo modo que as ações, não importando quão triviais ou grandiosas elas sejam, podem ser interrogadas nos contextos da vida cotidiana. Na fala e na ação cotidiana, não conferimos o controle final ao indivíduo sobre o significado do que ele ou ela diz ou faz; mas, de fato, conferimos ao falante ou ao agente privilégios especiais de explicação.

Quando alguém diz ou faz alguma coisa que inicialmente parece incompreensível, ou a quem queremos, por qualquer razão, questionar, de fato perguntamos pela história da intencionalidade e concedemos ao indivíduo em questão um acesso especial àquela intencionalidade. Entretanto, no âmbito da intencionalidade, também imputamos um fio condutor ao que um indivíduo diz ou faz, pelo uso de critérios mais amplos do que aqueles que, provavelmente, um indivíduo é capaz de utilizar. Procuramos esmiuçar ações particulares ou sequências de ações dentro de uma interpretação biográfica de maior amplitude. O que fazemos em questionamentos casuais do cotidiano tem uma similaridade lógica com o que se passa nas "interrogações" da história intelectual ou com a operação de escrita de biografias. Por que as biografias só são satisfatórias se forem razoavelmente detalhadas? A razão é que, na maior parte das vezes, quanto mais sabemos sobre uma pessoa, mais somos capazes de compreender o "autor" que está por trás da "vida".

Os artigos que compõem este livro não se concentram apenas na teoria social clássica, mas tentam atingir um equilíbrio entre a teoria clássica e a atual. O capítulo que discute Auguste Comte e as origens do positivismo estabelece um vínculo útil entre o século XIX e nossas preocupações mais comuns. Recentemente, um dicionário de cultura moderna trazia esta espantosa definição de pós-modernismo: "Pós-modernismo: esta palavra não tem sentido. Use-a frequentemente". Mais ou menos o mesmo poderia ser dito do "positivismo", a não ser pelo fato de ter se transformado em epíteto mais do que numa palavra utilizada como forma de aprovação. Definida com algum rigor, a ideia do positivismo traça, ainda, o principal fio condutor da sociologia da metade do século XIX até três quartos do seu percurso pelo século XX.

Para Comte, o positivismo significava tanto uma lógica para as ciências sociais quanto uma lógica para a reforma social. A versão de

Comte de uma religião da humanidade pode ter sido bizarra, mas as perspectivas que ele desenvolveu, tanto em relação à lógica quanto em relação à prática, anteciparam muitos desenvolvimentos posteriores. Comte teve, também, uma influência política direta. Basta dizer que seus seguidores reunidos em associações políticas superaram, na Europa e nas Américas, os de Marx.

A maior parte dos debates metodológicos na sociologia dos últimos 150 anos tratou, de alguma maneira, da relação entre as ciências naturais e sociais. Até aproximadamente vinte ou trinta anos atrás, seria possível distinguir entre duas linhas principais de orientação. Os positivistas olhavam a ciência natural como exemplar em relação à sociologia – agregando, ao longo do tempo, vários modelos oriundos da lógica da ciência natural. As tradições da sociologia interpretativa, particularmente a hermenêutica, por outro lado, viram em grande parte as ciências naturais como mais ou menos irrelevantes para o estudo das instituições e da ação social humana. Muito curiosamente, foram os pensadores da segunda tradição que mais se preocuparam com o impacto da ciência e da tecnologia sobre a sociedade – supostamente, em larga medida, porque estas eram, para eles, "forças estranhas" mais do que para os positivistas.

Na teoria social, algo como um novo capítulo se abriu quando, aproximadamente nos últimos vinte ou trinta anos, a divisão entre positivismo e hermenêutica começou a ser questionada. Personagens diversos se envolveram nesse questionamento, entre os quais Jürgen Habermas, Michel Foucault, Pierre Bourdieu e muitos outros, daí resultando uma diversidade de pontos de vista. Por um momento, tudo se passava como se a sociologia fosse se dissolver em um tumulto de perspectivas teóricas conflitantes, em que nenhuma delas pudesse se comunicar adequadamente com as outras. Não penso que isso, de fato, tenha ocorrido. O questionamento da oposição entre as visões positivistas e as perspectivas da hermenêutica se mostrou tão importante quanto útil na reorientação da teoria social e política.

Mais do que se isolar em relação ao pensamento sociológico central, a hermenêutica e a linguagem filosófica comum foram absorvidas de modo crescente em seu interior. Isso também se aplica ao estruturalismo, mesmo que ainda permaneça uma certa orla lunática de pensamento pós-estruturalista. Não há, hoje, um "consenso ortodoxo" que substitua o que foi utilizado de forma dominante até aproximadamente os anos 1970. Tampouco há uma desordem completa. A filosofia da linguagem, particularmente aquelas abordagens que postulam a linguagem como *praxis*, deu a maior contribuição para essa reorientação. A "sociedade" não é uma linguagem e, ainda, não pode de forma alguma ser conceptualizada nos termos que capturam algo da prática da linguagem. Em outras palavras, a "sociedade" não é uma entidade e não tem uma presença espácio-temporal; ela existe apenas como práticas sociais reproduzidas em uma diversidade indefinida de meios.

Evidentemente, alguns dos debates recentes de maior envergadura que reformularam as ciências sociais não estavam particularmente preocupados com questões metodológicas. Elas foram absorvidas sobretudo pela reinterpretação da sociedade moderna, sua trajetória de desenvolvimento e seu futuro provável. Ocorreu um certo deslocamento terminológico que simboliza uma mudança de orientações intelectuais. Enquanto, há algumas décadas, a maior parte das discussões se concentrava em noções como a de "sociedade industrial" ou "capitalismo industrial", hoje, o termo mais comum é "modernidade" (ou "pós-modernidade"). Não faz muito tempo que tudo que discutíamos era a oposição entre "sociedade industrial" e "capitalismo". A diferença entre os dois, grosseiramente, correspondia à oposição entre a sociologia ortodoxa e a marxista. Falar em "capitalismo" não era apenas identificar um tipo particular de sistema socioeconômico; sinalizava o reconhecimento de que o capitalismo poderia, ou deveria, ser superado pelo socialismo. De forma contrastante, os defensores da noção de sociedade industrial, de Saint-Simon a Dahrendorf, Bendix e Lipset, já tinham sua própria versão do fim da história – e, explicitamente, do fim da ideologia. Para eles, "sociedade industrial" era uma noção mais abrangente do que "capitalismo", noção que estava implícita na primeira; além disso, o industrialismo criava um conjunto de instituições que tornavam fúteis ou mesmo perigosas as aspirações dos socialistas.

Atualmente tudo isso mudou. No mundo real, o capitalismo, tal como era, está em toda parte, enquanto o socialismo está morto tanto no âmbito da teoria quanto da prática. Hoje, são muitos os que falam em sociedade pós-industrial, simplesmente preferindo-a à sociedade industrial; entretanto, curiosamente, "capitalismo" tal qual definido na sociologia é cada vez menos mencionado. As razões parecem dizer respeito a uma ubiquidade tão grande que quase torna desnecessário mencioná-lo, ou ao fato de que essa noção foi usada, no passado, como parte do discurso crítico dos socialistas.

A "modernidade" é utilizada pela maior parte dos que adotam essa noção, inclusive por mim, para aludir a uma formação socioeconômica e cultural historicamente específica, cujas reivindicações de universalidade são questionáveis. Tal como a compreendo, a modernidade não é o fim da história; mas o moderno não se dissolveu em uma pós-modernidade amorfa, fragmentada e não linear. Para mim, a ideia do "pós-moderno" implica transcendência e não apenas a ideia de que "a modernidade recobrou o juízo" ou está sendo forçada a encarar suas limitações. Não descartaria a possibilidade de uma ordem pós-moderna no sentido que acabei de mencionar, mas isso não se localizaria nem tampouco poderia mudar de direção por meio dos mecanismos do socialismo.

Não é a crise do capitalismo como modo racional de gerenciamento econômico que acabou por dominar a nossa era. É, sem dúvida, a crise ecológica em torno da qual muitas tensões — mas também muitas possibilidades — estão, hoje, agrupadas. A crise ecológica é a crise de uma "modernidade danificada", mas não deve ser identificada unicamente com o ambientalismo. Na verdade, a modernidade está indo de encontro aos seus limites. Mais ainda, esses limites não dizem respeito apenas, ou mesmo em primeiro plano, aos aspectos físicos dos "limites do crescimento". O que está em questão é, antes, chegar a um acordo com as "repressões sociais" que embasaram a construção da modernidade. O que deve ser confrontado e elucidado aqui não é uma ecologia nos seus aspectos físicos, mas uma "ecologia da vida". Uma sociedade em que muitos elementos se tornaram "plásticos" — abertos à intervenção humana, mas não realmente sujeitos ao controle humano universal — é uma sociedade em que se reivindicam iniciativas políticas que devem muito pouco às concepções clássicas de socialismo.

Neste ponto, podemos voltar brevemente a Marx. Pode-se, atualmente, ver Marx como um pai fundador cujo legado foi transformado em refugo? Minha resposta para essa pergunta seria, certamente, negativa. Anos atrás, frequentemente, eu me sentia nadando contra a corrente quando sugeria que os escritos de Marx apresentavam lacunas fundamentais. Neste momento, quando os defensores aparentemente mais devotados de Marx se desvaneceram, é hora de nadar em outra direção. Não há mais socialismo como sistema de gerenciamento econômico. Muito do que Marx tentou consolidar, portanto, não tem mais razão de ser para nós. Mais do que isso, em um mundo cheio de ameaças de várias espécies de desastres, em que as possibilidades da boa sociedade permanecem como questão a ser plenamente elucidada, a teoria crítica ainda conserva sua importância. A fragilidade de Marx repousa exatamente nos elementos que ele acreditava serem o fundamento de sua originalidade e de sua força: suas reflexões sobre a superação do capitalismo pelo socialismo. As contribuições mais permanentes de Marx, que lhe asseguram a posição de "clássico" e com as quais se estabelece um diálogo contínuo, residem na sua análise da ordem do capitalismo industrial, que ele incorretamente imaginou ter vida curta.

CAPÍTULO 1
POLÍTICA E SOCIOLOGIA
NO PENSAMENTO DE MAX WEBER

O propósito deste capítulo é elucidar algumas das conexões entre os escritos políticos de Weber e suas contribuições mais acadêmicas para as ciências sociais. Como introdução à parte central da discussão, será útil mencionar alguns dos momentos importantes da sua carreira política e intelectual.

Max Weber nasceu em 1864, filho de um político proeminente, membro do Partido Nacional-Liberal. Ao escrever a biografia de seu marido, Marianne Weber descreveu de forma razoavelmente detalhada a riqueza de influências experimentadas pelo jovem Weber na casa paterna. Desde idade precoce, entrou em contato com várias das principais figuras do mundo acadêmico e político da Prússia, incluindo Treitschke, Knapp, Dilthey e Mommsen. Sua infância transcorreu em um período de significação decisiva para o desenvolvimento político alemão: uma fase crucial na história alemã, sob a liderança de Bismarck, durante a qual o país finalmente se tornou um Estado-Nação. A vitória alemã sobre a França, em 1870-1871, que teve efeitos sobre a família de Weber, provocou um impacto emocional duradouro sobre o jovem Max, apesar de este não ter mais de seis anos na época.[1] Embora nunca tenha ocupado cargos políticos, não houve nenhum momento de sua vida no qual os interesses políticos e acadêmicos não interviessem em sua experiência pessoal.

Tal como ocorre na juventude, suas impressões políticas, filtradas inicialmente pelo círculo paterno e pela influência de seu tio, Hermann Baumgarten, produziram no jovem Weber uma orientação ambivalente em relação às conquistas de Bismarck que ele nunca resolveu completamente e que se encontram na origem da totalidade de seus escritos políticos.

Os primeiros textos acadêmicos de Weber se debruçaram sobre a história econômica e do direito. Aquilo que aparecia como puramente técnico, como estudos acadêmicos — tal como a dissertação sobre a propriedade da terra na Roma antiga, que Weber escreveu em 1891 — acabou, entretanto, realmente por conter implicações políticas e sociais mais amplas para seu pensamento. Nessa tese, Weber rejeitava a concepção, sustentada por alguns acadêmicos daquele período, segundo a qual a história econômica de Roma se constituía em um conjunto único de eventos, totalmente resistente à análise, nos termos conceptuais derivados de outras situações; e ele percebeu algumas características na estrutura econômica e social de Roma que, mais tarde, seriam identificadas na formação do capitalismo na Europa pós-medieval. Além disso, apesar da recusa em aceitar algumas das mais equivocadas comparações que outros autores usualmente acabaram por estabelecer, as tensões que se desenvolveram no mundo antigo entre a economia agrária das grandes propriedades fundiárias, de um lado, e o comércio e a manufatura emergentes, de outro, pareciam iluminar alguns dos problemas relativos à Alemanha contemporânea. Ele teve a oportunidade de enfrentar diretamente essas questões em um estudo, publicado em 1892, sobre as propriedades fundiárias *Junker*, a leste do Elba. Esse trabalho é parte de uma ampla parcela da investigação dirigida pelo *Verein für Sozialpolitik*,[2] que averiguava as condições da propriedade da terra em várias regiões da Alemanha. Por meio de sua filiação ao *Verein*, um grupo de "socialistas acadêmicos" preocupados com as questões sociais e políticas daquele momento, Weber se habilitava a participar do intercâmbio e das discussões de ideias com vários jovens economistas e historiadores cujo maior interesse residia nos problemas relativos à Alemanha em sua transição para o capitalismo industrial. Enquanto os membros fundadores do *Verein*, a "geração mais velha" de economistas tais como Wagner, Schmoller e Brentano, estavam inicialmente interessados nas questões que diziam respeito à formulação de políticas de intervenção parcial do Estado na vida econômica, a "geração mais jovem" — na qual se incluíam, além de Weber, autores como Sombart, Schulze-Gaevernitz e Tönnies — tinha uma preocupação mais abrangente com as origens e a natureza do capitalismo, e era fortemente influenciada por Marx.

Em 1894, Weber foi convidado a lecionar economia em Freiburg, onde, no ano seguinte, proferiu sua *Antrittsrede* (aula inaugural).[3] Nessa aula, Weber desenvolveu algumas das conclusões a que tinha chegado no seu estudo sobre as condições agrárias ao leste do Elba, relacionando-as especificamente aos problemas políticos e econômicos da Alemanha como um todo (ver a seguir p.30-3). Conferiu atenção especial à chamada "questão das fronteiras" no Leste. O leste da Prússia, terra natal dos proprietários *Junker* de terra, constituiu-se no salto inicial para a unificação da Alemanha e era a última principal base do poder de Bismarck. Mas a situação das grandes propriedades fundiárias foi solapada pela crescente emigração de trabalhadores agrícolas, atraídos para outras partes da Alemanha pela expansão da produção industrial. Essa situação estava ocasionando um fluxo de trabalhadores poloneses do Leste que, de acordo com Weber, ameaçavam a hegemonia da cultura alemã nas mesmas áreas em que ela tinha sido mais forte. Assim, esse fluxo de poloneses tinha que ser detido e as fronteiras do leste da Alemanha tinham que ser fortalecidas. Concluiu que, em relação à Alemanha, as questões econômicas e políticas estavam inextrincavelmente vinculadas; o país tinha forjado sua unidade em conflito com outras nações, e a manutenção e florescimento de sua cultura estavam na dependência da afirmação contínua de seu poder como Estado-Nação delimitado.

Só mais tarde Weber desenvolveria inteiramente as implicações dessas concepções. Durante vários anos, a partir de 1897, sofreu de um distúrbio depressivo agudo que o forçou a abandonar completamente o trabalho acadêmico. Enquanto não retornava ao ensino universitário, o que só ocorreu muito mais tarde, preparava-se, pouco depois da virada do século, para retomar suas atividades como estudioso. Esse período foi o mais produtivo da sua carreira. Continuou seus estudos sobre as propriedades fundiárias *Junker*, mas, pela primeira vez, foi capaz de configurar o que permanecera latente em seus primeiros escritos: uma abordagem mais ampla de alguns aspectos fundamentais do desenvolvimento capitalista moderno, que encontrou sua formulação inicial em A *ética protestante e o espírito do capitalismo* (1904-1905). Na mesma época, ele escreveu e publicou ensaios que se dedicavam à epistemologia e metodologia das ciências sociais. Indubitavelmente, esses trabalhos influenciaram e foram influenciados pelo esclarecimento das concepções políticas que ele adquiriu no mesmo período. Em sua *Antrittsrede*, já tinha estabelecido uma versão preliminar da "questão da liderança" em relação à Alemanha. O país conseguira a unificação na esfera política ao mesmo tempo que começava a experimentar um curto período de desenvolvimento industrial. O poder *Junker* forneceu a base principal para a conquista da unidade política, mas o futuro da Alemanha como um "Poder de Estado" na Europa dependia de sua transformação em um país industrializado. Assim, a dominação *Junker*, fundada sobre a propriedade fundiária, tinha que ser substituída por uma nova liderança política. Entretanto, como Weber afirmou em 1895, naquele momento nem a burguesia nem a classe trabalhadora eram capazes de assumir essa liderança. Bismarck fragmentava e enfraquecia sistematicamente os liberais e tolhia o potencial de liderança do partido trabalhista, os social-democratas, pela aprovação de leis antissocialistas as quais, até serem revogadas em 1890, efetivamente removeram a classe trabalhadora da estrutura política do Estado alemão.

Ficava cada vez mais evidente para Weber, depois da virada do século, que o futuro imediato da Alemanha repousava no aguçamento da consciência política da burguesia. Um importante motivo subjacente a *A ética protestante* era, certamente, o de identificar as fontes históricas desse tipo de "consciência burguesa". Os ensaios sobre epistemologia e metodologia que ele escreveu então também refletiam problemas políticos com os quais estava preocupado, tanto no plano pessoal quanto no intelectual. Ao longo de sua vida, Weber foi alvo de dois impulsos conflitantes: para uma vida passiva e disciplinada de estudioso e para uma vocação prática e ativa de político. No âmbito intelectual, ele conseguiu estabelecer uma clara distinção entre essas aspirações conflitantes, reconhecendo uma dicotomia absoluta entre a validação do conhecimento "factual" ou "científico", de um lado, e os juízos "de valor" ou "normativos", de outro. Assim, se a atividade do político poderia ser guiada ou modelada por conhecimento científico do tipo que se estabelece na história, economia e sociologia, esse conhecimento não poderia validar, em última instância, os objetivos pelos quais luta o líder político. Essa posição teve como resultado o distanciamento de Weber dos dois maiores movimentos políticos que competiam com os liberais na Alemanha: os nacionalistas conservadores da direita e os social-democratas da esquerda. Cada um deles, na visão de Weber, teria aderido a uma concepção "normativa" da história que eles teriam introduzido na política, reivindicando "validação" histórica para o seu direito de governar.

Em 1906, Weber escreveu também dois longos ensaios sobre a Rússia, estimando as possibilidades de desenvolvimento da democracia liberal naquele país, logo depois da primeira Revolução Russa. Parecia-lhe que o chamado governo "constitucional" na Rússia era tão impostor quanto o da Alemanha, e por razões que não eram completamente diferentes; na Rússia, tal como na Alemanha, ainda não teria emergido uma consciência política burguesa e o país ainda era dominado por uma elite agrária tradicional. A questão da natureza das reformas constitucionais requeridas na Alemanha, se a necessária liderança política burguesa estivesse surgindo, ocupou crescentemente a atenção de Weber durante os anos da Primeira Guerra Mundial, especialmente na medida em que se lhe tornou evidente que a fortuna militar da Alemanha no combate estava declinando. No período imediatamente anterior à erupção das hostilidades e na fase inicial da guerra, ele escreveu abundantemente, produzindo seus longos ensaios sobre as "religiões mundiais", o hinduísmo, o confucionismo, o judaísmo, e delineou *Economia e sociedade* (que só foi publicado depois de sua morte). Mas os anos da guerra trouxeram à tona, na sociedade alemã, tensões que ele começara a analisar duas décadas antes, e dedicaria muito mais tempo ao exame das questões políticas. Por algum tempo, ele se constituiria em um crítico severo daquilo a que se tinha referido, anteriormente, como a "vaidade histórica" de Guilherme II e, em um momento posterior da guerra, modificou sua posição prévia de defesa da monarquia constitucional, argumentando em favor do republicanismo. Nos dois anos anteriores à sua morte em 1920, desempenhou importante papel tanto no mundo acadêmico quanto no mundo político. Aceitou uma cátedra na Universidade de Viena e proferiu uma série de conferências – versão que foi mais tarde publicada como *História econômica geral*[4] – em que buscou reunir os temas mais relevantes de sua sociologia da vida econômica e do desenvolvimento capitalista. Weber pronunciou inúmeros discursos políticos durante o período da revolução alemã de 1918-1919 e por pouco não foi escolhido candidato parlamentar pelo Partido Democrata recém-constituído. Uma de suas últimas atividades políticas foi a de membro da comissão que delineou a Constituição de Weimar.

Os temas centrais dos escritos políticos de Weber

A análise que se segue divide-se em três partes principais. Esta seção analisa os elementos centrais da perspectiva política de Weber nas várias etapas de sua carreira. A próxima seção examina a influência de seus envolvimentos políticos sobre a estrutura e o conteúdo de seus trabalhos mais acadêmicos. A seção final "reverte" essa perspectiva, no sentido de especificar como e em que medida a sua visão da política alemã estava em si condicionada pela articulação estabelecida em seus outros trabalhos.

Os escritos de Weber, tanto em política quanto em sociologia, tinham suas raízes na análise das condições que governavam a expansão do capitalismo industrial na Alemanha pós-bismarckiana. As bases dessa tarefa são bastante conhecidas para quem quer que tenha um conhecimento superficial da história social alemã. Durante a maior parte do século XIX, a Alemanha esteve atrasada tanto em relação à Inglaterra quanto em relação à França no que se refere a aspectos definidos — especialmente a falta de unificação política e, comparada particularmente à Inglaterra, o nível relativamente baixo de desenvolvimento industrial. Além disso, quando o Estado alemão nasceu na sua integridade, estava constituído sob a liderança da Prússia, cuja autocracia semifeudal, fundada no poder dos latifundiários *Junker*, a burocracia de função civil e os corpos de funcionários, contrastava consideravelmente com as constituições mais liberais e com as tradições de alguns estados alemães do sul. O pleno impacto do desenvolvimento industrial, experimentado durante as últimas décadas do século XIX, ocorreu, assim, dentro da articulação de uma ordem social e política que, por razões importantes, era muito diferente daquela que caracterizava o capitalismo na sua forma "clássica": isto é, o caso da Inglaterra no período inicial do século. Na Inglaterra, a Revolução Industrial ocorreu em uma sociedade em que desenvolvimentos anteriores criaram uma ordem social "de compromisso", na qual, como Marx já havia formulado, os proprietários de terras "governavam oficialmente", enquanto a burguesia "de fato *dominava* as diferentes esferas da sociedade civil".[5] Na Alemanha, porém, a burguesia liberal não engendrou uma revolução "bem-sucedida". A Alemanha atingiu a unificação política como consequência da política agressivamente expansionista de Bismarck, e a industrialização foi efetivada dentro de uma estrutura social na qual o poder ainda se apoiava nos grupos de elite tradicionalmente estabelecidos.

Quando Weber começou a desenvolver um interesse ativo pela política, encontrou a ala liberal da burguesia alemã em declínio, fenômeno que pode ser atribuído diretamente aos resultados da dominação de Bismarck.[6] No aspecto da "questão social" ou do "espectro vermelho" — o crescimento do Partido Social-Democrata —, os liberais optaram pela segurança e pela prosperidade econômica, aparentemente assegurada pela crescente filiação aos interesses conservadores. A *Antrittsrede* de Weber, em 1895, continha suas primeiras análises sistemáticas dessa situação. Na *Antrittsrede*, colocou-se firmemente contra os proponentes de uma abordagem "ética" da política e contra aqueles que achavam que o desenvolvimento econômico conduziria inevitavelmente, em momento posterior, às liberdades políticas:

> Não pode haver paz na luta econômica pela existência; só aquele que confunde aparência e realidade pode acreditar que o futuro reserva aos nossos descendentes o gozo pacífico da vida ... Não nos cabe mostrar aos nossos sucessores o caminho da paz e da satisfação humana, mas cabe-nos mostrar a eles a *luta eterna* pela manutenção e pelo cultivo de nossa integridade nacional.[7]

A conferência expressava uma defesa fervorosa dos interesses do "poder do Estado" como fundação necessária para a política alemã. A Alemanha assegurou sua unidade pela afirmação do seu poder em relação à rivalidade internacional; o futuro da Alemanha repousava, assim, na preservação da capacidade da nação em exercer sua vontade nos negócios internacionais. Mas estava faltando a liderança política necessária para consegui-lo, afirmava Weber. A criação dessa liderança política não era questão que dependesse simplesmente do poder econômico das várias classes na sociedade alemã : "Perguntamos se são *politicamente maduras*: isto é, se possuem respectivamente a compreensão e a capacidade de colocar os interesses do *poder* da nação acima de todas as outras considerações".[8]

Os *Junker*, continuava Weber, eram uma classe em decadência, que não poderia continuar monopolizando a vida política da sociedade. Mas, conquanto fosse "perigoso" para uma classe economicamente enfraquecida manter o poder político, era mais perigoso ainda se as classes que estavam adquirindo uma posição de crescente segurança econômica aspirassem à liderança política sem possuir a maturidade política necessária para guiar os destinos de um Estado moderno. Nem a classe operária nem a burguesia teriam adquirido tal maturidade. A classe trabalhadora era conduzida por um grupo de "diletantes jornalísticos" à frente do Partido Social-Democrata: eles não tinham nenhum vínculo orgânico com a classe que alegavam representar e sua postura revolucionária agia, de fato, contra o avanço futuro da classe trabalhadora em direção à responsabilidade política. A burguesia permanecia tímida e apolítica; ansiava pela emergência de um novo "César" que a resguardaria da necessidade de assumir um papel de liderança. Isso era consequência de seu "passado apolítico", que nenhum acréscimo de poder econômico em si poderia substituir. Weber concluiu:

> O *elemento ameaçador* da nossa situação ... é que as classes burguesas, isoladas dos interesses do *poder* da nação, parecem definhar enquanto não há nenhum sinal de que os trabalhadores estejam começando a mostrar maturidade para substituí-las. O perigo *não* ... repousa nas massas. Não está na questão da posição *econômica* dos *governados*, mas na qualificação política das classes *governantes* e *ascendentes* que se constitui na questão última do problema sociopolítico.[9]

Assim, em 1895, Weber percebia, como questão principal relativa ao futuro da Alemanha, a possibilidade de que a burguesia economicamente próspera pudesse desenvolver uma consciência política adequada para assumir a liderança da nação. A importância de seus escritos e ações políticas subsequentes pode ser interpretada como uma tentativa de estimular a emergência dessa consciência política liberal na Alemanha. Para Weber, isso não poderia ser alcançado por meio de motivos "éticos": não poderia estar em questão uma reconstrução do liberalismo alemão com base em uma teoria da democracia da "lei natural". Rejeitava mais ainda a concepção clássica de uma democracia "direta", na qual a massa da população participasse da tomada de decisões; isto poderia ser possível apenas em pequenas comunidades, mas era bastante irrelevante para a era contemporânea. No Estado moderno, a liderança tinha que ser uma prerrogativa da minoria, característica inevitável dos tempos modernos. Toda ideia segundo a qual "uma forma qualquer de 'democracia' pode destruir 'a dominação do homem pelo homem'" seria utópica.[10] O desenvolvimento do governo democrático dependeria necessariamente dos avanços futuros da organização burocrática.

De acordo com Weber, a relação entre democracia e burocracia teria criado uma das mais profundas fontes de tensão na ordem social moderna. Haveria uma antinomia básica entre democracia e burocracia, porque o acúmulo de provisões legais abstratas que necessariamente teriam de implementar os próprios procedimentos democráticos implicava a criação de uma nova forma intransigente de monopólio (a expansão do controle do funcionalismo burocrático). Enquanto a extensão dos direitos democráticos demandava o crescimento de uma centralização burocrática, o contrário não acontecia. O exemplo histórico do Egito antigo ilustra esse fato, já que envolveu a total subordinação da população ao aparato estatal burocratizado. Assim, a existência de partidos em larga escala, que em si mesmos eram máquinas burocráticas, foi uma consequência inevitável da ordem democrática moderna; entretanto, se esses partidos fossem encabeçados por líderes com iniciativa e conhecimento políticos, a dominação indiscriminada do funcionalismo burocrático poderia ser evitada. Weber via a probabilidade de uma "dominação burocrática incontrolada" como grande ameaça resultante do hiato em relação à liderança política, produzido pela queda de Bismarck do poder. O desenvolvimento da democracia representativa tornou-se, a seu ver, o meio principal pelo qual isso poderia ser evitado: "Só uma escolha: democracia dotada de liderança [*Führerdemokratie*] com a 'máquina' ou democracia carente de liderança — isto é, dominação dos 'políticos profissionais' sem vocação, sem as qualidades carismáticas inerentes que, por si sós, fazem um líder".[11]

Mas, durante a maior parte da vida, Weber considerou-se incapaz de se identificar inteiramente com qualquer dos partidos políticos organizados na Alemanha. Na virada do século, vários partidos importantes ofereciam elementos que ele buscava, mas nenhum combinava esses elementos de forma aceitável. Compartilhava as aspirações nacionalistas do Partido Conservador, mas rejeitava tanto o "fervor místico" com que eram expressas quanto a política de apoio econômico à estrutura agrária semifeudal do Leste. Nenhum dos dois partidos liberais lhe parecia oferecer qualquer indicação de que seria possível superar a falta de inspiração política analisada na *Antrittsrede*. Aceitava, tal como os nacional-liberais (a ala direita), a necessidade de expansão do capitalismo industrial para a fundação da economia moderna; mas os nacional-liberais, pela promoção de tarifas protecionistas, mantinham vínculos estreitos com os interesses conservadores, além de continuar apoiando o sistema de voto de "três bancadas" em face das demandas social-democratas de direito pleno de voto. Weber via nos liberais de esquerda pouca valorização das características do "poder" na política: a posição deles era, antes de mais nada, baseada no apoio "ético" aos ideais democráticos do governo constitucional, e conseqüentemente não se configuravam em ameaça para a ordem existente.[12]

Nessa situação, era inevitável que Weber se inclinasse para o Partido Social-Democrata (SPD): era o único partido de considerável força política abertamente comprometido com uma plataforma "progressista". Marianne Weber escreveu que Weber considerava frequentemente sua adesão ao SPD; mas, efetivamente, era demovido de fazê-lo por alguns dos fatores básicos de sua caracterização do papel do partido na política alemã. Apontava o que considerava uma insistência dogmática no marxismo por parte da liderança do SPD como um dos elementos centrais responsáveis pela estagnação política alemã. Os interesses da burguesia e da classe trabalhadora, sustentava Weber, seriam compatíveis em um futuro previsível: ambas obteriam ganhos com a emergência de um Estado alemão completamente industrializado. Além disso, se o Partido Social-Democrata atingisse o poder por meios revolucionários, o resultado seria certamente uma vasta expansão da burocratização, já que a economia seria administrada de forma centralizada. Weber comentou em várias ocasiões que essa eventualidade teria produzido uma sociedade comparável ao Estado burocratizado do Egito antigo. Mas estava ciente desde o primeiro momento de que a ideologia revolucionária dos social-democratas era marcadamente diferente dos interesses reais do partido na política alemã. Esse elemento, em si, evidenciava claramente a ingenuidade política dos líderes do partido: tais líderes, de acordo com Weber, se distinguiam por seus "rostos complacentes de donos de pensão, a face da pequena burguesia".[13] Sua abordagem do SPD, em 1907, está bem formulada na afirmação que se segue:

> Quem tem mais a temer a longo prazo, a sociedade burguesa ou a social-democracia? No que se refere àqueles elementos no seu interior nos quais uma *ideologia revolucionária* toma corpo, acredito ser a última alternativa. É, hoje, muito evidente que há claros conflitos com a burocracia social-democrática.

Quanto mais, continuou afirmando, os social-democratas tivessem sucesso em se tornar um partido reconhecido, tanto mais perceberiam que seu "ardor revolucionário" corria "grande perigo": "Veríamos então que a social-democracia nunca conquistaria as cidadelas do poder, mas que, ao contrário, o Estado conquistaria o Partido Social-Democrata".[14] Escreveu a Michels em 1907 que, pelo menos no tocante ao futuro imediato, a chance de trabalhar em conjunto com os social-democratas era pequena; enquanto não estivesse oficialmente filiado a um partido, permaneceria mais próximo dos partidos burgueses.

Weber via, nos efeitos da Primeira Guerra Mundial sobre a sociedade alemã, a comprovação de suas primeiras análises sobre a estrutura social alemã e a possibilidade de transformar a ordem política. Antes de 1914, ele anteviu a crescente probabilidade da erupção do maior dos conflitos europeus. Além do mais, não escondeu os sentimentos positivos que a guerra "grande e maravilhosa" lhe inspiravam: a passividade e a falta de senso político nacional, que ele havia criticado no passado, foram substituídas por uma afirmação coletiva da integridade da nação em face das outras potências mundiais. Porém, mesmo em meio aos primeiros sucessos militares, também estava pessimista quanto às possibilidades de vitória da Alemanha. Considerando-se a posição da Alemanha entre as outras nações europeias, o que de mais importante poderia advir da guerra seria a afirmação bem-sucedida da Alemanha como uma "grande potência" reconhecida na Europa central — o que finalmente efetivaria aquilo que Bismarck originalmente procurara atingir. Grande parte da atenção de Weber, mesmo nos primórdios da guerra, estava de fato dirigida àquilo que se poderia alcançar no tocante à transformação da estrutura política *interna* do país. Entre os vários escritos políticos que escreveu mais perto do fim da guerra, o mais importante foi um conjunto de artigos publicados pela primeira vez no *Frankfurter Zeitung* de 1917, mais tarde reunidos sob o título *Parlament und Regierung im neugeordneten Deutschland* (*Parlamento e governo em uma Alemanha reconstruída*). Aqui, mais uma vez trata do "legado bismarckiano" — porém no contexto de mudanças do caráter da política alemã produzidas pela guerra.

Em *Parlament und Regierung*, com base em uma interpretação sociológica das instituições políticas alemãs, Weber elaborou uma análise das condições necessárias para implementar um sistema parlamentar na Alemanha, que se configuraria em algo mais do que ele havia referido anteriormente como o "falso constitucionalismo" da era guilhermina. As primeiras formas de crítica liberal e social-democrata ao governo da Alemanha, em sua maioria, foram "arrogantes e extravagantes" e teriam fracassado "em compreender as precondições dos parlamentos efetivos". Mas Weber insistiu ainda que a formação de um sistema parlamentar genuíno era uma necessidade que seria imposta pela posição do Estado nacional alemão, e que era um meio, não um fim: "Para um político racional, a forma de governo apropriada em qualquer momento é uma questão técnica que depende das tarefas políticas da nação ... Em si mesmas, as mudanças técnicas na forma de governo não fazem uma nação feliz, vigorosa ou valorosa. Elas apenas podem remover obstáculos técnicos e, assim, são apenas meios para um determinado fim". Em todo Estado moderno, reiterou, mas especialmente na Alemanha, o problema central em relação à formação de uma liderança política era o de controlar o "despotismo burocrático". E mais, a tendência de burocratização era característica de outras instituições, além do Estado: o processo de decisão se tornava crescentemente uma questão "administrativa", conduzido de acordo com os preceitos normatizados pelos "especialistas". Assim, o comandante militar moderno dirigiria as batalhas a partir de sua escrivaninha. Na indústria, o conjunto privado de funcionários de colarinho branco crescia numericamente em relação ao dos trabalhadores manuais. A burocratização da divisão do trabalho fundava-se "na 'separação' do trabalhador em relação aos meios materiais da produção, da destruição, da administração, da pesquisa acadêmica e das finanças em geral, o que constitui a base comum do Estado moderno na sua esfera política, cultural e militar, e a economia privada capitalista".[15] O significado do governo parlamentar, segundo Weber, estava no fato de que ele oferecia a possibilidade de controle efetivo do funcionalismo, sendo também uma fonte para a educação de lideranças políticas. Considerando-se o fato de que os líderes políticos tinham que ser eleitos dentro do parlamento, ele se referia, obviamente, ao modelo inglês. Mas o parlamento como um todo não poderia "governar" mais do que o podem os membros comuns de um partido político moderno. Tal como os últimos — e, de fato, em conjunto com a massa da população, que permanece uma força "passiva" na política exceto nos períodos em que exerce seu direito de voto —, os membros do parlamento tinham que aceitar a liderança da minoria. Um elemento "cesarista" seria inseparável do Estado moderno; um líder de partido precisava possuir as qualidades carismáticas necessárias para adquirir e manter a popularidade que traz sucesso eleitoral. O líder "plebiscitário" poderia usar seu atrativo carismático para iniciar novas ações políticas e para se afastar do procedimento burocrático estabelecido. Entretanto, o objetivo primário do parlamento era agir como salvaguarda contra a aquisição excessiva de poder pessoal por um líder plebiscitário.

A existência de um parlamento atuante era essencial para o treinamento de líderes, graças às habilidades desenvolvidas no trabalho conjunto e à formulação de políticas e legislações exigidas dos políticos profissionais de "nível médio". Mas era vital para um governo parlamentar, concluiu Weber, estar apoiado no direito de voto universal. Uma ordem democrática com direitos civis em que faltasse uma sólida fundação parlamentar conduziria ao cesarismo desenfreado — como o que tendera a caracterizar a política francesa, na qual a ausência relativa de "máquinas" partidárias organizadas enfraquecera o controle parlamentar. De outro lado, um sistema parlamentar que não fosse constituído pelo voto universal, para que pudessem emergir líderes de massa, provavelmente seria subvertido pelo domínio dos funcionários. Na Alemanha, teria se produzido uma cisão entre o eleitorado e a máquina do partido, por um lado, e a trama de posições dos altos cargos executivos, por outro. Os líderes parlamentares que se tornaram ministros tiveram que renunciar às suas filiações partidárias: então, talentosos líderes políticos foram afastados e acabaram por se tornar funcionários do lado de fora do próprio parlamento. Em *Deutschlands künftige Staatsform* [A *forma futura do Estado alemão*], publicado em fins de 1918, Weber sustentava que o presidente da futura república alemã deveria ter um caráter plebiscitário, eleito pela massa da população e não pelo parlamento — cláusula que finalmente, em parte por sua influência, acabou se inscrevendo na Constituição de Weimar.[16]

Nos últimos anos da guerra, Weber testemunhou a desintegração progressiva da unidade nacional que tinha sido fortalecida pelo início das hostilidades. As divisões políticas entre direita e esquerda, temporariamente superadas em meio ao entusiasmo coletivo de 1914, começaram a eclodir de novo. Weber atribuiu esse fato menos às atividades do grupo revolucionário Spartakus do que à posição intransigente do conservadorismo de base prussiana. A deterioração dos destinos econômicos e militares da Alemanha, que culminou em 1918, conduziu a uma situação na qual as demandas de Weber por uma reorganização constitucional do sistema político alemão acabaram por se realizar quase de uma só vez — não em um Estado que tivesse atingido seus objetivos de fortalecimento do "poder de igualdade" com os outros países europeus, mas em uma nação derrotada. A atitude de Weber em relação às possibilidades do estabelecimento de um governo socialista como resultado da Revolução Alemã tem um considerável interesse, já que permite sublinhar os temas mais importantes de sua análise política. Declarava que o governo democrático chegara à Alemanha não a partir de uma espécie de "luta bem-sucedida" que a burguesia travara na Inglaterra, mas como consequência da derrota. Entretanto, as exigências feitas nos primeiros escritos políticos permaneciam: os representantes políticos das classes burguesas tinham que assumir a responsabilidade pelo futuro da Alemanha. A proteção oferecida pela elite fundiária cessara. Weber acreditava que, nessas circunstâncias, seria possível e desejável submeter algumas empresas, tais como as de seguridade e as minas, ao controle estatal. Mas a socialização do resto da economia teria que ser definitivamente evitada. Apesar da grande omissão da burguesia no passado, especialmente dos grandes industriais, não havia nenhuma outra opção para a Alemanha:

> Não temos verdadeiramente nenhuma razão para amar os senhores da indústria pesada. Na verdade, uma das principais tarefas da democracia é quebrar sua influência *política* destrutiva. Entretanto, *economicamente*, sua liderança não é apenas indispensável, como se torna *maior* do que nunca *neste momento*, quando nossa economia como um todo e todas as suas

empresas industriais vão ter que ser organizadas de novo. O *Manifesto comunista* enfatizou com muita correção o caráter *economicamente* (e não politicamente) *revolucionário* do trabalho do empreendedor capitalista burguês. Nenhum sindicato, menos ainda o funcionário do Estado socialista, pode desempenhar essas funções para nós. Precisamos, simplesmente, fazer uso deles, no seu devido lugar: garantir-lhes o prêmio necessário – os lucros – sem entretanto permitir que lhes suba à cabeça. *Apenas* nesse caminho – hoje! – o avanço do socialismo é possível.[17]

Weber denunciou com mordacidade as atividades da extrema-esquerda em 1918 e 1919. Enquanto se preparava para admitir a exequibilidade de uma socialização restrita da economia, ele repudiava como uma "intoxicação" ou como um "narcótico" as esperanças de uma transformação radical da sociedade. Sobre a tentativa de implantar Estados revolucionários na Alemanha, escreveu a Lukács: "Estou absolutamente convencido de que esses experimentos podem trazer e trarão apenas o descrédito ao socialismo por cem anos". Em outro contexto, sublinhou: "Liebknecht faz parte de um hospício e Rosa Luxemburgo de um jardim zoológico". O movimento dos trabalhadores na Alemanha, reiterava, só poderia ter futuro *dentro* de um Estado capitalista. Obviamente, as implicações da formação da sociedade socialista que Weber tinha elaborado previamente estavam subentendidas nessa afirmação – particularmente sua antecipação do Estado burocratizado a que essa formação poderia conduzir. Mas a esse fator, no contexto de uma nação militarmente derrotada e em penúria econômica, Weber acrescentou outros fatores mais específicos que se estenderiam a qualquer tentativa de estabelecer um regime revolucionário. Só um governo burguês poderia obter os créditos estrangeiros necessários para a recuperação econômica; e, em qualquer circunstância, um governo revolucionário seria em breve derrubado pela intervenção militar dos países ocidentais vitoriosos – o que poderia conduzir, subseqüentemente, "à reação tal como nunca chegamos a experimentar –, e então o proletariado terá que pagar a conta".[18]

O fato de Weber ter se inclinado para a esquerda ao longo de sua carreira política é freqüentemente observado. Isso é indubitável no que se refere aos termos de ações políticas substantivas que tenha defendido; mas enquanto deslocava seus alinhamentos políticos, permanecia de fato referenciado em um conjunto de premissas que guiaram o conjunto de suas concepções políticas. Apesar de ter posteriormente modificado aspectos das concepções afirmadas na *Antrittsrede*, sua aula inaugural forneceu um conjunto preliminar de princípios (alguns específicos e outros mais gerais) que reapareceram na maior parte de seus escritos políticos subsequentes. Tais escritos foram mais precisamente formulados no período que se seguiu à recuperação de seu esgotamento nervoso: no mesmo momento em que ele produziu seus primeiros escritos metodológicos importantes e *A ética protestante e o espírito do capitalismo*. Resumidamente, consistiam nas suposições que se seguem:

1 Os problemas mais significativos da política alemã são derivados do "legado de Bismarck": a Alemanha assegurou sua unificação política sob a dominação de um "César" cuja queda deixou o novo Estado com uma carência de lideranças políticas capazes.

2 O futuro do Estado alemão dependeria da sua transformação em potência industrial desenvolvida. A "aristocracia" *Junker* era, inevitavelmente, uma classe em declínio; mas nenhuma das grandes classes criadas pelo desenvolvimento capitalista, nem a burguesia nem o proletariado, geraram lideranças capazes de promover com sucesso os interesses do Estado alemão. A burguesia teria que assumir essa tarefa no futuro imediato.

3 A ameaça de uma "dominação burocrática incontrolada" de modo algum seria resolvida por meio dos programas dos socialistas revolucionários, que pressupunham que o aparato burocrático do Estado poderia ser "destruído"; nem por meio dos esquemas de nacionalização parcial defendidos por certos "socialistas acadêmicos". Tais programas como um todo apenas teriam sucesso em incrementar o avanço da burocracia.

4 O estabelecimento de um governo democrático seria incapaz, como a sociedade do futuro projetada pelos socialistas revolucionários, de abolir ou reduzir a "dominação do homem pelo homem". O governo democrático, em uma sociedade moderna, dependeria da existência de partidos de "massa" burocratizados em sentido estrito: entretanto, em conjunção com a operação do parlamento, eles poderiam criar uma liderança com iniciativa independente capaz de dirigir os destinos do Estado.

5 O fortalecimento do Estado-Nação teria que ter primazia sobre todos os outros objetivos. Os interesses do Estado-Nação alemão representariam o critério último de acordo com o qual as ações políticas seriam julgadas.

6 Todas as políticas, em última análise, envolveriam lutas pelo poder; não poderia haver nenhum ponto final em relação a essas lutas. Assim, qualquer tipo de abordagem da política que se baseasse puramente em apelos éticos universalistas (tais como "liberdade" ou "bondade") seria fútil.

O contexto político da sociologia de Weber

Menciona-se, frequentemente, que o trabalho de Weber representa uma resposta ao capitalismo "tardio". Assim expressa, essa afirmação é um engano. Especificamente importante como fundamento político e econômico para os escritos sociológicos de Weber é, de fato, a *lentidão* do desenvolvimento econômico alemão. Tomando como critério de julgamento o modelo inglês, as décadas finais do século XIX foram, de fato, um período de evolução capitalista "madura": por volta de 1900, poder-se-ia declarar que a Inglaterra estava "industrializada" há mais de meio século. Muitos sociólogos, quando falam genericamente em "capitalismo do século XIX", têm em mente o caso da Inglaterra, tratado como exemplar do desenvolvimento capitalista. Mas a questão é que, na Alemanha, a transição para o industrialismo capitalista ocorreu apenas em fins do século XIX; ela se deu sem a ocorrência de uma revolução burguesa "bem--sucedida" e na articulação de um processo de centralização política assegurada pelo imperialismo militar prussiano.

O interesse de Weber pelo "capitalismo", com suas pressuposições e consequências, no interior de seus escritos sociológicos, assim, tem que ser entendido, em larga medida, como decorrência da preocupação com as características dos problemas específicos relativos à sociedade alemã nas primeiras fases de seu desenvolvimento industrial. Esse interesse é subjacente ao seu estudo sobre a propriedade de terras a leste do Elba. Em sua publicação inicial, o trabalho recebeu elogios consideráveis dos círculos conservadores por causa de sua postura em relação à "questão polonesa". Mas suas observações mais gerais de fato contêm uma apreciação sobre o declínio da posição econômica dos grandes proprietários fundiários, e isso constitui um elemento central no seu pensamento político posterior. A estrutura agrária "feudal" no Leste, que era a base econômica da Prússia, teria necessariamente que dar lugar ao capitalismo comercial.

A análise de Weber, entretanto, levou à conclusão de que nem a hegemonia preexistente dos *Junker*, nem sua posição declinante poderiam ser explicadas em termos estritamente econômicos. As propriedades *Junker* não se fundavam simplesmente na "exploração" econômica do campesinato, mas se constituíam em esferas de dominação política, enraizadas em relações fortemente definidas e tradicionais de mando e subordinação. Os sucessos militares da Prússia e suas façanhas políticas na Alemanha, sustentava Weber, foram obtidos com base no poder tradicionalista dos *Junker*. Mas, precisamente por terem assegurado a unidade do Estado alemão, os *Junker* "cavaram sua própria sepultura": a unificação política do país, que pela primeira vez tornou a Alemanha o Estado mais poderoso da Europa central, dali em diante só poderia ser mantida pela promoção da industrialização. Apenas um Estado industrializado poderia esperar se igualar em força aos outros países do Ocidente — e teria recursos para enfrentar o que Weber, ao longo da vida, considerou a maior ameaça do Leste: a Rússia. De fato, afirmou Weber, conquanto mantivessem pretensões "aristocráticas", os *Junker* já tinham se tornado, efetivamente, proprietários de terras comercializadas. O capitalismo tinha

> desgastado o caráter social do *Junker* e dos seus trabalhadores. Na primeira metade do último século [isto é, do século XIX] o *Junker* era um patriarca rural. Os braços da fazenda, os fazendeiros de cujas terras ele tinha se apropriado, não eram de modo algum proletários ... eram, em pequena escala, agricultores com interesse direto na administração prudente do senhor. Mas eles foram expropriados pela valorização crescente da terra; seu senhor retinha pastos e terras, estocava cereal e pagava-lhes salários em troca. Assim, a velha comunidade de interesses estava dissolvida e os braços da fazenda se tornaram proletários.

O resultado crescente do desgaste da posição dos *Instleute*, trabalhadores servis, produziu uma emigração de trabalhadores do Leste para as indústrias em expansão da parte ocidental da Alemanha.

"Para a Alemanha, todas as questões fatais de política econômica e social e de interesse nacional estão intimamente associadas a esse contraste entre a sociedade rural do Leste e a do Oeste, e a seu desenvolvimento posterior."[19]

As análises de Weber dessas questões diferiam consideravelmente das propaladas nos círculos ortodoxos do SPD, na virada do século. Enquanto os autores marxistas buscavam interpretar o caráter cambiante do Leste agrário quase apenas em termos econômicos, Weber vislumbrava uma intricada influência recíproca das relações econômicas, políticas e ideológicas. Assim, explicando a emigração dos trabalhadores das propriedades fundiárias, Weber rejeitava a concepção segundo a qual isso poderia ser explicado pela referência a considerações puramente econômicas: a força motriz imediata era, antes, uma noção generalizada de "liberdade" conquistada a partir dos laços restritivos do trabalho servil. A "questão do pão e da manteiga", afirmava Weber, "é de importância secundária". [20]

A *ética protestante* reúne, combina e projeta, em um âmbito geral, várias das implicações que Weber extrai de sua interpretação da questão agrária e de seu relacionamento com a política alemã. É um engano enxergar essa obra, como muitos fizeram, como um ataque frontal contra o materialismo histórico. A linha emergente do raciocínio de Weber, mais exatamente, tanto em relação à estrutura social alemã quanto no que diz respeito a um plano intelectual mais geral, conduziu-o em direção a uma perspectiva que atravessa as concepções típicas incorporadas pelo marxismo. Sua rejeição à filiação aos social-democratas na esfera política, na medida em que se baseava na interpretação das tendências de desenvolvimento da sociedade alemã, recebeu sustentação intelectual na aceitação de certos elementos do neokantismo da escola de Heidelberg. A posição metodológica de Weber, tal como foi elaborada durante o período de 1904-1905, se apoiava fortemente em Rickert e na dicotomia entre fato e valor que se tornaria fundamental na filosofia posterior. Weber se utilizou dessa dicotomia para formular uma crítica metodológica tanto ao idealismo quanto ao marxismo, considerando-os esquemas gerais aplicados à história; no âmbito da ação política, isso embasava sua rejeição à social-democracia como representante de uma fusão ilegítima de reivindicações éticas e políticas. Como certa vez observou a respeito do socialismo, "*não devo me reunir a essas igrejas*".[21]

Max Weber acrescentou a essas objeções metodológicas ao marxismo sua apreciação das características específicas do desenvolvimento econômico e político da Alemanha. Concordava com alguns elementos da análise marxista tradicional da ideologia religiosa, mas rejeitava completamente o materialismo histórico "unilateral", que não conferia nenhuma influência positiva ao conteúdo simbólico das formas específicas do sistema religioso de crença. Assim, aceitava que "A Igreja pertence, nos países europeus, às forças conservadoras: a Igreja Católica Romana, em primeiro lugar ... mas também a Igreja Luterana". Encontrou no calvinismo, entretanto, um impulso religioso que não era conservador, mas revolucionário. Conquanto o luteranismo, tal como demonstrou em A ética protestante, representasse um "avanço" importante em relação ao catolicismo pela promoção da penetração da ética religiosa no sancionamento do trabalho racional como "vocação", a Reforma em si não representava uma ruptura radical com o tradicionalismo. O luteranismo como um todo, tal como o catolicismo, atuava como "apoio ao camponês, com seu modo conservador de vida, contra a dominação de uma cultura urbana racionalista". As duas igrejas consideravam que os laços pessoais da relação entre senhor e servo poderiam ser mais facilmente controlados do ponto de vista ético do que as relações comerciais de mercado. "Contrastes historicamente condicionados, que sempre tinham separado o catolicismo e o luteranismo do calvinismo, fortaleceram profundamente essa atitude anticapitalista das igrejas europeias."[22]

Assim, na busca pela identificação do vínculo histórico entre o calvinismo e o capitalismo racional moderno, Weber ao mesmo tempo iluminou as circunstâncias específicas do caso alemão. O calvinismo, sancionando o "ascetismo neste mundo", serviu para romper com o tradicionalismo que tinha caracterizado as formações econômicas anteriores. A Alemanha experimentou a primeira "revolução religiosa" dos tempos modernos, mas o luteranismo não foi uma ruptura com o tradicionalismo capaz de gerar o impulso ético que poderia apoiar o capitalismo moderno. Ao contrário, a Igreja Luterana teria se tornado o baluarte do sistema de dominação política que entraria pelo século XX afora. Weber explicitou essa questão nos seus escritos políticos, apontando uma conexão direta entre o luteranismo e o crescimento do Estado prussiano: "O protestantismo legitimou o Estado como instrumento da violência, como uma instituição divina absoluta e como o único poder estatal legítimo. Lutero tirou a responsabilidade ética pela guerra do indivíduo e a transferiu para a autoridade do Estado; obedecer a essa autoridade em todas as questões, exceto a crença religiosa, nunca poderia gerar nenhuma culpa".[23]

Na medida em que esse elemento levou Weber a uma confrontação com a análise marxista da "ideologia" e da "superestrutura", era inevitável que muito da controvérsia sobre A *ética protestante* se centrasse no "papel das ideias" no desenvolvimento histórico. O próprio Weber repudiou sarcasticamente as posturas do materialismo histórico a esse respeito: a noção segundo a qual os sistemas de ideias poderiam ser em quaisquer circunstâncias reduzidos, "em última instância", aos fatores econômicos estava "completamente morta"; a verdade estava no fato de que não havia nenhuma linha unilateral de relacionamento entre os fatores "materiais" e "ideais". Mas, subjacente à obra, havia uma divergência de raízes mais profundas com o marxismo, que dizia respeito à estrutura essencial do capitalismo e da racionalidade burguesa, e, trabalhando as implicações dessa perspectiva, tal como foram elaboradas nos seus estudos sobre as civilizações não européias, Weber, mais uma vez, configurou como ponto de partida sua interpretação da situação alemã e do "legado de Bismarck".

Um tema-chave nos escritos de Weber é a ênfase sobre a influência do "político" em oposição à do "econômico". Hoje, é importante reconhecer que as duas formas mais significativas de teoria sociopolítica originadas na primeira parte do século XIX — liberalismo e marxismo — estavam de acordo em minimizar a influência do Estado. O "político" era visto como elemento derivado e secundário. O marxismo até admitia a importância do Estado no capitalismo, mas via-o como expressão da assimetria dos interesses de classe, e portanto como uma forma social que "desapareceria" quando a sociedade de classes fosse superada pelo socialismo. Weber percebeu com facilidade a disjunção entre essa concepção, tal como era defendida pelos porta-vozes dos social-democratas, e a realidade das circunstâncias sociais nas quais o partido marxista se encontrava. O SPD certamente estava — particularmente durante o período das leis antissocialistas — "fora" do Estado; mas o único meio, tal como Weber o via, de o partido adquirir poder era o sistema eleitoral. Entretanto, quanto mais o partido era bem-sucedido por essa via, de acordo com sua análise, mais era forçado a se tornar um partido burocratizado, de "massas", a ser integrado ao mecanismo do Estado existente sem que fosse possível contrapor-lhe nenhuma "alternativa". Rejeitava a perspectiva dos liberais de esquerda por razões similares. O liberalismo ao estilo de 1848, aos olhos de Weber, estava obsoleto, no contexto do período pós-unificação na Alemanha. Os pressupostos contidos na perspectiva dos liberais de esquerda — "minimizar" o poder político pela plena extensão dos direitos políticos de voto universal — eram para Weber irreconciliáveis com a tendência de desenvolvimento da política alemã. Dentro da Alemanha, o principal resíduo da dominação de Bismarck era a existência de um funcionalismo burocrático de Estado: uma "democracia sem liderança" não configuraria nenhum avanço sobre a situação presente da hegemonia política de uma classe condenada e em declínio. Externamente, a Alemanha estava rodeada de Estados poderosos: a unificação da Alemanha tinha sido conquistada pela afirmação do poder militar prussiano em face de outras nações europeias de maior grandeza. Assim, transformada em uma sociedade "burguesa", a Alemanha não poderia seguir o mesmo padrão de desenvolvimento político tanto da Inglaterra quanto dos Estados Unidos. Em mais de uma ocasião, Weber estabeleceu um contraste explícito entre as circunstâncias históricas da Alemanha e as dos Estados Unidos. A Alemanha teria sido colocada em uma situação que "nos forçou a manter o esplendor de nossa velha cultura, por assim dizer, em um acampamento armado dentro de um mundo eriçado de armas". Os Estados Unidos, por outro lado, "ainda não conhecem esse tipo de problemas" e, provavelmente, "nunca encontrarão alguns deles". O isolamento do subcontinente que os Estados Unidos ocupam foi "selo histórico real impresso sobre suas instituições democráticas; sem essa aquisição, com vizinhos poderosos e belicosos ao seu lado, teria, tal como nós, que usar uma armadura, mantendo constantemente nas gavetas das mesas uma ordem de marcha, em caso de guerra".[24]

Essa afirmação guiou Weber na sua conceituação geral do Estado e do poder político, tal como formulada em *Economia e sociedade*. Em contraste com os pensadores do mesmo período (tal como Durkheim), que enxergavam o Estado-Nação moderno, antes de mais nada, como uma instituição moral, Weber enfatizou acima de tudo a capacidade do Estado em reivindicar, pelo uso da força, uma área territorial definida. O Estado moderno era "uma associação compulsória com uma base territorial" e monopolizava, dentro de seus limites, o controle legítimo do uso da força. Era impossível, assegurava, definir um agrupamento "político" (*Verband*) nos termos de qualquer categoria específica de finalidades à quais servisse: "Não há um fim concebível que *algumas* das associações políticas já não tenham perseguido. E, da garantia da segurança individual até a administração da justiça, não há nenhum (fim) que *todas* tenham reconhecido".[25] Assim, o caráter "político" de um grupo só poderia ser definido nos termos do seu monopólio da disponibilidade da força — o que é um "meio" mais do que um "fim".

A organização de um Estado racional-legal, na sociologia de Weber, foi aplicada para gerar um paradigma geral da progressão da divisão do trabalho no capitalismo moderno. A aplicação desse esquema, que era mediada pela concepção de burocratização, expressava mais uma vez, definitivamente, o caráter independente do "político" quando comparado ao "econômico". Para Marx e para a maior parte do pensamento social do século XIX em geral, o problema da burocracia tinha pouca importância — fato que tem que ser atribuído, de modo direto, ao tratamento da organização política como fortemente dependente do poder econômico (dominação de classe). É claro que Weber não negava que o capitalismo moderno envolvesse a emergência de um sistema de classes baseado no capital e no trabalho assalariado. Mas, para ele, esse não era o eixo estrutural principal, tal como era para Marx, da crescente diferenciação da divisão social do trabalho que acompanhou o avanço do capitalismo. Em vez de generalizar a partir do econômico para o político, Weber generalizava a partir do político para o econômico: a especialização burocrática de tarefas (que era a primeira e a mais importante característica do Estado racional-legal) foi tratada como o mais integral dos feitos do capitalismo. Mas Weber rejeitava a concepção de que a expropriação do trabalhador em relação aos meios de produção pudesse ser confinada apenas à esfera econômica; qualquer forma de organização que tivesse uma hierarquia de autoridade poderia vir a se sujeitar a um processo de "expropriação". No Estado moderno, "funcionários especializados, com base na divisão do trabalho", foram como um todo expropriados da posse dos seus meios de administração. "No Estado contemporâneo — e isso é essencial para o conceito de Estado – a 'separação' dos auxiliares administrativos, dos funcionários administrativos e dos trabalhadores dos meios da organização administrativa é completa."[26]

Nesse ponto a análise de Weber do desenvolvimento político da Alemanha reencontrava sua concepção geral de crescimento do capitalismo ocidental e das prováveis consequências da emergência das sociedades socialistas na Europa. Esse problema específico do desenvolvimento "político" alemão era o mesmo do "legado" de Bismarck, que teria levado a Alemanha a uma burocracia fortemente centralizada, sem que fosse complementada por uma ordem institucional capaz de gerar uma liderança política independente, como demandavam as "tarefas da nação". Esse tipo de liderança política proveniente, no passado, da aristocracia prussiana não poderia se originar dessa mesma fonte em uma sociedade capitalista. Essa sociedade constituíra uma classe trabalhadora e uma burguesia. A análise de Weber das características específicas do SPD, tal como sua formulação geral sobre o crescimento da divisão burocratizada do trabalho no capitalismo, reforçou sua concepção de que a constituição burguesa era a única opção factível na Alemanha. Considerava uma fantasia o ímpeto ideológico dos social-democratas, que promovia a noção segundo a qual o aparato burocrático do Estado poderia ser superado e destruído pelos meios revolucionários. Não se tratava apenas do fato de uma economia capitalista necessitar de uma organização burocrática, mas do fato de a socialização da economia constituir inevitavelmente a expansão da burocracia, com o objetivo de coordenar a produção de acordo com o "planejamento" central. De um modo geral, chegava-se a essa conclusão por meio da análise do processo de "expropriação" na divisão do trabalho. A antecipação marxista do socialismo estava assentada na crença de que a sociedade capitalista poderia ser superada por uma nova ordem social; mas, na concepção de Weber, a possibilidade de superação do capitalismo tinha sido completamente eliminada. A característica essencial do capitalismo se configurava não nas relações de classe entre trabalho assalariado e capital, mas na orientação racional para a atividade produtiva. O processo de "separação" do trabalhador dos meios de produção foi apenas uma instância do processo de racionalização da conduta que avançava em todas as esferas da sociedade moderna. Esse processo que fazia ascender a especialização burocrática era irreversível. Na medida em que o socialismo estava embasado na imposição adicional do controle racional da conduta econômica (a centralização da economia) e no "desaparecimento" do "político" por sua imersão no "econômico" (controle do Estado sobre as empresas de caráter econômico), o resultado só poderia ser uma expansão enorme da burocratização. Esta não configuraria a "ditadura do proletariado", mas a "ditadura dos funcionários".[27]

A análise de Weber da estrutura política da Alemanha tinha como preocupação a inter-relação de três elementos centrais: a posição tradicionalmente estabelecida dos proprietários de terra "feudais" *Junker*; a tendência à "dominação burocrática incontrolada" pelo funcionalismo de Estado; e a carência de liderança política que se vinculava a cada um desses fatores. Os três componentes reaparecem, no âmbito mais geral da sociologia política de Weber, em sua tipologia da dominação: tradicional, legal e carismática. Sem dúvida, a dominação dos *Junker* lhe serviu como modelo aproximado (em conjunto com o caso de Roma, que ele utilizou para formular algumas comparações com a Alemanha em seus primeiros escritos) para estabelecer as implicações gerais do contraste entre os "tipos puros" de dominação tradicional e legal e o relacionamento entre esses tipos e a atividade econômica. "A dominação de um estrato tende", esclareceu Weber, "porque a estrutura dos poderes feudalizados de governo é, de modo predominante e usual, patrimonial, a estabelecer limites rígidos à liberdade da atividade aquisitiva e ao desenvolvimento dos mercados."[28] Mas, em conjunto com sua ênfase mais geral, acentuou que as práticas administrativas da dominação tradicional, mais do que sua atividade de política puramente econômica, inibiam o crescimento da atividade capitalista racional. Aqui, o caráter "arbitrário" da administração tradicional tem uma significação particular, já que militava contra a emergência da racionalidade formal ou do "cálculo" na ação social. As circunstâncias históricas da Europa ocidental eram, de acordo com Weber, únicas e incentivaram o desenvolvimento do Estado racional, com seus funcionários especializados. Essa teria sido uma das maiores condições (entre outras) a facilitar a ascensão do capitalismo moderno no Ocidente.

O caso da Alemanha, entretanto, demonstrava que o crescimento do Estado racional não era, de forma alguma, condição suficiente para a emergência do capitalismo moderno. Nos países em que o capitalismo teve uma existência precoce, Inglaterra e Holanda, o Estado burocrático se desenvolveu menos do que na Alemanha. Foi a existência de um Estado burocrático na Alemanha e a direção específica para a qual ele foi canalizado sob Bismarck que levara o país às mãos de políticos "sem vocação". "Políticos profissionais", tal como Weber demonstrou em seus estudos sobre as civilizações do Leste, emergiram em todos os Estados patrimoniais desenvolvidos. Eram indivíduos que acabavam por adquirir proeminência a serviço do rei: "Homens que, ao contrário do líder carismático, não quiseram ser senhores por si mesmos, mas ficaram a *serviço* de líderes políticos". Mas apenas no Ocidente houve políticos profissionais, cujas vidas foram devotadas "ao serviço de poderes que não os dos príncipes"; que viveram "fora" da política e que reconheceram apenas a legitimidade de princípios legais impessoais. O desenvolvimento desse processo aconteceu na Europa por diferentes caminhos e em diferentes lugares, mas sempre envolveu o desencadear de uma luta pelo poder entre o rei e os auxiliares administrativos que cresciam à sua volta. Na Alemanha, isso teve uma forma particular:

> Onde quer que as dinastias retivessem poder real em suas mãos – como era especialmente o caso da Alemanha – os interesses do príncipe se uniam aos dos funcionários *contra* o parlamento e suas reivindicações de poder. Os funcionários também estavam interessados em obter posições importantes, ocupadas por suas próprias fileiras, tornando, assim, tais posições objeto de uma carreira funcional. O monarca, por seu lado, desejava indicar os ministros a partir das fileiras de funcionários devotados, a seu próprio critério. Ambas as partes, entretanto, estavam interessadas em ver a liderança política enfrentar o parlamento de um modo unificado e solidário.[29]

Todos os Estados modernos, evidentemente, envolviam essas duas formas de funcionários: os "administrativos" e os "políticos". A discussão de Weber sobre o relacionamento entre as duas formas de funcionalismo moderno na Alemanha se baseava na análise das qualidades da liderança política que estava diretamente conectada com a sua formulação da dominação carismática em geral. O funcionário burocrático tinha que desempenhar suas funções de modo imparcial – como Weber afirmava frequentemente, *sine ira et studio*. O líder político, ao contrário, tinha que "tomar uma posição" e "ser apaixonado". A "rotinização" da política – ou seja, a transformação das decisões políticas em decisões de rotina administrativa, pela dominação do funcionalismo burocrático — era especificamente estranha às demandas que eram mais básicas para a ação política. Esse fenômeno, que ocupou boa parte da atenção de Weber em sua análise da carência de liderança política na Alemanha, constituiu-se no maior componente de sua comparação generalizada do carisma tanto com a dominação tradicional quanto com a racional-legal. O carisma era, como "tipo puro", inteiramente oposto à rotina, o *alltäglich*. As dominações tradicional e legal, por outro lado, constituíam, ambas, as formas da administração cotidiana, uma vinculada aos antecedentes transmitidos das gerações passadas, a outra conformada pelos princípios universais abstratamente formulados. O líder carismático, "como ... todo líder verdadeiro nesse mesmo sentido, preconiza, cria ou demanda *novas* obrigações".[30] Era por essa razão que o "elemento carismático" adquiria uma significação vital na ordem democrática moderna; sem ele, nenhuma elaboração de políticas seria possível, e o Estado ficaria relegado a uma democracia sem liderança, ao governo de políticos profissionais sem vocação.

A articulação sociológica do pensamento político de Weber

Na discussão anterior, busquei identificar algumas das conexões entre os escritos políticos de Weber e seus trabalhos sociológicos mais gerais, enfatizando os aspectos de sua sociologia que foram mais diretamente influenciados pela sua análise do desenvolvimento político da Alemanha guilhermina. A influência do "modelo alemão" sobre o pensamento de Weber foi profunda: todos os seus grandes interesses intelectuais foram virtualmente moldados por ele. Mas sua avaliação do desenvolvimento político da Alemanha também foi ampliada por um enfoque mais amplo, e formulada mais sistematicamente, dentro de uma estrutura abstrata de pensamento que ele elaborou da virada do século em diante. A posição metodológica que ele estabeleceu no início desse período é particularmente importante para essa conexão. Como em outras partes de seu trabalho, a tendência foi — mais uma vez, particularmente no mundo de língua inglesa — a de realçar a existência de uma disjunção entre seus ensaios metodológicos, de um lado, e seus escritos mais empíricos, de outro. Entretanto, como Löwith ressaltou, a perspectiva metodológica de Weber é inseparável de suas outras obras, mais particularmente de sua interpretação geral da ascensão do capitalismo. Os elementos mais importantes das noções metodológicas de Weber foram elaborados no mesmo período em que ele estava trabalhando em A *ética protestante*; e essas noções eram uma contribuição intelectual que ajudava a moldar sua análise sobre a tendência de desenvolvimento do capitalismo ocidental em geral e sobre a estrutura social e política da Alemanha em particular.

Os ensaios metodológicos de Weber tinham um caráter fortemente polêmico e têm que ser vistos como contraponto aos fundamentos de várias escolas de pensamento social e econômico do século XIX alemão. Em seu longo ensaio sobre Roscher e Knies, manejou dois conjuntos superpostos de problemas: a confusão, nos trabalhos desses autores, entre o compromisso com o método empírico rigoroso e o uso de conceitos "místicos" oriundos da filosofia idealista clássica e a questão da suposta "subjetividade irracional" do comportamento humano comparada à "previsibilidade" do mundo natural. A conduta humana, afirmava Weber, era tão previsível quanto os eventos do mundo natural: "A 'previsibilidade' [*Berechnenbarkeit*] dos 'processos da natureza', tal como na esfera das previsões meteorológicas, é muito menos acertada do que o cálculo das ações de alguém conhecido por nós".[31] Essa "irracionalidade" (no sentido de que a "vontade livre" = "incalculabilidade") não era de forma alguma um componente específico da conduta humana: pelo contrário, essa irracionalidade, concluiu Weber, era "anormal", na medida em que se constituía em propriedade do comportamento daqueles indivíduos que eram designados como "insanos". Era, portanto, uma falácia supor que as ações humanas não pudessem ser tratadas por generalizações; na verdade, a vida social dependia de regularidades na conduta humana, de tal forma que um indivíduo pudesse calcular as respostas prováveis de outro em relação à sua própria ação. Porém, do mesmo modo, isso não implicava que as ações humanas pudessem ser tratadas com total igualdade em relação aos eventos do mundo natural – isto é, como fenômenos "objetivos", na acepção assumida pelo positivismo. A ação teria um conteúdo "subjetivo" não compartilhado pelo mundo da natureza, e a apreensão do sentido das ações de um ator era essencial para a explicação das regularidades discerníveis na conduta humana. Por essa razão, Weber insistia em que o indivíduo era o "átomo" da sociologia: toda proposição que envolvesse referências à coletividade, tal como um partido ou uma nação, teria em última instância que ser resolvida por conceitos referentes às ações individuais.

A posição que Weber adotava em relação a esses aspectos se recusava, então, a identificar a "vontade livre" com o irracional. As ações humanas impulsionadas por essas forças seriam governadas pelo exato oposto da liberdade de escolha: tal liberdade era dada na medida em que a conduta se aproximasse da "racionalidade", o que aqui significa a correspondência dos meios aos fins na ação orientada.[32] Assim, identificou dois tipos puros de ação racional, cada um inteligível em termos da relação entre meios e fins, para o cientista social: "racionalidade referente a fins" (*Zweckrationalität*), na qual o ator racionalmente estima a totalidade da extensão das consequências engendradas pela seleção dos meios dados para a obtenção de um determinado fim, e "racionalidade referente a valores", na qual um indivíduo conscientemente persegue um fim que considera mais importante, com uma devoção particular, sem "levar em conta os custos". Weber contrapunha esses dois tipos à ação irracional, e estabeleceu como princípio metodológico básico a prescrição segundo a qual "todos os elementos irracionais, afetivamente determinados do comportamento", deveriam ser tratados "como fatores de desvio em relação ao tipo conceitualmente puro de ação racional".[33]

É importante enfatizar que, de acordo com seu esquema metodológico, a "moral" estava, do ponto de vista lógico, separada do "racional". A atribuição de racionalidade toma os objetivos morais ou os "fins" como *dados*: Weber rejeitava completamente a concepção de que a esfera do "racional" pudesse se estender à avaliação de padrões éticos conflitantes. O que ele frequentemente referia como "irracionalidade ética do mundo" era fundamental para a sua epistemologia. Afirmações de fatos e julgamentos de valores estavam separados por um abismo lógico absoluto: não havia nenhum caminho pelo qual o racionalismo científico pudesse validar um ideal ético comparado a outro. O conflito interminável entre sistemas éticos divergentes não poderia ser resolvido pelo aumento do conhecimento racional. Daí resulta que o que "vale a pena" conhecer poderia não ser determinado racionalmente, mas teria que repousar em valores que especificariam por que certos fenômenos têm "interesse": a investigação objetiva da ação humana seria possível, mas apenas assentada em uma base anterior de seleção dos problemas que teriam relevância em relação aos valores.

A perspectiva metodológica de Weber, assim, se desdobrou no estabelecimento de certas polaridades entre "subjetividade" e "objetividade", e entre "racionalidade" e "irracionalidade":

> A validade *objetiva* de todo conhecimento empírico repousa exclusivamente sobre a ordenação da realidade dada de acordo com categorias que são *subjetivas* em um sentido específico, precisamente naquelas que apresentam as *pressuposições* do nosso conhecimento e que estão baseadas em pressuposições de *valor* daquelas *verdades* que só o conhecimento empírico é capaz de nos oferecer ... Mas esses dados não podem nunca se transformar na produção de uma prova empiricamente impossível para a validade de ideias de valor. A crença que todos temos de uma forma ou de outra na validade metaempírica de valores últimos ou finais, na qual se enraíza a significação da nossa existência, não é incompatível com a mutabilidade incessante dos pontos de vista concretos, a partir dos quais a realidade empírica ganha suas significações. Ao contrário, ambas as visões estão em harmonia entre si. A vida com sua realidade irracional e seu conjunto de significados possíveis é inexaurível.[34]

Desse modo, para Weber, não haveria nenhum sentido no qual a história pudesse ser "racional", tal como foi postulado tanto pelo "idealismo objetivo" hegeliano quanto pelo marxismo, apesar de o desenvolvimento social humano ter revelado uma progressão em direção a ideais racionalmente determinados. A afirmação de Marx segundo a qual "a humanidade sempre se coloca tarefas à medida que pode resolvê-las" era antitética à posição de Weber, tal como a famosa proposição de Hegel, "o que é racional é real e o que é real é racional". Como Weber expressou algumas vezes, a verdade e a bondade não se definiriam em uma relação histórica entre si.

Essa posição epistemológica teve, para o pensamento sociológico e político de Weber, consequências que se estenderam para além da esfera da metodologia das ciências sociais. A "irracionalidade ética" era o elemento mais importante nas concepções subjacentes aos seus estudos sobre as "religiões mundiais", bem como às suas análises sobre o rumo específico de desenvolvimento da racionalização no Ocidente. De acordo com a perspectiva de Weber, não poderia haver nenhuma solução racional em relação aos padrões éticos rivais existentes: todas as civilizações, assim, encararam o problema de ter que "dotar de sentido" a "irracionalidade" do mundo. A teodiceia religiosa oferecia uma "solução" para esse problema, e a necessidade de "conferir sentido ao que não o tem" foi um ímpeto psicológico importante em direção à racionalização dos sistemas de crença religiosa. O crescimento da racionalização dependeu de forças que não eram em si mesmas racionais; daí a importância do carisma no pensamento de Weber. O "carisma" seria uma força "especificamente irracional" na medida em que se constituía como "alheio a todas as normas".[35] Era isso que fazia dos movimentos carismáticos o maior elemento revolucionário na história, a fonte mais potente de novas formas de racionalização.

O conceito de "racionalização" em Weber era complexo e ele se utilizou desse termo para abranger três conjuntos de fenômenos relacionados entre si: (1) o que ele referia diversamente como (no aspecto positivo) "intelectualização" ou (no aspecto negativo) como "desencantamento" (*Entzauberung*) do mundo; (2) o crescimento da racionalidade no sentido do "elo metodológico entre um determinado fim prático estabelecido e o uso de um cálculo crescentemente preciso dos meios adequados";[36] (3) e o crescimento da racionalidade no sentido da formação de uma "ética que fosse sistematicamente e de modo não ambíguo orientada para objetivos fixados". Tal como mostrou em seus estudos sobre a Índia e a China, a racionalização dos sistemas de crenças finais poderia tomar inúmeras formas diferentes, envolvendo várias combinações desses três elementos. A forma específica do desenvolvimento social e econômico da Europa ocidental incorporou uma combinação que foi, por certos rumos bastante definidos, muito diversa das direções que a racionalização tinha tomado em qualquer outro lugar.

Weber detalhou as esferas mais importantes da vida social e econômica nas quais a racionalização se desenvolveu no Ocidente de uma forma específica ou em grau avançado, antes mesmo do desenvolvimento do capitalismo moderno. Esses desenvolvimentos anteriores — tais como a formação da jurisprudência racional herdada do direito romano — desempenharam um papel definido em facilitar a ascensão do capitalismo moderno. A importância do calvinismo e de outros ramos do protestantismo ascético, tal como Weber esclareceu em A *ética protestante*, não se referia ao fato de eles terem sido a "causa" do capitalismo, mas ao fato de terem oferecido um ímpeto *irracional* para a busca disciplinada de ganho monetário, dentro de uma "vocação" específica – abrindo assim o caminho para a expansão posterior de tipos distintos de racionalização da atividade estimulados pela voracidade do capitalismo. O protestantismo ascético sancionou a divisão do trabalho que se integrava ao capitalismo moderno e que, inevitavelmente, agregou à expansão do capitalismo o avanço da burocracia. A divisão do trabalho burocratizada, que, com o desenvolvimento posterior do capitalismo, tornou-se característica de todas as instituições mais importantes, daí em diante funcionou "mecanicamente" e não tinha nenhuma necessidade da ética religiosa na qual, originalmente, se baseava. Assim, a expansão posterior do capitalismo completou o desencantamento do mundo (por meio de um compromisso com o "progresso" científico); transformou muitas formas de relação social em condutas que se aproximavam do tipo *Zweckrational* (por meio da coordenação racional das tarefas nas organizações burocráticas); e impulsionou a expansão de normas do tipo abstrato e legal, as quais, principalmente quando incorporadas ao Estado, constituíram a forma principal da "ordem legítima" moderna.

Cada um desses três aspectos da racionalização promovidos pelo capitalismo teve consequências às quais Weber atribuiria uma significação essencial na análise da ordem política moderna.

1 Na medida em que Weber estabeleceu como princípio lógico que nem as proposições científicas nem o conhecimento empírico poderiam validar julgamentos de valor, segue-se que o crescimento da intelectualização científica, característico do capitalismo, não poderia, de si e por si mesmo, conferir sentido. Assim, o próprio progresso da ciência, concluiu ele, disseminou a visão segundo a qual foi promovido o esforço científico:

> Para experimentadores artísticos do tipo de Leonardo e para os inovadores musicais, a ciência significava o caminho para a arte *verdadeira*, portanto o caminho para a verdadeira *natureza* ... E hoje? Quem – além de algumas crianças crescidas que de fato são ainda encontradas no mundo das ciências naturais – ainda acredita que os achados da

astronomia, biologia, físicas ou química possam nos ensinar qualquer coisa sobre o *sentido* do mundo? ... Se essas ciências naturais não conduziram, por esse caminho, a nada, [se] pudessem constituir a crença de que há uma tal coisa como o "sentido" do universo, exterminar-se-iam em suas próprias raízes.[37]

Um tema constante dos escritos políticos de Weber era a ênfase na necessidade de encarar "sem ilusões" as realidades do mundo moderno. "Quem quer que deseje se dedicar à política sobre a face da terra precisa, acima de tudo, libertar-se das ilusões."[38] Esse tema estava fortemente integrado à sua concepção da "irracionalidade ética" do mundo. A criação de uma atividade política racional, livre da interferência dos deuses, espíritos ou armadilhas dos símbolos tradicionais, explica os irremediáveis conflitos de poder que estavam na essência da política. A consequência do desencantamento do mundo era que os valores transcendentais que conferiam sentido existiram apenas na "fraternidade das relações humanas diretas e pessoais" ou foram projetados nas formas de recolhimento místico. Os indivíduos incapazes de "encarar o destino dos tempos" poderiam se abrigar nesse recolhimento, tanto nas igrejas tradicionais quanto nos cultos mais recentes. Mas, desse modo, perderiam sua capacidade de participar diretamente da política. Aqueles que olhassem para a transcendência do conflito humano através da política, que buscassem atingir um fim para a "dominação do homem pelo homem", estariam voando sobre a realidade assim como aqueles que abandonaram a vida pública em favor do retiro místico: eis a crítica mordaz de Weber aos "radicais ilusionistas" em política – os socialistas revolucionários – "que gostariam de derrubar todo homem independente que lhes dissesse verdades desagradáveis".[39] Quem quer "que queira viver como um homem moderno", mesmo que seja "apenas no sentido de ter seu jornal diário, estradas de ferro, eletricidade etc.", tem que se resignar à perda dos ideais de uma transformação revolucionária radical: na verdade, tem que abandonar "a *possibilidade de conceber* um objetivo como esse".[40]

Assim, o político ativo, de acordo com Weber, precisaria de "paixão no sentido da *pura realidade*", o "reino do cotidiano", que flutua entre a devoção a uma "causa" e o estar atento à presença constante da tensão entre meios e fins e ao "paradoxo das consequências". Era essa atenção que faltava aos revolucionários, os quais não viam que os *meios* de que se utilizavam para atingir seu objetivo trariam necessariamente como consequência um estado de coisas muito diferente daquele que se propunham. Assim, o governo bolchevique na Rússia, escreveu Weber em 1918, era simplesmente uma ditadura militar de esquerda, com conteúdos semelhantes às ditaduras de direita, exceção feita ao fato de ser uma "ditadura de *cabos*" mais do que de generais.[41] O problema do "paradoxo das consequências", claramente, era a raiz da diferenciação de Weber entre a "ética da responsabilidade" e a "ética da convicção" (*Gesinnungsethik*), que correspondia, no âmbito da ética, à distinção entre racionalidade orientada e de valores. Disso se segue, a partir da própria perspectiva lógica de Weber, que aquele que aderisse a uma ética de fins últimos não poderia demonstrar, racionalmente, que estava enganado em perseguir o curso da ação que praticou; mas tal pessoa seria aquela que "não pode aguentar a irracionalidade ética do mundo", que não está prevenida contra o caráter "daimônico" do poder político.

2 A intelectualização característica do capitalismo moderno, de acordo com Weber, estaria intimamente ligada ao racionalismo da conduta humana em um segundo sentido, especialmente como se manifestaria na divisão do trabalho burocratizada. Tanto nos seus escritos sociológicos quanto nos políticos, identificou o avanço da racionalidade burocrática como componente inevitável do crescimento do capitalismo: os efeitos "alienantes" da ordem social moderna, que Marx tinha atribuído ao sistema de classe na produção capitalista, eram na verdade derivados da burocratização. Weber frequentemente utilizou as imagens da máquina na análise da natureza da organização burocrática. Tal como uma máquina, a burocracia era o sistema de utilização de energias para a execução de tarefas específicas. O membro de uma burocracia "é apenas uma peça em um mecanismo móvel que lhe prescreve uma marcha essencialmente fixa". A burocracia, em comum com a máquina, poderia ser posta a serviço de muitas questões diferentes. Mais ainda, uma organização burocrática funciona tão eficientemente a ponto de seus membros serem "desumanizados": a burocracia "desenvolvida mais perfeitamente ... mais completamente tem sucesso em eliminar das atribuições dos funcionários amor, ódio e todos os elementos puramente pessoais, irracionais e emocionais que escapem ao cálculo".[42]

Mas, de acordo com Weber, não haveria nenhuma possibilidade de transcender a subordinação dos indivíduos à especialização das tarefas ensejada pela burocratização. O avanço da burocracia aprisionava as pessoas na *Gehäuse der Hörigkeit*, a "jaula de ferro" da divisão especializada do trabalho da qual dependia a administração da ordem social e econômica moderna. *A ética protestante* termina com uma exposição admirável dessa afirmação:

> A limitação ao trabalho especializado, com a renúncia à universalidade fáustica do homem que ela envolve, é uma condição para todo trabalho remunerado no mundo moderno; daí em diante, ações e renúncia inevitavelmente se condicionam reciprocamente ... O puritano queria trabalhar em uma vocação; nós somos forçados a isso. Pois quando o ascetismo saiu das celas monásticas para a vida cotidiana e começou a dominar a moralidade do mundo, ele o fez tornando-se parte do tremendo universo da ordem econômica moderna. Essa ordem está atualmente ligada às condições técnicas e econômicas da produção manufatureira que hoje determinam as vidas de todos os indivíduos nascidos dentro desse mecanismo, e não apenas os diretamente envolvidos pela aquisição econômica, com uma força irresistível.[43]

Na visão de Weber, tanto os conservadores quanto os socialistas compartilhavam a crença incorreta de que era possível para as pessoas de hoje "escapar da jaula": os primeiros olhavam para uma reversão à era anterior, os últimos para a formação de uma nova forma de sociedade que transformaria radicalmente as condições existentes da produção capitalista. Todos tinham em mente o "homem universal" da cultura humanista e antecipavam o desaparecimento da "especialização fragmentada" da divisão capitalista do trabalho. Mas essa cultura fora irremediavelmente destruída pela burocratização. O ideal de "homem universal" oferecia uma finalidade substantiva para a educação nos sistemas patrimonialistas nos quais as tarefas administrativas manifestavam apenas um baixo nível de racionalização. A qualificação para o ofício naquelas circunstâncias poderia estar baseada na concepção de "personalidade cultivada": alguém de competência generalizada, cujos atributos educacionais fossem demonstrados em primeiro lugar pela conduta e pelo porte, mais do que pela posse de habilidades especializadas. Hoje, porém, tanto na educação quanto na vida social em geral, a especialização é inevitável e a educação profissional substituiu o humanismo.

Essas considerações são as que estão subjacentes à sua famosa discussão da "neutralidade ética". Os professores da "velha escola", como Schmoller, pertenciam a um tempo em que a Alemanha estava no limiar de seu desenvolvimento capitalista, um tempo em que era comum "atribuir às universidades, e por seu intermédio a eles próprios, o papel universal de formar os seres humanos, de inculcar atitudes políticas, éticas, culturais, estéticas e outras". De acordo com Weber — e, é claro, em consonância com sua perspectiva, isso não pode ser racionalmente comprovado, na medida em que envolve julgamento de valor —, essa concepção teria que ser abandonada em favor de uma outra que encarasse a universidade como tendo "uma influência de valor real somente por meio de treinamento especializado por pessoas especialmente qualificadas". Dessa última concepção segue-se que, assegurava Weber, a "integridade intelectual" deveria ser o único objetivo geral de fato promovido na sala de aula. Assim, disciplina e autolimitação, propriedades características da "vocação" moderna, teriam que ser aplicadas à posição do professor (e do estudante) tanto quanto a qualquer outra ocupação. O professor, dessa forma, teria que se confinar dentro dos limites da universidade, para a exposição rigorosa do tema em que fosse especialmente qualificado para ensinar. As propriedades carismáticas das personalidades professorais deveriam ser, tanto quanto possível, afastadas de sua influência sobre a atividade de ensinar: "Toda tarefa profissional tem suas 'normas inerentes' e deve ser desempenhada adequadamente ... Destituímos a palavra 'profissão' [*Beruf*] do único sentido que ainda mantém significação ética se deixamos de incluir aquela forma específica de autocomedimento que ela requer". O "diletante", um termo que Weber utilizava muito frequentemente como epíteto pejorativo, era precisamente alguém que tinha falhado em expressar sua "vocação" de modo disciplinado e que, em vez disso, continuava reivindicando uma competência universal que ele ou ela não possuía.

Weber privilegiou a completude do processo de racionalização interna da educação universitária apenas no sentido de enfatizar mais completamente a necessidade de reconhecer a política como a única área importante na vida social moderna na qual a "guerra dos deuses em competição" deveria ser legitimamente levada adiante. A sustentação da sentença que conferia à universidade uma plataforma própria para a disseminação de julgamentos de valor era, para Weber, uma manifestação da manutenção do poder dos círculos conservadores sobre a educação universitária. Ele próprio testemunhou o atraso das carreiras de alguns dos seus amigos, especialmente Michels e Simmel, como resultado de considerações estritamente não intelectuais — Michels porque era um social-democrata e Simmel porque era judeu. A concepção segundo a qual a cátedra universitária poderia ser usada para propagar posições de valor só seria pertinente se todos os pontos de vista estivessem representados; esse, claramente, não era o caso, uma vez que "a universidade é uma instituição do Estado para o treinamento de administradores 'leais'".[44]

3 O crescimento do que Weber algumas vezes denominou de "racionalidade técnica" no Ocidente, tal como se evidenciou nas relações sociais na forma da burocratização, estava, é claro, necessariamente vinculado de modo íntimo ao desenvolvimento de normas racionalizadas de tipo "legal" (isto é, à racionalização no terceiro sentido). É difícil superestimar a significação que Weber atribuiu ao desenvolvimento da lei racional na sua análise do capitalismo moderno. A importância da herança do direito romano na Europa ocidental não estava no fato de que ele teria sido diretamente incorporado às instituições que fizeram o capitalismo ascender, mas tinha que ser atribuída ao fato de ser o principal elemento para a criação de um pensamento jurídico formalmente racional. Em todos os tipos de administração absolutista ou hierocrática a imposição do processo jurídico se baseava em critérios substantivos de procedimento que não eram aplicados como "princípios" formais. Administrava-se a lei, ou arbitrariamente caso a caso ou de acordo com a tradição. Assim, o advento da lei racional sinalizava uma diminuição do poder desses sistemas tradicionais de dominação. A afinidade entre a produção capitalista e a lei racional derivava do fator de "cálculo", que era intrínseco a ambos. No Ocidente, e em nenhum outro lugar, essa relação foi grandemente mediada pelo Estado. A criação de um *corpus* de leis racionais no Ocidente "foi conseguida graças à aliança entre o Estado moderno e os juristas com o objetivo de fazer valer suas reivindicações de poder".[45]

A categorização abstrata do tipo puro de "dominação legal" que faz parte de *Economia e sociedade* está integrada diretamente à análise de Weber sobre a ascensão do Estado racional. Ele não viveu para completar o tratamento sistemático do Estado moderno que planejara escrever, e, embora seus escritos fizessem referência a vários traços distintivos da forma ocidental do Estado, não chegou a tratá-los demoradamente em nenhum deles. Assim, algumas das proposições gerais subjacentes à sua concepção de dominação racional-legal, explicitada no Estado moderno, têm que ser reconstruídas a partir de materiais de diversos âmbitos. Uma dessas proposições diz respeito aos *limites* da dominação legal. Na análise de Weber sobre o Estado moderno, ressalta que "nenhuma dominação é *somente* burocrática, isto é, conduzida somente pelo funcionalismo empregado e nomeado". A burocracia, entretanto, não era o único tipo de dominação legal: "a administração parlamentar" e "todas as formas de autoridade de corporações e de grupos administrativos se incluem nesse tipo".[46] As corporações, de acordo com Weber, desempenhavam um papel essencial na adoção da ordem legítima do Estado racional: o conceito de "autoridades" constituídas teve sua origem no poder dessas agências. O problema característico em relação à ordem política moderna era o de reconciliar as demandas correntes pela "democratização", que tinham sido anteriormente desenvolvidas de modo parcial pela ação das corporações, com a significação necessariamente declinante desses corpos — já que a era em que essas agências foram investidas de poder real era aquela na qual prevaleciam os que se estabeleciam tradicionalmente como "notáveis" (que viviam "para" mais do que "fora" da política). As formas políticas modernas, que "são filhas da democracia, do voto de massa, da necessidade de persuadir e organizar as massas", dão lugar à formação de partidos burocratizados, cujos líderes (que vivem "fora" da política) detêm o poder real; assim o poder do parlamento declina.

Na medida em que a burocracia não poderia "dirigir" por si mesma, mas dependia do estabelecimento de objetivos de "fora", a liderança política teria que se transferir para as propriedades carismáticas dos indivíduos à frente das organizações partidárias. Nessa justaposição do racional (a burocracia) e do irracional (o carisma) no sistema político moderno, os escritos de Weber formularam a grande linha de conexão entre sua sociologia geral e sua análise específica da política alemã. Tal como insistiu em seus escritos metodológicos, a análise racional não poderia validar ou "refutar" julgamentos de valor. O correlato dessa proposição epistemológica, nos escritos sociológicos de Weber, estava no fato de que os sistemas racionalizados de organização social não criavam valores mas, ao contrário, funcionavam apenas como *meios* para o fortalecimento dos valores existentes. "Essa limitação", esclareceu, "é inerente ao tipo legal em seu mais alto nível de desenvolvimento [ou seja, nas organizações burocráticas] porque a ação administrativa é limitada àquilo que está em conformidade com as normas."[47] Era essa consideração que reforçava a discussão de Weber a respeito da democracia plebiscitária. Enquanto, dentro dos sistemas de dominação legal, nas primeiras etapas do desenvolvimento político moderno, a liderança poderia advir dos círculos de "notáveis", com o avanço da burocracia o poder declinante desses grupos evidenciou o fato de que a racionalização (tanto "intelectual" quanto "prática") da conduta apenas oferecia os "meios", não os "fins". Assim, o componente carismático previamente incorporado ao "carisma hereditário" associado às corporações de administração teriam, agora, que ser construídos com base na lealdade emocional entre líderes políticos modernos *como personalidades* e a massa de seus seguidores. Assim, mesmo reconhecendo os perigos potenciais do cesarismo, Weber foi conduzido pelos postulados de seu próprio sistema teórico a reconhecer a necessidade de propriedades carismáticas da liderança gerada pelo voto de massa.

Conclusão

Nos termos da discussão desenvolvida nas seções precedentes, pode-se discrimimar alguns dos principais dilemas no pensamento político de Weber. O problema constante que ocupava as energias políticas de Weber era o da "questão da liderança", resultante da dominação de Bismarck. A Alemanha era um "poder de Estado" que tinha forjado sua unidade em luta com outras nações europeias. No conflito político dos Estados-Nação, a guerra interminável dos "deuses", manifestados agora na forma de "poderes impessoais", continuava a ser dominante. "Aqui ... as últimas *Weltanschauungen* entram estridentemente em conflito, visões de mundo entre as quais, no final, deve-se fazer uma escolha."[48] Desde a fase inicial da sua carreira política, Weber determinou sua "escolha": a de que os valores incorporados na herança cultural alemã poderiam ser defendidos e reforçados apenas pela aceitação e crescimento do poder do Estado--Nação alemão. Na medida em que os sustentáculos anteriores dessa cultura na esfera política (a "aristocracia" *Junker*) eram um grupo declinante, a responsabilidade pela liderança política teria que surgir de outras fontes. Os mesmos processos que tinham solapado a posição dos *Junker* tinham estimulado a racionalização da ordem política. A formulação sociológica geral de Weber da relação entre racionalização e mudança social envolvia um contraste polar entre o caráter limitado por regras da burocracia e as propriedades capazes de criar valores de carisma. Assim, a burocratização da vida política, enquanto elevava a conduta dos negócios humanos aos pináros da eficiência técnica, não podia gerar por si só as capacidades envolvidas na liderança "genuína". Viu na ordem democrática tanto a necessidade quanto a possibilidade de criar o elemento carismático necessário para o líder político moderno.

Segue-se, pois, do conjunto da análise de Weber que um governo democrático não pode estar fundado em nenhuma concepção de lei natural, tal como a incorporada na teoria democrática clássica no século XVIII e início do XIX. A democracia era uma técnica, um meio para um fim.[49] Mommsen está sem dúvida correto ao enfatizar a significação disso nas suas análises dos escritos políticos de Weber. Mas a clareza brutal das afirmações de Weber sobre a questão conduziu a interpretações enganosas substanciais de suas concepções políticas, sob três aspectos: primeiro, no que se refere ao seu suposto "maquiavelismo"; segundo, em relação ao seu sancionamento do "imperialismo" alemão; e terceiro, no que concerne à sua "rejeição" do liberalismo em favor de uma "aristocracia ética" nietzschiana. Quaisquer que possam ser as afinidades entre seus escritos e os de Maquiavel, Weber decididamente evitou toda implicação de qualidades éticas ou estéticas que pudessem ser atribuídas ao poder em sua concepção última. Assim, Weber escreveu: "O mero 'poder do político' pode ter fortes efeitos, mas realmente seu trabalho não conduz a parte alguma e é sem sentido".[50] Na sua concepção, essa era exatamente a forma da *Realpolitik* que caracterizava as políticas vacilantes da Alemanha desde a queda de Bismarck. A força do compromisso de Weber em relação ao "imperialismo" foi particularmente enfatizada por Marcuse e Lukács. De acordo com Lukács, a democracia é para Weber apenas uma "medida técnica para facilitar um funcionamento mais adequado do imperialismo".[51] Mas, como expressão das concepções de Weber, isso é tão enganoso quanto enxergar nos seus escritos políticos nada mais que um novo maquiavelismo, e pela mesma razão: Weber em nenhum lugar conferiu um significado *normativo* ao expansionismo germânico. No pensamento político de Weber, "imperialismo" (no mesmo sentido que o próprio "poder") era um meio, não um fim.

Grande parte da literatura sobre os escritos políticos de Weber e suas implicações (incluindo o trabalho de Mommsen) teria negligenciado a forte filiação pessoal que ele próprio sentia em relação aos anseios e aspirações dos desprivilegiados. Se Weber tivesse se recusado a adotar as premissas éticas da teoria democrática, seus escritos não estariam de forma alguma impregnados das tradições do liberalismo europeu. Ele reafirmou constantemente sua defesa dos valores da "autonomia pessoal do homem" e "dos valores espirituais e morais da humanidade".[52] Mas, no contexto da sociologia política de Weber, tanto as aspirações ascendentes das classes mais baixas quanto os dogmas do individualismo liberal, aos quais ele aderira, só poderiam ser promovidos pelos interesses de poder do Estado: "Toda cultura hoje é, e assim permanecerá, ligada à nação".[53] Além disso, havia uma antinomia trágica entre os valores historicamente relacionados de igualdade e nivelamento, de um lado, e a liberdade e espontaneidade individuais, de outro. O crescimento da política de massa limitava necessariamente o grau em que os últimos valores mencionados poderiam ser realizados na ordem social contemporânea. Assim, Weber via a democracia plebiscitária como o único modo de aliviar parcialmente a humanidade moderna da "jaula de ferro" da divisão do trabalho burocratizada.

Se esses aspectos estavam enraizados na avaliação de Weber da estrutura política da Alemanha guilhermina, estavam também relacionados empírica e logicamente (e parcialmente moldados por) às suas concepções metodológicas e seus estudos das "civilizações mundiais". Weber falava a linguagem de seus contemporâneos quando mencionava "interesses de poder" da nação e do *Herrenvolk*. Mas seu uso dessas noções, especialmente nos últimos escritos, era, em vários temas bastante definidos, muito diferente do das fontes a partir das quais adotou essa terminologia. Em primeiro lugar, rejeitava a ênfase no Estado *em si* como valor último, nos seus objetivos políticos pessoais. Se havia ainda certa ambiguidade na posição de Weber quanto a essa questão na *Antrittsrede*, nos seus escritos subsequentes isso ficou muito claro. No "Estado-Nação" estava a primeira metade da conjunção que foi significativa na escala de valores pessoal de Weber. Em segundo lugar, Weber não utilizou o termo *Herrenvolk* no sentido de que a cultura alemã poderia reivindicar uma dominação "legítima" sobre a de outras nações. Ao contrário, na visão de Weber tal reivindicação era tanto factualmente inválida quanto (questão logicamente distinta) normativamente rejeitada. A luta política dos Estados-Nações constituía uma esfera de relações de poder, e os valores incluídos na cultura nacional desses Estados não poderiam ser considerados "eticamente" superiores à cultura alemã.

A concepção epistemológica de Weber de "irracionalidade ética" do mundo, bem como o aparato metodológico que ele construiu sobre essa base, envolviam a tentativa de integrar várias tendências diversas no pensamento social alemão. Rejeitando tanto o "intuicionismo" quanto o "cientificismo", adota elementos de ambos elaborando uma estrutura que articula algumas antinomias entre o "racional" e o "irracional", e entre o "subjetivo" e o "objetivo". Como anteriormente indicado neste capítulo, esses elementos subjazem às concepções sociológicas que Weber tanto desenvolveu como um conjunto de "categorias puras" quanto aplicou empiricamente em seus estudos da história e da sociedade. Essas concepções envolveram a noção de que todas as ações humanas que se aproximavam da racionalidade (em ambos os sentidos principais de Weber) *tinham* necessariamente que estar fincadas na irracionalidade ("valores últimos"); mas havia uma dicotomia fundamental entre razão e valores. Dessa forma, a sociologia e a história tinham que engendrar recursos para a interpretação do "sentido", mas a análise sociológica e histórica não poderia "provar" nenhum conjunto de valores como "válidos" normativamente.

Na tipologia da dominação de Weber, essas duas ênfases foram construídas no interior da concepção de carisma. O carisma era irracional no sentido de ser estranho à ação normativa, sendo ainda assim a força de criação de valor na história; e o conceito, tal como ele o formulou, cruza todas as diferenças no *conteúdo* dos elos carismáticos, tal como no caso de Hitler ser um líder carismático "genuíno" tanto quanto Gandhi. Assim, no pensamento de Weber, a noção de "valor" se tornou sinônimo de convicção (irracional); nesse aspecto, suas categorias conceituais não guardam nenhuma relação direta com o "egoísmo" ou o "altruísmo" tal como foram tradicionalmente concebidos na teoria da ética. Na análise de Weber da política alemã, o que na *Antrittsrede* era visto como um "problema de liderança" acabou por ser analisado nos escritos políticos posteriores como uma virada em relação à oposição entre racionalidade burocrática e carisma. Assim, Weber estava inevitavelmente inclinado à conclusão de que o conteúdo do elemento carismático era irrelevante em relação ao que ele conscientemente considerou o valor último (o fortalecimento autônomo da cultura alemã). Isso, em conjunto com sua análise da burocratização ensejada pelo Estado capitalista moderno, levou-o a uma posição em que os valores democráticos liberais, para os quais ele se inclinava, poderiam no máximo ser concebidos como "meios" e, assim, serem despojados de sua significação intrínseca.

O pensamento político de Weber, desse modo, esconde uma tensão inerente, que deu a seus escritos um caráter doloroso fortemente definido. De um lado, ele expressou simpatia para com algumas das posições do liberalismo clássico e mesmo do socialismo; mas tanto seu ponto de partida em política (tal como estabelecido na *Antrittsrede*) quanto sua perspectiva intelectual que elaborou nos escritos acadêmicos dirigiam suas concepções a uma posição na qual, como ele mesmo declarou, "conceitos como a 'vontade do povo', a verdadeira vontade do povo ... são *ficções*".[54] Pouco tempo antes de morrer, sustentou que Marx e Nietzsche representavam as duas influências dominantes na cultura moderna. Poder-se-ia dizer que o corpo do conjunto dos trabalhos de Weber constitui uma grandiosa tentativa para integrar as percepções mais profundas dessas duas correntes de pensamento aparentemente incompatíveis. Suas concepções políticas tanto contribuíram para formar quanto foram formadas por essa síntese intelectual frágil e imponente, e elas compartilharam as dualidades que incorporaram.

Uma crítica satisfatória da sociologia política de Weber pode ser em si tanto política quanto intelectual. Isto é, ela tem que examinar em detalhe, como questões relacionadas, a dependência dessas ideias em relação a um contexto histórico específico e a fragilidade lógica de suas formulações teóricas. Uma crítica desse tipo, até o momento, não emergiu do debate contínuo sobre seus escritos políticos. A crítica marxista de Weber tendeu a tratar seus escritos sociológicos como pouco mais que expressões ideológicas de seus interesses políticos. A sociologia de Weber é, de modo absurdo, largamente reduzida a uma manifestação particular da "cultura burguesa" na Alemanha guilhermina. Por outro lado, os intérpretes "ortodoxos" de Weber defendem a visão de que suas contribuições acadêmicas para a ciência social devem ser isoladas de seus vínculos políticos. Mas essas posições, ao menos na forma extremada nas quais às vezes são sustentadas, simplesmente obstruem uma avaliação adequada da obra de Weber. Para cada uma dessas posturas, há algo que é pouco mais que truísmo; deve ser verdadeiro para todo pensador social que o seu trabalho expressa um contexto social e político particular no qual viveu, mas também incorpora concepções que são capazes de aplicação generalizada.

Notas

1 Marianne Weber, *Max Weber: ein Lebensbild*, Heidelberg, 1950, p.47-8.

2 A expressão *Verein Für Sozialpolitik*, em alemão no original, pode ser traduzida por Grupo de Política Social. (N. T.)

3 Max Weber. Der Nationalstaat und die Volkswirtschaftspolitik, in *Gesammelte politische Schriften*, Tübingen, 1958, p.1-25.

4 Max Weber, *General Economic History*, New York, 1961.

5 Karl Marx, Friedrich Engels, *Werke*, Berlin, 1953, v.IX, p.95.

6 A descrição dos escritos políticos de Weber desta seção é necessariamente esquemática e algo parcial; um tratamento mais profundo se voltaria para questões que foram largamente omitidas aqui. O leitor que estiver à procura dessa abordagem deve consultar Wolfgang J. Mommsen, *Max Weber und die deutsche Politik: 1890-1920*, Tübingen, 1959.

7 *Gesammelte politische Schriften*, p.12, 14.

8 Ibidem, p.18.

9 Ibidem, p.23.

10 Carta a Michels, 1908, citada em Mommsen, *Max Weber und die deutsche Politik*, p.392.

11 *Gesammelte politische Schriften*, p.532. "Em uma democracia, as pessoas escolhem um líder em quem confiam; então o líder escolhido fala: 'Agora calem-se e façam o que eu disser'." Citado em Marianne Weber, *Max Weber*, p.664-5.

12 Ibidem, p.258. Weber achava que o mesmo se aplicava ao grupo Naumann; cf. J. P. Mayer, *Max Weber and German Politics*, London, 1956, p.45- 6.

13 Max Weber, *Gesammelte Aufsätze zur Soziologie und Sozialpolitik*, Tübingen, 1924, p.409.

14 Ibidem, p.394.

15 Todas as citações foram retiradas de Max Weber, *Economy and Society*, New York, 1968, v.III, p.1381-94.

16 Para a análise de Mommsen da influência dessas concepções sobre Carl Schmitt, cf. Mommsen, *Max Weber und die deutsche Politik*, p.404ss. Ver também Weber, Der Reichspräsident, in *Gesammelte politische Schriften*.

17 *Gesammelte politische Schriften*, p.448.

18 As citações foram extraídas de Mommsen, *Max Weber und die deutsche Politik*, p.303, 300, 284, respectivamente.

19 Max Weber, *From Max Weber: Essays in Sociology*, Eds. H. H. Gerth and C. Wright Mills, New York 1958, p.382, 384. Modifiquei ligeiramente a tradução.

20 Max Weber, *Die Verhältnisse der Landarbeiter im ostelbischen Deutschland*, Leipzig, 1892, p.798.

21 Citado por Eduard Baumgarten (Ed.) *Max Weber und Person*, Tübingen, 1964, p.607.

22 Todas as citações acima são de *From Max Weber*, p.370-1.

23 *Gesammelte politische Schriften*, p.543-4. A tradução é minha. Uma versão diferente aparece em *From Max Weber*, p.124.

24 *From Max Weber*, p.384-5.

25 *Economy and Society*, v.I, p.55-6.

26 *From Max Weber*, p.82.

27 *Gesammelte Aufsätze zur Soziologie und Sozialpolitik*, p.508

28 *Economy and Society*, v.I, p.239. Tradução modificada.

29 *From Max Weber*, p.83, 89-90. Weber contrastou esse elemento, como fazia freqüentemente, com o desenvolvimento da política na Inglaterra, "onde o parlamento adquiriu supremacia sobre o monarca".

30 *Economy and Society*, v.I, p.243.

31 Max Weber, *Gesammelte Aufsätze zur Wissenschaftslehre*, Tübingen, 1965, p.64.

32 *Motivated action* no original. A correspondência com a expressão "ação orientada" se baseia na tradução de *Economia e sociedade* para o português, Editora UnB: Brasília, 1991. (N. T.)

33 *Economy and Society*, v.I, p.6.

34 Max Weber, *The Methodology of Social Sciences*, Glencoe, Ill., 1949, p.110-1. A polarização entre o "racional" e o "irracional" (nos vários sentidos em que Weber utilizou esses termos) tende a impedir o reconhecimento de toda distinção entre o *"não-racional"* e o "irracional".

35 *Economy and Society*, v.I, p.244.

36 *From Max Weber*, p.293. Tradução modificada.

37 Ibidem, p.142.

38 *Gesammelte politische Schriften*, p.28.

39 Ibidem, p.470.

40 Citado em Mommsen, *Max Weber und die deutsche Politik*, p.118.

41 *Gesammelte politische Schriften*, p.280-1.

42 *Economy and Society*, v.III, p.998, 975.

43 Max Weber, *The Protestant Ethic and the Spirit of Capitalism*, New York, 1958, p.180-1. (Estes trechos receberam a seguinte tradução para o português: "A limitação do trabalho especializado, com a renúncia à faustiana universalidade do homem por ela subentendida, é uma condição para qualquer trabalho válido no mundo contemporâneo; daí a 'ação' e a 'renúncia' hoje inevitavelmente se condicionarem uma à outra ... O puritano queria tornar-se um profissional '*Berufsmensch*, no original' e todos tiveram que segui-lo. Pois quando o ascetismo foi levado para fora dos mosteiros e transferido para a vida profissional, passando a influenciar a moralidade secular, fê-lo contribuindo poderosamente para a formação da moderna ordem econômica e técnica ligada à produção em série através da máquina, que atualmente determina de maneira violenta o estilo de vida de todo o indivíduo nascido sob esse sistema, e não apenas aqueles atingidos pela aquisição econômica, e, quem sabe, o determinará até que a última tonelada de combustível tiver sido gasta". In: *A ética protestante e o espírito do capitalismo*, São Paulo: Biblioteca Pioneira de Ciências Sociais, 1967, p.130-1.). (N. T.)

44 As citações são de *The Methodology of the Social Sciences*, p.3, 6, 7.

45 *General Economic History*, p.252. Na China tradicional, Weber afirmou, a ausência de um estrato de juristas permitiu ao humanismo "cultivado" do confucionismo ortodoxo tornar-se o caminho educacional para a filiação ao funcionalismo do Estado; de modo similar, a Índia também não possuía nenhum grupo de juristas comparável aos do Ocidente.

46 Max Weber, Die drei reinen Typen der legitimen Herrschaft, in Johannes Winckelmann, *Staatssoziologie*, Berlin, 1966, p.100-1.

47 Traduzido como *The Theory of Social and Economic Organisation*, New York, 1947, p.392. Os parênteses são meus. Isso não quer dizer que os funcionários burocráticos nunca tenham "iniciativa", mas se refere à natureza moral de sua

"responsabilidade": "permanecer de fora do reino da luta pelo poder — esse é o papel do funcionário". *Economy and Society*, v.II, p.1.404.

48 *From Max Weber*, p.117.
49 Sobre essa conexão, ver especialmente *Gesammelte politische Schriften*, p.233-79.
50 *From Max Weber*, p.116.
51 Georg Lukács, *Die Zerstörung der Vernunft*, Berlin, 1955, p.488.
52 Citado por Marianne Weber, *Max Weber: ein Lebensbild*, p.159.
53 *Gesammelte politische Schriften*, p.47.
54 Citado em Mommsen, *Max Weber und die deutsche Politik*, p.392-3. Esse tipo de afirmação tem que ser lido em justaposição com a convicção de Weber de que "há uma forte decepção pessoal na crença de que sem as conquistas da Idade dos Direitos do Homem nenhum de nós, inclusive os mais conservadores, pode continuar vivendo sua vida". *Economy and Society*, v.III, p.1.403.

CAPÍTULO 2

MARX, WEBER E O DESENVOLVIMENTO DO CAPITALISMO

Há poucas relações intelectuais na literatura sociológica tão difíceis de interpretar como a existente entre os escritos de Karl Marx e os de Max Weber. Estabeleceu-se, para muitos, uma concepção de que os escritos de Weber — particularmente *A ética protestante e o espírito do capitalismo* — se constituem em uma "refutação" ao materialismo de Marx; outros assumiram uma visão contrária, considerando que grande parte da sociologia de Weber "se encaixa sem dificuldade no esquema marxiano".[1]

Um problema central que ajudou a obscurecer a natureza da relação entre as visões desses dois pensadores foi o de que apenas anos depois da morte de Weber se tornou possível avaliar a contribuição de Marx sobre seus trabalhos precoces, não publicados anteriormente.[2] Esses trabalhos esclareceram duas coisas. Primeiro, que a concepção de Marx de "materialismo histórico"[3] é consideravelmente mais sutil e menos dogmática do que parece a partir de algumas das suas afirmações mais citadas de fontes como o Prefácio de *A contribuição à crítica da economia política*.[4] Segundo, que as contribuições de Engels ao marxismo[5] devem ser cuidadosamente diferenciadas dos termos básicos do próprio pensamento de Marx.[6] Assim, para estimar os pontos centrais da similaridade e divergência entre Marx e Weber, é necessário reconsiderar a natureza do materialismo histórico em geral e a concepção de Marx da gênese e da tendência do movimento do capitalismo em particular. Conquanto se possa, obviamente, respeitar as afirmações do próprio Weber sobre o tema da sua relação com Marx, estas nem sempre se constituem em um índice suficiente.

A confusão na literatura subsequente sobre a natureza da crítica de Weber a Marx origina-se também do fracasso em distinguir numerosos temas diferentes, porém inter-relacionados, nos escritos de Weber. A insistência de Weber na separação lógica absoluta entre o conhecimento factual e a ação dirigida por valores não deveria permitir que se obscurecesse sua ênfase na relevância da análise sociológica e histórica em relação à participação prática na política.[7] Algumas das mais importantes ideias sociológicas de Weber são, na verdade, mais claramente reveladas nos seus escritos diretamente políticos mais do que nas suas publicações acadêmicas.[8] Desse modo, Weber não escreveu simplesmente uma crítica intelectual de Marx, mas também uma crítica em resposta aos escritos e aos envolvimentos políticos de proeminentes políticos e autores marxistas de seu tempo. Três aspectos parcialmente distintos das visões de Weber devem, assim, ser discriminados: (1) sua atitude em relação ao "marxismo" na forma do principal agente político marxista na Alemanha, o Partido Social-Democrático; (2) suas concepções sobre as contribuições acadêmicas dos autores marxistas para a história e a sociologia; (3) suas concepções sobre o que ele considerava serem as ideias originais do próprio Marx. Esses três aspectos do pensamento de Weber podem, por sua vez, ser diferenciados do problema analítico de considerar até que ponto o entendimento de Weber da teoria de Marx do materialismo histórico foi válido.

Analisando essas quatro dimensões da relação entre Marx e Weber, devo me concentrar especialmente na questão que foi de importância primordial para ambos: a interpretação do desenvolvimento do capitalismo moderno na Europa. A sequência de mudanças ocorridas na estrutura política e social de meados até os anos finais do século XIX constitui um fundamento essencial para o capítulo como um todo: as atitudes de Weber em relação a Marx e o marxismo não podem ser entendidas e analisadas adequadamente fora desse contexto. O trabalho de Weber não foi escrito meramente como uma réplica ao "fantasma de Marx", mas também integrava um debate que envolvia uma força — o marxismo — que desempenhava um enorme papel político e intelectual na Alemanha imperial. Dessa maneira, a análise se divide em três partes: o fundamento histórico do desenvolvimento da sociedade alemã na última metade do século XIX; as atitudes de Weber em relação a, e suas visões sobre, Marx e o marxismo; e o problema analítico que hoje um observador enfrenta ao tentar estimar as similaridades e divergências lógicas e empíricas entre os escritos de Marx e de Weber. Essas três partes, entretanto, estão vinculadas entre si por um único tema básico. Este se refere ao fato de que as séries de mudanças descritas na primeira categoria — o desenvolvimento político e social da Alemanha na segunda parte do século XIX — ajudam a elucidar os traços-chave tanto da evolução do marxismo naquele país[9] quanto da resposta de Weber a ele como influência política e como doutrina acadêmica.

O fundamento histórico

Na virada para o século XIX, a Alemanha se compunha de 39 principados em competição. Os dois principais Estados alemães, Prússia e Áustria, eram também os mais poderosos: sua intensa rivalidade era um fator que atrapalhava a unificação alemã. As esperanças do nacionalismo alemão, entretanto, foram obstruídas também pela composição étnica da Áustria e da Prússia em si mesmas. A Áustria, depois de 1815, abrigava mais não alemães do que alemães em sua população; a Prússia incorporou um grande número de poloneses dentro dos seus territórios do Leste. A doutrina nacionalista poderia, previsivelmente, acarretar, para a Prússia, a devolução dessas terras ao Estado polonês. Assim, o governo austríaco se opunha terminantemente a qualquer movimento em direção a um Estado alemão integrado; e, a despeito de uma forte corrente de nacionalismo, o caso da Prússia não era muito diferente.

Havia, porém, em relação ao atraso da unificação alemã, características básicas da estrutura econômica e social do país de importância maior do que esses fatores. A Alemanha, comparada ao país capitalista mais avançado, a Inglaterra, estava quase na Idade Média, tanto em termos do nível do seu desenvolvimento econômico quanto em termos do baixo grau de liberalização política dentro dos diferentes Estados alemães. Na Prússia, a aristocracia fundiária, os *Junker*, cujo poder nascia de sua posse de amplas propriedades anteriormente eslavas a leste do Elba, manteve uma posição dominante no interior da economia e do governo. Assim, a burguesia alemã emergente não tinha, virtualmente, nenhum acesso às rédeas do poder, na primeira parte do século XIX.

Entretanto, a Alemanha não poderia permanecer completamente isolada diante das fortes correntes de mudança política que foram mobilizadas na França pelos eventos de 1789. Os primeiros trabalhos de Marx foram escritos como antecipação da revolução alemã. Na verdade, poder-se-ia afirmar que a preocupação de Marx com o atraso da Alemanha, em sua estrutura social e econômica, estava na raiz da sua concepção original do papel do proletariado na história. Na França, escreveu Marx em 1844, "a emancipação parcial é a base da completa emancipação". Mas na Alemanha, bem menos desenvolvida, uma "emancipação progressiva" era impossível: a única possibilidade de progresso era a revolução radical. Na Alemanha, "a completa emancipação é a *conditio sine qua non* de qualquer emancipação parcial". Isto pode se cumprir, escreveu Marx, somente pela formação do proletariado, "uma classe que possui *amarras radicais* ... uma classe que é a dissolução de todas as classes, uma esfera da sociedade que tem um caráter universal porque os seus males são universais".[10] Naquele momento o proletariado mal existia na Alemanha; se Marx não estava plenamente convencido desse fato em 1844, ele certamente o reconheceu em 1847. Posteriormente, Marx viu com clareza que a revolução iminente na Alemanha seria uma revolução burguesa;[11] mas as características peculiares da estrutura social da Alemanha, tal como ainda pareciam a Marx, poderiam tornar possível que uma revolução burguesa fosse seguida proximamente de uma revolução proletária.[12] Porém, Marx estava consciente da fraqueza da burguesia alemã e notou que, antes mesmo de ter empreendido qualquer reivindicação direta de poder, ela estava propensa a desperdiçar toda a força que eventualmente possuísse em conflitos prematuros e desnecessários com a classe trabalhadora nascente.[13] O fracasso das revoluções de 1848 na Alemanha atestou esse fato e dissipou o otimismo de Marx sobre um imediato "salto para o futuro" na Alemanha – ou, na verdade, na Inglaterra ou na França.

Os levantes de 1848 foram, entretanto, uma experiência salutar para os círculos dominantes nos Estados alemães, especialmente a Prússia. Depois dessa data, foram instituídas numerosas reformas sociais e políticas que moveram o país para além da autocracia tradicional semifeudal. O fracasso de 1848 em produzir quaisquer reformas radicais, entretanto, funcionou como aviso de morte para as esperanças, não apenas dos pequenos grupos de socialistas, mas também para os liberais. A manutenção do poder econômico *Junker*, da sua dominação e dos corpos de funcionários no exército e na burocracia civil, conduziu à força os liberais alemães à aceitação de uma série de medidas abrangentes que introduziram nada mais do que uma ilusão de democracia parlamentar.[14] Os eventos de 1848 marcam uma linha de vinculação direta entre Marx e Weber. Para Marx, o resultado foi o exílio na Inglaterra e o reconhecimento intelectual da importância de demonstrar, em detalhe, as "leis de movimento" do capitalismo como um sistema econômico. Dentro da Alemanha, os fracassos de 1848 prepararam o caminho para a inépcia do liberalismo, a qual, quando comparada aos sucessos espetaculares da hegemonia de Bismarck, se constituiu em um importante fundamento para o conjunto do pensamento de Weber em sua sociologia política. Talvez o elemento mais importante, a persistência da estrutura econômica e social tradicional na Alemanha, depois de 1848, tenha afetado drasticamente o papel do movimento operário, colocando-o em uma posição muito diferente da que ocupava na Inglaterra ou na França.[15]

Aqui não há espaço para discutir detalhadamente a complicada questão da relação de Marx com Lassalle e com o movimento que Lassalle fundou. Entretanto, alguns aspectos dessa relação foram relevantes. Desde o começo do movimento social-democrata havia uma ambivalência intrínseca em relação às doutrinas de Marx que se constituíam em fonte permanente de cismas dentro do partido. Enquanto, de um lado, Lassalle, nas concepções teóricas, estava profundamente em dívida para com a teoria do capitalismo de Marx, na sua liderança prática do novo movimento ele atuava constantemente em direção oposta à das concepções de Marx sobre questões específicas e defendia políticas contrárias à própria teoria que ele proclamava aceitar. Assim, em contraste com Marx, que sustentava que a classe operária alemã deveria jogar todo o seu peso com a burguesia, para assegurar a revolução burguesa, que subsequentemente ofereceria as condições para a chegada do proletariado ao poder, Lassalle afastava a classe trabalhadora de qualquer forma de colaboração com os liberais. Dessa maneira, ele fomentou uma espécie de separação entre teoria e prática, o que era abominável para Marx. Lassalle também lançava, desse modo, as primeiras sementes do debate entre "evolução" e "revolução" que mais tarde, realmente, se tornou o *caput mortuum* do Partido Social-Democrata como agente de mudança social radical.

Lassalle morreu no mesmo ano em que Weber nasceu. Nesse período, o futuro da Alemanha já estava estabelecido. A separação do movimento operário em relação aos liberais, em conjunção com outros fatores, montaram a cena para a unificação da Alemanha de Bismarck, em que, como afirmou Bismarck, "a Alemanha não olhou para o liberalismo da Prússia, mas para o seu poder". Em 1875, quando os principais defensores de Marx na Alemanha — Liebknecht e Bebel — aceitaram a unidade com a ala de Lassalle do movimento dos trabalhadores, a Alemanha era, tanto em termos econômicos como em termos políticos, uma nação muito diferente daquela sobre a qual Marx originariamente escreveu, nos anos 1840. A integração política tinha se completado, não pela ascensão da burguesia revolucionária mas, em larga medida, como o resultado da *Realpolitik* fundada essencialmente sobre o uso audacioso do poder *político* "de cima para baixo", que vinha acontecendo dentro de um sistema social que mantinha, em grande parte, sua estrutura tradicional.

As fases difíceis da integração política em seu início e a "partida" para a industrialização foram realizadas na Alemanha de um modo muito diferente dos processos típicos de desenvolvimento na Inglaterra — e, em *O capital*, Marx aceitava que esse último país oferecia a estrutura básica para a teoria do desenvolvimento capitalista. Na Alemanha, a centralização política e o rápido avanço econômico tiveram lugar sem a formação de uma sociedade burguesa plenamente liberalizada. Assim, nem os marxistas do Partido Social-Democrata — mesmo antes da morte de Marx, em 1883 — nem os liberais alemães possuíam um modelo histórico adequado a partir do qual pudessem compreender as peculiaridades de sua própria posição dentro da estrutura social alemã. Os social-democratas se mantinham tenazmente fiéis a um catecismo revolucionário que se tornou cada vez mais irrelevante para a estrutura econômica e social real de um Estado alemão industrializado. Entretanto, eventualmente, forçava- -se a explicitação da tensão interna inerente ao Partido Social-Democrata, entre as visões marxianas da transcendência revolucionária do capitalismo e a ênfase de Lassalle na apropriação do Estado capitalista *a partir de dentro*, pela conquista do voto verdadeiramente universal. *Socialismo evolucionário*, de Bernstein (1899),[16] apesar de ele próprio se basear parcialmente no modelo britânico, oferecia uma interpretação teórica coerente das forças sociais que estavam dirigindo o Partido Social-Democrata para a aceitação de uma suposta aquisição do poder a partir de dentro da ordem existente. *Socialismo evolucionário* manifestava a concepção de que a relação entre o desenvolvimento econômico e político do capitalismo não poderia ser adequadamente compreendida nos termos das teses centrais de *O capital*: a formação progressiva da sociedade de duas classes, a "pauperização" da grande maioria e o colapso iminente do capitalismo em uma crise catastrófica "final". Essas últimas concepções sobreviveram como ortodoxia social-democrata em face do desafio de Bernstein; mas elas assumiram cada vez mais uma forma determinista. O que, para Marx, constituía características tendenciais passou a ser visto, então, pelos seus seguidores, como inevitabilidades mecanicamente dadas. Essa perspectiva permitiu a preservação da fraseologia revolucionária sem exigir concomitantemente um ativismo revolucionário; se o capitalismo estava necessariamente condenado, parecia que tudo o que era necessário fazer era ficar de prontidão até que a desintegração final da economia capitalista ocorresse.

A atitude de Weber diante de Marx e do marxismo

Os liberais alemães enfrentavam dilemas comparáveis. O liberalismo também tinha suas raízes em um período anterior e nas formas de sociedade consideravelmente diversas das da Alemanha imperial. Enquanto mantinham uma adesão aos valores liberais da liberdade individual e da participação política, os liberais estavam fortemente comprometidos por sua adaptação forçada — e subordinação — à ordem autocrática dominante. Os escritos políticos do próprio Weber e seus envolvimentos manifestavam constantemente sua consciência desse fato.

A apreciação de Weber do significado do poder político, particularmente tal como foi exercido por Bismarck na promoção bem-sucedida da consolidação interna e do desenvolvimento econômico da Alemanha (e, mais especificamente, seu uso da burocracia para consegui-lo), é uma dimensão-chave para a sua abordagem da política e para a sua sociologia de modo mais geral.[17] O compromisso de Weber com o nacionalismo e sua ênfase ao longo da vida na primazia do Estado alemão também devem ser entendidos nesses termos.[18] Essa determinação em reconhecer as realidades do uso do poder político, entretanto, foi contrabalançada nos escritos de Weber por uma adesão igualmente resoluta aos valores do liberalismo europeu clássico. O *pathos* da reflexão de Weber, graças à qual se viu compelido a reconhecer uma divergência crescente entre as linhas centrais do desenvolvimento nas sociedades modernas e os valores que ele próprio reconheceu como representantes do *ethos* que distingue a cultura ocidental, era uma expressão — embora sob uma forma extremamente sutil e racionalizada — dos dilemas peculiares do liberalismo alemão como um todo.

A atitude de Weber em relação ao Partido Social-Democrata

O famoso discurso inaugural de Weber de Freiburg, em 1895, delineou sua interpretação das esperanças do liberalismo alemão em face do conservadorismo romântico por um lado, e do partido marxista, por outro.[19] Weber se dissociava especificamente da defesa "mística" do Estado alemão,[20] mas também expressava a convicção de que a classe trabalhadora era politicamente incapaz de conduzir a nação. Enquanto expressava concordância com alguns elementos que constituíam parte do programa dos social-democratas, inclusive com o fato de que a classe trabalhadora deveria gozar de direitos plenos de representação política, Weber argumentava que a classe trabalhadora "é politicamente imatura". De acordo com ele, muito do fervor revolucionário dos líderes do movimento da classe trabalhadora era fortemente divergente da tendência real de desenvolvimento do Partido Social-Democrata — que, como percebeu desde cedo, dirigir-se-ia para a acomodação ao Estado alemão predominante em vez de lhe oferecer uma alternativa revolucionária realista. Tal como Weber expressou, o Estado alemão conquistaria o Partido Social-Democrata e não o contrário.[21] Weber era desdenhoso em relação às reivindicações contínuas de poder dos *Junker*, embora fosse forçado a reconhecer que, na prática, sua influência no corpo de oficiais e, em menor grau, na burocracia governamental ainda era considerável. Os *Junker* eram, entretanto, aos olhos de Weber, obviamente uma classe em declínio. A principal fonte de esperança, assim, para um Estado alemão que deveria manter sua integridade nacional, mas atingir um índice de democracia compatível com uma sociedade industrializada, estava no fortalecimento da burguesia liberal como grupo capaz de oferecer liderança nacional. Weber chegou a enfatizar de modo crescente que isso significava desenvolver um sistema governamental que conferiria ao parlamento poder político real. O resultado da dominação de Bismarck, acreditava, deixara a Alemanha sem liderança política efetiva que pudesse ter controle sobre a máquina burocrática do governo e ameaçava a Alemanha com "uma dominação burocrática sem controle".[22] Sua atitude em relação à possibilidade do socialismo na Alemanha era, em grande medida, uma extensão lógica de sua posição. Se um governo socialista e uma economia planejada[23] se efetivassem, o resultado seria uma repressão burocrática ainda maior. Além de não haver contrapeso para a disseminação da burocracia na esfera política, isso seria inevitavelmente verdadeiro também em relação à esfera econômica. "Seria o socialismo", escreveu Weber, "mais ou menos da mesma maneira que o 'Novo Reino' do Egito antigo era socialista".[24]

As concepções de Weber sobre o Partido Social-Democrata permaneceram de modo razoavelmente consistente ao longo de sua vida; sua avaliação da própria posição política em relação às políticas do partido, entretanto, se transformaram em conjunto com a natureza mutável da estrutura social e política alemã. Desse modo, próximo do fim da vida, tendo testemunhado a ocorrência do que previamente antevira – a crescente integração do Partido Social--Democrata na ordem parlamentar existente –, declarou, em 1918, que estava tão próximo do Partido Social-Democrata que acharia difícil distinguir-se dele.[25] Mas sua concepção consistente do "marxismo" na forma do Partido Social-Democrata na Alemanha era que seus objetivos explícitos – o assalto revolucionário do Estado e a instituição de uma sociedade sem classes — eram inteiramente divergentes do papel real que ele estava destinado a desempenhar na política alemã.

As concepções de Weber sobre as contribuições acadêmicas dos autores marxistas

A posição de Weber em relação às noções teóricas que muitos defensores e "intérpretes" do marxismo expuseram não pode ser simplesmente deduzida de sua relação com o Partido Social-Democrata, já que esta era, em alguma medida, determinada por sua apreciação das realidades políticas da situação alemã. Weber reconheceu que alguns dos principais teóricos marxistas tiveram contribuições distintas e por vezes brilhantes para a história, a economia e a jurisprudência; e ele manteve contatos acadêmicos estreitos com alguns estudiosos fortemente influenciados por Marx.[26] É importante reconhecer que grande parte dos escritos de Weber sobre capitalismo e religião foram elaborados no contexto do aparecimento de uma avalanche de trabalhos intelectuais que reclamavam ancestralidade marxiana, mas muitos deles utilizavam também o que Weber via como vulgarização das ideias de Marx, ou se afastavam consideravelmente do que ele considerava ser as principais posições do materialismo histórico de Marx.[27]

Embora Weber tenha mencionado uma vez que *A ética protestante e o espírito do capitalismo* oferecia "uma refutação empírica do materialismo histórico", o ensaio teve, de fato, uma genealogia complicada. Weber se interessou pela religião como fenômeno social desde o início da juventude.[28] Se seus estudos sobre o direito e a história econômica o afastaram, por um certo período, do interesse contínuo pelos escritos acadêmicos, *A ética protestante* é claramente uma expressão de preocupações que sempre estiveram presentes na mente de Weber. Indubitavelmente ele escreveu o ensaio, de alguma forma, como uma polêmica consciente contra a concepção "unilateral" de religião tal como retratada pelo materialismo histórico. Mas o "materialismo histórico", aqui, referia-se parcialmente aos escritos de Kautski e de outros.[29] Mais ainda, foi provavelmente a associação entre Weber e Sombart o que constituiu a fonte mais direta de estímulo à sua tentativa de análise do papel do protestantismo ascético na ascensão do capitalismo.[30]

Weber era simpático às ideias de alguns dos "revisionistas" marxistas proeminentes, embora ele os encarasse como ainda presos, apesar de suas divergências com Marx, a uma teoria metafísica da história que era simplesmente um ônus para sua percepção acurada da realidade socioeconômica. Em geral, ele aceitava, em conjunto com Bernstein e outros, que o capitalismo moderno não estava marcado por uma diferenciação progressiva entre uma minoria crescentemente rica e uma massa "pauperizada"; que a classe média de colarinho branco não desenvolveu uma identidade de consciência de classe em relação à classe de trabalhadores manuais; e que não havia qualquer sinal de uma ruína cataclísmica iminente do capitalismo.[31] Dificilmente poder-se-ia afirmar, entretanto, que Weber extraísse suas concepções de qualquer dos "revisionistas" marxistas: em seu próprio raciocínio, Weber tinha certeza de que o modo de produção capitalista não estava se conduzindo em direção à luta de classes aberta e irresistível entre capital e trabalho. Suas próprias referências à estratificação na sociedade moderna mostram que ele reconhecia a existência de múltiplas divisões de interesse e de *status* que tendiam a obscurecer as divisões marxistas de classe. Assim, afirmava que, por exemplo, a classe trabalhadora manual, longe de ter se tornado um grupo homogêneo não qualificado, era atravessada por diferenças de nível de qualificação que criavam divisões de interesse de classe dentro da classe trabalhadora como um todo.[32]

A relação de Weber com os principais pensadores marxistas de seu tempo era, assim, uma relação complexa; e o era necessariamente, em virtude da variedade de posições diversas assumidas por aqueles que se diziam seguidores de Marx.

As concepções de Weber sobre Marx

Weber, obviamente, considerava que Marx tinha feito contribuições fundamentais à análise histórica e sociológica. Mas, para Weber, as teorias de Marx deveriam ser vistas apenas como fontes de intuição, ou no máximo como conceitos típico-ideais, que poderiam ser aplicados para iluminar, em particular, sequências específicas do desenvolvimento histórico. A posição neokantiana radical que Weber adotou a partir de Rickert e Windelband[33] efetivamente excluiu qualquer outra possibilidade: na concepção de Weber, a atribuição de Marx de uma "direção" global ao movimento da história era tão ilegítima quanto a filosofia hegeliana da história que tinha contribuído para o seu nascimento.[34] Se Weber admitia, com fortes reservas, o uso de "etapas de desenvolvimento" como um "meio heurístico" que poderia facilitar a interpretação explanatória dos materiais históricos, rejeitava inteiramente a construção de esquemas deterministas baseados sobre qualquer espécie de teoria geral do desenvolvimento histórico.[35]

O corolário necessário dessa ideia era a rejeição do materialismo de Marx como chave para a explanação da mudança histórica. A tese de que esses fatores econômicos em algum sentido explicavam de modo "final" o curso da história, afirmava Weber, era simplesmente falsa como um teorema científico.[36] Ele reconhecia que os escritos de Marx variavam segundo o grau de sofisticação com o qual se apresentava a concepção materialista da história — o *Manifesto comunista*, por exemplo, estabeleceu as concepções de Marx "com os elementos crus do gênio em sua forma precoce".[37] Mas, mesmo em sua formulação acabada em O *capital*, Marx em nenhum lugar teria definido precisamente como o "econômico" é delimitado em relação às outras esferas da sociedade. A distinção de Weber entre os fenômenos "econômicos", "economicamente relevantes" e "economicamente condicionados" visava ao esclarecimento desse problema. Definiu a ação econômica como ação que, por meios pacíficos, buscava adquirir o controle das utilidades desejadas.[38] Havia, entretanto, muitas formas de ação humana — tal como as práticas religiosas — que, apesar de não serem econômicas de acordo com a sua definição, tinham relevância para o fenômeno econômico na medida em que influenciavam as necessidades ou propensões que os indivíduos possuíam para adquirir ou fazer uso de utilidades. Essas eram formas economicamente relevantes de ação. Os fenômenos que fossem economicamente relevantes poderiam, por sua vez, ser separados daqueles que fossem economicamente condicionados: esses seriam ações que, apesar de igualmente não "econômicas", de acordo com a definição de Weber, eram causalmente influenciadas por fatores econômicos. Como ele salientou: "Depois do que tem sido dito, é autoevidente que: em primeiro lugar, as fronteiras do fenômeno 'econômico' são vagas e não definíveis com facilidade; em segundo lugar, o aspecto 'econômico' de um fenômeno pode não ser apenas 'economicamente condicionado' ou apenas 'economicamente relevante'".[39] Nesses termos, o calvinismo era tanto economicamente condicionado quanto economicamente relevante em relação à formação precoce do capitalismo racional na Europa ocidental.

Ele também apontou outra fonte de ambiguidade conceptual na interpretação "econômica" da história de Marx: este teria falhado em distinguir, de modo claramente formulado, entre o "econômico" e o "tecnológico". Onde quer que Marx se inclinasse a um determinismo tecnológico mais ou menos direto, sustentava Weber, seu argumento era inadequado. A famosa afirmação de Marx segundo a qual "os instrumentos manuais nos deram o feudalismo e a máquina a vapor, o capitalismo"[40] era, de acordo com Weber, "uma proposição tecnológica e não econômica, e pode-se claramente provar que é simplesmente uma falsa afirmação. Porque a era dos instrumentos manuais, que durou até o limiar do período moderno, mostrou as mais variadas espécies de 'superestruturas' culturais por toda a parte".[41] Uma dada forma de tecnologia pode estar associada com tipos variados de organização social, e vice-versa; isso pode ser visto exatamente no fato de que o socialismo, tal como Marx esperava que se desenvolvesse – apesar de ser um sistema social e econômico diferente do capitalismo –, estava incorporando essencialmente a mesma base tecnológica do capitalismo.

A influência positiva dos escritos de Marx sobre Weber é mais evidente na insistência de Weber de que valores e ideias, na medida em que definitivamente não são "derivações" dos interesses materiais, têm sempre, apesar desse fato, que ser analisados na relação com tais interesses. Weber, obviamente, reconhecia a importância dos conflitos de classe na história, conquanto negasse que sua predominância ou significação fosse tão grande quanto postulara Marx. Para Weber, conflitos entre grupos de *status* de vários tipos e entre associações políticas – inclusive Estados-Nação – eram, no mínimo, igualmente importantes no desenvolvimento histórico das grandes civilizações. A concepção de "interesse" de grupo, entretanto, não pode ser limitada a interesses econômicos, mas tem que ser estendida às outras esferas da vida social; partidos políticos, por exemplo, têm interesses que derivam de sua situação como aspirantes ou detentores do poder, e que não se assentam necessariamente, em sentido direto, em interesses econômicos compartilhados.[42]

Houve debates consideráveis sobre até que ponto os trabalhos metodológicos de Weber,[43] escritos relativamente cedo em sua carreira, estão de acordo com o conteúdo substantivo de seus últimos escritos, particularmente *Economia e sociedade*. O que é certo, entretanto, é que Weber nunca abandonou sua posição básica sobre a separação lógica total entre fato e valor, nem a asserção correlata da irredutibilidade de valores em competição. Foi essa posição epistemológica, reconhecia Weber, que mais decisivamente o separou de Marx. O trabalho de Marx envolvia uma "ética de fins últimos" e, desse modo, comprometia quem a aceitasse em uma concepção "total" da história. Para Weber, a ciência não podia responder à pergunta: "A qual dos deuses em luta devemos servir?".[44]

Weber e Marx: o problema analítico

A crítica de Weber a Marx era sofisticada; não era simplesmente uma análise abstrata da "lógica" das teorias de Marx, mas incorporava a substância mesma dos estudos de Weber sobre a história e a sociedade. Esse fato, entretanto, significa que as próprias avaliações explícitas de Weber sobre as concepções de Marx não podem ser vistas como a única fonte de evidência sobre o tema. As próprias observações de Weber sobre *A ética protestante*, por exemplo, não eram inteiramente desprovidas de ambiguidade, o que se revela na confusão a respeito dos objetivos da obra na ampla literatura que circunda o assunto desde a primeira publicação do ensaio de Weber.[45] Além disso, obviamente, a avaliação das diferenças entre Marx e Weber depende de uma avaliação acurada das concepções características do primeiro autor. Para esclarecer a substância da posição teórica básica de Marx, é necessário tocar brevemente em alguns temas dos escritos de Marx que, graças ao enorme corpo de trabalhos secundários escritos sobre ele desde a Segunda Guerra Mundial, tornaram-se atualmente muito familiares.

Muito da literatura do pós-guerra sobre Marx se centrou nos escritos do "jovem Marx", isto é, de antes da conclusão de *A ideologia alemã* (1846). O debate a respeito da relevância desses escritos precoces para os trabalhos do Marx da maturidade foi inconclusivo; mas não se pode duvidar que, em primeiro lugar, há, por fim, traços definitivos de continuidade que percorrem a totalidade do trabalho de Marx; e que, em segundo lugar, alguns dos primeiros trabalhos permitem-nos esclarecer o que são essas continuidades.[46] Marx nunca escreveu uma exposição sistemática do seu "materialismo". Além disso, seus primeiros escritos tornam claro que sua concepção da abordagem materialista da história é muito diferente do que ele denominava "materialismo perceptivo".[47] Marx, em conjunto com outros "Jovens Hegelianos", começou seu desenvolvimento intelectual a partir da perspectiva da crítica da religião, derivada da radicalização de Hegel e largamente baseada no pensamento de David Strauss e Feuerbach. A filosofia de Feuerbach se assentava sobre uma reversão da maior premissa do sistema hegeliano. Em substituição ao idealismo hegeliano, Feuerbach elaborou sua própria versão do materialismo, afirmando abruptamente que o ponto de partida para o estudo do "homem" tinha que ser o "homem real" vivendo em um "mundo material real".[48] Os escritos de Feuerbach permaneceram confinados principalmente ao exame da religião: por "colocar Hegel a seus pés",[49] tentou demonstrar que o divino era um produto ilusório do real. Deus era uma projeção idealizada da própria humanidade. Deus era uma projeção mítica dos mais caros valores da humanidade, humanidade alienada de sua própria autoperfeição (potencial).

A consequência da visão de Feuerbach foi a de que a religião era uma "representação" simbólica das aspirações humanas, e, para eliminar a autoalienação humana, tudo o que devia ser feito era desmistificar a religião e colocá-la em um nível racional. Marx rapidamente percebeu os erros fundamentais dessa noção. Os erros de Feuerbach eram, em primeiro lugar, falar do "homem" em abstrato e, em seguida, deixar de perceber que as pessoas existem apenas dentro de um contexto de sociedades particulares que mudam sua estrutura no curso do desenvolvimento histórico; e, em segundo lugar, tratar ideias ou "consciência" simplesmente como "consequência" das atividades humanas no mundo "material". Nas palavras de Marx: "A principal falha de todo materialismo prévio (inclusive o de Feuerbach) é que o objeto, realmente, a sensação, é concebido sob a forma de *objeto da percepção*, mas não como *atividade humana sensível, prática*, não subjetivamente".[50]

Marx se referia ao seu materialismo somente como um "fio condutor" de seus estudos: as ideologias estavam "enraizadas nas condições materiais da vida", mas isso não tinha como consequência que houvesse uma relação universal ou unilateral entre o "fundamento real" da sociedade (as relações de produção) e as "superestruturas jurídica e política".[51] Ao contrário, a conclusão específica a que Marx chegou criticando Feuerbach foi a de que as ideias são produtos sociais, que poderiam ser explicadas não pelo filósofo que permaneceu fora da história, mas somente pela análise das formas particulares de sociedade.[52] Temos que rejeitar, insistia Marx, qualquer forma de "receita ou esquema ... para definir as épocas da história", e temos que "começar pela observação e organização – a descrição real – do nosso material histórico".[53]

Onde quer que Marx generalizasse a respeito da relação entre ideologia e "subestrutura" material, ele o fazia nos termos da análise das relações de classe como mediação principal entre as duas. A estrutura de classes da sociedade exerce um determinado efeito em relação ao qual as ideias *adquiriam proeminência* naquela sociedade. Esse era o sentido da proposição de Marx de que as ideias de uma época seriam as ideias da classe dominante.[54] Dever-se-ia apontar que, mesmo na teoria de Feuerbach, a religião era algo mais do que meramente um reflexo acabado da realidade material: ela também oferecia valores e ideais pelos quais as pessoas deviam se empenhar. Deus era a humanidade tal como ela teria que ser, e assim a imagem da divindade permaneceria como esperança do que a humanidade poderia se *tornar*. Marx tomou de empréstimo essa noção de Feuerbach, mas a revestiu de uma concepção dialética de que seria a interação recíproca dessas ideias religiosas com as ações sociais dos "homens da terra" que tinha que ser examinada. Essa reciprocidade deveria ser compreendida nos termos da análise do desenvolvimento histórico das sociedades; não podemos entender a relação entre ideologia e sociedade se a "abstraímos dos processos históricos".[55] Assim, Marx reconhecia tanto que as ideologias deveriam ter um desenvolvimento "interno" parcialmente autônomo quanto o fato de que o grau em que isso poderia ocorrer dependia de fatores particulares a sociedades específicas que, caso a caso, deveriam ser estudadas empiricamente em detalhe. Isso era consistente em relação à sua concepção geral de materialismo, ao mesmo tempo que se evidenciava em seus estudos mais detalhados.[56] Em outras palavras, a posição de Marx não é incompatível com o reconhecimento das características únicas e da influência do protestantismo ascético na Europa.

Tudo isso é bastante conhecido; o que não foi reconhecido de modo tão geral é que mesmo no que se refere aos detalhes, a discussão de Marx do curso do desenvolvimento histórico na Europa é, por vários caminhos, extremamente próxima da análise de Weber; esse é um fato que só se torna completamente aparente com a publicação das notas de rascunho (*Grundrisse*) que Marx escreveu para *O capital*, em 1857-1858. Marx admitiu a importância das primeiras formas de capitalismo que se desenvolveram em Roma, e sua explicação para a razão de essas formas terem caminhado para um "ponto morto" é muito similar ao que subsequentemente Weber estabeleceu.[57] Marx ressaltou que algumas das condições — inclusive a existência de uma classe capitalista nascente — que desempenharam papel essencial no desenvolvimento do capitalismo na Europa ocidental em um período posterior já estavam presentes em Roma. Entre os fatos que particularizou como significativos na inibição da emergência de um capitalismo de larga escala em Roma estava o fato de haver uma forte pressão ideológica contra a acumulação de riqueza em proveito próprio: "A riqueza não aparecia como o elemento central da produção ... A indagação é sempre sobre que tipo de propriedade cria os melhores cidadãos. A riqueza como um fim em si aparece somente entre uns poucos comerciantes".[58] A riqueza não era avaliada intrinsecamente, mas pelo "gozo privado" que poderia proporcionar; além disso, o trabalho em geral era desprezado e desprovido de valor para os homens livres.

Marx reconheceu que existiram numerosas formas anteriores de capitalismo antes da emergência da sociedade burguesa na Europa pós-medieval. Assim, o capital mercantil freqüentemente podia ser encontrado — tal como em Roma — em sociedades nas quais o modo dominante de produção não era capitalista. As operações mercantis eram comumente realizadas por grupos marginais, como os judeus. O capital mercantil existiu "nas mais diversas formas de sociedade, nas mais diversas fases de desenvolvimento das forças produtivas".[59]

Houve casos de sociedades, além de Roma, onde certos segmentos da estrutura social estiveram altamente envolvidos, mas onde a falta de desenvolvimento de outros setores limitou um nível superior de avanço econômico. Marx citou o exemplo do Peru antigo, que em alguns aspectos teve uma economia desenvolvida, mas que se conservou em um baixo nível de desenvolvimento pelo isolamento geográfico da sociedade e pela falta de um sistema monetário.[60]

As concepções de Marx sobre a emergência e significado do cristianismo no desenvolvimento das sociedades europeias têm que ser inferidas a partir de várias afirmações oblíquas em suas críticas a Hegel e aos "Jovens Hegelianos". Como estudioso de Hegel, Marx estava obviamente atento à importância que os historiadores e filósofos atribuíam ao cristianismo no Ocidente. Marx não questionou sua validade. O que ele atacou foi a perspectiva idealista no interior da qual a influência do cristianismo foi analisada. Desse modo, opôs-se ao tratamento de Stirner sobre a ascensão do cristianismo primitivo, que estaria inteiramente baseado no âmbito das ideias.[61] O cristianismo ascendeu, afirmou Marx, como uma religião dos errantes, nômades desenraizados, e as causas de sua expansão têm que ser relacionadas à decadência do Império Romano: "O mundo helênico e romano perecia, espiritualmente no cristianismo e materialmente na migração dos povos".[62] A concepção ética cristã constituiu uma nova e vigorosa corrente moral, em contraste com a decadência moral de Roma. O cristianismo substituiu o panteísmo romano pela concepção de um Deus único e universal, cuja autoridade estava fundada unicamente sobre as noções cristãs de pecado e salvação. Na evolução posterior do cristianismo na Europa, a Reforma ofereceu uma regeneração moral similar em relação a uma sociedade feudal em desintegração interna. "Lutero ... superou a servidão pela devoção, substituindo-a por uma servidão pela convicção. Ele estilhaçou a fé na autoridade porque restaurou a autoridade da fé ... Libertou o homem da religiosidade exterior porque introduziu a religiosidade no interior do homem".[63]

Supor que Marx desconhecia o caráter "ascético" e "racional" do capitalismo europeu moderno é desconsiderar algumas das premissas mais básicas sobre as quais se fundavam suas análises e sua crítica da sociedade burguesa. O caráter "racionalizador" do capitalismo manifestava-se mais diretamente, para Marx, na dominação absoluta do dinheiro nas relações sociais humanas e na busca do dinheiro como um fim em si. O dinheiro era um símbolo da autoalienação humana no capitalismo, na medida em que reduzia todas as qualidades humanas a valores quantitativos de troca.[64] Assim, o capitalismo tinha um caráter "universalizante" que anulava as particularidades das culturas tradicionais: "O capital se desenvolve irresistivelmente para além das barreiras e preconceitos nacionais ... ele destrói a autossatisfação restrita a limites estreitos e fundada sobre o modo tradicional de vida e de reprodução".[65] O capitalismo era ascético no fato de que as ações dos capitalistas se baseavam em autorrenúncia e em um reinvestimento contínuo dos lucros. Isso ficava claro, disse Marx, a partir da teoria da economia política: "A economia política, a ciência da riqueza, é, assim, ao mesmo tempo, a ciência da renúncia, da privação e da poupança ... Seu verdadeiro ideal é o avaro agiota ascético e o escravo ascético mas produtivo".[66] Perseguir a riqueza em proveito próprio era um fenômeno que, como um *ethos* moral de caráter geral, se encontrava apenas no capitalismo moderno. Marx foi tão específico em relação a essa questão quanto Weber: "A paixão pela riqueza como tal é um desenvolvimento característico; isto é, é algo mais do que a sede instintiva por bens particulares tais como roupas, armas, jóias, mulheres, vinho ... O gosto pelas posses pode existir sem dinheiro; a sede pelo autoenriquecimento é o produto de um desenvolvimento social definido, não é natural, mas histórico".[67]

O ponto a ser sublinhado, entretanto, é que em termos amplos a concepção de Marx e o tratamento empírico do papel da ideologia na sociedade é bastante compatível com os estudos mais detalhados sobre a sociologia da religião realizados por Weber. Marx não estudou religião detalhadamente porque, rompendo com os "Jovens Hegelianos" e com Feuerbach, e percebendo a necessidade de começar a analisar sociologicamente as relações entre economia, política e ideologia, ele efetivamente superou – nos termos dos seus próprios objetivos – a necessidade de sujeitar a religião a uma análise detalhada. Os "Jovens Hegelianos", tal como Marx esclareceu em *A sagrada família*, continuaram a devotar grande parte dos seus esforços à crítica da religião e, desse modo, permaneceram sempre presos dentro de uma visão de mundo que era, mesmo se apenas negativamente, religiosa.[68]

Enfatizar a congruência teórica geral de muito do que Marx e Weber escreveram sobre a história e as origens do capitalismo obviamente não é afirmar que suas concepções eram inteiramente idênticas, no que se refere a problemas particulares assim como a questões mais gerais de teoria política e social. É evidente que Marx, apesar de desaprovar "o *passe-partout* de uma teoria histórico-filosófica geral cuja qualidade principal fosse a de ser supra-histórica",[69] procurou impor um padrão ao desenvolvimento histórico que Weber tratou como quase proibitivo. O conceito de carisma e o papel fundamental que ele desempenha na sociologia de Weber expressam a convicção de Weber de que a história humana não é (tal como Marx acreditava ser) racional. A atribuição de uma racionalidade passível de ser descoberta na história era um elemento essencial no conjunto do pensamento de Marx e era o vínculo principal pelo qual ele permaneceu ligado a Hegel para sempre. Mas o carisma era explicitamente irracional; assim, a dinâmica revolucionária na história, que para Weber se constituía pela emergência periódica dos movimentos carismáticos, não poderia ser conectada a nenhum padrão racional global no desenvolvimento histórico da humanidade. Além disso, sublinhando a importância da classe, e desse modo dos interesses econômicos no desenvolvimento social, Marx tendia a assimilar o poder econômico e político muito mais do que Weber.[70] Definitivamente, essa é uma diferença de significação fundamental entre os dois autores. Entretanto, a divergência não precisa ser exacerbada aqui.[71] Marx antecipou Weber, por exemplo, reconhecendo o paralelo entre a organização dos exércitos profissionais e a separação dos trabalhadores do seu produto no capitalismo moderno. Dessa maneira, Marx observou: "Em Roma existia no exército uma massa já bastante distinta do restante das pessoas, disciplinada para o trabalho ... ela vendeu para o Estado o conjunto dos seus tempos de trabalho por salários ... assim como o trabalhador faz em relação ao capitalista".[72]

Conclusão

Meu objetivo aqui foi o de distinguir os elementos básicos na relação entre os escritos de Marx e Weber. Tentei esclarecer que a tendência a assimilá-los em conjunto como constituindo uma "crítica a Marx" generalizada conduziu vários comentadores a simplificar exageradamente o julgamento de Weber sobre o materialismo histórico. Tornou-se algo próximo de um truísmo dizer que os "fundadores" da sociologia moderna — Weber, Pareto e Mosca particularmente — desenvolveram suas teorias, em parte ao menos, como "refutações" de Marx. Cada um desses autores foi, ao mesmo tempo, denominado de "o Marx burguês". Esse título, entretanto, é inepto no sentido de que tem como implicação o fato de seu trabalho representar apenas uma resposta burguesa ao marxismo. Foi isso, mas também muito mais do que isso. Assim, a relação de Weber com Marx e com o pensamento marxista não pode ser taxada somente como "confirmação" ou "refutação"; os estudos históricos de Weber tanto destroem alguns dos aspectos das mais toscas interpretações marxistas do desenvolvimento histórico, como, ao mesmo tempo, como tentei mostrar neste capítulo, resgatam Marx contra seus próprios discípulos confessos.

Weber escreveu numa época em que o caráter dos mais importantes países da Europa ocidental, e o da Alemanha especificamente, se transformaram consideravelmente em relação ao tempo em que Marx elaborou seus principais pontos de vista. Todas as sociedades economicamente desenvolvidas do Ocidente, na virada do século XX, alcançaram um alto grau de maturidade econômica sem experimentar a reorganização revolucionária que Marx esperava. No tempo de Weber, o pensamento de Marx tinha continuidade, na Alemanha, através do Partido Social-Democrata. O "materialismo histórico" acabou por ser largamente identificado, aos olhos de Weber e de outros críticos liberais do marxismo, assim como pelos próprios marxistas, com a exposição de Engels no *Anti-Dühring* e, mais tarde, em *A dialética da natureza*.[73] Apesar de alguns comentadores terem exagerado a diferença entre Marx e Engels, as implicações da posição que Engels assumiu nessas obras são definitivamente discordantes da concepção central da maior parte do que Marx escreveu. Transferindo a dialética para a natureza, Engels obscureceu o elemento mais essencial da obra de Marx, que era "a relação dialética entre sujeito e objeto no processo histórico".[74] Ao fazê-lo, Engels ajudou a estimular a noção de que as ideias simplesmente "refletiam" a realidade material.[75] O silêncio político do Partido Social-Democrata — que Weber percebeu com acuidade por trás da fraseologia revolucionária — estava vinculado à adoção geral dessa perspectiva, que possibilitou a preservação de uma postura revolucionária em um conjunto de circunstâncias sociais que diferiam substancialmente do padrão de desenvolvimento antecipado por Marx. Volta-se assim, de certa forma, ao ponto de partida. Com o risco de simplificar em muito o que realmente é uma questão complicada, poder-se-ia afirmar que a crítica de Weber ao marxismo, no que se refere ao papel das ideias na história, de fato se aproxima de uma reafirmação, em muitos detalhes, de certos elementos da concepção marxiana original.

Isto caminhou lado a lado, ironicamente, com a rejeição de certos aspectos-chave da análise de Marx do capitalismo contemporâneo e de suas esperanças ulteriores na forma futura de uma sociedade radicalmente nova. Marx, que escreveu uma geração antes de Weber, acreditava que o capitalismo poderia ser e seria superado por uma nova forma de sociedade. Weber escreveu com a percepção de ter testemunhado a formação do capitalismo industrial na Alemanha em circunstâncias muito diferentes das da Inglaterra ou da França. O reconhecimento desse fato por Weber foi um elemento, no interior de seu pensamento, que lhe permitiu, apesar de recorrer a Marx, escapar da camisa-de-força que os seguidores de Marx do Partido Social-Democrático buscaram impor à história, em nome do materialismo histórico.

Pode-se ainda sustentar que, na análise da tendência iminente do desenvolvimento do capitalismo, Weber foi vítima de uma espécie de determinismo materialista próprio. Weber percebeu uma grande irracionalidade no interior do capitalismo: a "racionalidade" formal da burocracia, apesar de ter tornado possível a implementação técnica das tarefas administrativas em larga escala, era "substantivamente" irracional pelo fato de transgredir alguns dos mais característicos valores da civilização ocidental. Mas ele não antevia nenhum caminho para romper essa irracionalidade: o futuro guardaria apenas a possibilidade crescente da imersão da autonomia humana e da individualidade na burocratização da vida moderna, que a tudo se estendia.

Notas

1 George Lichtheim, *Marxism, an Historical and Critical Study*, London, 1964, p.385.

2 Isso inclui a Crítica da filosofia do direito de Hegel; Manuscritos econômicos e filosóficos; o texto completo da *Ideologia alemã*; e outros pequenos artigos, cartas, fragmentos. Todos eles foram publicados pela primeira vez entre 1927 e 1932, em *Marx-Engels Gesamtausgabe* (doravante MEGA).

3 Marx, é claro, não usou esse termo, que se originou de Engels; mas tornou-se convencional usá-lo também como referência aos escritos de Marx sobre a interpretação do desenvolvimento histórico.

4 *A Contribution to the Critique of Political Economy*, Chicago, 1904.

5 *Ideen zur Philosophie der Kultur*, de David Koigen (Munich/Leipzig, 1910), foi uma das primeiras tentativas de sublinhar a importância do "jovem" Marx. Em comum com muitos autores que enfatizaram as divergências entre Marx e Engels, Koigen acentuou a significação do pensamento hegeliano sobre a totalidade do trabalho de Marx. Mas o trabalho mais influente nessa direção publicado antes de MEGA foi o de Georg Luckács, *Geschichte und Klassenbewusstsein*, Berlin, 1923. Neste artigo deverei me referir à edição francesa mais acessível: *Histoire et conscience de classe*, Paris, 1960. Lukács estava entre os primeiros que compreenderam a possibilidade de assimilar os estudos de Weber de uma perspectiva verdadeiramente marxista-dialética.

6 Neste capítulo seguirei a prática terminológica sugerida por Rubel, chamando as concepções que eu atribuo ao próprio Marx de "marxianas" e denominando "marxistas" as ideias adotadas pelos seguidores confessos de Marx. Também utilizarei "marxismo" em um sentido muito genérico para me referir ao último grupo.

7 Cf. Karl Löwith, Max Weber und Karl Marx, *Archiv für Sozialwissenschaft und Sozialpolitik*, v.LXVII, 1932, parte I, p.58ss.

8 Veja-se, por exemplo, a discussão de Weber sobre a burocracia e o poder político em Parliament and government in a reconstructed Germany, republicado como um apêndice à edição em inglês de *Economy and Society*, New York, 1968, v.III, p.1.381-469.

9 O melhor estudo do desenvolvimento do Partido Social-Democrata disponível em inglês é Günther Roth, *The Social Democrats in Imperial Germany*, New Jersey, 1963. Cf. também Werner Sombart, *Der proletarische Sozialismus*, Jena, 1924, 2v., especialmente v.I, p.333ss., e v.II, p.9-95. A discussão de Birnbaum das visões de Marx e Weber sobre o ascenso do capitalismo é uma das mais incisivas análises que já foram feitas sobre essas questões. Mas Birnbaum não separou as várias dimensões que o ataque de Weber ao "materialismo histórico"

abarcou; consequentemente, ele tende a flutuar entre as conclusões de que o trabalho de Weber "torna explícito o que Marx deixou implícito" e de que Weber modificou consideravelmente a posição teórica de Marx refutando a noção de que "as ideias são simplesmente reflexos da posição social e não exercem efeitos independentes sobre o desenvolvimento histórico" (p.134). Conflicting Interpretations of the Rise of Capitalism: Marx and Weber, *British Journal of Sociology*, v.IV, 1953, p.125-41.

10 Contribution to the Critique of Hegel's Philosophy of Right (1844), in T. B. Bottomore, *Karl Marx, Early Writings*, New York, 1964, p.57-9.

11 Cf. também as concepções de Engels, tal como foram estabelecidas no seu Der Status quo in Deutschland, *Werke*, 4, p.40-57.

12 O *Manifesto comunista* anuncia: "A revolução burguesa na Alemanha será apenas o prelúdio da revolução proletária imediatamente subseqüente".

13 Cf. o artigo de Marx no *Deutsche Brüsseler Zeitung*, de 18 de novembro de 1847; Werke, 4, p.351ss. Para uma análise mais extensa, ver Engels, *Germany: Revolution and Counterrevolution*, London, 1933.

14 Cf. Karl Demeter, Die soziale Schichtung des deutschen Parlamentes seit 1848, *Vierteljahrschrift für Sozial- und Wirtschaftsgeschichte*, v.XXXIX, p.1-29. Para as atitudes dos liberais em relação ao voto igualitário, cf. Walter Gagel, *Die Wahlrechtsfrage in der Geschichte der deutschen liberalen Parteien, 1848-1918*, Düsseldorf, 1958.

15 Era particularmente significativo, na distinção do desenvolvimento do movimento operário na Alemanha em relação à Inglaterra, o fato de que na Alemanha, até relativamente tarde, a classe trabalhadora não tivesse o direito a voto.

16 Eduard Bernstein, *Evolutionary Socialism*, London, 1909 (2.ed., London, 1963).

17 Pode-se salientar aqui que as consequências da vitória alemã de 1870-1871 foram igualmente carregadas de significação para a perspectiva sociológica de Durkheim.

18 Cf. Wolfgang J. Mommsen, *Max Weber und die deutsche Politik: 1890-1920*, Tübingen, 1959, p.103ss.; cf. também Raymond Aron, Max Weber und die Machtpolitik, in *Max Weber und die Soziologie heute*, Tübingen, 1965.

19 Der Nationalstaat und die Volkswirtschaftspolitik, *Gesammelte politische Schriften*, Tübingen, 1958, p.1-25.

20 Cf. também a análise de Durkheim de Treitschke em *L'Allemagne au dessus de tout*, Paris, 1915.

21 Weber fez essa observação em um encontro do Verein für Sozialpolitik . Ver Diskussionsreden auf den Tagungen des Vereins für Sozialpolitik, in *Gesammelte Aufrätze zur Sociologie und Sozialpolitik*. Tübingen, 1924, p.394ss., e especialmente p.408-9.

22 Parliament and Government in a Reconstructed Germany, p.1453.

23 Weber opunha também numerosas objeções econômicas técnicas à operação de uma economia planejada, na forma pela qual muitos socialistas concebiam, naquela época, uma economia desse tipo. Cf. *Economy and Society*, v.I, p.65-8, 100-7.

24 Parliament and Government in a Reconstructed Germany, p.1453. Para as concepções de Weber sobre a Rússia, cf. Russlands Übergang zur Scheindemokratie, in *Gesammelte politische Schriften*, p.192-210.

25 Cf. Das neue Deutschland, *Gesammelte politische Schriften*, p.472-5.

26 É o caso de Sombart. Ver, por exemplo, seu *Der moderne Kapitalismus*, particularmente o v.I; Sombart, é claro, mesmo previamente em sua carreira, estava longe de ser um "marxista" ortodoxo. Sobre o relacionamento entre Sombart, Marx e Weber, cf. Capitalism in recent German Literature: Sombart and Weber, *The Journal of Political Economy*, v.XXXVI, 1928, p.641-61; e v.XXXVII, 1929, p.31-51.

27 Cf. a discussão de Weber sobre o livro de Stammler sobre o materialismo histórico e o direito; R. Stammlers Überwindung der materialistischen Geschichtsauffassung, in *Gesammelte Aufsätze zur Wissenschaftslehre*, Tübingen, 1951, p.291-359.

28 Cf. a carta de Weber para sua mãe de 8 de julho de 1884, em *Jügendbriefe*, Tübingen, s.d., p.121-2. Vale a pena notar que Weber em tenra idade ficou impressionado pela leitura de *Das Leben Jesu* de David Strauss; o mesmo trabalho desempenhou papel proeminente no desenvolvimento da concepção de Marx como membro dos "Jovens Hegelianos".

29 Ver Karl Kautski, *Karl Marx'ökonomische Lehren*, Stuttgart, 1887; e, em seguida, o seu *Der Ursprung des Christentums*, Stuttgart, 1908.

30 Cf. *The Protestant Ethic and the Spirit of Capitalism*, New York, 1958, especialmente p.194-8. Para uma consideração sobre as concepções de Weber a respeito da religião, ver Paul Honigsheim, Max Weber: his Religious and Ethical Background and Development, *Church History*, v.XIX, 1950.

31 Cf. Weber: Der Sozialismus, in *Gesammelte Aufsätze zur Soziologie und Sozialpolitik*, p.504ss.

32 Cf. o esboço de Weber em Erwerbsklassen, in *Economy and Society*, v.I, p.304.

33 Apesar de estar estabelecida com maiores detalhes em seus ensaios mais técnicos sobre o método, a posição epistemológica básica de Weber está formulada de modo conciso e brilhante em Science as a Vocation, in H. H. Gerth, C. Wright Mills, *From Max Weber: Essays in Sociology*, New York, 1958, p.129-56.

34 Ver as observações de Weber sobre os conceitos de Marx em "Objectivity" in Social Science and Social Policy", in *The Methodology of the Social Sciences*, Glencoe, Ill., 1949, p.103 e *passim*.

35 Weber discutiu a noção de "fases" de evolução com algum detalhe em relação ao problema que também preocupava Marx, e mais particularmente Engels: a ques-

tão do desenvolvimento da sociedade tribal germânica em relação ao declínio de Roma e a organização do feudalismo medieval. Cf. Weber, Der Streit um den Charakter der altgermanischen Sozialverfassung in der deutschen Literatur des letzten Jahrzehnts, in *Gesammelte Aufsätze zur Sozial – und Wirtschaftsgeschichte*, Tübingen, 1924, p.508-56.

36 A frase foi extraída da contribuição de Weber para um encontro da Associação Alemã de Sociologia, relatada em Geschäftsbericht und Diskussionsreden auf den deutschen soziologischen Tagungen, in *Gesammelte Aufsätze zur Soziologie und Sozialpolitik*, p.456.

37 "Objectivity" in Social Science and Social Policy, p.68. Weber, apesar disso, mencionava o *Manifesto comunista* como "um feito científico de primeira linha" em Der Sozialismus, p.504-5.

38 *Economy and Society*, v.I, p.63. Para as formulações anteriores de Weber do conceito de "econômico", ver "Objectivity" in Social Science and Social Policy, p.64.

39 "Objectivity" in Social Science and Social Policy, p.65.

40 Marx, *The Poverty of Philosophy*, Moscou, s.d., p.92. (A citação no texto é da versão de Weber do original de Marx.) Para a distinção de Weber entre "economia" e "tecnologia", ver *Economy and Society*, v.I, p.65-7.

41 Geschäftsbericht und Diskussionsreden auf den deutschen soziologischen Tagungen, p.450.

42 *Economy and Society*, v.II, p.928ss.

43 Reunidos como *Gesammelte Aufsätze zur Wissenschaftslehre*, Tübingen, 1968 (3.ed.).

44 Science as a Vocation, p.153.

45 Muito da discordância sobre os objetivos de Weber no livro surge da não consideração das réplicas publicadas de Weber às suas primeiras críticas. Cf. seu Antikritisches zum Geist des Kapitalismus, *Archiv für Sozialwissenschaft und Sozialpolitik*, v.XX, 1910; e seu Antikrisches Schlusswort, ibidem, v.XXXI.

46 A evidência mais definitiva para a continuidade do pensamento de Marx é a versão do esboço de O capital. Esta foi publicada em 1939, mas não esteve disponível até 1953, como *Grudrisse der Kritik der politischen Ökonomie*, Berlin, 1953. Para uma análise de algumas das fases no desenvolvimento das diferentes "interpretações" de Marx desde o começo do século, ver Erich Thier, Etappen der Marxinterpretation, *Marxismusstudien*, 1954, p.1-38.

47 Theses on Feuerbach, in Loyd D. Easton, Kurt H. Guddat, *Writings of the Young Marx on Philosophy and Society*, New York, 1967, p.402 (Tese 9).

48 Ludwig Feuerbach, *The Essence of Chistianity*, London, 1853.

49 Essa frase, é claro, foi originalmente utilizada por Engels em referência à relação de Marx com Hegel. Cf. Engels, Ludwig Feuerbach and the End of Classical German Philosophy, *Selected Works*, London, 1950, v.II, p.350.

50 Theses on Feuerbach, p.400 (Tese 1).
51 Preface to *A Contribution to the Critique of Political Economy*, in Marx, Engels, *Selected Works*, v.I, p.328-9.
52 Cf. Tese 7 in Theses on Feuerbach, p.402.
53 *The German Ideology*, Moscou, 1968, p.38-9.
54 Ibidem, p.61.
55 Theses on Feuerbach, p.402.
56 Cf., por exemplo, The Civil War in France, in *Selected Works*, v.I, p.429-40.
57 *Grundrisse*, p.375-413; as seções relevantes estão em grande parte incluídas em uma tradução inglesa de uma pequena parte desse trabalho – E. J. Hobsbawm, *Pre-capitalist Economic Formations*, London, 1964; a discussão de Weber sobre Roma pode ser encontrada em Die Sozialen Gründe des Untergangs der antiken Kultur, in *Gesammelte Aufsätze zur Sozial – und Wirtschaftsgeschichte*, p.289-311. Na próxima parte deste capítulo não estarei abordando as discrepâncias entre a discussão de Marx do "modo asiático de produção" e a análise de Weber sobre a China e a Índia. Frequentemente se afirma que as concepções de Weber sobre a emergência do capitalismo racional no Ocidente só podem ser plenamente entendidas à luz de seus escritos sobre as "religiões mundiais". Isso é inegável. Entretanto, é um grande engano enxergar esses escritos, como muitos o fizeram, como uma forma de experimento *ex post facto* que "testa" a influência "independente" da ideologia sobre o desenvolvimento social. O que Weber mostrou é que *tanto quanto* o conteúdo das éticas religiosas que ele discutiu, a combinação específica das circunstâncias materiais encontradas na Europa, China e Índia *também* diferiam. (Assim, por exemplo, Weber enfatizou a facilidade das comunicações na Europa, a independência econômica e política peculiar da cidade europeia, além de várias outras condições "materiais" em cujos termos a Europa diferia da China e da Índia.) Esses fatores materiais e ideológicos formaram um "agrupamento" definitivo e inter-relacionado em cada caso: as condições materiais não poderiam, dessa maneira, ser simplesmente tratadas como uma "constante" em oposição à influência "inibidora" ou "facilitadora" da ideologia religiosa como uma "variável" poderia determinar.
58 *Pre-capitalist Economic Formations*, p.84.
59 *Grundrisse*, p.740
60 Marx salientou também que, embora o uso do dinheiro estivesse difundido na Antiguidade, apenas em algumas nações comerciantes ele se tornou essencial para a economia; em Roma, o sistema monetário chegou a ser plenamente desenvolvido apenas durante o período de desintegração da economia. *Grudrisse*, p.23-4. Compare-se com a discussão de Engels sobre Roma, no seu A origem da família, da propriedade privada e do Estado, in *Selected Woks*, v.II, p.270-8.

61 Ver a discussão de *Der Einzige und sein Eigentum*, de Stirner, in *The German Ideology*, p.143ss.

62 Ibidem, p.151. Por outro lado, Weber sublinhava que o cristianismo tinha sido sempre uma religião primariamente de artesãos urbanos. Ver *Economy and Society*, v.II, p.481ss.

63 Contribution to the Critique of Hegel's Philosophy of Right, in *On Religion*, p.50. Marx aludiu apenas brevemente ao significado do conteúdo ideológico do calvinismo. (Ver, por exemplo, *O capital*, v.I, p.79.) Engels, em várias ocasiões, discutiu o calvinismo mais amplamente.

64 Economic and Philosophical Manuscripts, in Bottomore, *Karl Marx*, p.168ss.; ver também Löwith, Max Weber und Karl Marx, p.77ss.

65 *Grundrisse*, p.313. Sobre o caráter "universalizante" da moeda, cf. Georg Simmel, *Philosophie des Geldes*, Leipzig, 1900. Weber observou sobre o livro de Simmel que "a economia monetária e o capitalismo estão estreitamente identificados, em detrimento de sua análise concreta" (*Protestant Ethic*, p.185). Marx também notou a significação do fenômeno que Weber discutiu mais tarde com mais vagar — o fato de que a lei romana desempenhou um importante papel na formação da sociedade burguesa. Cf. *Grundrisse*, p.30, 916.

66 Economic and Philosophical Manuscripts, p.171; cf. Avineri, p.110-1.

67 *Grundrisse*, p.133-4.

68 Marx e Engels, *The Holy Family*, Moscou, 1956.

69 Carta ao editor de *Otyecestvenniye Zapisky*, 1877, *Selected Correspondence*, London, 1934, p.355. (Tradução modificada por mim).

70 Marx, é claro, compreendia que as estruturas políticas podiam variar em grau considerável, independentemente dos interesses de classe. (Ver, por exemplo, sua carta em *Letters to Kugelmann*, London, s.d., p.23.) Marx percebeu que a sociedade mais desenvolvida em termos econômicos, a Inglaterra, tinha um Estado menos complexo do que a Alemanha ou a França. O Estado inglês, escreveu Marx em 1885, era "um compromisso arcaico, esgotado e antiquado entre a burguesia, que governa completamente na realidade, mas *não oficialmente*, as várias esferas da sociedade civil e a aristrocracia fundiária que governa oficialmente". Die britische Konstitution, *Werke*, 11, p.95

71 Gerth e Mills, *From Max Weber*, p.47.

72 *Grundrisse*, p.428. Marx, entretanto, observou que o caso do exército e o da organização capitalista diferiam no fato de que o soldado profissional não era contratado para produzir mais valia.

73 *Anti-Dühring*, Moscou, 1962; *Dialectics of Nature*, Moscou, 1954.

74 A frase é de Luckács, *Geschichte*, p.20

75 De fato, Engels repudiou os escritos de alguns dos seus discípulos intelectuais que realmente estavam apenas deduzindo implicações lógicas dos temas centrais do *Anti-Dühring*. Sua tentativa de escapar do impasse teórico a que

suas concepções conduziram está formulada nesta afirmação: "De acordo com a concepção materialista da história, o elemento determinante na história é em *última instância* a produção e reprodução na vida real. Nem Marx nem eu jamais afirmamos mais do que isso". Engels para Bloch, 21 de setembro de 1890, in *Selected Correspondence, p.475. Antes disso, é claro, Marx também se sentiu compelido a comentar ironicamente que "não era um marxista".*

CAPÍTULO 3

A SOCIOLOGIA POLÍTICA DE DURKHEIM

A teoria de Durkheim sobre a política e o Estado é indubitavelmente a mais negligenciada das suas contribuições para a teoria social. Talvez haja duas razões que expliquem por que a sociologia política de Durkheim não recebeu a atenção que requer. Uma delas é que algumas das exposições-padrão do seu trabalho (especialmente a obra de Parsons, *The Structure of Social Action*)[1] foram escritas antes da publicação da série de conferências em que ele enfrentou mais diretamente os problemas da análise política.[2] Um segundo fator dessa negligência, ainda que relacionado ao primeiro, deriva das fases pelas quais passaram as interpretações subsequentes da obra de Durkheim.[3] Durante sua própria vida, e durante algum tempo após sua morte, Durkheim foi comumente visto como o fundador de uma forma radical de "realismo sociológico", que subordinava o indivíduo a uma "consciência coletiva" hipostatizada, e seu pensamento político era amplamente considerado uma forma de nacionalismo místico.[4] Relatos posteriores forneceram avaliações muito mais sofisticadas e precisas da sociologia geral de Durkheim, mas estas tenderam a afastar a atenção do conteúdo político dos escritos de Durkheim, enfatizando outros aspectos de suas obras.

A interpretação de Durkheim realizada por Parsons mesmo hoje ainda permanece entre as mais influentes.[5] De acordo com esse ponto de vista, o pensamento de Durkheim teria sofrido uma série de profundas modificações no curso de sua carreira: começando com uma posição inicialmente "positivista"[6] (tal como manifestou originalmente em A *divisão do trabalho social* e em As *regras do método sociológico*), ele acaba passando para uma outra de caráter idealista. O efeito dessa interpretação é definitivamente o de diminuir a importância de A *divisão do trabalho social* nos escritos de Durkheim. Na medida em que qualquer exame das ideias políticas de Durkheim precisa estar embasado na teoria estabelecida nessa obra, o que daí decorre é que isso tende a obscurecer o grau em que a sociologia geral de Durkheim se preocupa com problemas políticos e com a natureza do Estado moderno. Esta tendência se acentuou de modo ainda mais enérgico em Nisbet, para quem, nos escritos subsequentes, Durkheim abandonara todas as teses mais importantes que estabelecera em A *divisão do trabalho social*:

> Durkheim, em estudos posteriores, nunca voltou a fazer nenhuma utilização da distinção entre os dois tipos de solidariedade ("mecânica" e "orgânica") nem da divisão do trabalho como uma forma de coesão, e menos ainda de qualquer tipo de racionalização dos conflitos e anomias na sociedade como meras "formas patológicas da divisão do trabalho". Os tipos de sociedade, de constrangimento e solidariedade com os quais lidou em todas as suas obras posteriores — em termos tanto teóricos quanto práticos — não têm absolutamente nada a ver com os atributos que ele estabelecera para uma sociedade orgânica e (de modo presumível) irreversivelmente moderna em A *divisão do trabalho social*.[7]

Sem dúvida alguma, está correto afirmar que o pensamento de Durkheim foi se modificando e se elaborando ao longo de sua carreira intelectual. Mas a concepção que identifica uma profunda discrepância entre os primeiros e os últimos trabalhos de Durkheim é enganosa. O centro da minha discussão, de fato, se funda na premissa de que a verdade sobre esse tema opõe-se quase completamente à visão sugerida por Nisbet: no fato de que Durkheim, em seu pensamento posterior, continuava a basear suas obras na distinção entre a solidariedade "mecânica" e "orgânica"; no fato de que a existência da solidariedade derivada da divisão do trabalho foi sempre concebida por Durkheim como a característica mais distintiva das sociedades contemporâneas em oposição às tradicionais; no fato de que o tratamento dado por Durkheim às ideias de "conflito e anomia" nos seus escritos posteriores não pode ser entendido isoladamente de sua análise das formas "patológicas" da divisão do trabalho; e em que "os tipos de sociedade, constrangimento e solidariedade com os quais lidou em todas as suas obras posteriores" têm tudo a ver com os atributos da sociedade contemporânea tal como formulados em A divisão do trabalho social. A continuidade entre as obras iniciais e finais de Durkheim só se torna inteiramente aparente, entretanto, caso se preste atenção considerável à sua teoria política. Longe de ser de importância secundária para sua sociologia, o pensamento político de Durkheim tem um importante papel em suas ideias; como procurarei demonstrar numa próxima seção do presente capítulo, uma apreciação desse fato permite a correção de uma interpretação corrente, mas errônea, do principal problema sociológico com o qual Durkheim se ocupou em todas as suas principais obras: a teoria da autoridade moral.

O contexto político e social do pensamento de Durkheim

Frequentemente se observa que a sociologia de Durkheim tem que ser entendida como uma resposta aos perturbadores efeitos da vitória alemã de 1870-1871 sobre a sociedade francesa. Mas isso significa muito e muito pouco ao mesmo tempo. Significa muito, pois os escritos de Durkheim devem também ser considerados como tendo raízes na filosofia positivista francesa que remonta a Comte, Saint-Simon e mesmo para além deles; significa muito pouco porque — em função dessa característica mesma — o contexto político e social do pensamento de Durkheim incorpora importantes elementos legados pela Revolução do século XVIII, da qual os eventos de 1870-1871 foram em parte um resultado direto.[8] Se a Revolução acabou com o *Ancien Régime*, ela também preparou o terreno para alguns problemas políticos e sociais de ordem geral que iriam assombrar a França durante mais de um século. Mais do que estabelecer a sociedade liberal, burguesa, que era proclamada em seus *slogans*, a Revolução abriu fendas sociais de natureza crônica. Se ela foi uma revolução "bem-sucedida", não o foi suficientemente e produziu aquele ciclo de revolução e restauração que vem dominando a história francesa até os dias de hoje. A Revolução de 1789 não criou uma "sociedade burguesa", se por isso entendermos uma sociedade que combine democracia política com a hegemonia de uma classe capitalista; ao longo de todo o século XIX, elementos profundamente conservadores, centrados particularmente na Igreja e nos arrendatários e camponeses, mantiveram uma sólida influência sobre o governo e a sociedade. Os escritos de Saint-Simon e de Comte, cada qual à sua maneira, incorporaram e deram expressão a esse precário equilíbrio entre as influências liberal e conservadora. Os dois autores encararam essa situação como transitória, e ambos ansiavam por uma ordem nova e mais "estável" para o futuro. Suas concepções divergentes a respeito desse futuro estão entre as mais problemáticas questões para as quais Durkheim procurou soluções em sua sociologia. A forma emergente de sociedade deveria conter apenas uma única classe de *industriels*; nela a igualdade de oportunidades prevaleceria, e nela o governo estaria reduzido à "administração de coisas", não de pessoas; ou deveria ser tal como o Estado hierocrático, corporativo, da *Política positiva* de Comte?

Tal como nos escritos de Max Weber, o problema, não da "ordem" num sentido genérico,[9] mas da forma de *autoridade* apropriada para o Estado industrial moderno é tema dominante na obra de Durkheim. Mas, enquanto na Alemanha uma combinação diferente de circunstâncias políticas e econômicas ajudava a estabelecer uma tradição de *Nationalökonomie* que levou os estudiosos liberais da geração de Weber a uma ingente preocupação com o "capitalismo", na França o problema estava colocado dentro do contexto do confronto duradouro entre o "individualismo", incorporado nos ideais da Revolução, e as reivindicações morais da hierocracia católica. Desse modo, a Terceira República certamente surgiu em meio a uma atmosfera de crise — e de conflito de classes, tal como manifesto pela Comuna de Paris e sua repressão —; mas, assim parecia a Durkheim e aos seus contemporâneos liberais, o desastre de 1870-1871 também oferecia, ao mesmo tempo, a possibilidade e a necessidade de finalmente se completar o processo de mudança política e social que se havia iniciado com a Revolução quase um século antes. Nas suas obras sociológicas, Durkheim não estava, como frequentemente se afirma, preocupado acima de tudo com a natureza da "anomia", mas antes com a exploração da complexa inter-relação entre as três dimensões da "anomia", "egoísmo" e "individualismo". *A divisão do trabalho social* constituiu o pensamento de Durkheim a esse respeito, e ele não se desviou posteriormente da posição defendida naquela obra, embora não tenha elaborado completamente algumas de suas implicações senão bem mais tarde. A conclusão substancialmente mais importante a que chegou Durkheim em *A divisão do trabalho social* foi a de que a solidariedade orgânica pressupõe um individualismo *moral*: em outras palavras, que "é errado contrastar uma sociedade que vem de uma comunidade de crenças (solidariedade mecânica) com outra que tem uma base cooperativa (solidariedade orgânica), reconhecendo apenas na primeira um caráter moral e vendo na segunda simplesmente um agrupamento econômico".[10] A fonte imediata desse individualismo moral, tal como explicitada por Durkheim em sua contribuição para a discussão pública a respeito do caso Dreyfus,[11] estava nos ideais gerados pela Revolução de 1789. O individualismo moral não pode de modo algum ser confundido com o egoísmo (ou seja, com a busca do interesse próprio), tal como postulado na teoria econômica clássica e na filosofia utilitarista. O crescimento do individualismo, derivado da expansão da solidariedade orgânica, não deveria ser necessariamente equiparado à anomia (a condição anômica da divisão do trabalho era um fenômeno *transitório*, que se originava precisamente do fato de que a celebração de contratos estava insuficientemente governada pela regulação moral). Sendo assim, a ordem social que estava surgindo exigia a realização ou a implementação concreta dos ideais da Revolução Francesa.

Essa teoria, portanto, oferecia a solução de questões que distinguiam as concepções de Saint-Simon e de Comte, que sob outros aspectos eram comparáveis de forma muito próxima.[12] A ordem social emergente deveria necessariamente fundar-se na complexa divisão do trabalho imposta pela indústria moderna — tal como especificado por Saint-Simon. Comte enganava-se ao supor que a condição de unidade nas sociedades tradicionais, a existência de uma *conscience collective* fortemente estabelecida, era necessária para o tipo moderno de sociedade. Entretanto, nessa sociedade, a autoridade não deveria estar confinada a uma simples "administração de coisas", como supunha Saint-Simon: ao contrário, a divisão do trabalho na indústria deveria ter controles *morais*, sob a direção moral generalizada do Estado.

A avaliação de Durkheim dos fatores subjacentes ao caso Dreyfus, tanto quanto sua própria participação ativa nesse mesmo caso, enfocou tais questões com grande clareza. O estímulo imediato à discussão feita por Durkheim dos problemas levantados pela controvérsia a respeito de Dreyfus foi a publicação de um artigo de Brunetière, o apologista católico que acusava os *dreyfusards* de fomentar a anarquia moral ao rejeitar os valores tradicionais em favor de um racionalismo egoísta. Durkheim replicou afirmando a existência de uma distinção radical entre "egoísmo" e "individualismo racionalista". Era verdade que nenhuma sociedade poderia ser construída sobre a busca dos interesses próprios de cada um; mas isso não podia de modo algum ser confundido com o "individualismo". O individualismo não deveria ser identificado com "o egoísmo utilitarista de Spencer e dos economistas".[13] Na verdade, continuava Durkheim, não haveria necessidade de atacar o individualismo se este não possuísse nenhum outro representante, pois a teoria utilitarista estava em pleno processo de desaparecimento por morte natural. O individualismo era de fato coisa muito diferente: não meramente uma "construção filosófica", mas uma parte viva da organização social da sociedade contemporânea. Ele era "aquilo para o qual a Declaração dos Direitos do Homem procurou, com maior ou menor sucesso, dar uma formulação expressa; aquilo que é ensinado de modo corrente em nossas escolas e que se tornou a base do nosso catecismo moral".[14] Isso era, sob um aspecto importante, exatamente o oposto do egoísmo. Envolvia a glorificação não dos próprios interesses, mas do bem-estar dos outros: era a moralidade da cooperação. O individualismo, ou o "culto do indivíduo", estava fundado no sentimento de compaixão em relação ao sofrimento humano, um desejo de igualdade e de justiça. De maneira alguma derivava do egoísmo, tendo antes uma origem social. O crescimento do individualismo, portanto, não promovia intrinsecamente a anomia, a decadência da autoridade moral.

Não mais poderia haver refúgio no deísmo tradicional da Igreja ou nos padrões de controle hierocrático a ele associados. O individualismo, apesar disso, preservava um "caráter religioso", tal como todas as regras morais. Esse "culto do indivíduo" era a única forma moral possível numa sociedade industrial que possuísse uma divisão do trabalho altamente diferenciada:

Na medida em que as sociedades se tornam maiores e abarcam áreas territoriais mais extensas, as tradições e os costumes devem necessariamente existir num estado de plasticidade e ambiguidade que não mais ofereça muita resistência às diferenças individuais; sendo assim, as tradições e os costumes podem se adaptar a uma diversidade de situações e a circunstâncias modificadas. As diferenças individuais, estando muito menos confinadas, se desenvolvem mais livremente e se multiplicam; isso equivale a dizer que cada um persegue, num grau maior, sua própria inclinação [*son propre sens*]. Ao mesmo tempo, por causa dos desenvolvimentos mais avançados da divisão do trabalho, cada pessoa se volta para um ponto diferente do horizonte, reflete um aspecto diferente do mundo e, consequentemente, o conteúdo das mentes individuais difere de um homem para outro. Desse modo nos movemos pouco a pouco em direção a uma situação, que hoje quase já foi alcançada, na qual os membros do mesmo grupo social não terão nada em comum para compartilhar, exceto sua qualidade de seres humanos [*leur qualité d'homme*], as características constitutivas da pessoa humana em geral. Essa ideia de pessoa humana, ligeiramente modificada de acordo com as diferenças de temperamento nacional, é assim a única que se mantém, inalterável e impessoal, acima do fluxo das opiniões particulares ... não resta nada que os homens possam amar e adorar em comum, exceto o próprio homem ... Vamos portanto usar nossa liberdade para descobrir o que deve ser feito, e para fazê-lo; para suavizar o funcionamento da máquina social, que ainda é tão dura sobre os homens; para tornar-lhes disponíveis todos os meios para o desenvolvimento de suas faculdades, sem obstáculo; para, finalmente, tornar realidade o famoso preceito: a cada um de acordo com suas obras![15]

Como observou Richter,[16] o liberalismo político de Durkheim e sua defesa sociológica do republicanismo desempenharam um papel de destaque na promoção de sua própria carreira acadêmica, facilitando também a ascensão da sociologia como disciplina reconhecida dentro do sistema acadêmico francês. O extremo desprezo votado à sociologia – especialmente por parte dos críticos tomistas[17] – testemunha em que medida a nova disciplina (especialmente na sua forma durkheimiana) acabou por ser encarada como serva do republicanismo ascendente. A luta para a secularização da educação, é claro, foi um elemento de fundamental importância como pano de fundo para isso: Durkheim foi indicado para a Sorbonne pela primeira vez em 1902 como professor de educação, e em seus cursos de pedagogia apresentou uma exposição teórica sistemática dos fatores que tornavam necessária a transformação do sistema educacional.[18] Entretanto, embora seja verdade que a complementaridade ideológica entre a sociologia de Durkheim e o republicanismo vitorioso expliquem muito da considerável influência que ele e a escola da *Année sociologique* exerceram sobre os círculos intelectuais franceses, seria bastante enganoso supor que sua avaliação de questões ou personalidades políticas concretas tenha desempenhado um papel significativo na modelagem de suas concepções sociológicas. Durkheim, nas palavras de Davy, sempre se manteve afastado da *cuisine politique*;[19] ele tinha pouco gosto, ou interesse, pelos problemas práticos da política. Consequentemente, nunca se filiou diretamente a nenhum partido político, embora tenha mantido um contato próximo com seu companheiro *normalien* Jaurès, influenciando e sendo influenciado por algumas das tendências mais importantes do Socialismo Radical.

Traçar a dívida intelectual de Durkheim para com o socialismo é revelar algumas das mais profundas fontes do seu pensamento. Mauss afirmou que Durkheim concebeu originalmente o tema básico de A *divisão do trabalho social* nos termos de uma análise do relacionamento entre o individualismo e o socialismo.[20] "Socialismo" aqui, entretanto, não se refere às tradições do pensamento revolucionário representadas de maneira tão rica na vida política francesa das décadas finais do século XVIII em diante. Se as atitudes de Durkheim em relação a outros ramos do socialismo não eram totalmente desprovidas de ambiguidade, suas concepções a respeito do socialismo revolucionário eram precisas e imutáveis. As grandes mudanças sociais não aconteciam por meio de revoluções políticas. De acordo com Durkheim, a história da França nos dois primeiros terços do século XIX prestam testemunho disso. "É entre os povos mais revolucionários", escreveu ele, "que a rotina burocrática é frequentemente mais poderosa"; em sociedades como essas, "mudanças superficiais disfarçam a mais monótona uniformidade".[21] Assim, os conflitos de classe que se manifestaram em 1848 e 1870-1871, ao invés de serem os arautos de uma ordem social inteiramente nova,[22] testemunharam o fato de que as mudanças sociais subjacentes (em relação às quais até mesmo a Revolução de 1789 tinha sido mais um sintoma do que uma causa) ainda não tinham sido acomodadas dentro do quadro geral da sociedade francesa moderna. A *divisão do trabalho social* constituiu o embasamento teórico dessa posição, mostrando que a existência de conflitos de classe derivava do fato de que a fase de transição entre a solidariedade mecânica e a orgânica ainda não tinha se completado. Ao resenhar a obra de Labriola, *Essais sur la conception matérialiste de l'histoire*, em 1879, Durkheim tornou essa posição inteiramente explícita. O "triste conflito de classes que hoje testemunhamos" não era a causa do *malaise* que as sociedades europeias contemporâneas estavam experimentando; pelo contrário, era algo secundário e derivado. A transição entre o tipo de ordem social tradicional e o tipo recentemente emergente era um processo demorado, que não começara numa data definida e tinha um caráter evolutivo, não revolucionário. A eliminação dos conflitos de classe, portanto, não exigia uma "revolta e uma reorganização radical da ordem social", mas ao contrário clamava pela consolidação e absorção das transformações econômicas e sociais que já tinham acontecido.[23]

Embora pareça que Durkheim estivesse familiarizado com os escritos de Marx já numa fase inicial de sua carreira intelectual, de acordo com o seu próprio testemunho[24] de modo algum fora diretamente influenciado por Marx, nem na formulação de sua concepção geral da sociologia e do método sociológico, nem na teoria do desenvolvimento social veiculada em *A divisão do trabalho social*. Na França, antes da virada do século XX, o marxismo obviamente não era a grande força política e intelectual em que se transformou nas duas últimas décadas do século XIX na Alemanha. O pensamento de Max e Alfred Weber, Sombart, Tönnies e outros membros mais jovens do Verein für Sozialpolitik tinha parcelas substanciais moldadas graças a um confronto com o marxismo. Apesar das ingenuidades e das simplificações excessivas das ideias de Marx, que se tornaram correntes na Alemanha, lá, tanto os autoproclamados seguidores de Marx quanto os principais críticos do marxismo possuíam um entendimento de Marx muito mais avançado do que aquele que se difundiu nos círculos intelectuais franceses da década de 1880 em diante. A variedade Guesdist do marxismo, dominante até a metade da década de 1890, quando as traduções de escritos marxistas mais sofisticados (tais como os de Labriola) se tornaram disponíveis, era distorcida e sem profundidade. Por isso, na época em que o marxismo penetrou substancialmente na consciência intelectual francesa, Durkheim já tinha elaborado os componentes essenciais de sua sociologia.

Suas conferências sobre o socialismo, proferidas em Bordéus em 1895-1896, foram, entretanto, parcialmente estimuladas pela expansão do marxismo nesse período.[25] Alguns de seus alunos, de fato, se converteram então ao marxismo. Mas Durkheim já estava, a essa altura, preparado para enfrentar o desafio do marxismo e assimilá-lo em seus próprios termos. O seu curso de conferências *Socialism* delimitava, em face da esquerda revolucionária, a mesma posição básica que, no ápice do caso Dreyfus, deveria se voltar contra os reacionários da direita, e, ao mesmo tempo, afirmava o papel-chave da sociologia na análise e na resolução da "crise contemporânea". Mais do que isso, nessas conferências, Durkheim explicitou a continuidade entre os problemas intelectuais que Saint-Simon tentou resolver e aqueles que a era moderna enfrentava. Os escritos de Saint-Simon e de seus seguidores compreendiam — de forma confusa — três grupos de ideias: primeiro, a concepção de uma sociologia científica; segundo, a noção de um novo despertar religioso; e terceiro, um corpo de doutrina socialista. Não fora por acaso, afirmou Durkheim, que os três grupos de ideias tinham novamente se tornado dominantes, já que "existem analogias impressionantes entre o período que estudamos e aquele em que vivemos agora".[26] Esses três grupos de ideias pareciam à primeira vista muito diferentes, até mesmo opostos uns aos outros, mas na verdade todos derivavam da mesma circunstância: a "condição de desordem moral" que prevalecia antes de 1848 e fora reativada após 1870.[27] Cada grupo expressava, de modo parcial, aspectos dessa "desordem". O movimento religioso surgiu da necessidade de controlar o egoísmo, e a partir daí de recriar uma autoridade moral forte; tal movimento se mostrou inadequado, pois buscava restabelecer formas de dominação eclesiástica apropriadas apenas a um tipo anterior de sociedade. O socialismo reconhecia que a ordem antiga havia sido substituída e que, consequentemente, as instituições tradicionais tinham de dar lugar a novas formas de organização social; mas ele procurava com transformações puramente econômicas remediar uma situação de crise cujo caráter era primordialmente moral. O ímpeto em direção à sociologia estava enraizado no desejo de explicar e entender as origens das mudanças que estavam acontecendo. Ela também era limitada porque, como estudo científico, necessariamente tinha de proceder lenta e cautelosamente, ao passo que as exigências do dia a dia estimulavam o anseio por soluções instantâneas que abarcassem tudo. Apesar de tudo, fica claro que, no pensamento de Durkheim, a sociologia clamava por um primado definitivo sobre os outros dois elementos. Pois, enquanto cada um destes fornecia apenas uma figura distorcida da crise moderna,[28] a sociologia era capaz de revelar sua verdadeira natureza. A análise sociológica não poderia ser em si e por si um substituto para os outros dois grupos de ideias. Cada um deles tinha a oferecer algo que nenhuma ciência poderia proporcionar. Mas apenas a sociologia poderia demonstrar o que esses elementos necessários são:

> Nossa conclusão, portanto, é a de que caso se permita que essas teorias práticas (que não avançaram muito desde o início do século) deem um passo adiante, é absolutamente necessário considerar frequentemente as suas diferentes tendências e descobrir sua unidade. Foi isso que Saint-Simon tentou. O seu empreendimento deve ser renovado e na mesma direção. Sua história pode servir para nos mostrar o caminho.[29]

Mas o pensamento de Saint-Simon continha uma fraqueza essencial: ele queria que a "indústria" – ou seja, a mudança econômica – fornecesse o principal remédio para a crise moderna. Essa ênfase foi transferida, por sua vez, para os ramos subsequentes do socialismo, inclusive o criado por Marx. O socialismo marxista, assim como todas as suas outras formas, foi um produto das mudanças sociais e econômicas postas em movimento no fim do século XVIII e início do século XIX, na Europa ocidental. Ele era, certamente, um tipo de socialismo mais "científico" do que outras linhagens mais idealistas do pensamento socialista – "talvez ele tenha prestado mais serviços à ciência social do que os que dela recebeu"[30] – mas, por mais válidas que sejam algumas das suas proposições e descobertas, o seu projeto ainda se baseava numa combinação de medidas puramente econômicas. A principal tese de *O capital* era que a "anarquia do mercado", característica do capitalismo, seria, no socialismo, substituída por um sistema em que a produção se regulasse de modo centralizado: "Em resumo, no socialismo marxista, o capital não desaparece: simplesmente é administrado pela sociedade e não por indivíduos".[31] As obras de Marx, assim, estavam de acordo com o que Durkheim considerava um princípio básico do socialismo: isto é, que a capacidade produtiva da sociedade deveria ser regulada de modo centralizado. Mas, embora isso pudesse permitir a superação da divisão do trabalho "forçada" (*la division du travail contrainte*), nada faria para reduzir o hiato moral que deriva da condição anômica da indústria moderna. Pelo contrário, iria aprofundá-lo, já que elevaria ainda mais a importância do "econômico" em detrimento do "moral".

Embora isso não tivesse sido colocado explicitamente na obra *Socialism*, não restam dúvidas de que a teoria da divisão do trabalho era fundamental para se fazer uma diferenciação entre "comunismo" e "socialismo", tal como formulada por Durkheim.[32] As ideias comunistas, que surgiram em muitos períodos diferentes da história, divulgavam a noção de que a propriedade privada era a fonte essencial de todos os males sociais e de que, portanto, a acumulação de riqueza material deveria estar submetida a severas restrições. De acordo com a teoria comunista, a esfera política deveria estar rigorosamente separada da influência potencialmente corruptora da produção econômica. O socialismo, por outro lado, que somente tinha surgido com as transformações sociais e econômicas do final do século XVIII, se baseava na consideração de que o progresso do bem-estar humano dependia da expansão da indústria. O princípio fundamental envolvido no socialismo era exatamente o contrário do proposto pela teoria comunista: o socialismo defendia a fusão do político e do econômico. O socialismo proclamava, não apenas que a produção deveria ser *controlada* pelo Estado, mas que o papel do Estado deveria ser definido em termos econômicos: ou seja, a "administração das coisas" deveria substituir a "administração dos homens". Portanto, enquanto o objetivo do comunismo era a regulação do consumo, o do socialismo era a regulação da produção.[33] Portanto, o comunismo, tal como Durkheim o entendia, era uma forma de teoria e de protesto político que correspondia a sociedades com divisão do trabalho em pequena escala. Todos trabalhariam de maneira semelhante, como produtores isolados, e não haveria interdependência econômica em larga escala; consequentemente, a concepção de regulação da produção não poderia surgir. Na sociedade ideal preceituada pelo comunismo, "Não há nenhuma regra comum que determine o relacionamento entre os diferentes trabalhadores ou a maneira pela qual essas atividades diversas devam cooperar com vistas a metas coletivas. Como todos fazem as mesmas coisas – ou quase as mesmas –, não existe cooperação a ser regulada".[34] O aparecimento do socialismo, por outro lado, foi possível apenas a partir do desenvolvimento de uma divisão do trabalho diferenciada, já que pressupõe a ideia de uma economia (coordenada) de produtores interdependentes.

As propostas de Durkheim para uma retomada das associações profissionais (*corporations*), dentro do quadro geral do Estado, têm afinidades precisas com o solidarismo dos socialistas radicais, e de maneira geral com as tradições de corporativismo que se entrelaçavam com o socialismo na história da teoria política francesa. Mas seria errôneo supor que Durkheim desenvolveu essas ideias em relação próxima e direta com os interesses políticos dos solidaristas, embora suas considerações tenham exercido considerável grau de influência sobre um bom número de figuras contemporâneas ligadas àquele movimento. Os solidaristas defendiam um programa de intervenção estatal nos assuntos econômicos que era mais ou menos comparável ao proposto pelos *Kathedersozialisten* na Alemanha. Durkheim adquiriu familiaridade com os escritos da "velha geração" dos *Kathedersozialisten* numa fase inicial de sua carreira, quando estudava na Alemanha em 1885-1886. Ele ficou especialmente impressionado com o que considerou, nos escritos de Schmoller, Wagner e outros, como uma tentativa de romper com o utilitarismo na teoria política e social. Eles demonstravam que, na teoria utilitarista, "o interesse coletivo é apenas uma forma do interesse pessoal" e que "o altruísmo é apenas um egoísmo dissimulado".[35] Tanto a sociedade quanto o Estado só podem ser entendidos como agentes morais: nenhuma sociedade existiu onde as relações econômicas não estivessem controladas pela força reguladora do costume e da lei. Essas medidas, que envolvem a intervenção estatal na vida econômica, tinham de estar enquadradas numa estrutura moral e legal. A ênfase no papel moral do Estado moderno, que era a última garantia das relações contratuais justas, encontrou seu lugar em A *divisão do trabalho social*. "Existe, acima de tudo, um agente do qual tendemos a nos tornar cada vez mais dependentes: o Estado. Os pontos em que estamos em contato com ele se multiplicam, assim como as ocasiões em que ele é incumbido do dever de nos lembrar do sentimento de solidariedade comum."[36] A primeira edição de A *divisão do trabalho social* já continha uma análise fragmentária do papel das associações profissionais.[37] Mas uma exposição muito mais completa foi apresentada no prefácio da segunda edição do livro, em 1902. As conexões entre a exigência de Durkheim de uma expansão das funções das associações profissionais e a análise da divisão anômica do trabalho contida na obra ficaram claras. O sistema profissional encontrava-se numa condição anômica na medida em que a regulação moral estava ausente dos pontos "nodais" da divisão do trabalho — os pontos de "interconexão" entre as diferentes camadas profissionais. A principal função das associações profissionais era proporcionar a coordenação moral apropriada nesses pontos e, assim, promover a solidariedade orgânica.

As ideias de Durkheim a respeito do papel das associações profissionais, que ele delineou com mais detalhes na segunda metade da década de 1890, foram formuladas em estreita relação com o desenvolvimento do seu pensamento sobre o Estado. Se *A divisão do trabalho* permitia que Durkheim elucidasse alguns dos maiores problemas, tal como os percebia, do legado de Saint-Simon e de Comte, ao mesmo tempo deixava de lado o problema do Estado como um sistema de poder político. A obra simplesmente tomou como pressuposto uma correlação inversa entre o avanço da divisão do trabalho e a diminuição do absolutismo estatal: "O lugar do indivíduo se torna maior e o poder governamental se torna *menos absoluto*".[38] Porém, mais tarde Durkheim passou a ver essa posição como uma simplificação excessiva, que não explicava algumas das questões principais que a filosofia social do fim do século XVIII e início do século XIX tinha deixado sem solução. A tradição do pensamento francês a esse respeito, que Durkheim via como derivada primordialmente de Rousseau,[39] deixou de examinar as instituições que faziam a mediação entre o Estado e o indivíduo. Se o Estado representava diretamente a "vontade do povo", então ele tendia a se tornar "uma mera cópia em carbono da vida que se encontrava por baixo dele. Nada fazia além de traduzir o que os indivíduos pensam e sentem, numa notação diferente". Era precisamente essa situação que caracterizara a história política francesa ao longo de todo o século XIX, e ela explicava as fases alternadas de revolução e de ditadura absolutista pelas quais a forma francesa de governo tinha passado. "O Estado não se move com suas próprias forças, ele tem de seguir o rastro dos obscuros sentimentos da multidão. Ao mesmo tempo, entretanto, os poderosos meios de ação de que dispõe o tornam capaz de exercer uma pesada repressão sobre os mesmos indivíduos de quem, por outro lado, permanece servo."[40] Nessas condições, parecia que tudo era mudança. Mas isso era apenas superficial: o desconcertante fluxo de eventos no âmbito político mascarava a profunda estagnação do resto da sociedade. A ordem democrática, portanto, que era capaz de implementar os ideais compreendidos no "culto do indivíduo", tinha que se afastar da forma contemporânea do sistema político francês. O "paradoxo", contra o qual "Rousseau brigou em vão", entre o fato de que o Estado tinha de se apoiar sobre os sentimentos morais comuns e ao mesmo tempo desempenhar um papel ativo para promover uma mudança social genuína poderia ser resolvido se às associações profissionais fosse atribuído um papel intermediário no sistema eleitoral. Durkheim propunha assim que o sistema eleitoral de base regional fosse abandonado, argumentando que as diferenças regionais de cultura e de interesses estavam sendo cada vez mais rapidamente erradicadas pelo avanço da industrialização. As principais diferenças contemporâneas tinham origem na diversificação da divisão do trabalho e não estavam presas a variações regionais:

> Hoje em dia, os laços que prendem cada um de nós a um ponto em particular na área em que vivemos são extremamente fracos e podem ser quebrados de modo muito fácil ... A vida profissional, por outro lado, ganha cada vez mais importância, na medida em que o trabalho vai se repartindo em segmentos. Existe, portanto, uma razão para se pensar que é a vida profissional que está destinada a formar a base de nossa estrutura política. Já está ganhando terreno a ideia de que a associação profissional é a verdadeira unidade eleitoral; e, como os laços que nos ligam uns aos outros derivam antes de nossos ofícios do que de quaisquer vínculos regionais de lealdade, é natural que a estrutura política deva refletir a maneira pela qual nós mesmos formamos grupos por decisão própria.[41]

O retrato feito por Durkheim do caráter moral do Estado, bem como sua versão do republicanismo democrático, davam importância mínima às relações externas do Estado-Nação moderno. Embora Durkheim rejeitasse a afirmação de Spencer segundo a qual a sociedade industrial tendia a ter um caráter pacífico, não obstante, enfatizava que não havia nenhuma incompatibilidade intrínseca entre o Estado republicano e o progresso da harmonia internacional. Os ideais do individualismo moral, no seu nível mais abstrato, se referiam não aos cidadãos de um país em particular, mas à humanidade em geral. Consequentemente, era provável que o futuro assistisse a uma evolução em direção ao declínio das diferenças nacionais e que a expansão da divisão do trabalho no contexto internacional acabasse, por fim, levando à formação de uma comunidade supranacional. No momento em que escrevia *A divisão do trabalho social*, Durkheim julgou perceber um movimento bem definido em direção à criação de uma comunidade europeia, mencionando Sorel a fim de embasar seu julgamento.[42] Essa perspectiva otimista, claramente, contrastava de forma acentuada com a deterioração posterior das relações entre as grandes potências, que culminou na Primeira Guerra Mundial. Embora Durkheim, em conjunto com a maioria dos outros intelectuais de sua geração, tivesse experimentado a eclosão da guerra com um profundo senso de tragédia e de choque, ele não abandonou a ideia de que "a tendência do patriotismo é transformar-se em algo como um fragmento do patriotismo mundial".[43] Isso ficou claro nos vários panfletos patrióticos que Durkheim escreveu durante a guerra,[44] frequentemente deixados de lado como mero exercício de propaganda; mas, na verdade, eles se colocam numa relação muito próxima com a sua teoria do Estado. O principal argumento da mais importante publicação de Durkheim no tempo da guerra, *L'Allemagne au-dessus de tout* [*A Alemanha acima de tudo*], era que o militarismo alemão se baseava numa forma "patológica" de mentalidade que era uma espécie de "anomia coletiva". Tal fenômeno resultava de "uma certa maneira de conceber o Estado, sua natureza e seu papel"[45] que Durkheim encontrou expressa de forma clara no pensamento de Treitschke. Treitschke, de acordo com Durkheim, não era um pensador original, mas um escritor cujas obras representavam as ideias e os sentimentos da coletividade, e assim continha "todos os princípios que a diplomacia e o Estado alemães a cada dia colocavam em prática".[46]

Para Treitschke, o Estado era o valor mais alto, não podia aceitar nenhuma limitação ao seu poder e tinha em última instância de perseguir seus objetivos fazendo a guerra: a constante disputa entre os Estados-Nação era uma característica inevitável do mundo moderno. De acordo com a sua concepção, o poder do Estado era o critério com base no qual todos os outros valores deveriam ser julgados; mas o Estado em si mesmo não era uma entidade moral. Essa era uma forma "patológica" de patriotismo nacional, na análise de Durkheim, porque tratava o Estado unicamente como um sistema de poder e não reconhecia nenhum limite intrínseco à sua hegemonia. Entretanto, assim como acontecia com o indivíduo, o Estado não podia existir como um ser amoral que não reconhecia nenhuma restrição à expansão de suas ambições. A concepção de Estado de Treitschke baseava-se numa visão falaciosa das relações entre Estado e sociedade. De acordo com ele, "existe uma diferença de natureza ... entre o indivíduo e o Estado".[47]

Eis um ponto de vista que perpetuava a noção hegeliana do Estado existindo num plano completamente diferente do da vida na sociedade civil e que prontamente servia para legitimar uma tirania autocrática. Admitir a soberania do Estado, internamente e nas relações exteriores, concluía Durkheim, não tinha absolutamente como consequência a aceitação de tal consideração: a soberania do Estado era "relativa", tanto para a estrutura moral interna da sociedade civil — "uma multidão de forças morais que, embora sem forma e organização jurídica rigorosas, são, não obstante, reais e eficazes" — quanto para os costumes das relações internacionais, "as atitudes dos povos estrangeiros".[48] Embora o imperialismo alemão devesse ser derrotado militarmente, ele era por natureza um fenômeno instável, incompatível com a moralização das relações internacionais que caracterizava o mundo moderno: "Não há nenhum Estado que não esteja incorporado ao *millieu* mais amplo formado pela totalidade dos outros Estados, vale dizer, que não seja parte da grande comunidade humana".[49]

Um exame dos escritos de Durkheim a respeito do crescimento do individualismo moral, do socialismo e do Estado, no contexto das questões políticas e sociais que ele concebia em confronto com a Terceira República, demonstra como é errôneo considerá-lo primordialmente conservador no seu ponto de vista intelectual. Os defensores dessa visão[50] reconheceram o liberalismo de Durkheim na política, mas tentaram mostrar que os mais importantes temas intelectuais de sua sociologia derivavam daquelas tradições da filosofia social francesa (especialmente a assim chamada "contrarreação" à Revolução Francesa) que enfatizavam antes a coesão do que o conflito, antes a ordem do que a mudança, antes a autoridade do que a liberdade. "Conservadorismo" aqui significa, nas palavras de Coser, "uma tendência a manter a ordem existente das coisas ou a reforçar uma ordem que parece ameaçada".[51] Como descrição das preocupações de Durkheim, entretanto, isso é muito unilateral. Não a defesa da "ordem" contra a mudança, mas o objetivo de *conquistar* a mudança era o que Durkheim visava promover. A questão é que a França dos primeiros dois terços do século XIX, mesmo vivendo vários períodos de "mudança" política aparentemente rápida, na verdade permanecia basicamente instável: as transformações socioeconômicas necessárias para levar adiante a transição para uma ordem industrial moderna ainda não tinham sido realizadas.

A estrutura e a substância da sociologia política de Durkheim

A fórmula que identifica Durkheim com um ponto de vista conservador tem sido reforçada pela visão segundo a qual seu pensamento foi radicalmente modificado ao longo da carreira: pois a interpretação que minimiza a importância de A *divisão do trabalho social* nos seus escritos também serve para subestimar a significação que ele atribuía ao elemento histórico na sociologia.[52] Durkheim sempre enfatizou que "a história não é apenas o quadro natural da vida humana; o homem é um produto da história".[53] Essa ênfase dá uma clara continuidade ao trabalho de sua vida, dentro do esquema evolucionista exposto em A *divisão do trabalho social*. Mas o ponto de vista "ortodoxo" sobre o desenvolvimento do pensamento de Durkheim coloca um peso muito grande no funcionalismo de Durkheim, concebido em termos de um relacionamento abstrato e a-histórico entre o indivíduo e a sociedade. Nesses termos, o teorema fundamental da sociologia de Durkheim desponta como a necessidade de um *consensum omnium* na sociedade, para se contrapor à "guerra de todos contra todos" de Hobbes, que constantemente ameaça destruir a ordem social. Se, entretanto, o conjunto dos escritos de Durkheim for visto nos termos do quadro histórico do movimento da solidariedade mecânica em direção à orgânica, a figura resultante é bem diferente: um tema importante do trabalho de Durkheim é a profundidade do *contraste* entre as formas tradicionais de sociedade e a ordem social moderna. Esse contraste, de acordo com Durkheim, não havia sido compreendido adequadamente por aquelas formas da teoria social que, na primeira parte do século XIX, tinham se dado conta do alcance do fato de que a ordem tradicional não voltaria mais a existir. Tanto os utilitaristas quanto os socialistas haviam erroneamente procedido a uma separação entre o caráter "moral" da sociedade tradicional e a base "econômica" do tipo moderno. O problema crucial que a sociologia devia encarar era o de definir quais eram as formas sociais capazes de realizar os ideais de liberdade e igualdade gerados pela transição a partir da ordem tradicional. O dilema encarado por Durkheim, que foi esclarecido — embora não resolvido completamente — em A *divisão do trabalho social*, se originava, portanto, da sua convicção de que, embora "os defensores das antigas teorias econômicas estejam errados ao pensar que a regulação não é necessária hoje", "os apologistas da instituição da religião estão errados ao acreditar que o modo de regulação do passado possa ser útil hoje em dia".[54] O trabalho de Durkheim sobre a religião primitiva, que culminou em *As formas elementares da vida religiosa*, permitiu a solução desse dilema em termos de uma teoria mais elaborada da autoridade. A teoria funcional da religião aventada em *As formas elementares* tem de ser entendida em relação à afirmação explícita de Durkheim de que

> a importância que atribuímos à sociologia da religião não implica de modo algum que a religião deva desempenhar nas sociedades atuais o mesmo papel que desempenhou em outros tempos. Num certo sentido, a conclusão oposta seria mais acertada. Precisamente porque a religião é um fenômeno primordial, ela deve se submeter cada vez mais às novas formas sociais que engendrou.[55]

O que *As formas elementares* demonstraram não foi que "a religião cria a sociedade",[56] mas que as representações coletivas incorporadas à religião eram a expressão da *autocriação* da sociedade humana. A força da religiosidade era assim uma consciência simbólica da capacidade da sociedade humana para dominar e mudar o mundo. Entendida como uma teoria *genética* e não apenas funcional, *As formas elementares* proporcionaram o fundamento para o entendimento dos processos que levaram à emergência do individualismo moral. Tal como Max Weber demonstrou num contexto diferente, o avanço do individualismo racionalista estava fundado no "irracionalismo" dos símbolos sagrados: todas as formas de pensamento, inclusive a ciência, tinham sua origem em representações religiosas. Num trabalho importante mas negligenciado,[57] Durkheim detalhou alguns dos elementos desse processo na história das sociedades europeias. O cristianismo em geral e o protestantismo em particular eram as fontes imediatas dos ideais que mais tarde se transferiram para a esfera política com a Revolução Francesa. A ética cristã, como Durkheim tentou demonstrar, rompeu de forma radical com as religiões pagãs de Roma ao colocar sua ênfase mais no estado "interno" da alma do que no mundo "externo" da natureza. Para os cristãos, "a virtude e a piedade não consistiam em procedimentos materiais, mas em estados interiores da alma"; dos "dois polos possíveis de qualquer pensamento, a natureza de um lado, e o homem de outro", é "em torno do segundo que o pensamento das sociedades cristãs veio a gravitar".[58]

O esclarecimento das origens e da natureza do individualismo moral possibilitou que Durkheim apontasse as diferenças entre "individualismo" e "egoísmo" — diferenças que, embora já fundamentais em A divisão do trabalho social e em O suicídio, permaneceram até certo ponto ambíguas mesmo depois de 1895. A teoria então exposta em As formas elementares estava organizada nos termos de uma dualidade entre o "sagrado" e o "profano" que cruzava a distinção mais convencional entre o "sagrado" e o "secular". Qualquer ideal que fosse um produto coletivo tinha, ipso facto, um caráter sagrado nesses mesmos termos e, assim, possuía o duplo aspecto de toda moralidade: estava "como que cercado por uma misteriosa barreira que mantinha os violadores à distância de um braço"[59] — ou seja, imbuía as pessoas de um sentimento de respeito e de compromisso — e encerrava um senso de dever ou de obrigação. Seguia-se daí que o processo de "secularização" (ou seja, o declínio do deísmo tradicional), embora fosse uma tendência progressiva dentro das sociedades modernas, não significava o desaparecimento do "sagrado": ao contrário, a liberdade humana em relação aos controles morais repressivos dos tempos passados dependia da continuidade da qualidade "sagrada" dos ideais que compreendiam o individualismo moral. A liberdade não poderia, entretanto, ser identificada com a libertação de todos os controles morais (tal como afirmavam os utilitaristas e socialistas); a aceitação da regulação moral do "culto da personalidade" era a condição da liberdade:

> Os direitos e as liberdades não são coisas inerentes ao homem como tal ... A sociedade consagrou o indivíduo e o tornou preeminentemente digno de respeito. A sua emancipação progressiva não implica um enfraquecimento, mas uma transformação dos vínculos sociais ... Pois a liberdade do homem consiste na libertação das forças físicas cegas e irracionais; ela a alcança ao contrapor-lhes a grande e inteligente força que é a sociedade, sob cuja proteção ele se abriga.[60]

Não há nos escritos de Durkheim nenhuma nostalgia de uma época anterior, nenhuma busca melancólica de revitalização da estabilidade do passado. Não pode haver nenhuma volta às formas sociais dos tipos anteriores de sociedade, nem isso seria, aos olhos de Durkheim, uma perspectiva desejável se fosse possível. Na sociedade tradicional as pessoas estão submetidas à tirania do grupo: a individualidade estava subordinada à pressão da *conscience collective*. A expansão da divisão do trabalho e o enfraquecimento da *conscience collective* foram os agentes da fuga à tirania; mas a dissolução da antiga ordem moral ameaçava o indivíduo com outra tirania, a dos seus próprios desejos inexauríveis. O indivíduo só poderia ser livre se fosse um agente autônomo, capaz de dominar e compreender seus impulsos.[61] As distinções entre "anomia", de um lado, e "egoísmo" e "individualismo", de outro, eram portanto de importância fundamental. O tipo de ordem social moderna retratada pelos utilitaristas e socialistas era construído sobre uma suposta reciprocidade entre os egoísmos individuais. Mas nenhuma forma de sociedade, tradicional ou moderna, poderia existir nestes termos. O erro que esses autores cometiam em comum, portanto, era o de assimilar "egoísmo" e "individualismo", que derivavam de fontes essencialmente diferentes. O individualismo moral era um produto da sociedade humana, o resultado de um período muito longo de evolução social; o egoísmo, por outro lado, estava ancorado nas necessidades e desejos dos indivíduos pré-sociais. Essa oposição entre as inclinações egoístas do indivíduo e os produtos morais da sociedade, de acordo com Durkheim, se expressava no pensamento religioso pela distinção entre corpo e alma. O corpo era a fonte da sensação e dos apetites que eram "necessariamente egoístas";[62] a alma, ao contrário, era uma representação primitiva dos conceitos e regras morais criados pela sociedade. A criança começava a vida como um ser egoísta, cujas necessidades se definiam unicamente em termos de carências sensoriais pessoais. Estas então se revestiam dos modos de pensamento e ideais morais hauridos da sociedade: o indivíduo desenvolvido sempre tinha um lado egoísta em sua personalidade, ao mesmo tempo que era um ser social.

Se o "individualismo" devia ser separado do "egoísmo", também devia ser cuidadosamente diferenciado da "anomia". Conquanto uma sociedade (hipotética) formada a partir da conjunção de egoísmos individuais se constituísse numa sociedade de anarquia moral ou anomia, isso não se aplicaria absolutamente ao caso de uma sociedade fundada no individualismo moral dentro de uma divisão do trabalho diferenciada. Pelo contrário, a condição de anomia que prevalecia em alguns setores das sociedades contemporâneas derivava da *falta* de institucionalização do individualismo — tal como Durkheim deixou claro em sua resposta a Brunetière por ocasião do caso Dreyfus. Essa institucionalização, de acordo com as premissas estabelecidas em A *divisão do trabalho social*, devia envolver a formação de laços de integração entre as ordens política e econômica: a progressão em direção a uma distribuição mais justa de funções (ou seja, a eliminação da divisão do trabalho forçada) sob a direção geral do Estado e a moralização das relações econômicas por intermédio das associações profissionais. Havia, portanto, a mais íntima ligação entre a teoria de Durkheim da autoridade moral e sua análise do sistema político moderno.

A concepção do "político", afirmou Durkheim, foi algo que só surgiu com o desenvolvimento da forma moderna de sociedade, pois pressupunha uma distinção entre governo e governado que não existia em tipos mais primitivos de sociedade. Uma "sociedade política", entretanto, não devia ser definida unicamente em função da existência de autoridade constituída dentro de um agrupamento: uma família, por exemplo, não era uma sociedade política, mesmo que pudesse possuir um indivíduo ou grupo com autoridade, tal como um patriarca ou um conselho de anciãos. Um critério adicional era necessário, mas não deveria ser encontrado na característica de uma área territorial fixa; ao contrário de Weber, Durkheim negava que isso tivesse importância crucial. Devia antes ser encontrado no grau de complexidade da organização social: uma sociedade política seria aquela que manifestasse uma divisão de autoridade bem definida, embora composta de uma pluralidade de grupos afins ou de grupos secundários maiores. Uma sociedade política não precisava necessariamente possuir um Estado: "Estado", na terminologia de Durkheim, se referia ao pessoal administrativo ou ao funcionalismo formalmente encarregado da função de governo.[63]

De acordo com a tese de A *divisão do trabalho social*, o desenvolvimento da sociedade rumo a uma diferenciação interna crescente produzia a progressiva emancipação em direção ao pensamento e à ação individual a partir da subordinação à *conscience collective*. *Prima facie* isso parecia levar a um paradoxo: pois se o crescimento da divisão do trabalho estava associado à expansão da autodeterminação do indivíduo, caminhava, ao mesmo tempo, de mãos dadas com uma ampliação dos poderes do Estado para sujeitar o indivíduo à sua autoridade. Na verdade não era um paradoxo porque o Estado, no tipo moderno de sociedade, era a instituição encarregada da implementação e do fomento dos direitos individuais. Em *A divisão do trabalho social*, na medida em que viu uma correlação direta entre o avanço da diferenciação social e o desenvolvimento do Estado, Durkheim também concebeu uma relação direta entre o crescimento da divisão do trabalho e o declínio das sanções coercitivas.

> A similaridade entre os indivíduos faz nascer regras jurídicas que, com a ameaça de medidas repressivas, impõem crenças e práticas uniformes a todos ... A divisão do trabalho produz regras jurídicas que determinam a natureza e as relações entre as funções separadas, mas cuja violação clama por medidas restritivas sem nenhum caráter expiatório.[64]

Mais tarde Durkheim passou a entender que "tipos de sociedade não devem ser confundidos com tipos diferentes de Estados"[65] e que os poderes de coerção possuídos pelo aparato estatal poderiam variar em certa medida independentemente do nível de desenvolvimento da divisão do trabalho. Em "Deux lois de l'évolution pénale" [*Duas leis da evolução penal*],[66] escrito na virada do século, Durkheim apresentou uma análise sistemática e convincente das implicações dessa posição. As sanções coercitivas que tinham existido em diferentes tipos de sociedade podiam ser classificadas segundo duas dimensões parcialmente independentes: a "quantitativa" e a "qualitativa". A primeira se referia à intensidade da punição para o desvio de uma norma ou lei, a segunda à modalidade de punição (ou seja, morte *versus* prisão, por exemplo). A intensidade das sanções variava de acordo não só com o nível de desenvolvimento da divisão do trabalho, mas também de acordo com a centralização do poder político. Poderíamos então estabelecer uma "lei da variação quantitativa", que afirmaria que "A intensidade da punição é maior à medida que uma sociedade pertença a um tipo menos avançado, e à medida que o poder central tenha um caráter mais absoluto".[67]

Havia, segundo Durkheim, uma conexão intrínseca entre a medida em que "todas as funções de direção da sociedade [estão] nas mesmas mãos" e o grau de poder absoluto exercido pelo governo. O que determinava a existência ou não do absolutismo não era, como sustentava Spencer, o número de funções exercidas pelo Estado, mas o grau em que existissem outras fontes de poder institucional capazes de agir como um contrapeso ao poder do Estado.[68] Daí se seguia — e Durkheim fez disso uma das pedras angulares da sua exposição sobre a natureza do governo democrático — que a extensão da influência controladora do Estado, que era uma característica "normal" das sociedades contemporâneas, não conduzia em si mesma a um crescimento do absolutismo estatal. De modo inverso, disso não se deduz que, onde o Estado tivesse apenas uma gama relativamente limitada de operações, ele não poderia ter um caráter absoluto: na verdade, era justamente isso que acontecia. Não era o grau de absolutismo do poder estatal, mas a gama de atividades nas quais estava envolvido o Estado que variavam diretamente em função da divisão do trabalho,

> pois o grau de desenvolvimento do órgão regulador simplesmente reflete o desenvolvimento da vida coletiva em geral, da mesma maneira que as dimensões do sistema nervoso de um indivíduo diferem de acordo com a importância das conexões orgânicas. As funções de direção da sociedade são assim apenas rudimentares quando outras funções sociais são da mesma natureza; e a relação entre as duas então permanece a mesma ... Nada é mais simples do que o governo de certos reinos primitivos; nada é mais absoluto.[69]

Assim, à medida que a sociedade se movia em direção a uma complexidade crescente, não havia necessariamente um declínio no caráter repressivo da punição: se isso acontecesse, como talvez pudesse acontecer, por um fortalecimento do absolutismo estatal, cancelaria os efeitos da expansão da divisão do trabalho. A relação entre os desenvolvimentos social e político era complexa.

A "lei da variação quantitativa" se referia apenas à intensidade das sanções punitivas. Esta era complementada por uma "lei da variação qualitativa", que se referia às modalidades de punição: tal lei estabelecia uma relação direta entre o nível de desenvolvimento social e o uso da privação de liberdade como modo de punição. A prisão por atividade crimininosa era quase desconhecida nas sociedades primitivas; foi somente entre os povos da Europa ocidental (desde a segunda metade do século XVIII) que ela se tornou o principal tipo de sanção. Tal desenvolvimento aconteceu da seguinte maneira. A prisão não existia no sistema penal das sociedades menos desenvolvidas porque a responsabilidade era coletiva: quando um crime era cometido, a exigência de reparação não recaía sobre o indivíduo culpável, mas sobre a totalidade do clã. Mas, com o desenvolvimento de formas mais complexas de sociedade e com a emergência crescente da solidariedade orgânica fundada na interdependência cooperativa da divisão do trabalho, a responsabilidade se tornou individualizada, aparecendo o conceito de punição do indivíduo com a prisão.

O ponto mais importante dessa análise era que, embora mantivesse a perspectiva básica de A *divisão do trabalho social*, ela encarava de modo honesto o problema anteriormente negligenciado do poder político, e mais especificamente o problema do poder coercitivo, na sociedade. O tema, desenvolvido de maneira tão vigorosa em A *divisão do trabalho social*, de que a tirania da *conscience collective*, graças ao crescimento da solidariedade orgânica, se tinha dissolvido gradualmente em favor de uma ordem cooperativa, estava afirmado: a tendência "normal" da crescente complexidade da sociedade era tanto produzir um declínio na intensidade das sanções coercitivas quanto "individualizar" a punição por meio da prisão. Mas a natureza do poder político numa dada forma de sociedade não podia ser tratada simplesmente como uma "conseqüência" de mudanças no nível da "infraestrutura". A discussão feita em "Deux lois de l'évolution pénale" esclarece abundantemente quão longe estava Durkheim, na sua insistência sobre a permanente relevância do "sagrado" na sociedade contemporânea, de minimizar o contraste entre a religião tradicional e o caráter moral da ordem moderna. Pois o que fez surgir, nas formas menos desenvolvidas de sociedade, o peso das sanções repressivas foi o fato de o crime ser interpretado como uma ofensa contra a coletividade e, desse modo, como uma transgressão *religiosa*. Era um crime contra valores coletivos fortemente defendidos, contra "seres transcendentes", e "o mesmo ato que, quando afeta um igual, é simplesmente reprovado, se torna uma blasfêmia quando afeta alguém que é superior a nós; o horror provocado por ele só pode ser aliviado por meio de uma repressão violenta". Essa qualidade "religiosa" foi apropriada pelo Estado absolutista, e era o que o tornava capaz de legitimar o uso do poder coercitivo: ofensas contra o Estado eram tratadas como "sacrilégio e, por isso, deviam ser violentamente reprimidas".[70]

Se a estrutura política da sociedade não estava, ao menos de maneira simples, "determinada" pelo nível de complexidade da divisão do trabalho, então o *status* do republicanismo democrático na ordem social moderna era, num sentido importante, problemático. Quais eram as condições que proporcionavam a implementação de uma ordem política democrática? A resposta de Durkheim a essa pergunta estava nitidamente vinculada ao seu tratamento do papel das associações profissionais na divisão do trabalho. O Estado se tornava absolutista na medida em que agrupamentos secundários, que intervinham entre o Estado e o indivíduo, não estavam desenvolvidos: na sociedade moderna, esses agrupamentos eram as associações profissionais. A família, argumentava Durkheim, tinha uma significação cada vez menor nisso e devia ceder espaço aos *corps intermédiaires*, as associações profissionais. Ele rejeitava a teoria tradicional da democracia, de acordo com a qual a massa da população "participava" do exercício de governo. Para Durkheim, essa situação só era possível numa sociedade que, de acordo com sua própria definição, não fosse uma sociedade "política". Tal concepção de democracia não podia ser sustentada:

> Não podemos portanto dizer que a democracia é a forma política de uma sociedade que se governa a si mesma, na qual o governo está espalhado por todo o *millieu* da nação. Tal definição é uma contradição de termos. Seria o mesmo que dizer que a democracia é uma sociedade política sem um Estado. Na verdade o Estado não é nada se não for um órgão distinto do resto da sociedade. Se o Estado estiver em toda parte, ele não está em parte alguma. O Estado surge por um processo de concentração que destaca um certo grupo de indivíduos da massa coletiva ... Se todos devem governar, isso significa na verdade que não há governo ... Se concordarmos em reservar o nome democracia para sociedades políticas, ele não deve ser aplicado a tribos sem forma definida, que até agora não têm nenhuma pretensão de serem Estados e que não são sociedades políticas.[71]

O governo, por definição, tinha de ser exercido por uma minoria de indivíduos. A "democracia", portanto, tinha de dizer respeito à relação entre o agente político diferenciado – o Estado – e as outras estruturas institucionais da sociedade: mais especificamente, de acordo com Durkheim, ao grau em que houvesse reciprocidade de comunicação entre Estado e sociedade. Onde quer que os cidadãos tivessem sido regularmente informados das atividades do Estado, e este último, por sua vez, estivesse atento aos sentimentos e desejos de todos os setores da população, aí existiria uma ordem democrática. Um sistema democrático, assim, pressupunha um equilíbrio entre duas tendências opostas: de um lado, aquela em que o Estado refletia diretamente a "vontade geral", e, de outro, aquela em que o Estado absolutista, "fechado totalmente em si mesmo", estava completamente isolado do povo. Cada uma dessas condições tendia a inibir a efetiva ocorrência da mudança social. Como já foi indicado anteriormente, a primeira, no modo de ver de Durkheim, produziu uma situação na qual somente mudanças superficiais podiam ocorrer. No segundo caso, embora pudesse parecer que o poder político exercido pelo Estado permitia a possibilidade de se realizarem transformações sociais radicais, não era isso o que acontecia na verdade: tais Estados "são na verdade todo-poderosos contra o indivíduo e é isso que o termo 'absoluto' significa, quando aplicado a eles ... Mas contra a condição social em si mesma, contra a estrutura da sociedade, eles são relativamente desprovidos de poder".[72] Numa ordem democrática, entretanto, a velocidade da mudança podia ser acelerada, pois a condução da vida social assumia um caráter mais "consciente" e mais "controlável". O governo democrático tornou possível que muitos aspectos da organização social, anteriormente dominados por hábitos ou costumes irracionais, se tornassem abertos a uma intervenção efetiva por parte do Estado. Numa ordem democrática, o Estado não apenas expressava os sentimentos mantidos de forma difusa pela população, mas era frequentemente a origem de novas ideias: ele dirigia a sociedade, ao mesmo tempo em que era dirigido por ela. A extensão das atividades do Estado, na medida em que penetrava em muitas esferas da sociedade anteriormente controladas pelo costume ou pela tradição – na administração da justiça, na vida econômica, nas ciências e nas artes –, não devia portanto ser encarada como se conduzisse necessariamente a uma dominação autocrática do Estado sobre a sociedade. Ao contrário, foi apenas esse fenômeno que permitiu a verdadeira interação entre a "consciência do governo" e os sentimentos e concepções da massa. Uma democracia, portanto, tinha duas características principais: a existência de uma comunicação próxima e bilateral entre o governo e os governados; e a crescente extensão dos contatos e laços do Estado com outros setores da sociedade. Mas essas características não implicavam uma "fusão" entre Estado e sociedade. Antes, elas pressupunham a existência de um agente político diferenciado: era isso que salvava a sociedade de ser "vítima de uma rotina tradicional".[73]

As associações profissionais desempenhavam um papel vital sob esses dois aspectos. Na medida em que eram os intermediários entre o Estado e o indivíduo, elas eram um dos principais meios pelos quais a gama crescente de atividades do Estado era canalizada para o resto da sociedade e, em função disso, também facilitavam a comunicação entre o Estado e os níveis menos organizados da sociedade. Assim, as associações profissionais constituíam o elemento mais importante na averiguação de dois modos diferentes pelos quais a democracia poderia ser minada: a emergência de um Estado autocrático, separado do povo, e a "absorção" do Estado pela sociedade. Por isto seria desejável que as associações profissionais pudessem intervir no processo eleitoral entre o eleitorado e o governo: "Esses grupos secundários são essenciais se o Estado não quer oprimir o indivíduo ... Eles liberam as duas forças que se confrontam, ao mesmo tempo que as mantém ligadas".[74] Nessa análise, mesmo que parcialmente latente, havia uma teoria da burocracia. Um Estado burocrático, no qual o funcionalismo possuísse poder real — e por seu intermédio, pelo apego à rotina burocrática, efetivamente promovesse a manutenção do *status quo* —, tinha mais probabilidade de aparecer onde o Estado fosse fraco do que onde ele fosse forte. Num Estado absolutista, embora o funcionalismo pudesse ser usado como instrumento de dominação por um governante ou uma oligarquia, não seriam os funcionários que dominariam. Mas na França, onde o Estado tendia a se tornar "absorvido", essa situação de aparente democracia na verdade escondia uma dominação burocrática. Nas sociedades modernas, em que a influência dos costumes e crenças tradicionais já se tinha amplamente dissolvido, havia muitos caminhos para a manifestação do espírito crítico, e ocorriam mudanças frequentes de opinião e de estado de espírito dentro da massa da população. Nos lugares onde o governo simplesmente "refletia" isso, o resultado era uma vacilação constante na esfera política, e por causa dessa carência de liderança ativa o poder recaía sobre o funcionalismo: "Apenas a máquina administrativa tem mantido sua estabilidade e continua operando com a mesma regularidade automática".[75]

Portanto, uma sociedade democrática, de acordo com Durkheim, era uma sociedade "consciente de si mesma". Numa analogia com o organismo, poder-se-ia afirmar, como Durkheim frequentemente fazia, que o Estado era o "cérebro" — o centro consciente, diretor — que operava, por via dos órgãos intermediários, dentro do complexo sistema nervoso de uma sociedade diferenciada. Desse modo, a ordem democrática desfrutava da mesma superioridade relativa em face das outras sociedades que o ser autoconsciente em relação ao animal, cujo comportamento é irrefletido ou instintivo. Durkheim enfatizava muito a importância "cognitiva" do Estado em oposição à sua importância "ativa". Em particular, o Estado tornava articulados, e impulsionava, os objetivos morais e os sentimentos incorporados na difusa *conscience collective*.[76] Isso é importante para entender a concepção de autoridade moral de Durkheim, tal como existente nas sociedades modernas. O Estado dentro de uma forma de governo democrática era o principal agente de implementação ativa dos valores do individualismo moral; ele era a forma institucional que tomava o lugar ocupado pela igreja nos tipos tradicionais de sociedade. Mas era apenas quando tendia para o absolutismo que a autoridade moral do Estado se aproximava das características dos tipos sociais anteriores, nos quais o indivíduo, "absorvido como estava dentro da massa da sociedade ... docilmente cedia às suas pressões e subordinava sua própria sorte ao destino da existência coletiva, sem nenhum sentido de sacrifício".[77] O papel específico do Estado democrático não era o de subordinar o indivíduo a ele, mas sim propiciar sua autorrealização. Isso não era algo que pudesse ocorrer (tal como sustentavam as teorias dos utilitaristas e socialistas) quando as operações do Estado eram mantidas num mínimo. A autorrealização do indivíduo só poderia ocorrer na sua participação — e por seu intermédio — em uma sociedade na qual o Estado garantisse e levasse adiante os direitos contidos no individualismo moral.

É claro que, para Durkheim, a disciplina, no sentido de controle do egoísmo, era uma característica essencial de toda autoridade moral. Mas, de acordo com sua análise, a visão que equacionava a disciplina como *inerente* às limitações da autorrealização humana era falaciosa. Todas as formas de organização da vida, tanto biológicas quanto sociais, estavam controladas por princípios regulares, bem definidos; em função desse fato mesmo, a mera existência de um tipo qualquer de sociedade pressupunha a regulação do comportamento de acordo com regras morais. Certamente a autoridade moral característica da forma tradicional de sociedade, ou dos estados autocráticos, era inerentemente repressiva, negando ao indivíduo qualquer gama maior de possibilidades de autodesenvolvimento; mas a regulação moral da sociedade e do Estado modernos era a condição mesma da autorrealização do indivíduo e o que garantia sua liberdade. A teoria de Durkheim da autoridade moral está assim longe de ser a justificação racional do autoritarismo, tal como é frequentemente retratada. Essa interpretação errônea da concepção de Durkheim da autoridade moral também se origina da falta de um elemento histórico em sua análise e da suposição de que há um paralelismo próximo entre a posição de Durkheim e a de Hobbes com respeito ao relacionamento entre o indivíduo e a sociedade na ordem moderna. De acordo com essa visão, a teoria de Durkheim da autoridade moral se baseia na premissa de que o indivíduo é "naturalmente" um ser insubmisso e por isso precisa ser rigidamente restringido pela sociedade. Na verdade, entretanto, Durkheim criticava Hobbes precisamente nesse ponto. O erro de Hobbes era o de se colocar fora da história ao postular um "estado de natureza", e a partir daí assumir que havia uma "solução de continuidade entre o indivíduo e a sociedade": isso tinha como resultado a noção de que "o homem é naturalmente insubmisso à vida comum; ele só pode se resignar a ela quando obrigado".[78]

Na teoria de Durkheim, até mesmo a categoria de "egoísmo" tinha natureza histórica. O egoísmo estava certamente ancorado nas necessidades e desejos biológicos ou "pré-sociais" do organismo individual; mas essas necessidades orgânicas da criança eram superadas por outras motivações. O egoísmo e o individualismo moral, constantemente ressaltava Durkheim, derivavam de fontes inerentemente opostas: um, dos apetites do organismo; o outro, da atividade coletiva do grupo. Mas, embora opostos em sua origem, e portanto sempre potencialmente em tensão um com o outro, o crescimento do individualismo moral agia para expandir o âmbito das inclinações egoístas. Era por isso que, na sociedade moderna, egoísmo e anomia estavam intimamente ligados, o que refletia o aumento da variedade de motivos e sensibilidades dos indivíduos, que era o resultado de um longo processo de desenvolvimento social. Porém, egoísmo e anomia não estavam intimamente ligados de um modo biologicamente "estabelecido": o selvagem hipotético num "estado de natureza" pré-social seria um ser egoísta, mas não anômico, já que suas necessidades estariam presas a limites biologicamente estabelecidos — tal como acontece com a criança.

"O nosso próprio egoísmo" era assim, de acordo com Durkheim, "em grande parte um produto da sociedade." O individualismo moral envolvia valores que enfatizavam a dignidade e o mérito do indivíduo humano *in abstracto*, e os indivíduos os aplicavam a si mesmos tanto quanto aos outros, tornando-se assim mais sensíveis tanto aos sentimentos e necessidades dos outros quanto aos deles próprios. "Suas aflições, como as nossas próprias, são mais imediatamente intoleráveis para nós. Nossa compaixão por eles não é, consequentemente, uma mera extensão do que sentimos por nós mesmos. Mas ambas são efeitos de uma mesma causa e estão constituídas pelo mesmo estado moral."[79] Os problemas característicos enfrentados pela constituição da autoridade moral na era moderna derivavam desse confronto entre egoísmo e individualismo moral, do fato de que "é absolutamente improvável que venha a existir uma época em que o homem seja chamado a resistir a si mesmo num grau menor, uma época em que ele possa viver uma vida que seja mais fácil e menos tensa", e de que "todos os indícios nos levam a uma expectativa de que os esforços a serem gastos por nós na luta entre os dois seres dentro de nós devem aumentar com o aumento da civilização".[80] Esses eram problemas de uma sociedade pluralista, na qual o despotismo da autoridade moral dos tipos tradicionais de ordem social foi destruído. A autoridade moral característica das sociedades tradicionais, fundamentada na pobreza da individualidade e numa disciplina repressiva, era completamente inadequada para a sociedade moderna, altamente diferenciada.

A avaliação crítica do pensamento político de Durkheim

Nesta análise eu enfatizei o papel central ocupado pelo pensamento político de Durkheim na sua sociologia como um todo. Qualquer tentativa de uma avaliação crítica de suas ideias políticas deve ser inserida numa avaliação mais ampla dos seus escritos sobre sociologia e filosofia política. A interpretação "ortodoxa" de Durkheim prontamente submete-o a uma série de críticas aparentemente conclusivas, tais como a de que enfatizava a importância da coesão ou do *consensus* na sociedade a ponto de excluir quase totalmente o conflito; a de que ele não conseguiu desenvolver uma teoria das instituições porque se concentrava acima de tudo nas relações entre a sociedade e o indivíduo, negligenciando as estruturas intermediárias; a de que ele não se preocupava com o papel do poder político, já que estava obsessivamente interessado na natureza dos ideais morais; e a de que "ele não soube avaliar nem de longe as consequências das inovações sociais e das mudanças sociais, já que só se voltava para a ordem social e o equilibrio".[81] Embora cada uma dessas acusações contenha um elemento de verdade, nenhuma delas pode ser sustentada da maneira arrasadora com que costumam ser feitas. Aqueles que interpretam o trabalho de Durkheim como preocupado essencialmente com uma conservadora "tendência a manter a ordem existente das coisas"[82] têm inevitavelmente tendido a apresentar uma imagem errônea da posição de Durkheim em cada uma dessas dimensões.

Tanto no seu temperamento político quanto em suas convicções sociológicas, Durkheim era um oponente do pensamento revolucionário. Evolução, não revolução, era o que criava o arcabouço de sua concepção da mudança social: ele frequentemente enfatizou que mudanças significativas somente aconteciam por meio da acumulação de processos de desenvolvimento social de longo prazo. Sua recusa em ver no conflito de classes o mecanismo que iria gerar uma transformação social radical o separava definitivamente do marxismo e de qualquer outro tipo de ativismo revolucionário. Mas essa afirmação não equivale a dizer que ele negligenciasse o fenômeno do conflito social, ou os conflitos de classe, ou que buscasse acomodá-los à sua posição teórica pela negação da realidade das aspirações dos pobres. Sua afirmação, freqüentemente repetida, de que o "problema social" (ou seja, o problema do conflito de classes) não poderia ser resolvido simplesmente por meio de medidas econômicas, por causa da "instabilidade" dos apetites humanos, deve ser entendida contra o pano de fundo do seu também enfático acento sobre as mudanças básicas na ordem econômica que deveriam ser feitas para completar a institucionalização do individualismo moral. A realidade por trás da ocorrência dos conflitos de classe estava no novo desejo de autorrealização e de igualdade de oportunidades por parte daqueles que ocupavam as camadas sociais mais baixas: isso não se podia negar e exigia, em última instância, a abolição de todas as barreiras econômicas e sociais opostas à "igualdade externa", a "tudo o que possa mesmo indiretamente impedir o livre desdobramento da força social que cada um traz dentro de si".[83] Tal como Marx, Durkheim antecipava a emergência de uma sociedade na qual os conflitos de classe desapareceriam e na qual o elemento de coerção na divisão do trabalho se evaporaria. Mas esse esquema de modo algum isentava Durkheim da preocupação com o conflito. Na verdade, o oposto está mais perto da verdade: que o ponto de partida de sua sociologia era uma tentativa de analisar as fontes dos conflitos que caracterizaram a expansão do industrialismo.

Uma transformação profunda da organização institucional das formas tradicionais de sociedade era uma complementação necessária para a transição da solidariedade mecânica para a orgânica; a relação entre o Estado e as *corporations* era vista como fundamental para a ordem social moderna. Foi nesses termos que Durkheim procurou equacionar a questão do poder político. Embora seja muito difícil dizer que ele tenha lidado de maneira satisfatória com a natureza e com as fontes do poder político, fica bem claro que neste caso ele não ignorou os problemas colocados. Finalmente, como venho enfatizando desde o começo, não é apenas incorreto sustentar que "ele não se deu conta nem de longe da importância da inovação social nem da mudança social", como também não é possível entender os temas principais do seu trabalho sem localizá-lo dentro do esquema do desenvolvimento social, exposto em *A divisão do trabalho social*, que se encontra por trás de todos os seus escritos mais importantes. Em uma de suas obras iniciais, uma dissertação sobre Montesquieu, Durkheim estabeleceu sua posição a respeito desse ponto. Mostrou que Montesquieu "não consegue enxergar que toda sociedade traz em si fatores conflitantes simplesmente porque ela está emergindo gradualmente de uma forma antiga e tendendo para uma forma futura".[84]

Durkheim frequentemente afirmava que a sociologia deveria, em certa medida, encontrar sua justificativa na prática: que uma sociologia sem nenhuma relevância em relação a problemas práticos seria um empreendimento sem valor. Uma das principais tarefas da sociologia seria justamente a de determinar as direções emergentes de mudança que uma sociedade estivesse experimentando num momento qualquer e de demonstrar quais as tendências que "deveriam" ser alimentadas como as determinantes do padrão futuro. Essa separação entre o que "é" e o que "deve ser", Durkheim procurava obtê-la em termos da sua distinção entre o "normal" e o "patológico", concebidos numa analogia com a saúde e a doença no organismo. A teoria exposta em A divisão do trabalho social se fundava nessa concepção: a obra foi concebida por Durkheim para mostrar que os ideais do individualismo moral correspondiam às "necessidades sociais" engendradas pelo crescimento da solidariedade mecânica — que esses ideais eram normais no tipo moderno de sociedade e, portanto, deviam ser promovidos e protegidos. Nenhum aspecto dos escritos de Durkheim foi rejeitado de maneira mais universal do que suas noções de normalidade e patologia, e com razão: mesmo se fosse possível determinar "cientificamente" que uma dada norma moral é um elemento "necessário" ao funcionamento de uma sociedade em particular, é completamente diferente sustentar que ela seja *ipso facto* desejável. As questões em jogo aqui não podem ser resolvidas por nenhum tipo de apelo ao critério de saúde e doença da biologia: a medicina, a esse respeito, é uma tecnologia a ser aplicada na busca de determinados valores. Apesar — ou talvez por causa — do fato de a concepção de normalidade ser parte integrante da obra de Durkheim, ele nunca esclareceu completamente sua posição a respeito. Em sua exposição mais sistemática desse princípio, em As regras do método sociológico, realmente tentou estabelecer critérios científicos para a verificação de ideais éticos, rejeitando a visão segundo a qual "a ciência não pode nos ensinar nada sobre o que deveríamos desejar".[85] Mas ao responder mais tarde a críticas dessas ideias, ele parecia se retratar de sua antiga formulação, salientando que ética e sociologia estavam preocupadas com duas "esferas diferentes" e afirmando que "nós apregoamos simplesmente que as construções éticas deviam ser precedidas por uma ciência da moralidade que fosse mais metódica do que as especulações comuns da assim chamada ética teórica".[86]

A ambiguidade de Durkheim nesse assunto se reflete em sua incapacidade de lidar de maneira explícita com as relações entre a análise sociológica e a intervenção política para assegurar mudanças sociais de ordem prática. Como Marx tinha percebido, isso exige uma concepção dialética do caráter do conhecimento como um meio de compreender o mundo e ao mesmo tempo como um modo de transformá-lo. Quando se perseguem suas consequências lógicas, isso leva a uma ênfase no papel diretamente *político* da sociologia. Mas, embora Durkheim desejasse relacionar a sociologia com os problemas práticos, ele também procurou promover uma concepção do caráter "neutro" da análise sociológica como uma "ciência natural da sociedade". Embora isso fosse reforçado sem dúvida por suas características pessoais e pelo seu desdém pelas disputas da política de partidos, sua indiferença geral em relação à política certamente encontrava apoio nessa posição. O resultado foi que, na prática, a relevância da sociologia para a realização de mudanças sociais efetivas foi algo que permaneceu obscuro. Durkheim tentou escapar dessa dificuldade ao enfatizar o caráter "parcial" do conhecimento sociológico: a ênfase no fato de que o avanço da sociologia era lento e doloroso, pois tinha de se submeter aos rigorosos critérios da validação científica. Já que as necessidades da vida num contexto político e social cotidiano requeriam decisões e políticas imediatas, a relevância do conhecimento "científico" do sociólogo tinha limitações precisas. Mas seus próprios escritos, que frequentemente tratavam das questões mais amplas da organização social e da mudança social, desmentiam essa espécie de preceito modesto — como, na verdade, o fazia a análise mais abstrata do papel "terapêutico" da sociologia no diagnóstico do que era "normal" e do que era "patológico" em fases determinadas da evolução social.

Nos escritos de Durkheim essa incômoda tensão entre a teoria e a prática se expressa na tendência constante de escapar do analítico para o optativo. A discussão de Durkheim a respeito da realidade existente frequentemente escorrega para um retrato daquilo que ele espera que venha a importar no futuro, por causa daquilo que está supostamente vinculado às condições "normais" de funcionamento de uma sociedade ou de uma instituição social. Assim, o desenvolvimento e o fortalecimento das associações profissionais estava fadado a acontecer, pois a operação normal da divisão do trabalho o exigia. Essa análise não se baseava numa demonstração empírica de que havia uma tendência identificável em direção à emergência de tais *corporations*: ela derivava da tentativa de implementar a noção segundo a qual o que era funcionalmente necessário supriria o critério do que era desejável — neste caso, que "a ausência de qualquer tipo de instituição coletiva cria ... um vácuo cuja importância é difícil de exagerar". Tal como acontece com todas as tentativas de Durkheim de diagnosticar a "normalidade", mal se consegue evitar que isso degenere numa teleologia pura e simples: o "mal", a "doença *totius substantiæ*" da divisão do trabalho anômica, clama pela existência do "remédio" do desenvolvimento das *corporations*.[87]

As deficiências dos escritos de Durkheim sob esses aspectos muito gerais estão indubitavelmente relacionadas com as inadequações no seu tratamento conceitual do Estado e do poder político. Embora não seja verdade que tenha "ignorado" o problema do poder, ou mais especificamente o papel do poder na sociedade, ele certamente estabeleceu a estrutura básica do seu pensamento, em *A divisão do trabalho social*, antes de desenvolver uma análise sistemática do Estado e da política. Sua exposição posterior da "independência" parcial do poder estatal apenas provocou uma mudança restrita da teoria da divisão do trabalho. Embora isso lhe tenha permitido lidar de maneira mais adequada com a existência do poder coercitivo, por outro lado fez que falhasse num ponto que lhe é realmente consequente: quais foram as *condições* que geraram a existência de um Estado absolutista? A análise encontrada em *Leçons de sociologie* e em "Deux lois de l'évolution pénale" deixou esse elemento como um fator residual: Durkheim em parte alguma se propôs mostrar o que determinava a medida em que o Estado era capaz de "se separar" da sociedade. A todo momento ressaltava o argumento de que toda e qualquer forma de Estado, forte ou fraca, tinha suas raízes na sociedade civil e se nutria dela; mas não conseguiu de modo algum analisar em detalhe a natureza dessas conexões. Consequentemente, não existe nos escritos de Durkheim nenhum tratamento sistemático dos mecanismos de legitimação na política.[88] Assumia implicitamente que o poder político era resultado de uma supremacia moral preestabelecida do Estado: quanto mais transcendente ou "religiosa" for a base moral do Estado, mais absoluto será seu poder. Mas essa concepção de modo algum permite que se trate a tensão entre legitimação e poder que é de crucial importância em qualquer sistema político: poder e força, em outras palavras, são frequentemente *meios* para a criação de valores pela camada dominante.

Nisso Durkheim certamente permaneceu um prisioneiro das fontes intelectuais em que seu pensamento estava imerso. O conceito de Estado que utilizava prova-o claramente, e, embora ele o tenha empregado para tentar se libertar do tratamento dado por Comte ao Estado, suas próprias formulações conceptuais na realidade se pareciam com as de Comte. O Estado se definia como o "órgão do pensamento social", o "ego" da *conscience collective*. Durkheim rejeitava especificamente a ideia de que o Estado era primordialmente um agente executivo. A principal tarefa do Estado era ser "um órgão especial cuja responsabilidade era a de elaborar certas representações que fossem aprovadas pela coletividade"; o "verdadeiro significado" do Estado "consiste, não na ação exterior, em provocar mudanças, mas na deliberação".[89] Seu tratamento da democracia, é claro, está intimamente ligado a esse conceito. Ao analisar o papel das associações profissionais, ele certamente as enxergava como "equilibrando" o poder do Estado. Mas a ideia de que compartilhar o poder era um elemento essencial ao governo democrático, que ele deixou inteiramente explícita, não era viável a seu ver. Ele rejeitava não apenas a concepção clássica da "democracia direta", mas também aquilo que mais tarde veio a ser chamado de "teoria do elitismo democrático". Uma minoria tinha de governar, em qualquer sociedade desenvolvida, e fazia pouca diferença o modo como essa minoria chegava ao poder: as atividades de uma aristocracia frequentemente poderiam estar mais de acordo com a vontade do povo do que as de uma elite eleita. Existe apenas uma diferença "insignificante" entre um sistema no qual "a minoria governante é estabelecida de uma vez por todas" e outro no qual "a minoria que vence hoje pode ser derrotada amanhã e substituída por outra".[90] A democracia, para Durkheim, se torna assim uma questão de interação de sentimentos e ideias entre o governo e a massa; sua discussão sobre o governo democrático não contém nenhum exame desenvolvido do funcionamento dos partidos políticos nem do parlamento ou do direito de voto; e, na verdade, essas considerações são vistas como de menor importância.

A fraqueza inerente a esse ponto de vista está exposta da maneira mais clara, na discusssão do Estado alemão feita por Durkheim em *L'Allemagne au-dessus de tout*. Tal como indicado anteriormente, o peso da perspectiva teórica de Durkheim dirigia seu pensamento em direção a uma afirmação da compatibilidade básica, no mundo moderno, entre os ideais nacionais, o patriotismo e o crescimento de uma comunidade européia pan-nacional. De maneira característica, sua resposta ao crescimento do militarismo alemão — a partir do momento em que este ultrapassou as expectativas geradas pelo seu ponto de vista – era a de tratá-lo como um fenômeno "patológico". Essa "patologia" era explicada por Durkheim como uma "desordem moral" manifesta na grandiosidade da ambição nacional, tal como revelada nos escritos ideológicos de Treitschke. O efeito da análise de Durkheim, entretanto, é o de considerar o poder *em si mesmo* apenas no seu aspecto moral, diante da ênfase desmedida colocada por Treitschke na supremacia do Estado. Realmente, o militarismo alemão só pode ser entendido adequadamente em face das propriedades estruturais do Estado alemão do século XIX – do papel predominante desempenhado pelo poder militar prussiano ao assegurar a unificação política do país e do domínio ininterrupto do governo pela elite proprietária de terras. Isso fez da Alemanha um "Estado poderoso", como bem compreendeu Max Weber e, é claro, não é por acaso que a conceitualização do Estado feita por Weber, que evitava qualquer possibilidade de definir o Estado em termos morais, priorizasse justamente os aspectos cuja importância Durkheim reduzia: a bem-sucedida reivindicação do monopólio da utilização legítima da força e a existência de fronteiras territoriais fixas.[91]

Ao contrário de Weber, Durkheim inegavelmente pertence àquelas tradições do pensamento social do século XIX que subordinavam o Estado à sociedade. Embora ele rejeitasse a noção do "desaparecimento" do Estado e sustentasse, pelo contrário, que na sociedade moderna uma expansão da jurisdição estatal era inevitável, não rompeu substancialmente com o pressuposto de que o movimento da "infraestrutura" é que era de importância decisiva na análise da mudança social. "Infraestrutura" aqui, é claro, se refere à divisão do trabalho. Ao avaliar a teoria da divisão do trabalho de Durkheim em relação à sua sociologia política, é importante avaliar aquilo que ele compartilhava com o socialismo (tal como o definia).

Embora Parsons tenha alegado que, segundo sua própria definição destes termos, a sociologia política de Durkheim o coloque mais próximo do "comunismo" do que do "socialismo",[92] é evidente que o oposto é que é verdadeiro. O comunismo, para Durkheim, expressava a esperança, que constantemente reaparecia, mas que era fútil em última instância, de que o egoísmo humano podia ser erradicado: era portanto essencialmente tanto não histórico quanto irrealizável.

O socialismo, por outro lado, de acordo com Durkheim, era uma expressão da consciência de que mudanças radicais tinham ocorrido e estavam ocorrendo nas sociedades contemporâneas, e de que essas mudanças tinham gerado uma condição de crise que clamava por uma solução. Essa consciência era filtrada pelas circunstâncias sociais de que era uma expressão. Isto é, ela refletia uma condição da sociedade na qual as relações econômicas tinham acabado por dominar a vida social; em função disso, entendia que o remédio para a crise moderna deveria ser puramente econômico. A falha de todas as doutrinas socialistas era que não conseguiam ver que a solução da crise precisava estar ligada a uma reorganização moral, por meio da qual a primazia do "econômico" sobre o "social" se reajustaria em favor deste último.[93] Mas elas estavam corretas ao sustentar que a regulação do mercado capitalista era necessária. Embora Durkheim rejeitasse a possibilidade de se reorganizar o capitalismo por meios revolucionários, ele realmente argumentava que a divisão do trabalho forçada, a relação de exploração entre o capital e o trabalho, precisava ser contestada. Isso deveria ser alcançado pelo desaparecimento da herança da propriedade:

> Hoje a existência da herança como uma instituição tem como resultado que os homens nascem ricos ou pobres; vale dizer, há duas classes principais na sociedade, ligadas por todo tipo de classes intermediárias: uma que, para viver, tem de conseguir que seus serviços sejam aceitos pela outra a qualquer custo; a outra que pode passar sem esses serviços, pois pode apelar para outros recursos ... enquanto diferenças de classe tão acentuadas existirem na sociedade, algumas medidas paliativas razoavelmente efetivas podem amenizar a injustiça dos contratos; mas, em princípio, o sistema opera em condições que não dão lugar à justiça.[94]

A abolição da herança de propriedade era um processo que deveria acontecer por meio da ação do Estado. Embora Durkheim não fosse inteiramente desprovido de ambiguidades a esse respeito, parece que ele se referia não à abolição da propriedade privada como tal,[95] mas a diferenças no acesso à propriedade que deveriam estar inteiramente determinadas pelas diferenças nos serviços que os indivíduos prestavam à sociedade. A importância funcional na divisão do trabalho deveria determinar os direitos à propriedade. Isso era uma "obra de justiça" que deveria ser realizada se a moralidade do individualismo desempenhasse uma força reguladora na sociedade moderna: o avanço do individualismo moral era incompatível com uma ordem social na qual a situação de classe determinasse desde o nascimento a posição do indivíduo na estrutura profissional. Desse modo, havia uma conexão intrínseca entre a eliminação da divisão do trabalho "forçada" e a superação da divisão do trabalho "anômica". Para reduzir a anomia exigia-se não apenas a imposição da regulação sobre o sistema de mercado existente: isso só levaria a uma intensificação dos conflitos de classe. "Não é suficiente que haja regras ... pois às vezes são as regras mesmas que são a causa do mal." A moralidade da solidariedade orgânica exigia grandes mudanças econômicas, que criassem um sistema no qual houvesse uma colocação livre ou "espontânea" dos indivíduos na divisão do trabalho, de tal forma que "nenhum obstáculo, de qualquer natureza, os impedisse de ocupar um lugar na estrutura social compatível com as suas faculdades".[96]

Conclusão

A sociologia de Durkheim teve origem numa tentativa de reinterpretar as reivindicações do liberalismo político em face de um duplo desafio: oriundo de um conservadorismo antirracionalista, de um lado, e do socialismo, de outro. Cada um desses constituía uma grande tradição no pensamento social francês, e cada um deles, no início do século XIX, representou uma resposta ao legado da Revolução Francesa. Durkheim tomou de empréstimo elementos de ambos numa tentativa de transcendê-los por meio de um republicanismo liberal revitalizado capaz de realizar integralmente as mudanças estruturais na sociedade que tinham sido prometidas, mas não alcançadas, pela Revolução. O que foi observado por Jaurès é uma descrição exata e perspicaz do ponto de vista de Durkheim: ele estava preocupado "não com a negação, mas com a conclusão da República burguesa, com a extensão dos Direitos do Homem da esfera política para as esferas econômica e social".[97]

Notas

1 Talcott Parsons, *The Structure of Social Action*, New York, 1937 (2.ed., New York, 1949).

2 *Leçons de sociologie*, 1950. Traduzido para o inglês sob o título de *Professional Ethics and Civic Morals*, London, 1957.

3 Comparar com o tratamento de Marx em Erich Thier, Etappen der Marxinterpretation, *Marxismusstudien*, 1954, p.1-38.

4 Ver, por exemplo, Marion M. Mitchell, Emile Durkheim and the Philosophy of Nationalism, *Political Science Quarterly*, v.XLVI, 1931, p.87-106.

5 Cf. meu artigo Durkheim as a Review Critic, *Sociological Review*, v.XVIII, 1970, p.188-91.

6 O uso que Parsons faz desse termo é um tanto incomum. Ver *The Structure of Social Action* (2.ed.), p.60-9.

7 Robert A. Nisbet, *Emile Durkheim*, Englewood Cliffs, N.J., 1965, p.37. Os primeiros parênteses são meus.

8 Ver meu *Capitalism and Modern Social Theory*, Cambridge, 1971, cap.14.

9 Parsons, *The Structure of Social Action* (2.ed.), p.307 e *passim*.

10 E. Durkheim, *The Division of Labor in Society*, Glencoe, Ill., 1964, p.228. (Modifiquei a tradução nesta e em algumas outras citações em partes posteriores do capítulo.)

11 E. Durkheim, L'individualisme et les intellectuels, *Revue Bleue*, v.X, 1898, p.7-13.

12 Com isso, é claro, não pretendo dizer que Saint-Simon e Comte tenham sido as únicas influências intelectuais importantes sofridas por Durkheim. Outras influências mais imediatas foram Renouvier, Fustel de Coulanges e Boutroux.

13 L'individualisme et les intellectuels, p.7.

14 Ibidem, p.8.

15 Ibidem, p.11 e 13.

16 Melvin Richter, Durkheim's Politics and Political Theory, in Kurt H. Wolff, *Emile Durkheim et al.: Essays on Sociology and Philosophy*, London, 1964, p.172ss.

17 Ver, por exemplo, Simon Deploige, *Le Conflit de la morale et de la sociologie*, Paris, 1911. Durkheim resenhou esse livro na *Année sociologique*, v.XII, 1909-1912. Para troca de correspondência anterior entre Deploige e Durkheim, ver a *Revue Néoscolastique*, v.XIV, 1907, p.606-21.

18 Ver, sobretudo, E. Durkheim, *L'Evolution pédagogique en France*, Paris, 1969 (publicado pela primeira vez, em dois volumes, em 1938).

19 Georges Davy, Emile Durkheim, *Revue de métaphysique et de morale*, v.XXVI, 1919, p.189.

20 Marcel Mauss, Introdução à primeira edição de *Socialism and Saint-Simon*, London, 1952, p.32.
21 E. Durkheim, *Moral Education*, Glencoe, Ill., 1961, p.137.
22 Cf. K. Marx, The Civil War in France, in *Selected Works*, Moscou, 1958, v.I, p.542.
23 E. Durkheim, resenha dos *Essais sur la concepcion matérialiste de l'histoire*, de Antonio Labriola, *Revue Philosophique*, v.XLIV, 1897, p.649 e 651.
24 Ibidem, p.648-9.
25 Sorel desempenhou um importante papel nisso; para sua avalição de Durkheim, ver Les theories de M. Durkheim, *Le Devenir social*, v.I, 1895, p.1-26 e 148-80.
26 *Socialism*, p.283.
27 Ibidem, p.284.
28 "O socialismo está para os fatos que o produzem assim como os gemidos de um homem doente estão para a doença que ele padece, para as carências que o atormentam. Mas o que se diria de um médico que aceitasse as respostas ou os desejos de seu paciente como se fossem verdades científicas?". Ibidem, p.41.
29 Ibidem, p.285.
30 Ibidem, p.40.
31 Ibidem, p.90. Para uma discussão mais longa da avaliação de Marx feita por Durkheim, ver meu *Capitalism and Modern Social Theory*, cap.13.
32 Ibidem, p.39-79.
33 Ibidem, p.70-1.
34 Ibidem, p.71.
35 E. Durkheim, La science positive de la morale en Allemagne, *Revue Philosophique*, v.XXIV, 1887, parte 1, p.38.
36 *The Division of Labour*, p.227.
37 "Onde o direito à indenização está altamente desenvolvido, existe uma moralidade profissional para cada atividade ... Há usos e costumes comuns à mesma ordem de funcionários, que nenhum destes pode quebrar sem incorrer na censura da corporação." Ibidem p.227.
38 *The Division of Labour*, p.220.
39 Durkheim, *Professional Ethics and Civic Morals*, p.98ss.
40 Ibidem, p.98 e 99.
41 Ibidem, p.102-3.
42 *The Division of Labour*, p.280-2; também p.405-6.
43 *Professional Ethics and Civic Morals*, p.75.
44 Ver E. Durkheim, E. Denis, *Qui a voulu la guerre?*, Paris, 1915, e E. Durkheim, *L'Allemagne au-dessus de tout*, Paris, 1915.

45 *L'Allemagne au-dessus de tout*, p.7.
46 Ibidem, p.5.
47 Ibidem, p.22.
48 Ibidem, p.7.
49 Ibidem, p.45.
50 Ver especialmente Robert Nisbet, Conservatism and Sociology, *American Journal of Sociology*, v.LVIII, 1952, p.165-75, e *The Sociological Tradition*, London [New York], 1967; e Lewis A. Coser, Durkheim's Conservatism and its Implications for his Sociological Theory, in Wolff, *Emile Durkheim*, p.211-32.
51 Coser, Durkheim's Conservatism, p.212.
52 Ver meu *Capitalism and Modern Social Theory, passim*.
53 E. Durkheim, Introduction à la morale, *Revue Philosophique*, v.LXXXIX, 1920, p.89.
54 E. Durkheim, *Suicide*, London, 1952, p.383.
55 E. Durkheim, Prefácio à *Année sociologique*, v.II, 1897-8, in Wolff, *Emile Durkheim*, p.352-3.
56 H. Stuart Hughes, *Consciousness and Society*, New York, 1958, p.285.
57 *L'Evolution pedagogique en France*.
58 Ibidem, p.323.
59 *Moral Education*, p.10.
60 E. Durkheim, *Sociology and Philosophy*, London, 1953, p.72.
61 "Ser livre não é fazer o que se quer; é ser senhor de si mesmo." E. Durkheim, *Education and Sociology*, Glencoe, Ill., 1956, p.89.
62 The Dualism of Human Nature and its Social Conditions, in Wolff, *Emile Durkheim*, p.327.
63 *Professional Ethics and Civic Morals*, p.47-8.
64 *The Division of Labour*, p.226.
65 E. Durkheim, *Montesquieu and Rousseau*, Ann Arbor, 1960, p.33.
66 E. Durkheim, Deux lois de l'evolution penale, *Année sociologique*, v.IV, 1899-1900, p.65-95.
67 Ibidem, p.650.
68 Ibidem, p.67-8.
69 Ibidem, p.69.
70 Ibidem, p.88 e 93.
71 *Professional Ethics and Civic Morals*, p.82-3.
72 Ibidem, p.87.
73 Ibidem, p.89.

74 Ibidem, p.96 e 106.
75 Ibidem, p.106.
76 Ibidem, p.51.
77 Ibidem, p.56.
78 E. Durkheim, *The Rules of Sociological Method*, London, 1964, p.121.
79 *Suicide*, p.360. Há, entretanto, grandes dificuldades não resolvidas nos escritos de Durkheim sobre esse ponto, analisadas no cap.4.
80 The Dualism of Human Nature and its Social Conditions, p.339.
81 Coser, Durkheim's Conservatism, p.211-12. Cf. Parsons, "[Durkheim] estava quase somente preocupado com o que Comte teria chamado de 'estática social'", *The Structure of Social Action* (2.ed.), p.307.
82 Coser, Durkheim's Conservatism, p.212.
83 *The Division of Labour*, p.377.
84 *Montesquieu et Rousseau*, p.59.
85 *The Rules of Sociological Method*, p.47.
86 Resenha de Deploige, p.327.
87 *The Division of Labour*, p.29.
88 Cf. cap.6.
89 *Professional Ethics and Civic Morals*, p.50-1.
90 Ibidem, p.78.
91 Para um material de fundo sobre a concepção do Estado em Weber, ver meu *Politics and Sociology in the Thought of Max Weber*, London, 1972.
92 Parsons, *The Structure of Social Action* (2.ed.), p.341.
93 A publicação dos escritos iniciais de Marx, entretanto, tornou claro que essa tese de Durkheim era errônea, ao menos quando aplicada a Marx. Marx estava primordialmente interessado na dominação alienante das relações econômicas dentro do capitalismo: a regulação do mercado era para Marx um meio, não um fim. Ver meu *Capitalism and Modern Social Theory*, cap.15.
94 *Professional Ethics and Civic Morals*, p.213.
95 "Uma limitação ao direito de alienar não é de maneira alguma um ataque ao conceito individual de propriedade, ao contrário. Pois a propriedade individual é propriedade que começa e termina com o indivíduo." Ibidem, p.216-7.
96 *The Division of Labour*, p.374 e 377.
97 Robert Wohl, *French Comunism in the Making*, 1914-1924, Stanford, 1966, p.9.

CAPÍTULO 4

DURKHEIM E A QUESTÃO DO INDIVIDUALISMO

Em vida do autor, os escritos metodológicos de Durkheim foram, notoriamente, objeto de controvérsia, sendo seu sociologismo largamente condenado. Essas primeiras críticas, que frequentemente envolviam versões pouco precisas das concepções de Durkheim, foram há muito substituídas por interpretações críticas dos escritos de Durkheim, baseadas em uma compreensão mais adequada dos temas e dilemas inerentes à sua sociologia.[1] Entretanto, ainda estamos à espera de um tratamento que explore plenamente as forças e fraquezas do método de Durkheim. Uma das principais razões disso é o fato de que muitos dos intérpretes secundários de Durkheim deixaram de conectar sua discussão *analítica* (e sua rejeição) do individualismo como abordagem metodológica para a teoria social com sua concepção *desenvolvimentista* da emergência do individualismo como moralidade nascida do crescimento da divisão do trabalho diferenciada. É comum aceitar – e, na verdade, ele o enfatizou fortemente – que as ideias metodológicas de Durkheim devam ser avaliadas na relação com sua implementação concreta nas obras mais empíricas do autor. Porém, geralmente, supõe-se que isso signifique demonstrar o quanto ele "aplicou" de modo mais ou menos bem-sucedido suas concepções metodológicas em outros trabalhos. Nesta discussão, gostaria de estabelecer uma relação recíproca entre a argumentação substantiva de Durkheim sobre o desenvolvimento do individualismo e suas formulações abstratas do método sociológico. Durkheim é visto frequentemente como um fervoroso "anti-individualista". Mas, de fato, suas obras contêm uma defesa vigorosa do individualismo — compreendido de um modo específico. Em outras palavras, os escritos de Durkheim representam uma tentativa de separar o "individualismo liberal", encarado como concepção das características da ordem social moderna, do "individualismo metodológico".

Antes de mais nada, devemos tentar especificar os principais sentidos em que o termo individualismo aparece nos escritos de Durkheim. Nos seus trabalhos iniciais, como o longo artigo devotado ao estudo de alguns dos mais importantes pensadores alemães contemporâneos,[2] ele usou o termo indiscriminadamente para se referir a qualquer ramo da filosofia social que conferisse ao "indivíduo" alguma forma de primazia sobre a "sociedade" — tanto em termos éticos (como em Kant) quanto em termos metodológicos (tal como na filosofia utilitarista). Mas logo chegou a perceber mais claramente que havia uma diferença essencial entre esses dois tipos de filosofia "individualista", e a elaboração da natureza precisa dessa diferença se tornou um tema dominante na sua própria perspectiva sociológica. Onde quer que o individualismo utilitarista tivesse que ser rejeitado como metodologia — a sociologia não poderia estar baseada em uma teoria que tratasse o indivíduo como *ponto de partida* da análise —, o "individualismo moral" ou ético teria que estar referido a um processo social, que era muito importante na sociedade moderna. Esta última forma, a que Durkheim se referia como "culto do indivíduo", foi criada pela sociedade: e exatamente esse fato demonstrava a inadequação do utilitarismo como teoria social, porque o que ele tomava como premissa era, na verdade, o resultado de um longo processo de desenvolvimento social.

A discussão de Durkheim sobre as origens e a natureza do individualismo moral se constitui, assim, em uma dimensão maior de sua tentativa de resolver a velha questão da relação entre o indivíduo e a sociedade. A articulação geral de sua posição foi estabelecida em A *divisão do trabalho social*, mas foi esclarecida substancialmente em seus escritos posteriores.[3] A questão primária que Durkheim se colocou no trabalho anterior era a que se segue: "Como se dá que, ao mesmo tempo em que o indivíduo se torna mais autônomo, ele dependa mais ainda da sociedade? Como ele pode ser ao mesmo tempo mais pessoal [*personnel*] e mais solidário? É inquestionável que estes dois desenvolvimentos, por mais que pareçam contraditórios, ocorrem de modo paralelo".[4] A formulação do problema tornou-se famosa; sua resolução, entretanto, foi representada frequentemente como ambígua por aqueles que buscaram interpretar a substância do argumento de Durkheim. Pois parecia que, enquanto a solidariedade mecânica se referia ao vínculo moral entre o indivíduo e a sociedade, a solidariedade orgânica dizia respeito a uma relação puramente econômica — interdependência funcional dentro da divisão do trabalho. Assim, é como se apenas ao final da obra Durkheim percebesse que a solidariedade orgânica deve ter uma sustentação moral de modo semelhante à solidariedade mecânica e, dessa forma, haveria um deslocamento crucial no seu argumento da primeira para a metade conclusiva do livro. Mas, nessa obra, aos olhos de Durkheim pelo menos, tal transição não existia. Alguns anos depois da publicação de *A divisão do trabalho social*, Durkheim apontava exatamente esse fato ao criticar a diferenciação de Tönnies em *Gemeinschaft und Gesellschaft* [*Comunidade e sociedade*]: enquanto Tönnies reconhecia a base moral da solidariedade nas sociedades tradicionais, sua caracterização de *Gesellschaft* tratava a sociedade moderna de modo comparável aos utilitaristas, pela falta de um caráter moral de tipo tradicional. Onde, então, estariam as linhas centrais do argumento de Durkheim? Parece ser como se segue. Na solidariedade mecânica cada indivíduo permanece largamente inconsciente de seu "isolamento" como indivíduo já que, dominado pela *conscience collective*, ele compartilha traços similares com outros membros da sociedade; os limites da sua autonomia estão estritamente confinados. A força da integração moral da *conscience collective* estava diretamente relacionada à força dos laços que prendiam o indivíduo ao grupo: como um organismo simples, tal sociedade podia dispensar os indivíduos, e até segmentos inteiros de si mesma, sem dificuldade. A característica da solidariedade orgânica, por outro lado, estava no fato de que o vínculo do indivíduo com a *conscience collective* era mediado pelos seus laços com outros grupos: especialmente, é claro, os criados pela especialização ocupacional na divisão do trabalho. Durkheim nunca duvidou de que tais laços fossem morais — isto é, de que haveria um "elemento não contratual" que governava a negociação dos contratos. A questão é que isso pressupunha mais uma diversidade moral do que uma uniformidade: o homem "universal" da sociedade tradicional foi substituído pelo "homem especialista" moderno. A maior autonomia que não era apenas permitida, mas sobretudo *exigida* do indivíduo, não o separava da sociedade, mas realmente aumentava a força do laço recíproco entre ambos. Esse elemento básico que não foi completamente esclarecido em A *divisão do trabalho social* não é a natureza da solidariedade orgânica em si, mas a relação entre a "moralidade da especialização", gerada pela solidariedade orgânica, e a moralidade da *conscience collective*, que vinha a ser centralizada no "culto do indivíduo"; porque Durkheim deixou claro que "sempre existirá esse culto da pessoa, da dignidade individual ... que hoje se tornou o fator crucial para tantos".[5] A que se refere esse "culto do indivíduo" e como ele é compatível, como moralidade geral compartilhada, com a especialização moral engendrada pela solidariedade orgânica?

Apesar de os principais elementos da resposta de Durkheim estarem presentes em A *divisão do trabalho social*, ele só os elaborou plenamente em um momento posterior, no contexto da sua apreciação subsequente das conexões íntimas entre religião e autoridade moral. Nesses escritos tardios, três características importantes do individualismo moral foram trabalhadas com algum detalhe: o que seria esse "indivíduo" a que o "culto ao indivíduo" se refere; por que seria um "culto"; e qual seria a fonte ideológica da qual esse culto derivava. "O indivíduo", tema dos ideais incorporados ao individualismo moral, não era o indivíduo concreto, a personalidade particular, mas o "homem" em geral. A moralidade do "culto do indivíduo" se compunha de valores cuja expressão intelectual foi formulada pelos filósofos do século XVIII e que inspiraram a Revolução Francesa. Tais valores enfatizaram a dignidade e o valor do "homem" em abstrato; dessa forma, eles não somente não derivavam do "egoísmo" dos utilitaristas, mas eram diretamente seu oposto. O egoísmo é a perseguição do interesse próprio. Mas esses valores implicavam sentimentos de compaixão pelos outros e pelo sofrimento humano.[6] Precisamente porque foram criados pela sociedade, tinham uma qualidade religiosa — entretanto, não se esclarece de modo algum o que corresponderia à "igreja" em relação às crenças "sagradas" do individualismo moral, caso se aplique estritamente a definição de religião de Durkheim, elaborada em As *formas elementares da vida religiosa*. Finalmente, pode-se demonstrar, tal como

Durkheim indicou em *L'evolution pédagogique en France*, que os ideais do individualismo moral tinham origem imediata no protestantismo e se baseavam de forma mais geral nas concepções comuns a todas as formas de cristianismo.[7]

Compreendido nesses termos, o individualismo moral não seria apenas compatível com a diversificação moral da solidariedade orgânica, mas estimularia diretamente seu desenvolvimento. O respeito ao indivíduo e a demanda concomitante por igualdade tornavam-se imperativos morais: assim também, implicavam que o bem-estar e a autorrealização de todo membro da sociedade devessem ser buscados posteriormente. A vida humana não poderia mais ser contida dentro de limites estreitos impostos pela sociedade tradicional. A especialização da função ocupacional de acordo com talentos e capacidades era o modo principal pelo qual o indivíduo (concreto) poderia se realizar. Assim, a emergência e o fortalecimento do "culto do indivíduo" progrediriam lado a lado com a diversificação da divisão do trabalho. Nesse momento, a teoria de Durkheim da autoridade moral sustentava que *todas* as normas morais tinham dois componentes: elas infundiam respeito e tinham uma atração positiva; mas elas também tinham um caráter de "dever" e eram apoiadas por sanções contra desvios. Disso não se depreendia, contudo, que a forma da autoridade moral fosse sempre igual. A autoridade moral da solidariedade mecânica era repressiva: o indivíduo estava submetido à "tirania do grupo". A liberdade humana, de acordo com Durkheim, consistiria na autonomia da ação individual. Era adquirida não pela dissolução dos códigos morais, mas pelas transformações implícitas no desenvolvimento do individualismo moral:

> Direitos e ... liberdades não são coisas inerentes à natureza do indivíduo como tal. Analise-se a constituição do homem e não se encontrará nela nenhum traço de caráter sagrado do qual ela esteja hoje investida e do qual derivem seus direitos. Ele deve esse traço de caráter à sociedade. A sociedade é que consagrou o indivíduo e o transformou no elemento que deve ser respeitado acima de tudo. A emancipação progressiva do indivíduo, assim, não implica um enfraquecimento, mas uma transformação do vínculo social.[8]

A concepção de Durkheim de anomia estava em conexão direta com cada um desses dois tipos de "individualismo", distinguidos acima: em um sentido positivo, oferecia um sustentáculo vigoroso para sua análise do individualismo moral; negativamente, constituía-se em um aspecto importante de sua crítica da filosofia utilitarista. A noção de anomia, tal como Durkheim a empregou em seus escritos, parece, à primeira vista, bastante simples em sua forma; sua investigação posterior, entretanto, revela vários componentes superpostos que se inseriram em sua formulação. Como um elemento de sua avaliação crítica do utilitarismo, ela permanece acima de tudo como um conjunto de observações empíricas, que parecem ser a base principal da primeira apreciação de Durkheim sobre a sua significação.[9] Essas observações diziam respeito à descoberta de que não havia nenhuma correlação direta mas, sob certas circunstâncias, uma correlação inversa entre o aumento da prosperidade econômica e a promoção da felicidade humana. A evidência a partir da análise das taxas de suicídio oferecia o índice empírico mais claro dessa afirmação. No primeiro estudo do suicídio, Durkheim notou que, se as vontades humanas não eram simplesmente "dadas", mas tinham plasticidade, então a capacidade crescente da sociedade em prover às necessidades dos seus membros podia gerar, por sua vez, novas necessidades e, por essa via, aumentar a distância entre as necessidades e sua satisfação.[10] Essa conclusão foi confirmada em A *divisão do trabalho social*. O lado teórico disso, entretanto, permaneceu obscuro até a publicação de O *suicídio*. Nessa obra, as observações empíricas (que concernem, por exemplo, à taxa ascendente de suicídio com o avanço da civilização material e à relação entre suicídio e posição socioeconômica dentro do sistema ocupacional) foram apresentadas conjuntamente nos termos de uma análise teórica coerente. Em O *suicídio*, a discussão de Durkheim da anomia está longe de não apresentar ambiguidades, ainda que um dos seus grandes elementos possa ser configurado a partir daí. Haveria uma distinção essencial entre as necessidades biológicas e as engendradas pela sociedade. As primeiras são imutáveis em seu *objeto* e em seus *limites*: esses dois aspectos poderiam variar independentemente no caso das necessidades socialmente produzidas. Isso quer dizer que, enquanto as necessidades biológicas são específicas em relação ao que elas demandam para a ação orientada (por exemplo, fome: comida) e ao seu ponto de satisfação (há reações orgânicas determinadas que reduzem o apetite na relação com a obtenção do alimento), nenhum desses elementos, em uma forma determinada, seria imutável no que se refere às necessidades ou desejos socialmente criados. A importância da diferenciação entre esses dois aspectos nunca foi claramente delineada em nenhuma das discussões da anomia que aparecem na obra de Durkheim: como se verá mais tarde, isto é fonte de algumas das dificuldades básicas nos seus escritos. No momento, entretanto, é suficiente apontar a significação da sua posição teórica para a crítica do utilitarismo. Essa crítica também é dupla. Em primeiro lugar, as vontades humanas não podem ser consideradas como dadas, mas seriam criadas socialmente e, portanto, historicamente variáveis. Em segundo lugar, mas de igual relevância, a criação de necessidades não produziu automaticamente as circunstâncias que tornaram possível sua realização. Esse último ponto se tornou um foco importante para a concepção crítica de Durkheim sobre as doutrinas socialistas. O socialismo era superior ao utilitarismo por reconhecer que as vontades humanas não estariam simplesmente "contidas" no indivíduo, mas eram socialmente criadas; entretanto, compartilhava com o utilitarismo a noção de que a sociedade não teria que intervir na satisfação das necessidades. De acordo com a teoria socialista, a produção teria que ser regulada, mas o consumo teria que ser libertado do controle social.

As conexões positivas entre as concepções do individualismo moral e da anomia, com exceção da sua primeira formulação em *A divisão do trabalho social*, jamais foram explicitadas em detalhe por Durkheim, e assim tenderam a estar entre as partes mais frequentemente malcompreendidas de seus escritos. Como tentei mostrar em outro lugar, a interpretação incorreta de Durkheim a respeito desse tema ajudou a sustentar duas das representações enganosas mais comuns da sociologia de Durkheim, na literatura secundária: a que vê seus trabalhos como referentes, em primeiro lugar, a um abstrato "problema da ordem" e a visão correlata de seus escritos como se propusessem uma teoria fortemente autoritária da disciplina moral.[11] Se há uma oposição básica no trabalho de Durkheim como um todo, ela não se assenta na integração social (controle normativo) *versus* desintegração social (falta de regulação normativa: anomia), mas, como em virtualmente todos os pensadores sociais mais importantes do seu tempo, na sociedade "tradicional" *versus* sociedade "moderna", com todas as transformações sociais profundas que essa última distinção implica. De modo geral, não parece ter-se levado em conta que há uma dimensão necessariamente histórica no tratamento durkheimiano da anomia: esta é integrante da concepção mesma de "necessidade socialmente gerada", mas também é importante no que diz respeito ao segundo aspecto da anomia, o da *satisfação* das necessidades. Na ordem social tradicional, as faculdades e necessidades humanas eram mantidas em um nível baixo e, assim, eram prontamente satisfeitas. A preponderância da *conscience collective* tinha um papel a desempenhar em cada um desses aspectos: de um lado, restringindo o desenvolvimento do "individualismo" — a liberação da personalidade individual — e, de outro, estabelecendo limites estritos ao que poderia ser legitimamente atribuído a um indivíduo, em uma posição social dada. O processo de evolução a partir do tradicionalismo ao mesmo tempo aumentou o nível de individuação e solapou os limites morais fixos das épocas anteriores. Foram esses desenvolvimentos *gemelares* que criaram o problema teórico importante — que Durkheim buscou resolver nos termos de sua análise da emergência do individualismo moral. A anomia seria, então, um fenômeno específico da ordem moderna (tal como demonstrado pela documentação do aumento do suicídio anômico em *O suicídio*); isso teria que ser entendido em relação à individuação e ao individualismo moral. Apesar de Durkheim reconhecer que "um certo nível" de anomia era inevitável na sociedade moderna, empenhada na mudança rápida e contínua, a anomia como patologia teria que ser atribuída ao desenvolvimento temporariamente inadequado do individualismo moral. O advento da anomia na era contemporânea estaria centrado, principalmente, na vida econômica, que teria irrompido dos confins da tradição, porém não teria sido ainda suficientemente permeada pela nova moralidade do individualismo.

Nesse contexto, poderia ser útil sumarizar o que foi mencionado anteriormente:

1 Há dois aspectos interligados na discussão de Durkheim da relação entre "indivíduo" e "sociedade": a defesa do lugar essencial do individualismo moral na sociedade moderna; e o repúdio de que isso signifique que o "individualismo", tal como desenvolvido pela filosofia utilitarista, forneça uma base metodologicamente viável para a sociologia.

2 O individualismo moral é, consequentemente, muito distinto do "egoísmo": o âmbito crescente da autonomia individual (no sentido da "individuação") estaria condicionado pelo "culto do indivíduo" em conjunção com outras mudanças sociais envolvidas na transição da solidariedade mecânica para a orgânica.

3 Tanto a crítica do utilitarismo quanto a análise do individualismo moral estão fundadas na elaboração da teoria da anomia; o remédio da anomia não consiste na reimposição da disciplina moral tradicional, repressiva, mas no avanço futuro da moralidade liberal do individualismo.

Com esses elementos em mente, é possível voltar para a crítica de Durkheim do "individualismo metodológico", tal como estabelecida em sua discussão dos "fatos sociais" em *As regras do método sociológico*. Como o restante da obra, muito dessa análise é polêmica: se seu impacto sobre o leitor é ao mesmo tempo poderoso e convincente, os elementos positivos na exposição das características dos fatos sociais são efetivamente de difícil esclarecimento. Assim como na análise de Durkheim da diferença entre egoísmo e individualismo moral, há duas concepções de indivíduo imbricadas no que ele tem a dizer: mas, se no primeiro caso ele próprio especificou a natureza da distinção, no seu tratamento dos fatos sociais isso não foi claramente definido. Desta vez, trata-se da distinção entre o indivíduo concreto, de carne e osso, de um lado, e o "ator social" abstratamente concebido, de outro. O indivíduo concreto, necessariamente, é o "portador" da sociedade: removam-se todos os organismos humanos e não há mais sociedade. Sustentando que os fatos sociais são "externos" ao indivíduo, Durkheim tinha em mente o indivíduo concreto; a sociologia não teria nenhum papel como disciplina independente se aceitássemos a premissa utilitarista. Mas isso foi expresso de tal forma que dificilmente surpreende o fato de que Durkheim tenha sido acusado de uma reificação ilegítima do "social". Uma ambiguidade similar aflora em relação ao segundo critério que aplicou: o da "obrigação" ou "coação". Se o indivíduo de Durkheim é o "indivíduo concreto", então sua análise do caráter "coercitivo" dos fatos sociais em *As regras* é, no mínimo, insatisfatória; assim, outros fenômenos externos ao "indivíduo concreto" compartilham do mesmo caráter — tal como aqueles que são determinados pelo ambiente geográfico. Os fatos sociais seriam meramente residuais, colocados "fora" do indivíduo e resistentes à sua vontade.[12] Mas é evidente que não era isso que Durkheim queria sustentar. Os fatos sociais são distintos dos do mundo físico, porque "eles consistem de ideias e ações".[13] Em que sentido, então, os fatos sociais seriam "coercitivos"?

Muita coisa depende da resposta a essa pergunta, na medida em que tem sido aceito, até mesmo pelos que em geral são mais simpáticos à perspectiva de Durkheim, que sua ênfase no caráter obrigatório dos fatos sociais não dá lugar ao ator social como um agente consciente de vontade. Em *As regras*, Durkheim ofereceu dois tipos de exemplo para dar sustentação ao seu argumento — sem reconhecer claramente a diferença entre eles:

> Se eu infringir as regras legais, elas reagem contra mim de forma a prevenir meu ato tanto quanto possível; ou para anulá-lo ou para reestabelecê-lo na sua forma normal, caso isso possa ser feito depois de ter sido realizado; ou para exigir expiação se não houver nenhuma forma de reparação do que foi feito ... Além disso, a coação não é menos efetiva se for indireta ... Se eu for um industrial, nada pode me impedir de trabalhar com os procedimentos e métodos de cem anos atrás: mas se eu o fizer, certamente estarei arruinado.[14]

Nos exemplos mencionados na primeira parte da citação, a lei e o costume, a coação envolve obrigação moral (apoiada pelas sanções). Naqueles que são oferecidos na segunda parte, a coação não envolve nenhuma forma de compromisso moral, mas apenas fatores que compreendem um elemento "factual" no horizonte do ator social. Assim, um industrial que ignore certos requisitos técnicos da produção não consegue prosperar. Se Durkheim compreendia a significação plena dessa distinção no período em que escreveu *As regras*, ele dava poucas mostras disso, e está claro que tendia a identificar os fatos sociais primários como obrigações morais. Mais tarde, tornou-se mais atento à importância da diferença entre as duas espécies de "coação" social, julgando que a sanção moral era diferente em caráter do fator de coação presente no outro tipo. A característica das sanções morais era que elas não eram intrínsecas ao ato sancionado: não poderiam ser deduzidas das propriedades do ato em si. O mesmo ato moralmente repreensível em um tipo de sociedade, por exemplo, poderia ser tolerado ou mesmo ativamente encorajado em outro. Não era isso o que ocorria com as consequências advindo da incapacidade de aderir às prescrições ou práticas que não se constituíssem em obrigação moral.[15] Aqui a "coação" era uma conseqüência indesejável que viria automaticamente após a transgressão da regra — como no caso do industrial que deixasse de observar as regras da prática eficiente dos negócios.

O caráter distintivo da obrigação moral teve duas implicações para a sociologia de Durkheim. Uma delas era o fato de que o conteúdo das obrigações morais variava nas diferentes formas de sociedade; a segunda era que, de acordo com a teoria da anomia, a obrigação moral não apenas estabelecia limites para a ação humana, como também a focalizava e lhe conferia forma definida. Cada uma delas realmente indicava, por uma via diferente, que a "obrigação" não devia ser identificada com a "restrição" *tout court*, tal como pode ser sugerido pelo hábito de Durkheim de usar "obrigação", "coação" e até mesmo, ocasionalmente, "coerção" como termos intercambiáveis. Para se assegurar disso, as obrigações morais eram sempre coagentes no sentido de que o desvio produz sanções: mas o grau em que a aceitação da obrigação se tornava "restritiva" para o ator era um elemento que estava condicionado pela forma moral em questão. A obrigação moral envolvida no "culto do indivíduo" conferia crescente autonomia de ação, quando comparada à disciplina rígida da sociedade tradicional. Isso era possível, precisamente, porque os códigos morais definiam o conteúdo da motivação humana, ao menos em relação às necessidades socialmente geradas. Conquanto Durkheim, sem dúvida, conseguisse total clareza sobre o último aspecto apenas depois de ter escrito sua explicação da natureza dos fatos sociais em *As regras*, ele declarou especificamente nesse livro que sua compreensão da obrigação moral divergia da "coação" de Hobbes e Rousseau, os quais negligenciavam o caráter "espontâneo" da vida moral. Esses pensadores, de acordo com Durkheim, afirmavam que haveria um deslocamento entre a sociedade e seus componentes individuais: o ser humano seria tratado como naturalmente hostil à vida social. A sociedade, assim, apenas poderia existir se os indivíduos fossem compelidos, pela ação do Estado, a se adaptar a ela. Suas concepções contrastavam com as dos utilitaristas, que viam a vida social como um fenômeno espontâneo. Na primeira concepção, a "coação" era vista como fundamental para a vida social, mas era considerada uma espécie "externa" de coerção. A segunda perspectiva eliminava a coação, em qualquer das formas, da operação da sociedade. Sua própria posição, afirmava Durkheim, compreendia elementos de cada uma dessas posturas ao mesmo tempo que rejeitava a ambas: não havia contradição em sustentar que a vida social era tanto "coercitiva" quanto "espontânea".

Essas considerações certamente são suficientes para sugerir que Durkheim pode ser absolvido do tipo tosco de crítica que frequentemente se dirigiu contra seus escritos metodológicos: a de que ele conferia à sociedade realidade "objetiva" apenas à custa da negação de qualquer realidade ao sujeito ativo. Tampouco há muita substância na afirmação igualmente comum de que a obra de Durkheim deveria ser classificada em conjunto com aqueles pensadores (especialmente de posição conservadora mais ampla) que sustentavam que há uma antinomia inerente entre o indivíduo e a sociedade, assim como que a continuação da vida social depende da estrita repressão dos desejos individuais. Ele reconheceu claramente que o que indivíduo (concreto) dependia de normas "internalizadas" que, em parte, eram *condição* da liberdade de ação. Mas seu tratamento desse problema envolvia inconsistências definidas, o que pode ser visto muito claramente em suas várias discussões do "egoísmo". Em seus primeiros escritos, o "egoísmo" era uma referência ao modelo utilitarista de interesse próprio. Na visão de Durkheim isso pressupunha um homem "pré-social" e sua crítica dessa concepção em *As regras* tomou tal pressuposto como esgotado. Mas, evidentemente, logo chegou a perceber que, de acordo com a posição que assumiu ao criticar o individualismo utilitário, o próprio egoísmo deveria ser um produto da sociologia. Isto é, o interesse próprio poderia ser socialmente criado. Até mesmo ofereceu uma ilustração específica do caso. O individualismo moral, enfatizou, não derivava do egoísmo: mas o crescimento do individualismo moral produzia, contudo, tal como uma ramificação, uma expansão do âmbito das inclinações egoístas:

> Sem dúvida, a compaixão pelos outros e a compaixão por nós mesmos não são estranhas entre si, já que elas progridem ou declinam conjuntamente; mas uma não deriva da outra. Há um vínculo de origem comum entre elas, porque ambas se originam e se constituem em aspectos diferentes do mesmo estado de *conscience collective*. Ambas expressam o modo pelo qual o valor moral do indivíduo acabou por ser estimado. Qualquer julgamento social a que, coletivamente, se atribua valor é aplicado aos outros assim como é aplicado a nós mesmos; suas pessoas, tal como a nossa, se tornam mais altamente valorizadas aos nossos olhos, e nos tornamos tão sensíveis ao que afeta cada um individualmente quanto ao que nos afeta particularmente ... É o que ocorre quando mesmo os sentimentos que pareçam pertencer mais diretamente à constituição pessoal do indivíduo dependem de causas que o ultrapassam! Nosso próprio egoísmo é, em grande medida, um produto da sociedade.[16]

Em outros escritos, Durkheim retornou mais uma vez a uma concepção de egoísmo que o contrapunha diretamente ao aprendizado social como se, necessariamente, os dois fossem mutuamente excludentes. O ser humano, argumentou, concebeu a si mesmo sempre como *homo duplex*, como composto por dois seres, que foram usualmente representados no pensamento religioso como o corpo e a alma.[17] Isso corresponderia a uma divisão psicológica entre sensações, de um lado, e conceitos e atividade moral, de outro. Sensações e necessidades sensoriais, de acordo com Durkheim, seriam necessariamente egoístas porque se originavam de condições do organismo biológico e a elas se referiam. O pensamento conceitual e a atividade moral seriam "impessoais"; eram produtos sociais e não "pertenciam" a qualquer pessoa particular que os utilizasse. Eles são, dessa maneira, dois aspectos opostos da personalidade. Não seriam apenas distintos um do outro, mas estariam em conflito permanente. O "egoísmo" foi, então, identificado apenas com o "pré-social", sendo retratado como inteiramente estranho à "penetração do indivíduo pela sociedade".

As implicações desse fato serão discutidas posteriormente. Mas vale a pena ressaltar que uma inconsistência similar aparece em várias outras partes dos escritos de Durkheim que fazem referência à conexão entre os componentes "biológicos" e "sociais" da personalidade. Um exemplo pode ser encontrado a partir do trabalho sobre o suicídio.[18] A tese central que Durkheim desenvolveu em *O suicídio* era a de que a taxa de suicídio, quando comparada com os casos particulares de suicídio, "constitui em si um fato novo, *sui generis*, que tem sua própria unidade e individualidade", e tinha que ser explicada sociologicamente.[19] Para essa finalidade, ele desenvolveu sua tipologia dos fatores sociais subjacentes às diferenças observadas nas taxas de suicídio. Sustentar que a taxa de suicídio só poderia ser explicada em termos sociológicos não significava, entretanto, continuou, que não houvesse lugar para os estudos psicológicos do suicídio. O papel do psicólogo era examinar as características particulares responsáveis pelo fato de uma pessoa, e não a outra, se matar, quando submetida a um conjunto dado de circunstâncias sociais: nem todos os que ficam expostos a uma situação de anomia realmente cometem suicídio. Ainda que isso possa ser uma nítida divisão de tarefas entre sociologia e psicologia, é uma posição claramente inadequada, porque implicitamente assume que os traços da "personalidade suicida" se constituem fora da sociedade. Os fatores (sociais) que causam uma certa *taxa* de suicídio foram apresentados por Durkheim como separados daqueles que seriam relevantes para a etiologia do caso individual. Mas isso só poderia ser assim, se fosse verdade que as características da personalidade suicida eram "pré--sociais": isto é, estabelecidas na constituição biológica do organismo. Durkheim, de fato, não aceitava essa formulação, mostrando que o "tipo individual" de suicídio era fortemente influenciado pelo "tipo social". Se se admite isto, entretanto, o modelo explanatório que Durkheim estabeleceu no livro é, de modo imediato, defeituoso. Daí se depreende que há uma complicada interação entre sociedade e personalidade, na etiologia das taxas de suicídio: as condições sociais que ele tratou como se agissem, de modo simples, diretamente sobre indivíduos "propensos ao suicídio" devem ter também uma influência em *produzir* essa "propensão ao suicídio" como um complexo de características de personalidade.

Basta isso para mostrar que, apesar de a tentativa de Durkheim de separar o individualismo moral do metodológico ter sido talvez mais sutil do que acreditaram muitos dos seus críticos, o resultado foi uma síntese frágil e essencialmente insatisfatória. As ambiguidades e as deficiências bastante sérias que pontilham suas obras, contudo, têm que ser entendidas à luz dessa tentativa. Como acontece frequentemente com um escritor cujos trabalhos têm um tom fortemente polêmico, ele foi incapaz, por fim, de abandonar algumas das premissas que mais criticou nos escritos de seus opositores. Nesta discussão, tratei com maior proeminência a crítica de Durkheim do individualismo utilitarista, mas esse não foi seu único alvo de ataque. Uma segunda tradição de pensamento que ele tentou avaliar criticamente, apesar de sofrer fortemente sua influência, foi o "holismo idealista". Várias doutrinas substancialmente diferentes, é claro, podem ser enquadradas nessa rubrica. Mas o elemento mais importante dessas doutrinas, que formavam uma rede de referência negativa para o desenvolvimento do pensamento de Durkheim, era que a noção de consenso moral "universal" se constituía como condição da existência da sociedade, de qualquer tipo de sociedade. Como Durkheim tentou mostrar em A *divisão do trabalho social*, essa visão estaria equivocada. Apesar de essa ser de fato a condição da unidade na sociedade tradicional, a diversidade moral era o correlato necessário do tipo social moderno. Se a sociedade moderna fosse, e tinha que ser, uma ordem moral, tal ordem era distinta da forma tradicional. Desenvolvendo essa perspectiva, como é amplamente evidente em suas primeiras resenhas e artigos, Durkheim foi, em um certo sentido, positivamente influenciado pelo utilitarismo, especialmente tal como o adaptado por alguns escritores como Spencer. Esses autores ao menos reconheciam que o caráter da vida social moderna era diferente da vida humana na sociedade tradicional, e sua versão do "individualismo" expressava tal preocupação. Explorando as insuficiências do individualismo utilitarista, porém, Durkheim tomava pesados empréstimos a outra escola de pensamento, afirmando que os ideais morais eram irredutíveis às motivações e interesses individuais.

Ao longo da dimensão *histórica*, Durkheim se apoiava parcialmente no utilitarismo, rejeitando a concepção da relação entre o indivíduo e a sociedade implícita no idealismo holístico – a de que o indivíduo era meramente um "microcosmo" da sociedade. Em um certo sentido, essa poderia ser uma caracterização adequada para a situação da sociedade tradicional, da solidariedade mecânica, mas era muito imprópria para a ordem moderna, na qual "a personalidade individual se desenvolve com a divisão do trabalho".[20] Isso demonstrou, evidentemente, que o idealismo é *metodologicamente* desejável. O indivíduo na sociedade não é simplesmente um receptáculo passivo das formas sociais, mas um agente ativo. Porém, mesmo quando o reconheceu, Durkheim contou com a perspectiva holística ao elaborar sua crítica do individualismo utilitarista. De cada um desses dois aspectos, o histórico e o metodológico, tal visão se apoiava na proposição de que a sociedade não era uma criação do indivíduo (pré-social) mas existia "anteriormente" a ele como também o modelava. De que maneira, então, poderia o indivíduo concreto ser um agente ativo? É nesse ponto que as duas dimensões, a metodológica e a histórica, divergem no pensamento de Durkheim. A resposta que conseguiu por meio do seu estudo da evolução da solidariedade e de sua análise da conduta moral em geral é a de que isso era possível porque a personalidade cognitiva e orientadora do indivíduo era moldada pelo aprendizado social. O indivíduo não era apenas moldado pela sociedade; a orientação ativa da sua conduta era articulada pelas normas morais "internalizadas". Mas havia uma segunda resposta, para a qual o pensamento de Durkheim constantemente tendia a retornar e que, indubitavelmente, derivava da sua preocupação com o utilitarismo. Essa resposta era que o que quer que fosse ativamente desejado pelo indivíduo era um impulso "pré-social". Em outras palavras, procurando rejeitar o utilitarismo, Durkheim tendia a manipulá-lo nos seus próprios termos. A sociedade não poderia ser concebida como um resultado de vontades individuais pré-formadas — porque a sociedade fazia, e tinha que fazer, exigências ao indivíduo que eram estranhas às próprias vontades deste. Assim, concluímos que havia um conflito irremediável entre as inclinações ("egoístas") do indivíduo e as ordens morais que a sociedade lhe impunha.

Durkheim nunca conseguiu reconciliar adequadamente essas duas linhas de pensamento, o que se reflete em inúmeras ambiguidades notadas previamente. Assim, sua discussão dos fatos sociais em *As regras*, como já se mencionou, desliza de um sentido de indivíduo para outro. Sua discussão facilmente conduz à interpretação de que os fatos sociais são empiricamente "externos" à conduta individual e representam uma força coercitiva sobre essa conduta semelhante à produzida pelas forças geográficas ou climáticas. A mesma espécie de polarização imposta entre o "interno" e o "externo" aparece no uso de Durkheim do *argumentum per eliminationem* em *O suicídio*.[21] Vários tipos de fatores "externos" ou "pré-sociais" (tal como a influência do clima) foram eliminados em separado, como diferenciais explicativos observados nas taxas de suicídio. Estes incluem a influência da insanidade herdada. Aqui, a afirmação de que isso é um fator "externo" é aceitável se for possível garantir que tal insanidade é inteiramente herdada e acha-se no interior da constituição do organismo. Mas Durkheim afirmou explicitamente que não se tratava disso: os fatores sociais tinham um papel definido na etiologia do distúrbio mental. A ideia, contudo, permaneceu sem desenvolvimento. Tal como já foi indicado, Durkheim, todavia, em nenhum momento defendeu o que ele entendia como uma conexão da "noção absurda" de que a sociedade era "externa" ao indivíduo no mesmo sentido que o era o meio ambiente geográfico; e a maior parte do seu argumento em *As regras* só é compreensível se o "indivíduo" for o "indivíduo concreto".

Uma observação similar pode ser feita sobre o conceito de anomia. Já se demonstrou que, na formulação de Durkheim, o conceito envolvia dois componentes, que tendiam a ficar imersos na sua própria utilização. Um deles se referia ao grau em que a ação humana estava investida de objetivos definidos; o outro dizia respeito à medida em que tais fins eram realizáveis. A distinção é fundamental, apesar de Durkheim tê-la atenuado. É fácil perceber o quanto isso está vinculado à ambigüidade de seu tratamento dos fatos sociais. Na medida em que se usa o conceito de anomia em referência principalmente ao primeiro elemento — a falta de normas coerentes que ofereçam objetivos firmes para que uma pessoa se esforce por alcançá-los —, está-se abordando o "indivíduo concreto". Esse é certamente o caso-tipo na maior parte da discussão abstrata de Durkheim sobre a anomia. Mas muitos dos exemplos de anomia que ele aplicou em suas análises mais empíricas (por exemplo, em relação aos conflitos de classe) realmente se concentravam no segundo elemento: os objetivos de conduta poderiam ser claramente definidos, mas não poderiam ser *atingidos*. Nesses casos, mais uma vez, seu argumento tendia a retornar a uma contraposição direta à posição utilitarista: a teoria utilitarista estava equivocada porque uma limitação externa (que apenas poderia advir da sociedade) tinha que ser imposta aos desejos dos indivíduos. Poder-se-ia salientar que as ilustrações de Durkheim se referiram frequentemente a casos de impulsos *biológicos*: por exemplo, o de que "uma sede insaciável não pode ser saciada".

A incapacidade de Durkheim de distinguir entre os dois aspectos da anomia é fonte de algumas das falhas mais básicas na sua sociologia. Como uma literatura mais recente que emprega a noção de anomia demonstrou, o conceito adquire aplicações teóricas bastante divergentes de acordo com o aspecto enfatizado. Se a anomia é compreendida principalmente como "ausência de normas" — o primeiro aspecto —, então tende a apoiar a perspectiva que enfatiza a dimensão "significado/ausência de significado" na conduta individual.[22] Seu resultado final se constitui aproximadamente em uma posição que, implicitamente ou não, trata o conflito social como "patológico" — ou seja, vincula o conflito a um "desvio" produzido por uma "socialização imperfeita". Embora, como salientei em outro lugar,[23] seja bastante equivocado sustentar que Durkheim concebesse todos os conflitos sociais dessa forma, há fortes elementos desse ponto de vista em seus escritos. Se o outro aspecto é enfatizado, tende a conduzir a uma concepção de "tensão normativa", mais do que "ausência de normas". Aqui, os objetivos de conduta devem ser muito claros para o ator, e não há o tom exagerado de irracionalidade que caracteriza a conduta do indivíduo quando o primeiro aspecto é enfatizado. A importância dessa concepção está, então, no fato de que ela permite um escopo muito maior para a conceituação dos conflitos que resultam das divisões de interesse na sociedade. Durkheim, sem dúvida, minimizou o significado dessa forma de conflito em seus escritos. Há duas dimensões que permitem afirmar que um objetivo não é "factível". Uma delas é que existem, em uma sociedade, barreiras que evitam a sua realização. Isso *talvez* signifique que ele não pode ser alcançado — que envolve algum bem que, em qualquer forma concebível de sociedade, é simplesmente impossível de se obter; ou que sua realização exige alguma forma de mudança na organização existente da sociedade. Essa perspectiva tem, certamente, um lugar substancial nos escritos de Durkheim. Ele enfatizou, dessa forma, que para superar o conflito de classe que caracterizava a indústria moderna, a mudança social (que envolvia especialmente a remoção de barreiras à igualdade de oportunidades ocupacionais) era necessária. Mas há um outro sentido no qual um objetivo pode ser considerado "irrealizável", e Durkheim continuamente voltava a esse ponto — por razões já explicadas — na sua ânsia de refutar a posição utilitarista. Trata-se do objetivo que não tem limites: o apetite insaciável. Podemos então alcançar mais claramente a significação de uma outra ambiguidade, já mencionada em outra parte deste capítulo, que diz respeito ao tratamento de Durkheim da obrigação moral e da coação "factual". Apesar de parecer que ele não dá maior importância à distinção em *As regras*, mais tarde reconheceu que a coação moral tem um caráter muito diferente das consequências "factuais" das ações. Porém, elucidou apenas uma dimensão dessa diferença — a diferença da natureza da sanção envolvida. Ele deixou de considerar o significado teórico da possibilidade de que as obrigações morais *em si* possam ser elementos "factuais" no horizonte do agir individual. Uma pessoa (ou um grupo) pode tomar conhecimento da existência das obrigações e levá-las em conta na orientação da sua conduta sem se sentir comprometido com elas. Tal ação não é necessariamente "criminosa", no sentido de zombar das prescrições morais em questão. Mas tampouco se apóia apenas no medo das sanções que podem ser evocadas como punição para a transgressão, nem apenas no compromisso moral. Apesar de Durkheim ter aceitado que havia graus variáveis de vinculação às normas morais,[24] ele não reservou um lugar para isso na sua análise teórica da natureza da obrigação moral. Nem houve qualquer reconhecimento da "interpretação" diferencial das normas morais.

Essas inadequações também podem ser vistas no âmbito das análises históricas de Durkheim e, na verdade, derivam, em parte, dessas análises. Talvez seja significativo que Durkheim venha sendo chamado tanto de "materialista" quanto de "idealista". O primeiro rótulo pode prontamente ser aplicado à sua perspectiva tal como expressa em A divisão do trabalho social. Nessa obra, sustentou que

> [a civilização] é em si mesma uma consequência necessária das mudanças que ocorrem no volume e densidade das sociedades. Se a ciência, a arte e a atividade econômica se desenvolvem, isso acontece como um resultado da necessidade imposta aos homens; é porque não há, para eles, nenhuma outra forma de viver nas novas condições a que foram submetidos. A partir do momento em que o número de indivíduos entre os quais se estabelecem relações sociais atinge um certo ponto, eles só podem se manter caso se especializem mais, trabalhem mais e estimulem suas capacidades mentais; e a partir desse estímulo geral resulta, inevitavelmente, um nível maior de cultura. Segundo esse ponto de vista, a civilização surge, então, não como um fim que move as pessoas pelo controle que exerce sobre elas, nem como um bem percebido e desejado com antecedência, que elas se empenham em criar tão plenamente quanto possível. Surge, antes, como o efeito de uma causa, o resultado necessário de um determinado estado de coisas.[25]

O tema dessas afirmações é, aparentemente, o de que a transformação da sociedade da solidariedade mecânica para a solidariedade orgânica é uma questão relativa às mudanças na "infraestrutura" social; o de que as mudanças que ocorrem no caráter da conduta moral são simplesmente "efeitos" dessas "causas". A perspectiva desenvolvida em As formas elementares da vida religiosa parece contrastar claramente com isso. Nessa última obra, Durkheim trataria as ideias morais como a force dirigeante da vida social. Ele foi considerado simpatizante da posição "idealista" principalmente por causa dessa obra. Assim, tudo se passa como se, nas diferentes etapas da sua carreira intelectual, ele começasse por uma perspectiva "materialista" e, mais tarde, cultivasse uma visão oposta àquela que adotara inicialmente. Entretanto, ao longo de seus escritos, de fato,

Durkheim negou específica e frequentemente que desejasse adotar qualquer dessas posições. Em A *divisão do trabalho social*, por exemplo, a passagem que acabou de ser citada é imediatamente seguida pela afirmação de que "uma concepção mecanicista da sociedade não exclui ideais" e de que "é um engano supor que essa concepção reduz o homem a uma simples testemunha passiva de sua própria história". Por outro lado, se seus últimos escritos estão repletos de afirmações como a de que "a sociedade é o ideal", ele foi sempre cuidadoso ao insistir no fato de que tais proposições devem ser interpretadas no sentido de que os ideais seriam *criações* da sociedade humana e não forças "dadas" que determinariam a conduta social. Essa é, finalmente, a tese central desenvolvida em *As formas elementares da vida religiosa*, e o próprio Durkheim considerou ainda, evidentemente, que seus críticos considerariam essa obra como uma outra versão de seu "materialismo" anterior. Perto do final do livro, ele se esforçou para esclarecer que não era isso o que estava propondo: havia, enfatizou, uma interação ativa entre a *conscience collective* e sua "infraestrutura".

Porém, ele nunca resolveu os problemas que a análise dessa interação apresenta e, onde quer que tenha discutido a mudança social, frequentemente o fez como se houvesse dois conjuntos bastante independentes de processos em curso: aqueles que ocorrem na "infraestrutura", por um lado, e aqueles que se localizam na esfera dos ideais morais, por outro. Essa é, sem dúvida, uma razão que explica a "quebra" aparente no argumento de A *divisão do trabalho social*, mencionada anteriormente. As únicas conexões diretas que Durkheim foi capaz de estabelecer entre a expansão da divisão do trabalho e a natureza mutável da *conscience collective* foram aquelas pelas quais a natureza desta última se *enfraqueceu*. Não fica claro, em absoluto, por que seu conteúdo deveria se transformar: quais fatores promovem a emergência do "culto do indivíduo"? Mesmo na teoria desenvolvida em *As formas elementares da vida religiosa*, a origem do conteúdo das crenças religiosas permaneceu obscura. Tais crenças seriam criadas no fervor das cerimônias coletivas. Mas as crenças sagradas, apesar de se articularem nos termos de categorias ("espaço", "tempo" etc.) fundadas nas características da sociedade, eram essencialmente "aleatórias": qualquer objeto poderia se tornar sagrado, e havia, aplicando-se a teoria de Durkheim, uma extensão infinita de classificações primitivas potenciais. A sociologia de Durkheim pecou pela ausência de qualquer tratamento teórico sistemático de mecanismos sociais que mediassem a relação entre infraestrutura e *conscience collective*. As razões para isso tangenciam fragilidades do pensamento de Durkheim que não foram exploradas aqui. Mas a análise já elaborada é certamente de importância fundamental: pois ela ajuda a demonstrar de que modo, como resultado do impasse teórico no qual seu pensamento ficou enredado, ele foi incapaz de lidar de forma satisfatória com interesses *socialmente gerados* e, mais especialmente, com conflitos que resultam da oposição entre tais interesses.

Notas

1 Talvez o melhor dos primeiros estudos sobre Durkheim seja o de Roger Lacombe, *La méthode sociologique de Durkheim*, Paris, 1926.
2 La science positive de la morale en Allemagne, *Revue Philosophique*, v.XXIV, 1887, 3 partes.
3 Cf. cap.3.
4 *De la division du travail social*, Paris, 1960, p.xliii. (Todas as traduções são minhas.)
5 Ibidem p.396.
6 L' individualisme et les intellectuels, *Revue Bleue*, v.X, 1898, p.7-13, traduzido por S. Lukes, Durkheim's "Individualism and the Intellectuals", *Political Studies*, v.XVII, 1969.
7 *L'evolution pédagogique en France*, Paris, 1938, republicado em 1969. Ver, por exemplo, p.322-3.
8 *Sociologie et philosophie*, Paris, 1924, p.106.
9 O termo anomia apareceu pela primeira vez nos escritos de Durkheim na sua resenha (1887) de *L'irréligion de l'avenir* de Guyau. Este último autor usou o termo, entretanto, em um sentido mais próximo à concepção de Durkheim de individualismo moral.
10 Suicide et natalité; étude de statistique morale, *Revue Philosophique*, v.XXVI, 1888, p.446-63.
11 Ver *Capitalism and Modern Social Theory*, de minha autoria, Cambridge (UK), 1971, cap.8 e 15; e minha introdução a *Emile Durkheim: Selected Writings*, Cambridge, 1972.
12 Parsons, entretanto, dá muito valor a isso. Ver Talcott Parsons, *The Structure of Social Action*, Glencoe, Ill., 1949, p.350-3.

13 *Les règles de la méthode sociologique*, Paris, 1950, p.8.

14 Ibidem p.7.

15 *Sociologie et philosophie*, p.60-2.

16 *Le suicide*, Paris, 1930, p.411.

17 Le dualisme de la nature humaine et ses conditions sociales, *Scientia*, v.XV, 1914, p.206-21, traduzido em K. Wolff, *Emile Durkheim et al.: Essays on Sociology and Philosophy*, London, 1964.

18 Ver The Suicide problem in French Sociology, p.322-32.

19 *Le suicide*, p.8.

20 *De la division du travail social*, p.399.

21 Isso é reforçado, evidentemente, por outros aspectos da metodologia de Durkheim que não discuto neste capítulo, tais como a "regra" segundo a qual "um efeito pode ter somente uma causa".

22 Esse é o aspecto a que Parsons deu maior destaque. Ver, especialmente, *The Social System*, London, 1951, p.39.

23 Introdução a *Emile Durkheim: Selected Writings*.

24 Ver, por exemplo, *Sociologie et philosophie*, p.56-7.

25 *De la division du travail social*, p.327.

CAPÍTULO 5

COMTE, POPPER E O POSITIVISMO

Nos últimos anos, "positivismo" tornou-se antes uma expressão ofensiva do que um termo técnico de filosofia. O modo indiscriminado pelo qual essa palavra vem sendo usada, entretanto, torna mais importante ainda um estudo da influência das filosofias positivistas nas ciências sociais.

Distinguirei dois sentidos principais em que se pode tomar o "positivismo", um mais específico, o outro muito mais geral. No sentido mais restrito, o termo pode se aplicar aos escritos daqueles que se autodenominaram francamente positivistas ou, pelo menos, estavam dispostos a aceitar essa denominação. Isso diz respeito a duas grandes fases de desenvolvimento do positivismo, uma delas centrada sobretudo na teoria social e a outra relativa mais especificamente à epistemologia. A primeira fase é dominada pelas obras do autor que cunhou o termo "filosofia positiva", Auguste Comte. Apesar de haver contrastes óbvios entre o positivismo de Comte e o "positivismo lógico" do Círculo de Viena, há igualmente claras conexões – tanto históricas quanto intelectuais – entre os dois. Em segundo lugar, o termo pode ser empregado de forma mais ampla e difusa para se referir aos escritos dos filósofos que adotaram principalmente um conjunto de perspectivas conexas: o fenomenismo – a tese, que pode ser expressa de várias formas, segundo a qual a "realidade" consiste em impressões sensíveis; a aversão à metafísica, condenada como sofisma ou ilusão; o apelo à filosofia como método de análise, claramente separada, ainda que ao mesmo tempo parasitária, dos achados da ciência; a dualidade entre fato e valor — a reivindicação de que o conhecimento empírico é logicamente discrepante da busca de objetivos morais ou da implementação de padrões éticos; e a noção de "unidade da ciência": a ideia de que as ciências naturais e sociais compartilham uma lógica comum e talvez até mesmo uma mesma base metodológica. Mais abaixo utilizarei o termo *positivismo* sem adjetivação, no contexto apropriado, para as visões de Comte e, posteriormente, dos personagens mais importantes do Círculo de Viena, isto é, aqueles que estavam dispostos a se autodenominarem positivistas. Utilizarei *filosofia positivista* para designar as concepções que incorporam importantes elementos entre os que foram mencionados na segunda categoria. Nesse sentido, as correntes positivistas são representadas com amplitude muito maior, sobrepostas ao empirismo, do que se poderia sugerir caso a atenção fosse restrita ao autoproclamado "positivismo".

Desejo também, ainda assim, distinguir uma terceira categoria, que denominarei, na falta de designação melhor, "*sociologia positivista*". Atribuímos a Comte tanto o termo "positivismo" quanto o termo "sociologia"; nos seus escritos, os dois estavam intimamente ligados, já que o nascimento da sociologia supostamente demarca o triunfo final do positivismo no pensamento humano. A conexão foi profética para o desenvolvimento posterior das ciências sociais, já que algumas das principais tradições no pensamento social dos últimos cem anos foram consideravelmente influenciadas pelo modo de articulação lógica estabelecido por Comte em seu *Cours de philosophie positive* [*Curso de filosofia positiva*]. Tal como Durkheim a entendeu, essa formulação está intimamente ligada ao funcionalismo moderno. Mas a influência da filosofia positivista, da forma como foi definida acima, em sociologia, expandiu-se ainda mais amplamente do que isso. Nela, a sociologia é concebida como uma "ciência natural da sociedade", que pode ter a esperança de reproduzir um sistema de leis diretamente análogo, em sua forma, aos obtidos pelas ciências naturais. Nas sociologias positivistas, do modo como foram formuladas no período do pós-guerra imediato, especialmente nos Estados Unidos, os três sentidos de positivismo que acabei de distinguir, em alguma medida, se recombinam. Alguns dos mais proeminentes membros do Círculo de Viena emigraram para os Estados Unidos e acabaram por exercer forte influência sobre o desenvolvimento da filosofia naquele país, particularmente no que se refere à filosofia da ciência. Sua concepção de filosofia da ciência, por sua vez, foi apropriada, explicitamente ou não, por vários autores que escreviam sobre as ciências sociais, e ela se mostrou particularmente compatível com as visões daqueles que recorriam amplamente às ideias de Comte e de Durkheim.

Iniciarei esta discussão analisando o positivismo de Comte, suas similaridades e suas diferenças com o positivismo lógico do Círculo de Viena. A partir daí, considerarei duas críticas parcialmente convergentes das filosofias positivistas, concebidas de modo mais geral: a primeira, denominada "nova filosofia da ciência", emana principalmente do mundo de língua anglo-saxônica; a outra, a "filosofia de Frankfurt" ou teoria crítica, origina-se principalmente das tradições filosóficas alemãs, há muito estabelecidas.

Auguste Comte: sociologia e positivismo

Em um tosco resumo, podemos distinguir vários grandes elementos no fundamento intelectual dos escritos de Comte. Um deles é o ataque frontal à metafísica subjacente à filosofia do século XVIII, especialmente nas obras de Hume e de seus seguidores do empirismo inglês, sustentada de maneira diferente pelo "idealismo crítico" de Kant. Comte foi além de tais autores, não apenas em aceitar o sucesso da destruição das ilusões transcendentais, mas na incorporação formal da fase metafísica na evolução da humanidade como fase superada pelo advento do pensamento positivista. Nesse aspecto, ele aceitou um dos mais fundamentais objetivos dos escritores do Iluminismo, na medida em que formulou aspectos importantes da crítica racionalista à religião dominante. No esquema da história de Comte, a fase teológica de pensamento foi relegada à fase anterior à metafísica — ambas, com certeza, acabam por ser vistas como etapas necessárias da evolução social, ambas, porém, teriam sido dissolvidas completamente quando o positivismo triunfou. Se o próprio Comte acabou por redescobrir a religião, foi por causa de sua aceitação desses aspectos da filosofia do Iluminismo que acompanharam a profunda aversão à crítica metodológica da autoridade fundamental, herdada dos escritos dos *philosophes*. Comte rejeitava uma ideia essencial do próprio Iluminismo: a de que a Idade Média foi também a Idade das Trevas, cujo término teria aberto o caminho para as mudanças revolucionárias na vida humana intelectual e social. Comte substituiu essa concepção pela ideia de progresso, influenciada pela "escola retrógrada" dos apologistas conservadores do catolicismo, que reagiram contra o radicalismo iluminista e contra a Revolução de 1789, que era sua herdeira: Bonald, de Maistre e outros. O positivismo de Comte preservou o tema do progresso, mas questionou o radicalismo a que estava associado na filosofia iluminista. O "progresso" e a "ordem" eram mais do que conciliáveis: um termo se tornava dependente do outro. O pensamento positivo substituiu a perspectiva "negativa" dos *philosophes*, a perspectiva de que um novo amanhecer poderia acontecer pela destruição do passado.

Comte, claramente, devia muitas de suas ideias imediatamente a Saint-Simon, que, por sua vez, estava consideravelmente em débito para com Condorcet e Montesquieu, já que ambos temperaram o entusiasmo do Iluminismo com uma versão, rigidamente aplicada, de subserviência da sociedade às leis naturais do desenvolvimento. Condorcet atribuía à história as mesmas formas de potencialidade que Comte localizaria mais tarde na ciência positiva da sociologia, expressa na famosa frase *savoir pour prévoir, prévoir pour pouvoir*. Condorcet olhava para o passado como provisão dos princípios motores da evolução graças aos quais o futuro poderia se tornar aberto à intervenção humana. Desse modo, censurava aqueles que arrogantemente supuseram ser possível alcançar uma mudança social em larga escala *ex nihilo*. O progresso da humanidade teria atingido o equilíbrio, de tal modo que, se o ritmo do desenvolvimento pudesse ser acelerado ou retardado pela intervenção humana ativa, tal desenvolvimento constituir-se-ia em uma força autônoma ativa em direção ao melhoramento contínuo. Não insistirei na questão, já desgastada, de quão diretamente Comte se apoderou das ideias de Saint-Simon para construir seu próprio sistema, causa de grande atrito nas relações entre os dois pensadores, depois que Comte rompeu com a tutela de seu mentor. Qualquer que seja sua proveniência imediata, pode-se dizer, sem simplificação indevida, que os escritos de Comte constituem uma direção de desenvolvimento para além da de Saint-Simon, aquela que deu nome à "sociologia" e estabeleceu uma articulação lógica para a ciência supostamente nova; a outra direção foi tomada por Marx, na qual os elementos das ideias de Saint-Simon foram reconectados à transformação social revolucionária.[1]

Que Comte tenha dado à primeira de suas duas maiores obras o título de *Cours de philosophie positive* não pode nos impedir de enxergar claramente o fato de que esse trabalho realmente declarou o fim da filosofia tal como era praticada anteriormente: como empreendimento independente, distinto das conquistas das ciências. A "filosofia positiva" talvez não seja, como Marcuse sugeriu, uma contradição *in adjecto*.[2] Porém, realmente, reduz a filosofia a expressar a síntese emergente do conhecimento científico. O "verdadeiro espírito científico", afirmou Comte, incorporou os "atributos essenciais ... resumidos na palavra *positivo*". Estes incluíam, em primeiro lugar, a orientação para a "realidade" e para a "utilidade": os esforços inúteis da filosofia especulativa em ultrapassar as aparências não podiam ser admitidos. Mas o termo também implicava, em todas as línguas européias, segundo Comte, "certeza" e "precisão", atributos que distinguiam de forma similar a vida intelectual da humanidade moderna da vida intelectual de seus predecessores. Finalmente, o termo também sugeria uma "tendência orgânica" e uma "perspectiva relativista". A primeira se referia ao caráter construtivo do espírito positivista: por contraste, "o espírito metafísico é incapaz de organizar; ele pode apenas criticar". O segundo termo selou a rejeição do absolutismo, do modo como era praticado pela filosofia metafísica: as leis que governavam a covariação dos fenômenos sempre conservavam um caráter condicional, na medida em que eram passíveis de indução com base nas observações empíricas, em vez de serem afirmadas como "essências absolutas".[3]

Em *Cours*, a relação entre as várias ciências era vista como hierárquica, tanto no sentido analítico quanto no histórico; este último seria explicado nos termos da famosa lei das três fases do desenvolvimento humano. Analiticamente, Comte esclareceu que as ciências se hierarquizavam em uma generalidade decrescente, mas em uma complexidade cada vez maior; cada ciência particular dependia logicamente da que lhe era inferior dentro da hierarquia e, ainda, ao mesmo tempo, da que lidasse com uma ordem emergente de propriedades que não poderia ser reduzida àquelas com as quais as outras ciências estivessem preocupadas. Assim, a biologia, por exemplo, pressupunha leis da física e da química, na medida em que todos os organismos eram entidades físicas que obedeciam às leis que governam a composição da matéria; de outro lado, o comportamento dos organismos, como seres complexos, não poderia ser deduzido diretamente dessas leis. A sociologia, no ápice da hierarquia das ciências, pressupunha logicamente as leis de cada uma das outras disciplinas científicas, enquanto, ao mesmo tempo, mantinha de forma similar o seu objeto autônomo.

As relações lógicas entre as ciências, de acordo com Comte, ofereciam os modos de interpretação de sua formação sucessiva como campos distintos de estudo, no curso da evolução do pensamento humano. As ciências que se desenvolveram antes, a matemática e a astronomia, e mais tarde a física, eram aquelas que lidavam com as leis da natureza mais gerais e mais totalmente abrangentes, que governavam fenômenos mais distantes do envolvimento e da manipulação humana. A partir daí, a ciência penetrava cada vez mais na humanidade em si, dirigindo-se, por meio da química e da biologia, para o ponto mais alto da ciência da conduta humana – originalmente denominada por Comte de "física social", mais tarde renomeada como "sociologia". O processo não se completava sem luta; a compreensão científica se assentava no final da progressão da vida intelectual, através das fases teológica e metafísica pelas quais deveriam passar todos os seus ramos. Na fase teológica, o universo era experimentado como se fosse determinado pela ação dos seres espirituais; essa fase, *l'état fictif*, como Comte o chamava, era "o ponto de partida necessário para o intelecto humano", e ele atingia seu clímax no cristianismo, com o reconhecimento de uma divindade única e todo-poderosa.[4] A fase metafísica substituiu esses espíritos em movimento pelas essências abstratas, preparando o terreno, contudo, por seu intermédio, para o avanço da ciência, *l'étage fixe et définitif* do pensamento. A enunciação da lei das três fases, afirmou Comte, bastava "para que sua correção fosse imediatamente confirmada por qualquer um que tivesse conhecimento suficientemente profundo da história geral das ciências". (Mais tarde, Comte afirmou ter obtido verificação pessoal da lei das três fases em seus momentos de insanidade, os quais experimentou, afirmava, como regressão a partir do positivismo em direção à metafísica, à teologia, no âmbito de sua própria personalidade, refazendo essas fases de novo em sua convalescença.)

A tarefa do *Cours* não era apenas a de analisar a transmutação do pensamento humano pela ciência, mas também de torná-la *completa*. Isso porque a própria compreensão da humanidade ainda estava, em parte substancial, em sua fase pré-científica:

> Tudo pode ser reduzido a uma simples questão factual: a filosofia positiva, que durante os dois últimos séculos tornou-se gradualmente tão ampla, abarca hoje todas as ordens de fenômenos? É evidente que não é esse o caso e que, conseqüentemente, ainda resta um grande empreendimento científico para conferir à filosofia positiva o caráter universal, indispensável para sua própria constituição ... Agora que a mente humana já fundou a astronomia e a física terrestre (tanto mecânica quanto química) e a física orgânica (tanto botânica quanto biológica), resta finalizar o sistema das ciências pela fundação da *física social*. Esta é, em vários aspectos capitais, a maior e a mais urgente necessidade do presente.[5]

O positivismo ofereceu um plano básico geral para a formação da sociologia: ou seja, a nova ciência da sociedade tinha que compartilhar a mesma forma lógica totalizante das outras ciências, assim como abolir os resíduos da metafísica. Mas, na medida em que os fenômenos com os quais estava preocupada eram mais complexos e específicos do que os das ciências hierarquicamente inferiores, ela também tinha que desenvolver procedimentos metodológicos por si mesma. Como a biologia, a sociologia empregava conceitos que eram "sintéticos" no caráter: em outras palavras, conceitos que estavam relacionados com as propriedades de totalidades complexas, mais do que com agregações de elementos tal como as ciências inferiores. As duas também compartilhavam a divisão entre estática e dinâmica. Em sociologia, a primeira consistia no estudo da inter-relação funcional das instituições no interior da sociedade, a segunda no estudo do processo de evolução social. O significado da dinâmica na sociologia, entretanto, era mais notável do que na biologia porque — pela lei das três fases — examinava o desenvolvimento intelectual do pensamento positivo como um todo. A sociologia se assentava em três elementos metodológicos, cada um dos quais envolvendo características específicas: observação, experimento e comparação. Comte sustentava que um compromisso com a importância essencial da observação empírica não era idêntico ao que o empirismo defendia. "Nenhum dogma lógico", dizia Comte, "poderia ser mais cabalmente irreconciliável com o espírito da filosofia positiva ou com seu caráter especial no que se refere ao estudo dos fenômenos sociais do que isso".[6] Consequentemente, a teoria era fundamental para as investigações sociológicas. Por outro lado, o contexto da discussão de Comte evidencia que o "empirismo" era entendido, aqui, em um sentido limitado; seu enfoque não era o de que todas as observações ou objetos ou eventos fossem (para utilizar a expressão de Popper) "impregnados de teoria", mas o de que "cientificamente falando, toda a observação empírica isolada é vã". "As observações científica e popular", afirmou Comte, "abarcam os mesmos fatos"; mas elas os encaram de pontos de vista diferentes, já que a primeira é guiada pela teoria enquanto a segunda, não. As teorias "dirigem nossa atenção para alguns fatos em detrimento de outros".[7] Se a experimentação no sentido laboratorial não é possível na física social, ela poderia ser substituída pela experimentação indireta, isto é, "experimentos naturais" cujas consequências poderiam ser analisadas. Mas isso era menos importante do que o método comparativo, que se constituía na fundação crucial da pesquisa sociológica.

Comte sempre pretendeu que a sociologia se dirigisse a finalidades práticas. Se é verdade que as curiosas extravagâncias do futuro social imanente vislumbradas em *Système de politique positive* [*Sistema de política positiva*] estão bastante ausentes dos primeiros escritos de Comte, ainda assim os elementos centrais de seu programa político já estavam lá. Talvez tenham sido colocados com maior clareza, de fato, em *Cours* do que nos trabalhos posteriores. O tema mais importante permanecia sendo o do diagnóstico intelectual das origens da filosofia positiva: a necessidade mútua de ordem e progresso. Para Comte, era precisamente sua insistência na conjunção de ambos que permitia ao positivismo superar tanto a "metafísica revolucionária" dos *philosophes* quanto as conotações reacionárias dos apologistas católicos. A última escola queria a ordem, mas era contra o progresso; a primeira desejava o progresso, à custa da ordem. A "ordem" desejada pela "escola retrógrada" nada mais era do que uma versão renovada da hierocracia feudal; enquanto o "progresso" aspirado pelos revolucionários era nada menos que a subversão de qualquer forma de governo. A espécie de sociedade que Comte antecipava, garantindo a ordem e o progresso, não enfatizava fortemente, em absoluto, as características que se encontravam largamente nos escritos dos membros da "escola retrógrada" — consenso moral, autoridade e um antagonismo em relação à "quimera da igualdade" — mesmo se despojada de sua associação específica com o catolicismo. À primeira vista, o apelo para estabelecer uma Religião da Humanidade parece muito inconsistente com a filosofia positivista defendida em *Cours*, e alguns comentadores supuseram que há um enorme hiato entre as primeiras e as últimas obras de Comte.[8] Mas talvez seja mais plausível argumentar que o *Système de politique positive* evidenciou com mais clareza o substrato latente do espírito positivo: vimos que a ciência não pode, afinal, fundar o seu próprio compromisso.

Mesmo assim, como é possível que uma perspectiva que insistia no curso do desenvolvimento humano social, governado por leis semelhantes às da natureza, oferecesse qualquer estímulo à intervenção racional humana na história? Isso não implica a adoção de um fatalismo em face do ritmo inevitável da mudança social? De acordo com Comte, era o contrário: a promoção do progresso só seria possível se as condições limitadas de intervenção fossem conhecidas; as leis que controlavam o movimento da sociedade estavam sujeitas a margens consideráveis de variação na sua operação, e essa variação podia ser ativamente influenciada pela ação deliberada.[9]

A influência de Comte: as origens do positivismo lógico

Apesar de seus escritos terem pouca influência imediata na França, eles atraíram muitos seguidores no exterior: nos outros países europeus, nos Estados Unidos e, particularmente, na América Latina. Na Inglaterra, o *Cours* conquistou um admirador notável na figura de John Stuart Mill, e a *Logic* de Mill foi, em alguns importantes aspectos, sua contrapartida no pensamento social de língua inglesa. Muitos desses seguidores se afastaram, entretanto, por causa da direção do pensamento de Comte na última parte de sua carreira, tal como expressa no *Système de politique positive*, que Mill caracterizou como "esta melancólica decadência de um grande intelecto". Como movimento social, que Comte permanentemente tentou criar, o positivismo morreu com o encolhimento dos grupos de discípulos que resistiram até o Festival da Humanidade celebrado em Londres, em 1881. Não me preocuparei detalhadamente aqui com a questão de quanto as obras de Comte foram usadas por outros autores, durante e depois da sua vida: alguns de seus proeminentes contemporâneos, com maior destaque para Herbert Spencer, ficaram ansiosos para reivindicar contrastes maiores entre as suas ideias e as de Comte do que de fato parecem ter existido.[10] Considerarei a influência de Comte apenas sob dois aspectos. As formas pelas quais seus escritos foram utilizados por Durkheim e a extensão em que as concepções de Comte obedeceram intelectualmente ao programa filosófico desenvolvido pelo positivismo lógico.

A importância da linha de conexão que vai de Comte a Durkheim é de fácil documentação. Tanto quanto se concebe a ciência social do século XX, a influência dos escritos de Comte deriva menos do seu impacto direto do que de seu remanejamento na versão de Durkheim do método sociológico. As obras de Durkheim oferecem uma fonte próxima para o funcionalismo tanto em antropologia quanto em sociologia. Mas a obra de Durkheim também teve um efeito mais amplo e mais difuso, como um estímulo para as tradições centrais do pensamento social contemporâneo em que a finalidade de atingir uma "ciência natural da sociedade" é considerada desejável e factível.

Em Durkheim, a articulação metodológica do positivismo de Comte, que se manteve, foi separada da teoria global da mudança histórica, largamente abandonada. Durkheim explicitou em muito essa visão. Comte encarava Condorcet e Montesquieu como precursores que estabeleceram a base para o espírito positivo, ainda que não fossem capazes de se separar adequadamente da filosofia especulativa da história. Durkheim tinha, em grande parte, a mesma atitude em relação aos dois pensadores citados, mas incluía Comte entre os que pertenciam à fase pré-científica na história da sociologia. A "lei das três fases", de acordo com Durkheim, se afirmava como um *fiat* em vez de ser corroborada empiricamente: um empreendimento de pesquisa de grandes proporções, muito além da capacidade de qualquer estudioso individualmente, seria necessário para documentar de modo adequado tal princípio de mudança social.[11] Nesse aspecto, os comentários de Durkheim contribuíram para o julgamento de Mill: "M. Comte, afinal, não era tão exigente em relação à completude da prova como acontece com um filósofo positivo".[12]

As discussões de Durkheim sobre a evolução social, bem como seu diagnóstico do desenvolvimento da civilização industrial moderna, devia a Saint-Simon e aos "socialistas acadêmicos" alemães tanto quanto devia a Comte. Apesar da influência de Boutroux e de outros não diretamente envolvidos, era inegável o legado de Comte que se fez sentir largamente no esquema metodológico da sociologia que Durkheim estabeleceu. Se Durkheim não endossou a "hierarquia das ciências" como tal, talvez tenha insistido ainda mais fortemente do que Comte sobre a autonomia da sociologia como campo de empreendimento distinto. Como Comte, sustentou que o reconhecimento dessa autonomia não implicava que o estudo da conduta social humana fosse logicamente discrepante da ciência natural; os fatos sociais tinham uma dimensão moral que estava ausente na natureza, mas tinham que "ser tratados como coisas" da mesma maneira que os objetos naturais. O objetivo da sociologia era chegar à formulação de princípios que tivessem o mesmo *status* objetivo que as leis científicas. Em Durkheim, uma versão baconiana do método científico talvez seja mais aparente do que em Comte. Toda ciência, afirmava Durkheim, inclusive a sociologia, só avança lenta e cautelosamente, pela generalização paciente por indução, com base em regularidades observadas nos fatos sociais. Essa era, na verdade, a razão pela qual ele foi um crítico das afirmações de Comte que estabeleciam a explicação histórica. Quando Durkheim rejeitou o "positivismo" em favor do "naturalismo", buscava dissociar sua posição geral da de Comte, enquanto reafirmava o caráter da sociologia como ciência natural da sociedade. A explicação de Durkheim da emergência do espírito científico, embora não elaborada como no esforço detalhado de Comte, realmente seguia muito de perto a perspectiva de discussão de Comte. Todo pensamento, afirmou Durkheim (e tentou explicar concretamente como isso se dava em *Les Formes élémentaires de la vie religieuse*), se originava na religião; seria possível demonstrar que até as categorias kantianas eram, antes de tudo, conceitos religiosos.[13] As principais diferenças entre o pensamento pré-científico e científico eram metodológicas; "o pensamento e a reflexão são anteriores à ciência, que meramente os utiliza metodologicamente".[14] Como os conceitos religiosos se secularizam na forma da filosofia metafísica, eles se tornam mais precisos, mas finalmente se convertem em científicos apenas ao serem ancorados na observação empírica, e por esse meio se transformam.

Fica claro que Durkheim deduziu sua concepção de método funcionalista de Comte e não de Spencer. Durkheim seguiu Comte de perto ao separar a explicação funcional (estática) da explicação histórica (dinâmica), ainda que criticasse tanto Comte quanto Spencer por reificarem o "progresso": tratar o ímpeto para o autoaperfeiçoamento como se fosse uma causa geral da evolução da sociedade. Assim como nos escritos de Comte, e é claro nos escritos de muitos dos autores do século XIX também, a ênfase de Durkheim na significação da explicação funcional em sociologia advém muito diretamente do modelo da biologia, da mesma forma que sua aceitação dos conceitos "holísticos" como fundamentais para a análise sociológica. O paralelo biológico também fornecia, contudo, outro importantíssimo elemento nas obras de Durkheim, apoiando-se imediatamente sobre as implicações práticas da ciência social. Afirmando que o estudo científico da sociedade também oferecia os meios de distinção do que era normal e do que era patológico, em qualquer tipo particular de sociedade, Durkheim confirmava a parcela mais característica do programa de Comte para o positivismo. Exatamente do mesmo modo que a ciência natural nos mostrou que o desenvolvimento do conhecimento só poderia ser conquistado de modo gradual, assim também a sociologia nos mostrou que toda a mudança social progressiva só ocorria cumulativamente. A dependência mútua entre progresso e ordem é tanto um tema dos escritos de Durkheim quanto dos de Comte. O antagonismo de Durkheim à revolução era a continuação do de Comte e, da mesma forma, afirmava estar cientificamente fundamentado: a revolução política expressava a inabilidade da sociedade em gerar mudança progressiva, em forjar um possível instrumento de transformação social segura. Entretanto, se a forma de explicação é similar, o conteúdo não é totalmente o mesmo: em outras palavras, ao identificar o que é normal e o que é patológico na sociedade contemporânea e, desse modo, ao identificar a tendência imanente do desenvolvimento social, Durkheim se afastou substancialmente de Comte.[15]

Rememorando esses aspectos, em que Durkheim está em débito para com Comte, não quero, é claro, afirmar que as obras de Durkheim podem ser vistas como pouco mais do que uma extensão das do pensador antecedente. Porém, os escritos de Durkheim foram mais influentes do que os de qualquer outro autor da ciência social acadêmica na disseminação da "sociologia positivista", tal como defini o termo anteriormente. Por meio deles, o positivismo de Comte teve grande influência no desenvolvimento mais difuso dessa sociologia positivista. Essa é uma das mais importantes linhas de filiação que ligam Comte ao pensamento do século XX. A outra é menos direta e é aquela que liga Comte ao positivismo lógico do Círculo de Viena.

O principal mediador entre o positivismo de Comte e o positivismo do Círculo de Viena é, como se afirma normalmente, Ernst Mach, o físico e fisiologista. Mach, como Durkheim, rejeitava o rótulo de "positivista" e, diferentemente de Durkheim, não foi diretamente influenciado por Comte a não ser em aspectos menores. A importância de Comte em relação a Mach está realmente no auxílio ao desenvolvimento das correntes intelectuais que estavam na base da obra de Mach como cientista natural. Nesse aspecto, os seguintes elementos do pensamento de Comte são relevantes:

1 A reconstrução da história como realização do espírito positivo. No interior desse esquema, a religião e a metafísica tinham um lugar definido, mas apenas como fases anteriores de mistificação, a serem superadas pelo advento da ciência. Com o desenvolvimento do ponto de vista científico, a "pré-história" da espécie humana tinha se completado; a fase positiva de pensamento não se caracterizava como transição, como as outras.

2 A dissolução final da metafísica, intimamente ligada à ideia de superação da própria filosofia. No positivismo de Comte, a ciência substituía a filosofia: a filosofia positiva era a explicação lógica dos cânones do método científico. A metafísica não merecia ser aberta à discussão filosófica por direito próprio: tinha sido relegada para o quarto de despejo da história com base no fato de que as questões por ela suscitadas eram vazias de conteúdo.

3 A existência de um claro e definido limite entre o factual, o "observável", e o imaginário, ou o "fictício". Comte não ofereceu uma justificativa ontológica sobre o que se incluía no factual, mas, ao contrário, uma justificativa metodológica. É sob esse aspecto, não obstante suas restrições, que Comte adotou a perspectiva do empirismo. A observação sistemática supostamente distinguiria a ciência de outros tipos de aspiração ao conhecimento, e essa observação, de acordo com Comte, dependia da evidência da percepção sensorial; esse era o fundamento da certeza na ciência. Os traços racionalistas do pensamento de Comte não atingiam esse, mas apenas o âmbito da organização seletiva dos fatos dentro das teorias: as teorias possibilitavam a *conexão* dos fatos às proposições ou leis universais.

4 O "relativismo" do conhecimento científico. "Relativismo" aqui não foi utilizado no sentido que mais tarde veio a adquirir: a aceitação, de uma forma ou de outra, de muitas esferas de realidade. Em outras palavras, mais uma vez não é um termo ontológico, mas referente à tese de que a ciência se limita à explicação da interdependência entre os fenômenos: não reivindicava a descoberta de essências ou causas finais. O conhecimento científico nunca estaria "finalizado", mas constantemente aberto à modificação e ao aperfeiçoamento.

5 O vínculo integral entre ciência e moral e progresso material da humanidade. A adoção de Comte da fórmula baconiana de que a previsão possibilitada pela ciência permite o controle tecnológico, a integração do *prévoir* e do *pouvoir*, expressava exatamente esse fato. Isso não apenas unificou a ciência e a tecnologia, mas estendeu o domínio do tecnológico ao próprio desenvolvimento social; tal como Comte explicitou, a tecnologia não estaria mais associada com o físico, mas se tornaria " política e moral".[16]

Cada uma dessas noções reaparece nos escritos de Mach, apesar de, é claro, de modo não idêntico à sua expressão nas obras de Comte. Não há nada em Mach comparável ao grande esforço de Comte para sintetizar o conhecimento científico dentro de um esquema que seja, simultaneamente, histórico e analítico. Mas Mach foi diretamente influenciado pelas teorias da evolução e viu em Darwin e Lamarck uma base para a explicação da hegemonia emergente do pensamento científico a partir do emaranhado da metafísica. Para Mach, a perspectiva científica triunfou historicamente e encontrou sua justificativa moral em facilitar a sobrevivência e o bem-estar da espécie humana.[17] Mach usou o termo "filosofia" com o mesmo sentido duplo que Comte. Quando escreveu que ele não era um filósofo e que a ciência não se apoiava em nenhum tipo ou sistema particular de filosofia, Mach fazia ecoar o tema de Comte da abolição da filosofia. "Filosofia", aqui, foi utilizada para significar "filosofia metafísica" ou transcendental: tanto Comte quanto Mach proclamaram o fim da filosofia nesse sentido. Quando Comte e Mach falaram da preservação da filosofia, tratava-se da "filosofia positiva": aqui filosofia era o esclarecimento lógico da base da ciência. "Acima de tudo não há filosofia machiana", enfatizou Mach, havia, se tanto, uma "metodologia natural científica e uma psicologia do conhecimento"; essas últimas "eram, como todas as teorias científicas, condicionais, tentativas incompletas".[18] A dissolução de Mach da metafísica foi tão completa quanto a de Comte, apesar de vinculada a um fenomenismo mais abrangente do que Comte jamais adotara:

> Gostaria que os cientistas compreendessem que minha concepção elimina todas as questões metafísicas indiferentemente, ainda que elas sejam vistas como insolúveis até o momento, ou ainda que sejam encaradas como sem sentido para sempre. Gostaria então, além disso, de dizer que tudo o que podemos saber sobre o mundo é necessariamente expresso em sensações, que podem ser libertadas da influência individual do observador de uma forma precisamente definida ... Tudo o que podemos desejar conhecer é oferecido pela solução de um problema na forma matemática, pela averiguação da dependência funcional recíproca dos elementos sensíveis. Esse conhecimento esgota o conhecimento da "realidade".[19]

Para Mach, o conhecimento científico era "relativo" no sentido de Comte; o objeto da ciência era descobrir relações entre os fenômenos. De acordo com Mach, entretanto, isso tinha como implicação que a teoria possuía um papel puramente heurístico nas investigações científicas. A identificação precisa das funções matemáticas que expressavam as dependências entre os fenômenos na natureza tornava a teoria obsoleta. Na expressão de Mach, as teorias reuniam folhas mortas que caíam quando a árvore da ciência não tinha mais necessidade de respirar por meio delas. Apesar de isso diferir da visão de Comte, não está tão longe dela como pode parecer à primeira vista. Na sua discussão do método positivo da ciência, Comte amalgamou empirismo e racionalismo: como já mencionei, entretanto, ele o fez ao tratar a teoria, de modo relevante para o procedimento científico, como o modo de organização dos fatos.

No positivismo de Comte, não era possível encontrar um lugar para o sujeito pensante: a psicologia nem mesmo aparecia na hierarquia das ciências, e a noção de experiência subjetiva era encarada como uma ficção metafísica. Neste sentido, Comte se posiciona como descendente em linha direta de Hume. Mas essa perspectiva foi tomada como certa nos escritos de Comte mais do que detalhadamente defendida. Mach, entretanto, enfrentou a questão diretamente, e sua posição a esse respeito foi bastante inequívoca. O si-mesmo ou o ego não existe como unidade; é somente um agregado de sensações. De acordo com Mach, se essa concepção fosse aceita, ela afastaria a acusação de solipsismo, frequentemente colocada contra o fenomenismo; na medida em que o si-mesmo não existe, não poderiam colocar-se questões em relação ao isolamento-de-si no universo. Mach não via discrepância entre essa visão e a existência da moralidade ou do papel da ciência no aperfeiçoamento da humanidade. Era antirreligiosa na medida em que tinha como consequência que não poderia haver sobrevivência da alma depois da morte, na medida em que o "eu" não tinha existência unitária — embora na última parte de sua carreira Mach tenha enxergado afinidades entre sua perspectiva e a visão de mundo do budismo. Mach acreditava que sua concepção, longe de rejeitar o valor ético da personalidade individual, realçava-a, prevenindo qualquer superestimação de si mesmo; ele enfatizava o bem-estar moral da humanidade como um todo. Isso se vincula à concepção de Mach da relação entre a ciência e o progresso humano: o triunfo do espírito científico oferecia tanto a base tecnológica quanto a base moral para o avanço evolutivo da humanidade.

Os escritos de Mach, tanto quanto seus ensinamentos, ajudaram a desenvolver, em Viena, um clima de opiniões propício ao desenvolvimento do que acabou por ser conhecido como positivismo lógico ou empirismo lógico (o último sendo o termo preferido por Schlick) e também influenciaram diretamente as ideias dos mais proeminentes membros do Círculo de Viena.[20] Mas os positivistas lógicos apoiaram-se fortemente em outras fontes também e, em alguns aspectos, seu trabalho contrasta claramente com o de Mach. Começando com o grupo formado em 1907 em torno de Franck, um físico, Neurath, um economista, e Hahn, um matemático, os positivistas lógicos buscaram desenvolver uma visão de ciência que pudesse reconhecer a significação vital da lógica da matemática, como sistema de representações simbólicas, no pensamento científico. Isso os conduziu ao reconhecimento da importância central da linguagem: um tema que conecta seus escritos à confiança maior no desenvolvimento da filosofia como um todo no século XX. Uma linha importante de pensamento nessa direção, dentro da filosofia da ciência, foi a constituída pelo convencionalismo de Poincaré, algumas vezes mencionada como o "novo positivismo". Schlick e outros foram críticos do convencionalismo, mas reconheceram a força da afirmação de que as teorias científicas incorporavam convenções linguísticas. A tese de que as teorias eram linguagens para a representação dos fatos, despojadas de algumas das características céticas do convencionalismo, foi tomada como um elemento-chave do positivismo lógico.

Porém, na sua abordagem do modo de análise do conteúdo de tais linguagens, os positivistas lógicos estavam em dívida com a filosofia inglesa. O que foi chamado de "revolução na filosofia inglesa",[21] conduzida por Moore e Russell, foi inaugurado por eles como uma reação contra o hegelianismo de Bradley, McTaggart e outros. Foi tanto um retorno às tradições do empirismo inglês quanto um novo ponto de partida. O próprio Russell não insistiu em desacreditar a metafísica; ao contrário, ele acreditava que a filosofia deveria se tornar rigorosa e precisa e, dessa forma, atingir tal objetivo pela elucidação lógica da linguagem em que eram expressas as teorias específicas. A filosofia devia revelar a estrutura lógica subjacente ao jogo superficial das aparências. O objeto de Russell não se constituía, como a redução transcendental de Husserl, em finalmente recuperar o mundo cotidiano do senso comum ou da "atitude natural", mas em oferecer uma explicação que se conformaria ao conhecimento científico estabelecido. O "atomismo lógico" de Russell teve forte influência sobre o jovem Wittgenstein, e foi parcialmente por meio dos contatos pessoais de Wittgenstein com alguns membros do Círculo de Viena, e por meio de seu *Tractatus*, que essas ideias foram divulgadas. O impacto de Wittgenstein sobre os membros do Círculo de Viena tem sido tão frequentemente enfatizado, contudo, que vale a pena lembrar que Carnap, depois o mais influente do grupo, reconheceu que Frege e Russell teriam influenciado bem mais seu desenvolvimento filosófico. Ele compareceu às conferências de Frege em Jena e, por meio delas, foi introduzido aos *Principia Mathematica*; de forma independente, Hahn familiarizou os membros do Círculo com esse último trabalho.

Retrospectivamente, tornou-se claro que os positivistas lógicos leram o *Tractatus* à luz de uma postura machiana que os conduziu a menosprezar suas características fundamentais. O livro não é uma exposição sobre a qual se possa afirmar que, como um todo, constitui um exemplo dos princípios do empirismo; mais do que isso, é, como Wittgenstein observou posteriormente, uma espécie de "mito platônico", uma metáfora a seu próprio modo. Esse fato, sem dúvida, separou decisivamente o primeiro Wittgenstein da linha central de desenvolvimento do positivismo lógico, mesmo se Schlick e seus associados vissem a si próprios como seguidores do caminho que Wittgenstein teria aberto.[22] O *Tractatus* influenciou o crescimento do positivismo lógico, particularmente no que diz respeito à discussão da distinção entre o analítico e o sintético. Não haveria juízos sintéticos *a priori*. Os sistemas lógicos ou matemáticos, dedutivamente derivados de axiomas, seriam essencialmente tautológicos; qualquer outra pretensão ao conhecimento seria sintética, o que significa que haveria a possibilidade, de modo contrafactual, de se demonstrar falsa.

O positivismo lógico e o empirismo moderno

Os membros do Círculo de Viena, em seus primeiros tempos, viam-se a si próprios como progenitores entusiastas de um novo Iluminismo: segundo Feigl, como continuadores "do espírito de Hume e de Comte, porém equipados com instrumentos lógicos mais plenamente desenvolvidos".[23] Nos escritos dos positivistas lógicos, a diferenciação entre o que era e o que não era científico convergia com a diferenciação entre o que tinha e o que não tinha significação. O que veio a ser chamado de "princípio de verificação" recebeu numerosas versões, tal como a inadequação da formulação original de Schlick, segundo a qual a significação dos enunciados (sintéticos) consistia no método de sua verificação, e acabou por se explicitar muito rapidamente. Nas suas últimas versões, a "testabilidade" foi substituída por "verificação". Obviamente, seria errôneo sustentar que um enunciado era significativo apenas quando tivéssemos operado no sentido de testar sua validade: por outro lado, com o aperfeiçoamento das técnicas empíricas de validação, enunciados anteriormente sem significação poderiam subitamente se tornar significativos. Assim, o princípio de verificação foi alterado para afirmar que um enunciado seria significativo se houvesse meios de testá-lo ou "confirmá-lo" potencialmente. Mas muitas das maiores dificuldades ainda permaneceram evidentes, sendo a mais debatida o *status* do próprio princípio. Pois se não podia ser submetido ao critério de testabilidade, se não podia ser testado, teria que ser abandonado como desprovido de significação.

Para tentar contornar essa dificuldade, o princípio de verificação foi declarado como uma regra de procedimento, não como um enunciado em si. Isso ajudou a esclarecer que o que se constituía como questão, de alguma forma, era um problema na natureza dos enunciados. Isso pode ser ilustrado por uma referência a outro dilema nas formulações anteriores do princípio de verificação, que dizem respeito ao âmbito da sua aplicação. Se fosse tomado como critério a ser aplicado de modo muito geral a todas as formas de prescrição moral ou juízo estético, teria como consequência sua eliminação como desprovido de significação, da mesma forma que a metafísica e a teologia. Mas, se diz respeito apenas à plenitude de significação dos "enunciados", poder-se-ia estabelecer como implicação o fato de que ele oferece um critério para distinguir os enunciados de outras formas de juízos, imperativos etc. A primeira e mais "radical" versão do positivismo lógico foi sendo abandonada gradualmente em favor da segunda, mais "liberal" — especialmente pelas mãos de Carnap.[24] A concepção de que os "pseudo-enunciados" da metafísica eram desprovidos de significação acabou por ser suplantada pela noção mais sofisticada de que faltava às doutrinas metafísicas significação cognitiva, apesar de elas poderem possuir significação emocional. Para tomar de empréstimo uma expressão de Ayer, originalmente aplicada em um contexto ligeiramente diferente, o metafísico seria tratado mais como um paciente e menos como um criminoso.[25]

Os positivistas lógicos classificaram inicialmente grande parte dos dilemas tradicionais e ontológicos da filosofia como pertinentes à metafísica e, assim, como externos ao escopo da discussão racional. As disputas entre o fenomenismo, o realismo, o idealismo e assim por diante foram abandonadas como desprovidas de significação, na medida em que não havia nenhum modo pelo qual elas pudessem ser submetidas a qualquer caracterização do princípio de verificação.

Contudo, acreditavam que algumas questões relevantes desses debates de longa data poderiam ser sustentadas e resolvidas se fossem tratadas como debates sobre linguagens filosóficas apropriadas. Por essa via, a porta de trás ficava entreaberta para a incorporação de elementos, no interior dos escritos dos positivistas lógicos, cuja admissão pública seria frontalmente negada. A primeira obra de Carnap inaugura uma versão do fenomenismo, apesar de afirmar estar discutindo apenas a relevância da "linguagem fenomênica" para os procedimentos científicos. Sua obra principal, na primeira parte de sua carreira intelectual, *Der logische Aufbau der Welt* [*A estrutura lógica do mundo*], perseguia um tema relativo ao fato de que o objetivo da filosofia era expressar o conhecimento como estrutura lógica de certezas básicas. Aqui, Carnap defendia uma fundamentação fenomênica dessas certezas. O único conhecimento verdadeiro era aquele que fosse imediatamente oferecido pelos dados sensíveis; nosso conhecimento dos objetos materiais era secundário e derivado.[26] Principalmente Neurath era enfático em persuadir Carnap a abandonar essa posição, a primeira entre as alterações substanciais que o último introduziria em suas concepções, ao longo dos anos. Para contornar a insinuação de estar mais uma vez se envolvendo em algumas formas de debate epistemológico que eram proibidas, Carnap se referiu à sua guinada do fenomenismo para o fisicalismo como uma mudança de "atitude" e não de "convicção", na medida em que isso requeria uma defesa teórica da falsidade do primeiro e da verdade do segundo. Entretanto, está suficientemente claro que havia uma justificativa teórica subjacente à mudança que tanto Neurath quanto Carnap aceitaram: a de que, enquanto o fenomenismo conduzia a paradoxos solipsistas, o fisicalismo se oferecia mais prontamente a uma linguagem intersubjetiva na qual os relatos de observação fossem comunicados entre os observadores.

Neurath e Carnap desenvolveram sua tese fisicalista, até certo ponto, em oposição direta à tradição das *Geisteswissenschaften* (ciências do espírito), que insistiam na existência de diferenças lógicas e metodológicas entre as ciências sociais e naturais. Tudo ocorre na natureza, sustentava Neurath, como parte do mundo físico. Carnap tentou expressar o mesmo como uma tese sobre a linguagem: isto é, mostrar que todo o conhecimento poderia ser reduzido a proposições de linguagem na sua dimensão física. Isso se aplicava tanto ao nosso conhecimento das mentes quanto ao dos acontecimentos na natureza. Todos os enunciados em psicologia, de acordo com Carnap, quer fossem sobre um estado mental do próprio indivíduo, quer de outros, poderiam ser traduzidos em uma linguagem que se referisse a eventos físicos no corpo da pessoa ou pessoas envolvidas.

Nessas bases, a psicologia é uma parte do domínio da ciência unificada fundada na física. Por "física" queremos dizer, não um sistema das leis físicas habitualmente conhecidas, mas, ao contrário, a ciência caracterizada por um modo de formação do conceito o qual remonta às origens de todo conceito em direção a coordenadas de estados, isto é, em direção a adjudicações de números aos pontos espácio-temporais. Compreendendo a "física" dessa maneira, podemos requalificar nossa tese como uma tese particular do fisicalismo – tal como se segue: a psicologia é um ramo da física.[27]

Os membros do Círculo de Viena já estavam bastante divididos entre si antes de sua dispersão forçada em direção ao exílio e da morte de Schlick, em 1936. Hahn, Neurath e Carnap, conhecidos como a "ala esquerda" do Círculo, foram as figuras principais no afastamento das concepções dogmáticas dos primeiros tempos, ao passo que Schlick e Waismann se inclinaram mais para a sustentação de suas ideias já sedimentadas. Nos últimos tempos, o centro do movimento continuou nos Estados Unidos e, em menor escala, na Inglaterra. O "positivismo lógico" perdeu a identidade definida que tinha anteriormente e se desenvolveu como uma corrente geral da filosofia positivista, encontrando pontos de contato e exercendo grande influência sobre as tradições do empirismo e do pragmatismo já fortemente arraigadas na filosofia anglo-saxônica. Entre os membros do Círculo de Viena, Carnap, Neurath, Frank, Gödel e Feigl foram para os Estados Unidos, assim como Reichenbach, von Mises e Hempel do grupo de filósofos de Berlim, que muito tinham em comum com eles, e ainda o lógico polonês Tarski, cujas ideias influenciaram tanto Carnap quanto Popper (que veio para a Inglaterra depois de um período na Nova Zelândia). A importância desses autores para o desenvolvimento de algumas áreas centrais da filosofia analítica no mundo de língua inglesa foi, na verdade, muito considerável, embora, na Inglaterra, temperada pela influência da "filosofia da linguagem comum" e pelo último Wittgenstein. Deverei preocupar-me com dois aspectos principais e conexos da influência do primeiro grupo de autores: em relação à filosofia da ciência natural, cuja hegemonia foi designada variavelmente como o modelo de ciência "ortodoxo" (por Feigl) ou "herdado" (por Putnam); e a elaboração, à luz dessas concepções, da tese da unidade da ciência, no que se refere à lógica das ciências sociais.

O modelo ortodoxo de ciência deriva do afrouxamento das doutrinas lógico-positivistas originais, especialmente as conduzidas por Carnap, mas também preserva características que remontam aos escritos de Mach. Mach gostaria de reduzir a experiência a relações entre elementos simples. Esses elementos eram sensações, não enunciados sobre as sensações, tal como apareciam nas teorias científicas. Desse modo, Mach não reconheceu a diferença entre modos "formais" e "materiais" de falar. Os enunciados são frequentemente expressos de tal forma que parecem envolver experiências, conquanto, de fato, sejam assertivas sobre outros enunciados: isso foi designado por Carnap "sentenças sintáticas". A filosofia positivista de Mach foi transformada em positivismo lógico por tratar sintaticamente os " elementos" de Mach como componentes, não da experiência, mas de uma linguagem formal no interior da qual a experiência seria descrita. Os elementos de Mach se tornaram "sentenças elementares" ou "sentenças protocolares": as sentenças mais simples, sem redução posterior, nas quais a linguagem formal era expressa.[28] Uma sentença protocolar, tal como na transcrição legal de protocolos, deveria ser supostamente um relato da experiência, imediatamente gravada. Carnap encarou o problema da forma dos enunciados de protocolo como questão básica na lógica da ciência, e suas tentativas para aglutiná-los ofereceram a chave para algumas das maiores mudanças nas suas ideias, a partir de seus primeiros pontos de vista fenomênicos em diante. A concepção original da maior parte do Círculo de Viena era a de que o conhecimento científico se apoia sobre a sólida rocha do fato indubitável, expresso na imediaticidade das sensações tal como foi especificado por Mach: esse é o tema de *Aufbau*. Mas, assim como Neurath rejeitou o fenomenismo, nunca aceitou a existência do fundamento da certeza tal como ordenavam os enunciados de protocolo. Na sua famosa analogia, o conhecimento era como um barco que tinha que ser continuamente reconstruído mesmo se ele ainda flutuasse. Nisso, Carnap foi influenciado e também chegou a reconhecer que a tese de que as teorias científicas poderiam ser, em um sentido bastante simples, "reduzidas" aos enunciados de protocolo tinha que ser revista e aperfeiçoada.

Carnap foi levado, assim, a enfatizar ainda mais o papel dos conceitos teóricos no avanço do conhecimento científico do que nos seus estudos iniciais, sobre a incompletude desses conceitos e sobre sua diferenciação a partir da linguagem dos protocolos de observação. Os conceitos teóricos, uma das partes do sistema do conhecimento científico, não poderiam ser diretamente derivados da linguagem de observação (a outra parte do conhecimento científico) nem reduzidos a ela. A linguagem teórica e a linguagem de observação estavam conectadas pelas "regras de correspondência", ao mesmo tempo que as observações poderiam ser interpretadas à luz de teorias e vice-versa. Essa concepção era o centro do modelo ortodoxo. Uma ciência como a física era concebida como um cálculo cujos axiomas eram as leis físicas fundamentais. O cálculo não seria diretamente interpretado, mas era um "sistema livremente flutuante", em relação ao qual outros termos teóricos se definiam. Alguns destes poderiam ser interpretados por regras semânticas que os relacionariam a um terreno de fatos observáveis; porém, a interpretação dos termos teóricos nunca estaria completa. A coesão teórica do sistema deveria se constituir por meio do seu caráter hipotético-dedutivo, no qual os teoremas pudessem ser deduzidos a partir dos axiomas e, assim, por meio das regras de correspondência, as observações particulares pudessem ser "explicadas". Isso, que de alguma forma provém da ênfase original do positivismo lógico, tanto quanto o critério de "testabilidade", só se aplicava de modo imediato no âmbito da linguagem de observação – embora, em suas últimas obras, Carnap ainda expressasse a crença de que se poderia encontrar um modo de diferenciar cognitivamente os termos teóricos significativos dos termos desprovidos de significação.

A natureza precisa das regras de correspondência revelou-se uma questão controversa entre os filósofos declaradamente positivistas. O retrato totalizador habitual da relação entre as linguagens de observação e as linguagens teóricas está próximo da analogia de Braithwaite: as regras de correspondência são o "fecho" que agrega teoria e observação; tal agregação aproxima progressivamente os dois elementos de um sistema de conhecimento, de modo que teoremas não interpretados são transformados em relatos de observação, expandindo o conteúdo empírico das construções teóricas.[29] Admitir uma separação entre conceitos teóricos e relatos de observação — o que representa o abandono do princípio de verificação em sua forma original — teve a virtude, afirmou Carnap, de dar margem ao escopo criativo da inovação científica e a um poder explicativo mais amplo do que aquele que a teoria abstrata poderia possuir.[30] Por outro lado, desde que se reconheceu de modo mais geral que os relatos de observação não eram incontestáveis, esse fato implicaria que a diferença reivindicada entre a linguagem teórica e a linguagem de observação não poderia ser estabelecida claramente de modo algum. Pois, como afirma Feigl, os autores mais inclinados ao positivismo, mesmo os que estavam de alguma forma ligados ao grupo original de Viena, acabaram por reconhecer que os enunciados de observação não podem ser inteiramente "desprovidos de teoria".[31]

O relato dominante da explicação científica, desenvolvido pelo empirismo moderno, é aquele que recebeu a forma mais clara em um famoso artigo de Hempel e Oppenheim.[32] Este estimulou um amplo debate e uma grande literatura, em cujo interior Hempel, a título de resposta, modificou e elaborou suas concepções tal como foram primariamente estabelecidas. Apenas resumirei suas principais características aqui; na medida em que sua possível aplicação às ciências sociais e à história tenha provocado tanta discussão quanto a sua relevância para as ciências naturais, ele oferece um ponto de transição apropriado a partir do qual se caminha para uma apreciação da influência da filosofia positivista sobre a sociologia. A ideia central era a de que a mais precisa, ainda que não a única, forma de explicação científica era "dedutiva nomológica" (e também, segundo Dray, acabou por ser chamada de "modelo de lei geral" da explicação). Nela, a explicação de qualquer evento envolveria a referência à informação fornecida por dois tipos de enunciados, que teriam sido reunidos. Estes eram, em primeiro lugar, leis gerais; e, em segundo lugar, enunciados que especificavam circunstâncias particulares nas quais essas leis tivessem aplicação. A afirmação referente ao evento ou fenômeno a ser explicado (o *explanandum*) era deduzida necessariamente a partir da conjunção desses dois.[33] Assim, o teste objetivo de uma explicação científica envolvia a confirmação empírica de um enunciado que descrevesse as condições iniciais ou limítrofes; a confirmação empírica das leis em relação às quais o *explanandum* era deduzido; a confirmação lógica da dedução feita. De acordo com Hempel, haveria uma simetria ou "igualdade estrutural" entre a explicação e a predição, na medida em que a forma lógica de ambas era a mesma: a predição consistia em deduzir um enunciado sobre o evento futuro, não sobre o evento passado. A explanação dedutivo-nomológica era sustentada como integrante de todas as "ciências empíricas", salvo pelo fato de que nas ciências sociais e na história se manifestava menos claramente do que na ciência natural. Hempel ofereceu duas razões para isso: as leis universais em questão eram frequentemente leis de senso comum que seriam garantidas implicitamente mais do que formuladas como afirmações explícitas; e, em parte por causa disso, não se conhecia suficientemente a base empírica de tais leis para ser possível enunciá-las com precisão. Os historiadores, principalmente, ofereciam o que Hempel chamou "esboços de explicação", nos quais as leis relevantes e as condições limítrofes eram apenas vagamente insinuadas: esboços de explicação poderiam se tornar mais completos e, assim, mais "aceitáveis cientificamente", nas palavras de Hempel, sendo completados por testes empíricos das leis e das condições em que estivessem baseados.

Essa teoria da explicação na ciência social foi justificada por Hempel em oposição consciente à tradição da "compreensão interpretativa" das *Geisteswissenschaften* – fazendo ecoar, portanto, um dos mais persistentes temas do positivismo lógico. *Verstehen*, ou aquilo a que Hempel se referia como "o método da compreensão empática", era admitido como componente no método das ciências sociais apenas como um modo de sugerir hipóteses. Não era indispensável para a explanação social ou histórica e quaisquer hipóteses concebidas empaticamente teriam, então, que ser estabelecidas na forma dedutiva e testadas empiricamente. Hempel esclareceu que um critério empírico relativo ao sentido cognitivo teria que ser aplicado da mesma forma aqui, tanto quanto nas ciências naturais. As interpretações de "sentido" que foram feitas em sociologia e em história

> consistem ambas em subordinar o fenômeno em questão a uma explicação científica ou a um esboço de explicação; ou em uma tentativa de subordiná-lo a uma ideia geral que não é suscetível a nenhum teste empírico. No primeiro caso, a interpretação é claramente uma explicação por meio de hipóteses universais; no último, eleva-se a uma pseudoexplicação que pode ter apelo emocional e que evoca associações pictóricas vívidas, mas que não desenvolve nossa compreensão teórica dos fenômenos em consideração.[34]

Filosofia positivista e sociologia moderna

Dos membros do Círculo de Viena, foi Neurath quem escreveu mais extensamente sobre questões sociais e realizou a mais firme tentativa de aplicar as concepções da lógica positivista à sociologia, que ele aproximou de uma perspectiva marxista confessa. Se Neurath defendeu ardorosamente e influenciou bastante a tese de que o "modo científico de pensar" em filosofia marcava a linha de frente na evolução do pensamento humano, ele estava mais inclinado do que os outros membros do grupo a enfatizar a importância do contexto social das tradições filosóficas particulares em explicar o domínio que essas tradições pudessem ter sobre os seus adeptos. Neurath foi a figura central que conservou o positivismo lógico vinculado ao interesse geral, característico de Comte e de Mach, na promoção do progresso social. Seu marxismo, contudo, não foi um obstáculo teórico, salvo no que se refere à defesa do fisicalismo; rejeitou a lógica dialética, o legado hegeliano em Marx, não menos completamente do que seus colegas o fizeram.

Para Neurath, a sociologia foi encarada como um segmento da divisão do trabalho na totalidade da ciência unificada: como qualquer outra ciência, estava "livre de toda visão de mundo".[35] Visualizava o nascimento de um sistema de ciências em que as leis de cada ciência particular, como a sociologia, seriam conectadas às leis de todas as outras ciências em uma estrutura lógica uniforme. As leis, afirmou Neurath, são meios abstratos de passagem dos relatos de observação para as predições; o conceito de observação era, por sua vez, analisado nos termos do fisicalismo, envolvendo um "behaviorismo social". O behaviorismo de Neurath guardava estreitas afinidades com o operacionalismo, que, é claro, em vários aspectos gerais, caminhava lado a lado com o positivismo lógico como um todo. Ao decidir se um termo como "*ethos* religioso" poderia ser legitimamente empregado em sociologia, de acordo com Neurath, teríamos que inferir as formas de relatos de observação que ele pressuporia, como modos concretos de comportamento. "Não se permite falar de 'espírito do tempo' se não estiver completamente claro o que se quer dizer com isso em certas combinações verbais, formas de culto, modos arquitetônicos, modas, estilos de pintura etc." [36]

Os escritos de Neurath parecem, assim, ter tido pouco impacto direto sobre a sociologia. A influência do trabalho dos positivistas lógicos foi trazida à sociologia de um modo mais importante e mais penetrante por meio de uma aceitação geral do modelo de explicação científica desenvolvido na fase de transferência do positivismo lógico para a filosofia positivista. Na medida em que esta se difundiu tanto, está fora de questão analisá-la aqui detalhadamente. Assim, indicarei algumas das conexões entre a filosofia positivista e a sociologia positivista por exemplificação. Tais exemplos são fáceis de encontrar. Um aspecto da ampla influência que a filosofia positivista exerceu no interior das ciências sociais, pelo menos no mundo de língua inglesa, se reflete no deslocamento do termo "método" pelo termo "metodologia". Este último acabou por significar nada mais do que a análise dos procedimentos de pesquisa; tem pouca relação explícita com o processo mais amplo de reflexão sobre a forma e as preocupações da sociologia, que foi relegado como tarefa própria à "filosofia das ciências sociais". Presume-se, frequentemente, que a metodologia não envolve nenhum compromisso filosófico particular; mas a maior parte dos textos mais importantes oferecem guarnições positivistas ao conjunto de procedimentos. Assim, Lazarsfeld e Rosenberg, por exemplo, citaram Bridgman e Hempel com aprovação, aceitando o programa positivista de efetuar a substituição da linguagem cotidiana por uma linguagem de observação precisa, formal, como a primeira exigência de uma sociologia científica.[37]

Mais do que tentar multiplicar os exemplos, devo me concentrar em discutir a direção em que apontam as ênfases de três autores cujas obras são amplamente adotadas dentro da linha mestra da sociologia contemporânea. Primeiro, Ernest Nagel, cujo livro *The Structure of Science* [*A estrutura da ciência*] serviu como referência de fundo para inúmeros textos e discussões sociológicas; segundo, *On Theory and Verification in Sociology* [*Da teoria e verificação na sociologia*], de Zetterberg, uma discussão representativa e influente da metodologia da ciência social; e terceiro, a análise do funcionalismo de Hempel, que conecta a explicação funcional ao modelo dedutivo nomológico, restabelecendo por seu intermédio o contato direto entre o "positivismo" na sua forma moderna e o "positivismo" na tradição de Comte e Durkheim.

O livro de Nagel estava explicitamente em dívida para com Carnap e Frank (assim como M. R. Cohen). A obra retomava de certa forma a perspectiva comtiana: a discussão partia da mecânica e, através da física, passava à biologia e às ciências sociais. O argumento se fixava nos termos de uma exposição da explicação dedutivo-nomológica e na diferenciação das linguagens de observação e teórica, vinculadas por regras de correspondência; a biologia e as ciências sociais seriam distintas do restante da ciência natural, na medida em que as primeiras poderiam fazer uso de explicações teleológicas ou funcionais. Nagel negava que a "teleologia" fosse especificamente dependente das atividades da consciência, dos agentes providos de razão, ou que a explicação racional envolvesse a suposição de causas finais. A questão do caráter "subjetivo" ou "dotado de sentido" da conduta humana foi elaborada com alguma extensão. A "compreensão interpretativa", de acordo com Nagel, envolvia duas características: a suposição de que um ou mais indivíduos particulares estivessem, em um determinado momento, em certos estados psicológicos; e a suposição de um princípio geral ou lei que afirmasse os meios pelos quais esses estados estavam relacionados tanto um com o outro quanto com o "comportamento aberto". Exigir-se-ia a evidência de observação para ambos os casos, mais do que qualquer modo de identificação empática com os atores cuja conduta deveria ser explicada:

> Podemos *saber* que um homem escapando de uma multidão que o persegue cheia de ódio está em estado de medo, sem termos experimentado tais medos violentos e tal ódio ou sem recriar imaginariamente tais emoções em nós — assim como podemos *saber* que a temperatura de um pedaço de fio elétrico está subindo porque estão aumentando as velocidades de suas moléculas constitutivas, sem ter que imaginar o que é ser uma molécula se movendo rapidamente.[38]

Como Hempel, Nagel aceitou que a empatia poderia em parte ocupar um lugar na origem das hipóteses; mas tais hipóteses teriam, então, que ser testadas pela "observação sensorial controlada".

Muitas das generalizações nas ciências sociais, afirmou Nagel, eram antes uniformidades estatísticas do que leis universais. Isso não acontecia, entretanto, por quaisquer características específicas do comportamento humano como tal, mas primeiramente por causa da fase relativamente recente do desenvolvimento da sociologia, que ainda não tinha determinado com precisão as condições limítrofes de suas generalizações; apesar de ter fortes reservas em relação às teorias funcionalistas nas ciências sociais, Nagel aparentemente acreditava que essa precisão poderia ser atingida por princípio, embora houvesse vários fatores que pareciam impedir sua plena realização na prática. De qualquer modo, leis estatísticas, mais do que universais, seriam típicas de muitas áreas da ciência natural. As generalizações estatísticas seriam complementadas nas ciências sociais por generalizações funcionais, estas últimas explicando a manutenção dos sistemas por meio de realimentação reguladora. O avanço das explicações funcionais em sociologia e antropologia seria, como no caso das explicações dedutivas, impedido pelo caráter ainda difuso da maior parte dos conceitos científicos sociais.

Na concepção de Nagel, o fato de os seres humanos poderem modificar sua conduta à luz do conhecimento, incluindo o conhecimento das generalizações feitas pelos sociólogos, se constituía na principal origem de "dificuldades" para a ciência social. Isso não era, na verdade, peculiar às ciências sociais: também na ciência natural a observação de um fenômeno poderia alterar o caráter daquele fenômeno. A simples descrição deste último implica alguma preocupação com a extensão na qual o que foi observado tinha se alterado pelo processo de observação; assim, os efeitos produzidos pela interação poderiam ser da mesma forma pequenos e, nesse caso, ser ignorados ou, se fossem amplos, ser calculados e corrigidos. O caráter lógico da "interferência" seria o mesmo na natureza e na sociedade, embora os "mecanismos envolvidos" fossem diferentes.[39] A possibilidade de predições sobre autorrealização ou autonegação nas ciências sociais encontram também analogia direta na ciência natural. Um computador, por exemplo, que guiaria o tiro de uma arma devia estar com defeito no momento mesmo em que errou o alvo; entretanto, as oscilações produzidas pela transmissão dos cálculos (errôneos) poderiam possibilitar de fato que a arma atingisse o alvo somente porque originalmente ela foi assestada de modo incorreto.

A obra de Nagel destinava-se conscientemente a decifrar o "positivismo lógico liberalizado"; a de Zetterberg, por outro lado, estava mais preocupada em descrever a conduta de pesquisa em sociologia e a conexão entre tal pesquisa e o que ele denominava "sociologia teórica".[40] Foi uma tentativa, afirmou o autor, de complementar a insistência de autores, como Lundberg, no fato de que a sociologia deveria equiparar o rigor científico das ciências naturais com uma avaliação plena do que Lundberg expressou como a importância fundamental da teoria na ciência. Zetterberg reverenciou o "conteúdo humanista" das ciências sociais, mas a ênfase central do seu argumento estava posta na continuidade entre a física, a biologia e a sociologia. A explicação em sociologia, se por qualquer motivo devesse ir além do conhecimento ou das crenças estabelecidas, teria que assumir a mesma forma dedutivo-nomológica da explicação nas ciências naturais. A "teoria", em sociologia, foi muitas vezes utilizada com excessiva amplitude quase como o equivalente ao "pensamento social", afirmava Zetterberg; na sua utilização, contudo, ela significava um conjunto de leis dedutivamente conectadas, ao qual qualquer evento particular, dentro de condições limitadas, poderia estar referido. A descrição de Zetterberg da linguagem formalizada necessária à sociologia caso ela devesse atender às exigências de uma ciência empírica, para a qual ele utilizava a análise de Hempel do sentido cognitivo, implicava um critério estrito de redutibilidade dos termos teóricos aos termos da linguagem de observação. Em uma teoria ideal, seria possível reduzir o conteúdo de todos os conceitos teóricos de segunda ordem a um conjunto de "termos primitivos", utilizando-se os procedimentos da lógica formal. Os termos primitivos da teoria sociológica como um todo se referiam à observação do comportamento de atores em interação.[41]

Zetterberg respondeu afirmativamente à velha pergunta: as leis sociológicas têm paralelo com as leis descobertas nas ciências naturais? Muitas dessas leis ou proposições teóricas teriam sido reveladas pela ciência social; por exemplo, "as pessoas tendem a emitir recomendações que mantenham a posição de que desfrutam na estrutura social"; ou: "quanto mais favoráveis forem as avaliações que os membros de uma posição recebem em um grupo, mais suas ideias convergem com as dos membros de outro grupo".[42] Dois fatores influenciaram a especificação dessas leis na literatura sociológica: as condições de sua aplicação foram quase sempre apenas vagamente indicadas, não sendo esclarecidos quais os procedimentos necessários para confirmá-las ou "verificá-las". A vida cotidiana é abundante em generalizações que as pessoas fazem sobre sua própria conduta ou sobre as atividades dos outros; a tarefa da sociologia seria de testá-

-las de modo a transformá-las de hipóteses sedimentadas em achados confirmados ou leis, descartando aquelas que demonstrassem ser inválidas.

Penso que a sociologia poderia fazer um esforço mais sério para incorporar em suas teorias as melhores reflexões (hipóteses teóricas) sobre as condições humanas encontradas em Homero, Dante, Shakespeare, Cervantes, Twain e outros grandes escritores, que atualmente constituem grande parte de qualquer concepção do drama humano de um leigo educado. Finalmente, entretanto, o resultado do empreendimento teórico deveria ser "um conteúdo altamente informativo, bem fundamentado pela experiência", isto é, leis.[43]

A discussão de Zetterberg apenas tangenciava o funcionalismo e não elucidava a origem daquilo que tinha a afirmar sobre a questão da explicação funcional em sociologia. Nagel tratou a questão com alguma profundidade; mas considerarei, aqui, o relato de Hempel, que estava preocupado em associar explicação dedutiva-nomológica à explicação funcional.[44] De acordo com Hempel, a análise funcional era a forma da explicação teleológica, esta se referia não às causas do evento, mas aos fins aos quais ele se dirigia. A explicação teleológica, contudo, teria sido tradicionalmente inacessível ao teste empírico: Hempel citou o exemplo da "entelequia" ou força vital como um princípio metafísico que, na biologia, tinha sido envolvido por teorias teleológicas inaceitáveis. O problema era afastar a análise funcional de qualquer associação com esses princípios vitalistas não passíveis de teste.

Na biologia, afirmou Hempel, a análise funcional estava preocupada com a explicação de uma atividade recorrente (assim como o batimento do coração) nos termos de sua contribuição para o estado (tal como a circulação do sangue pelo corpo) do organismo, requerido pela manutenção da vida. Nas ciências sociais, os objetos de análise tinham, de forma similar, modos de conduta social repetitivos e padronizados, examinados em relação a estados do sistema social mais amplo. Mas qual seria o elemento explicativo na explicação funcional? Ele não seria encontrado na espécie característica de nomologia nem da explicação dedutivo-nomológica nem da explicação indutivo-estatística. Contudo, havia uma grande similaridade na forma lógica. Quando, ao constituir explicações físicas, dizemos que um cubo de gelo derreteu porque foi posto em água quente, somos capazes de justificar esse fato como uma explicação do degelo, por referência a leis gerais das quais o caso específico é um exemplo. De forma semelhante, o "porquê" da explicação funcional implicava um princípio tal que, em condições especificadas, um sistema pudesse invariavelmente, ou com alto grau de probabilidade, atender às exigências funcionais necessárias para a sua sobrevivência em face das forças que ameaçavam transformá-lo. Ou seja, as proposições gerais envolvidas na análise funcional se referem à autorregulação dos sistemas biológicos ou sociais; então, elas produzem predições que podem ser objetivamente testadas.[45] Isso depende de conceitos definidos operacionalmente como "necessidade sistêmica".

> Não duvidaria de que uma das mais importantes tarefas da análise funcional em psicologia e nas ciências sociais seria estabelecer até que ponto esses fenômenos de autorregulação podem ser encontrados e representados pelas leis correspondentes. Quaisquer que sejam as leis específicas que possam ser descobertas pela pesquisa nessa direção, o modo de explicação e predição possibilitado por elas não difere, em seu caráter lógico, do das ciências físicas.[46]

Os três exemplos que escolhi são arbitrários, na medida em que poderiam ser substituídos por muitos outros que expressam concepções similares – embora cada um tenha sido influente por si mesmo. Não desejo afirmar, evidentemente, que a perspectiva geral que eles representam tenha se tornado uma perspectiva sem oponentes, mas sem dúvida tem sido a abordagem dominante na sociologia de língua inglesa. Isso não aconteceu apenas por causa do fato de a tradição central ter insistido em que as ciências sociais deveriam modelar suas aspirações com base nas ciências da natureza: ao contrário, muitos autores no primeiro campo aceitaram, explícita ou implicitamente, que a "ciência" poderia ser identificada com a filosofia positivista da ciência. O funcionalismo desempenhou aí importante papel, como veículo conceptual da continuidade entre a ciência natural e social: a divisão entre as ciências físicas e as ciências da vida aparece na mesma proporção, se não maior, do que a divisão entre a biologia e a sociologia.

A filosofia pós-positivista da ciência

Na filosofia da ciência, em contraste com a autocompreensão metodológica das ciências sociais, o "modelo ortodoxo" teve longa duração, até se tornar objeto de um amplo ataque, dirigido por autores como Toulmin, Feyerabend, Hesse, Kuhn e outros. Se esses autores discordavam no que se refere às conclusões que deveriam ser deduzidas de suas análises críticas da filosofia positivista, está claro porém que foram bem-sucedidos em remover o modelo ortodoxo. O trabalho de Karl Popper, contudo, é anterior aos outros e também, parcialmente, uma de suas fontes; uma reconstrução das concepções críticas que Popper formulou em relação ao positivismo lógico, assim como os temas evidentes que conectam seus escritos aos do Círculo de Viena, precedem necessariamente qualquer comentário sobre a "nova filosofia da ciência".

A relação entre as concepções de Popper e as dos principais membros do Círculo de Viena, particularmente Carnap, tem sido objeto de controvérsia desde o princípio. O próprio Popper não foi membro do Círculo de Viena, mas manteve um contato intelectual íntimo com ele. Sua primeira e ainda maior obra, *Logik der Forschung* [*A lógica da pesquisa científica*], foi discutida dentro do grupo e vista como estando basicamente de acordo com a perspectiva do positivismo lógico. Por outro lado, enfatizou que a obra era radicalmente crítica da filosofia do positivismo lógico, e desde a primeira publicação continuou a sublinhar as diferenças entre sua posição e qualquer forma de empirismo ou filosofia positivista. Os pontos em questão não são fáceis de esclarecer. Percorrendo as diferenças entre as ideias de Popper e as do positivismo lógico, mesmo nas suas versões menos rígidas, pode-se mencionar a continuidade das concepções de Popper como uma das mais claras fontes de contraste: sua completa rejeição da indução e sua rejeição concomitante da "certeza sensorial", tanto expressa como fenomenologia quanto como fisicalismo; sua substituição da verificação pela refutação, com ênfase correspondente na ousadia e engenhosidade na articulação das hipóteses científicas; sua defesa da tradição que, em conjunção com a operação do espírito crítico, é integrante da ciência; e sua substituição da ambição do positivismo lógico em pôr um fim à metafísica, com a demonstração de que ela é desprovida de sentido, pelo objetivo de formular critérios de demarcação seguros entre ciência e pseudociência. Essas diferenças são certamente consideráveis e subjazem à insistência contínua de Popper no fato de que não apenas não é um "positivista" como é um dos seus críticos mais destacados na filosofia da ciência. Entretanto, algumas grandes similaridades gerais entre os escritos de Popper e os dos positivistas lógicos são evidentes. Popper compartilha a convicção de que o conhecimento científico, ainda que imperfeito, é o mais exato e confiável conhecimento a que podem aspirar os seres humanos; seu esforço para estabelecer critérios claros de demarcação entre ciência e pseudociência tem muito do ímpeto das preocupações dos positivistas lógicos em libertar a ciência de um jogo de palavras mistificador e vazio; e, tal como os positivistas lógicos, sua caracterização da ciência é metodológica: a ciência se separa de outras formas de tradição na medida em que suas teorias e achados podem ser expostos ao teste empírico e, assim, à refutação potencial.

A primeira formulação de Popper do princípio de refutabilidade como a chave da demarcação entre ciência e não ciência foi formulada, de acordo com seu próprio testemunho, como resultado da reflexão sobre o abismo entre certos tipos de teoria social – especialmente o marxismo e a psicanálise – e as ciências físicas. Os primeiros tinham mais afinidade com mitos primitivos do que com ciência; estavam mais próximos da astrologia do que da astronomia. A razão disso, segundo Popper, reside menos na falta de precisão, quando comparados com a física, do que naquilo que seus adeptos têm como sua mais atraente característica: o âmbito de seu poder de explicação. Como sistemas totais de pensamento, eles obtiveram sustentação a partir de uma experiência quase religiosa de conversão ou revelação e, uma vez convertido, o crente seria capaz de explicar qualquer evento nos seus termos. Na medida em que podiam explicar tudo e nada, não havia nenhuma fonte ou tipo de evidência empírica que pudesse ser apontada como base de demonstração do engano das ideias envolvidas. Isso estava em notório contraste com a teoria da relatividade na física, que gerou predições específicas sobre o movimento material dos seres e se entregou como refém para o resultado dos testes de suas próprias predições; tal elemento de risco estava ausente em teorias tais como o marxismo e a psicanálise, que protegiam a si próprias contra a evidência contrafactual. A característica específica da ciência, assim, era a de que em vez de procurar a mera confirmação ou verificação de uma teoria, o cientista tentaria refutá-la. A confirmação, ou o que Popper acabou por denominar posteriormente "evidência de corroboração" de uma teoria, resultava de sua resistência bem-sucedida aos ataques empíricos que teriam como objetivo refutá-la. "Pode-se resumir tudo isso afirmando que *o critério de status científico de uma teoria é sua falsicabilidade, ou refutabilidade, ou testabilidade*".[47]

A ênfase de Popper na refutabilidade repousa na relação mais próxima possível com a crítica da lógica indutiva com a qual ele iniciou sua *Logik der Forschung*. Sempre houve uma grande tensão no coração das filosofias empiristas da ciência. A ciência supostamente produz conhecimento provido de certeza; por outro lado, a forma lógica da indução de leis a partir de observações torna a certeza impossível. Apesar de, por meio de muitos testes, podermos fazer confirmar-se uma proposição teórica, sempre persiste a possibilidade de que o próximo teste possa desconfirmá-la, caso venhamos a realizá-lo: assim, a validade das leis científicas jamais pode ser verificada conclusivamente. A resposta de Popper para o problema clássico do empirismo foi negar a premissa na qual ele repousa: isto é, negou completamente que a ciência procedesse por meio da indução e aceitou como inevitável que nenhuma proposição teórica em ciência poderia ser finalmente verificada. Haveria, segundo Popper, uma assimetria entre verificação e refutabilidade. Não importa quantos cisnes brancos possamos observar, isso não justifica a conclusão de que "todos os cisnes são brancos"; mas se tal enunciado universal jamais pode ser derivado de enunciados singulares que relatem observações, ele pode ser contraditado ou pode se revelar errôneo por meio de enunciados singulares. Assim, apesar de a filosofia da ciência de Popper ser cética no sentido de aceitar que uma lei científica, até mesmo aquela que os cientistas sentem como fundamentada de forma completa e segura, poderia ser provada conclusivamente, ela insiste em que o avanço científico seria possível por meio da refutação empírica de hipóteses. O objeto da ciência foi ainda concebido de uma maneira tradicional como garantia de que as generalizações abstratas são verdadeiras na medida em que correspondam aos fatos; mas não podemos nunca estar logicamente certos de que atingimos a verdade, embora possamos nos aproximar cada vez mais da certeza pela eliminação de falsas teorias.

Assim como as teorias científicas não são testadas indutivamente, tampouco surgiram indutivamente: a maneira pela qual uma teoria seria descoberta ou inventada nada tinha a ver com seu *status* científico, que dependeria apenas de sua capacidade de especificar condições de refutabilidade e da capacidade de resistência aos testes empíricos dessas condições. Não haveria uma "lógica da descoberta", na medida em que as novas ideias pudessem ser concebidas em um relance da intuição, ou como resultado da reflexão religiosa, ou em muitos outros contextos. Tampouco haveria qualquer "observação" anterior à "teoria" de modo inerente à lógica indutiva e fundamental para o positivismo lógico, na forma de enunciados de protocolo. Todas as observações seriam "impregnadas de teoria", bem como interpretações dos fatos. Não haveria nenhum alicerce do conhecimento correto ou irretocável sobre o qual a ciência se constrói, como o positivismo lógico e a filosofia positivista mais geral afirmaram. O conhecimento científico seria construído sobre areia movediça, e o mais importante não é onde começamos, mas o quanto seríamos capazes de submeter nossas conjecturas ao teste empírico e, assim, à crítica racional. Isso também se constitui em fio condutor na filosofia social de Popper. Uma "sociedade aberta" seria aquela na qual nenhum sistema único de ideias monopolizaria a ordem social: em que a liberdade fosse assegurada pelo confronto crítico entre diversas ideias e políticas, cujos resultados pudessem assim ser avaliados racionalmente.

Popper buscou permanentemente separar seu pensamento da preocupação com a linguagem característica de boa parte da filosofia contemporânea, sustentando que esta obscureceu a verdadeira natureza do empreendimento científico, que seria, acima de tudo, concernente à relação entre as hipóteses e o mundo real dos objetos e eventos. A terminologia, sustentou Popper, não teria importância, salvo na medida em que a clareza e a ausência de ambiguidade de expressão fossem exigidas pelo teste rigoroso das teorias científicas. As mesmas ideias poderiam ser expressas em palavras diferentes; o importante era que elas pudessem ser claramente expressas, formuladas de tal maneira que fossem conhecidas as circunstâncias de sua refutação. A filosofia de Popper revela a ousadia de formulação que ele exige da própria ciência: o apelo à substituição da verificação pela refutabilidade deriva, em grande parte, da forma simples e incisiva pela qual ela liquida de um só golpe os dilemas tradicionais da indução. Mas a simplicidade dessa noção é desmentida pelas dificuldades que oculta, consideração que nos força a encarar mais diretamente as questões de linguagem que Popper tendeu a desprezar como sendo, quando muito, de importância marginal.

Em primeiro lugar, a noção de refutação dificilmente se conjuga, nos escritos de Popper, com seu compromisso com a teoria da verdade correspondente. A finalidade da ciência, de acordo com Popper, poderia ser descrita mais precisamente como relativa antes à "verossimilhança" do que à verdade. Mas a ideia de verossimilhança só é defensável se assumimos que há um número finito de conjecturas possíveis ou teorias sobre a natureza, de tal forma que, refutando-as progressivamente, cheguemos cada vez mais perto da verdade. Parece não haver justificativa para tal pressuposição, muito menos a que é dada pela injunção de Popper de que a incumbência do cientista seria a de procurar hipóteses "contrárias", na medida em que estas seriam mais fáceis de testar. Em segundo lugar, a própria ideia de refutabilidade, que parecia tão concisa e clara quando se apresentava como solução lógica para as dificuldades da indução, quando aplicada à análise das atividades científicas reais de teste e de comparação de teorias tornou-se bastante obscura. Popper, é claro, reconheceu que a lógica da refutabilidade era parcialmente distinta da sua implementação nos procedimentos científicos. O enunciado universal "todos os cisnes são brancos" é em princípio desmentido pela descoberta de um cisne negro, mas na prática os problemas não são tão simples porque temos que nos decidir por um elemento, o que deve contar como um cisne negro, isto é, como uma observação capaz de refutabilidade. Seria possível, por exemplo, a alguém que aceitasse o enunciado universal "todos os cisnes são brancos" não levar em conta nenhum caso de cisne negro que pudesse ser encontrado e não considerá-lo um cisne de forma alguma, colocando-o assim fora do alcance da lei. A resposta de Popper para essa tática foi declará-la não-científica, estranha ao espírito no qual a ciência deveria se desenvolver. Mas isso não é muito convincente e pode-se afirmar que aqui o tiro de Popper saiu pela culatra, porque um argumento como esse parece fazer exatamente o que ele critica: claramente, propor que qualquer instância em desacordo com a tese poderia ser menosprezada como um "procedimento não científico". Uma das consequências do trabalho de Kuhn foi afirmar que isso não funcionaria, e o mesmo é sustentado pelas obras de Feyerabend e Lakatos — apesar de este último autor ver em Popper o principal originador daquilo que ele denominou "refutabilismo sofisticado". O estudo mais importante de Kuhn, *Estrutura das revoluções científicas*, tornou-se na verdade bastante conhecido, bastando aqui tratar de maneira superficial seus principais temas. As concepções de Kuhn de fato diferem consideravelmente em alguns aspectos das de Popper, mas também estão conectadas intimamente a elas, porque os dois autores reconheceram a importância da história da ciência para a filosofia da ciência (e vice-versa). Isso não se aplica, em larga medida, aos positivistas lógicos, que se concentraram prioritariamente na produção de análises abstratas e formais sem prestar atenção detalhada ao estudo histórico do desenvolvimento da ciência. Assim, como Kuhn salientou, eles tendiam a operar com relatos de descobertas científicas como conquistas acabadas, tal como estão registradas nos livros didáticos: mas isso não descreve satisfatoriamente a substância do que realmente aconteceu na ciência mais do que as brochuras para turistas o fazem em relação à cultura na qual elas iniciam o viajante.

A obra de Kuhn foi parcialmente estimulada por sua preocupação com o contraste entre as ciências naturais e sociais, não o da espécie tradicionalmente sublinhada nas *Geistwissenschaften*, mas o que diz respeito à falta de concordância entre os cientistas sociais sobre o caráter básico de seus esforços intelectuais. As ciências sociais, em resumo, não possuiriam "paradigmas". Assim, elas demonstram não ter o padrão característico de desenvolvimento das ciências naturais, que seria o de períodos de "ciência normal" relativamente estável, envolvendo a solução de quebra-cabeças relativos à atividade dentro dos limites de um paradigma compartilhado, intercalados com períodos de mudança revolucionária que tinham como resultado um novo paradigma que viria superar o antigo. As revoluções seriam escritas fora dos manuais da ciência, ou antes, nunca seriam escritas no seu interior: um manual expressaria um paradigma como conquistas consolidadas de uma ciência particular até aquele momento. Os períodos de mudança revolucionária na ciência nada mais seriam do que a consequência das atividades da ciência normal, já que por meio da solução dos quebra-cabeças da ciência normal emergiriam contradições e anomalias dentro da articulação do conhecimento existente. Uma revolução na ciência era uma mudança na visão de mundo, uma mudança de *Gestalt*: assim, a transformação conceptual efetuada impregnaria a própria "observação".

A experiência sensorial é neutra e fixa? O ponto de vista epistemológico que mais frequentemente tem guiado a filosofia ocidental por três séculos exclama um inequívoco e imediato: Sim! Na ausência de um desenvolvimento alternativo, considerei impossível abandonar inteiramente esse ponto de vista. Entretanto, ele não funciona mais eficazmente, e as tentativas de fazê-lo funcionar pela introdução de uma linguagem neutra de observação parecem-me, neste momento, inteiramente sem esperança.[48]

A estrutura das revoluções científicas provocou ampla discussão, para a qual Popper, entre outros, contribuiu. No curso desse debate, Kuhn tentou esclarecer as ambiguidades da obra original e elaborá-la de várias maneiras. Concentrarei minhas observações apenas nas questões relevantes para as seções posteriores deste estudo. A forma mais útil de identificar quais são elas é indicar algumas das diferenças de ênfase na obra de Kuhn quando comparada à de Popper. Três dessas diferenças são as que se seguem:

1 Para Kuhn, a "ciência normal" era integrante do progresso científico, na medida em que a interrupção da crítica envolvida na aceitação comum de um paradigma tornava possível a concentração de esforços sobre problemas claramente definidos. Um percurso crítico constante dos mais básicos elementos de uma "matriz disciplinar" evitaria tal concentração de esforço: isso era exatamente o que ocorria em disciplinas pré-paradigmáticas, tal como as ciências sociais, nas quais a incapacidade de concordar a respeito de certas premissas básicas de substância e método de investigação bloqueavam o desenvolvimento do conhecimento, em sua forma acabada, que ocorria em muitas áreas das ciências naturais. A forma de "revolução permanente" na ciência, considerada por Popper, não descrevia a conduta real da ciência nem era a articulação desejável para ela; a ciência normal não era meramente uma ciência deformada. Essa concepção também separou Kuhn do "anarquismo científico" de Feyerabend: o esforço pela proliferação das teorias básicas só poderia ocorrer nos períodos de crise revolucionária.

2 Os escritos de Kuhn demonstraram as casualidades na transferência da ideia de refutabilidade para a prática real da ciência. Ele declarou que tomou a noção de "assimetria da refutação e da confirmação, na verdade, muito seriamente",[49] mas "testar" tinha que estar relacionado às conjunções da ciência normal e revolucionária. Os cientistas, trabalhando dentro de um paradigma, frequentemente ignoravam ou tratavam como consistentes com suas teorias aceitas achados que foram posteriormente — seguindo a dissolução do paradigma — reconhecidos como incompatíveis ou contrários àquelas teorias.

3 A variação de sentido ou a "incomensurabilidade" de paradigmas surgia como um problema fundamental na obra de Kuhn, de um modo inexistente na obra de Popper; parcialmente como consequência disso, Kuhn considerou a explicação de Popper da verossimilhança como inaceitável. Kuhn negou de forma consistente que fosse um relativista, e é bastante óbvio que ele não poderia sê-lo: se a sucessão de paradigmas não é vista como "progressiva", de alguma forma, a diferenciação entre ciências pré-paradigmáticas e pós-paradigmáticas perde efetivamente sua significação: no nível lógico, os paradigmas sucessivos apenas poderiam ser "lateralmente" distribuídos, com equivalência entre um e outro — a mesma situação que se afirma existir nas ciências sociais. Por outro lado, Kuhn encontrou dificuldades consideráveis para explicar detalhadamente como o progresso científico ocorria por meio da revolução e quais eram as consequências da resolução desse problema para uma teoria da verdade.

A crítica do positivismo na filosofia de Frankfurt

Desde Hume, os filósofos positivistas têm adotado, de modo geral, a postura segundo a qual a experiência sensorial que fornece a base do conhecimento científico não pode ser estendida de forma a abranger juízos morais e valores éticos. As divergências que dizem respeito à moral não podem ser estabelecidas por meio do apelo a observações intersubjetivamente disponíveis, tal como seria possível em relação aos debates sobre as questões factuais. Nas ciências sociais, por longo tempo, isso foi uma suposição comum a muitas escolas de pensamento que divergiam a respeito de outros temas, incluindo várias formas de revisão do marxismo (tal como a liderada por Eduard Bernstein). Talvez a exposição mais conhecida e mais influente dessa perspectiva na sociologia seja a de Max Weber, que mais que qualquer outro autor teria buscado as implicações da "dicotomia fato-valor" até seus últimos limites, estando também disposto a aceitar tais implicações na sua totalidade. Para Weber, que elaborou suas concepções sobre essa questão a partir do neokantismo mais do que a partir do empirismo inglês, os achados da ciência natural e social se estabeleciam em uma conexão puramente instrumental com os valores morais. A ciência poderia nos mostrar que uma dada escolha de meios era a mais efetiva forma de conseguir um determinado fim e quais outras consequências da obtenção daquele fim tinham mais probabilidade de ocorrer; porém, não pode nos fornecer o menor auxílio na opção por um fim em si (salvo na medida em que tal fim pudesse ser, em alguma parcela, um meio para outros fins).[50] Uma consequência disso era a possibilidade de não haver nenhum árbitro racional entre conjuntos de "valores últimos" sobre os quais as maiores civilizações mundiais se estabeleceram, aquelas que Weber tentou analisar em seus estudos sobre as "religiões mundiais"; esse conflito de valores se estabelecia na área das lutas pelo poder.[51]

A imposição de limites estritos à razão moral nas filosofias positivistas é algo que duas gerações de filósofos de Frankfurt, de Horkheimer, Adorno e Marcuse até Habermas, se preocuparam em criticar. A crítica do positivismo, sob esse aspecto, tem sido uma das maiores preocupações do que acabou por ser chamado de "teoria crítica". Se houvesse um único elemento dominante na teoria crítica, este seria a defesa da Razão (*Vernunft*) entendida no sentido de Hegel e da filosofia clássica alemã: como a faculdade crítica que reconcilia o conhecimento com a transformação do mundo, assim como com a liberdade e o estímulo à satisfação humana. A filosofia de Frankfurt busca seguir Marx e, por seu intermédio, esclarecer o próprio marxismo moderno, apelando à transcendência de Hegel em relação aos dualismos kantianos: não apenas entre a Razão pura e prática, mas também entre a percepção dos fenômenos e as incognoscíveis "coisas--em-si". Esses dualismos são vistos ao mesmo tempo como a expressão e a fonte de uma atitude passiva, contemplativa em relação ao conhecimento; uma atitude que reduz a relevância prática do conhecimento à "tecnologia" ou "técnica", retirada das potencialidades unificadoras da Razão histórica. Enquanto em Hegel, tal como Horkheimer o postulou, a razão parecia ser inerente à realidade, em Hume e em Kant, assim como na filosofia cartesiana, ela se tornava uma "faculdade subjetiva da mente".[52] O sujeito individual era o único possuidor da razão, e este último conceito é tomado para significar apenas o cálculo da relação entre meios e fins.

As origens da "Escola de Frankfurt" foram contemporâneas das do Círculo de Viena, e os membros do primeiro grupo aguçaram seu senso crítico da influência do empirismo no passado por meio de violentos ataques aos seus mais proeminentes representantes no presente. Em um desses libelos, escrito no fim dos anos 1930, Horkheimer vinculou o positivismo lógico à tradição de Hume e Locke, mas declarou que o caráter crítico dos escritos desses autores tinha sido sacrificado pelos positivistas lógicos modernos.[53] O empirismo cético de Hume era subversivamente dirigido contra os dogmas dominantes, no sentido de forjar um novo começo no qual o racionalismo prevaleceria sobre as forças da mitologia obscurantista. Nesse sentido, o Iluminismo tinha um ímpeto moral que, na realidade, era transversal à crença de Hume de que os fatos poderiam ser separados dos valores. Nada disso se via no positivismo lógico, que buscou apenas completar e sancionar o domínio da ciência como redução contemplativa da experiência a uma ordem logicamente coerente de leis. Tal concepção pode ser considerada injusta em relação a Neurath e incorreta em relação às tendências marxistas de vários membros do Círculo de Viena. Mas, para Horkheimer, esse comentário seria largamente irrelevante, já que o marxismo não teria ficado de fora da natureza positivista de grande parte da filosofia moderna. Ao contrário, a recaída do marxismo no interior da filosofia positivista seria a origem de características idênticas relativas ao marxismo do século XX: seu silêncio, quando estava na oposição (como na Alemanha), e sua transformação em dominação burocrática, quando estava no poder (tal como na União Soviética).

Os filósofos de Frankfurt tentaram diagnosticar o início do "marxismo positivista" nos escritos do próprio Marx. O que, para Althusser e seus seguidores, teria sido um "corte epistemológico" que separava o Marx especulativo e idealista da primeira formulação científica do marxismo dos teóricos críticos marcou uma fase de degeneração incipiente do marxismo em direção à filosofia positivista. Os autores de Frankfurt divergiam quanto às avaliações sobre a natureza e as origens do marxismo positivista, mas suas análises — inclusive a de Habermas sobre a "degeneração precoce" — têm pontos de concordância importantes e abrangentes. A inspiração crítica do marxismo derivaria da dialética entre sujeito e objeto e teria sido perdida no momento em que o "materialismo" passou a significar a negação da intervenção ativa do sujeito na história, ou a redução da cultura e dos ideais culturais a epifenômenos dos eventos físicos. O materialismo monista, que via toda mudança como interveniência de ocorrências naturais, convergia diretamente para a filosofia positivista não-marxista. Muitos dos teóricos críticos tinham dúvidas sobre quanto ao uso da noção de trabalho nos escritos de Marx: na medida em que eles se referiam apenas à transformação material da natureza, à qual a crítica da sociedade contemporânea estaria ligada, o socialismo acabaria por ser concebido apenas como uma versão tecnicamente mais eficiente do capitalismo. De acordo com Habermas, ao "recolocar Hegel sobre seus pés", Marx reduziu dois elementos da filosofia de Hegel a apenas um: a percepção do indivíduo reflexivo como capaz de fazer história e a autoconstituição da humanidade por meio do trabalho. Quando o primeiro é reduzido ao segundo, o vínculo que integra história e liberdade é dissolvido.[54]

Na teoria crítica, o "positivismo" tem um sentido mais amplo e mais difuso do que para a maioria dos outros autores, até mesmo mais ampliado do que aquele que atribuí à "filosofia positivista". Esse uso do termo tem que ser entendido contra o pano de fundo das tentativas dos filósofos de Frankfurt para efetivar uma crítica ambiciosa da tendência de desenvolvimento da cultura ocidental após o Iluminismo e, na verdade, em alguns aspectos básicos, desde os períodos clássicos. Os pais do Iluminismo provocaram um desencantamento do mundo quando substituíram o mito pelo conhecimento solidamente fundado e aplicaram esse conhecimento à tecnologia. Ao fazê-lo, prepararam o caminho para a dominação da cultura moderna pela racionalidade técnica: o solapar da Razão, contra o qual Hegel lutou e que, com a desintegração do sistema hegeliano, a filosofia veio a perder em larga medida. Em nome da liberdade em face da dominação do mito, o Iluminismo criou uma nova forma de dominação, oculta pela sua própria filosofia: a dominação pela racionalidade instrumental.

Tanto o sujeito quanto o objeto são ineficazes. O eu abstrato, que justifica o registro e a sistematização, só opôs a isso o material abstrato que não possui nenhuma outra qualidade além da de ser um substrato dessa posse. A equação entre espírito e mundo surge eventualmente, mas com uma restrição de cada lado. A redução do pensamento ao aparato matemático encobre a sanção do mundo como seu próprio instrumento de medição. O que aparece como triunfo da racionalidade subjetiva, a sujeição de toda realidade ao formalismo, tem como preço a sujeição obediente da razão ao que é diretamente dado. O apelo e o acesso ao conhecimento como um todo são abandonados: compreender o dado como tal; não apenas determinar as relações espácio-temporais dos fatos que permitem que eles sejam apreendidos, mas ao contrário, concebê-los como as superfícies, como momentos conceituais mediados que somente atingem a completude no desenvolvimento de sua significação social, histórica e humana.[55]

A teoria crítica é uma defesa daquelas mesmas tradições da filosofia que os positivistas lógicos desejam mostrar como consistentes, em larga medida, com a metafísica vazia. Não é surpreendente que as duas escolas tenham se mantido armadas uma contra a outra por tanto tempo, e que sua influência recíproca fosse, de fato, muito pequena. Entretanto, com as crescentes distorções a que a filosofia positivista foi submetida, a influência da filosofia do último Wittgenstein e a "filosofia da linguagem ordinária" de Austin, na Inglaterra e nos Estados Unidos, e da fenomenologia hermenêutica, no continente europeu, a situação da filosofia (tal como a teoria social) tornou-se muito mais fluida. Entre os jovens filósofos de Frankfurt, Habermas foi particularmente influente ao conectar a teoria crítica a cada um desses tipos de filosofia mencionados acima, assim como ao pragmatismo — apesar de sustentar grande parte dos seus temas já sedimentados. Habermas, em conjunto com Adorno, desempenhou um papel capital na controvérsia sobre as concepções de Popper que acabou por ser chamada (de acordo com o uso da teoria crítica e não da de Popper) o "debate do positivismo" na sociologia alemã. O debate foi estranho, na medida em que nenhum dos participantes tomou a defesa da filosofia positivista nem, muito menos, se autodeclarou positivista; partindo do ponto de vista da teoria crítica, contudo, na qual o termo "positivismo" é aplicado muito amplamente, em relação a tradições de pensamento que não seriam comumente designadas dessa forma, não é difícil avaliar que o sentido contestado do termo se constitui no cerne dos problemas em questão, e não simplesmente em uma curiosidade lingüística da controvérsia. A origem inicial da discussão foi a apresentação de Popper das "vinte e sete teses" sobre a lógica das ciências sociais no encontro da Associação Sociológica Alemã em Tübingen, em 1961; isso foi seguido por um ensaio de Adorno. Popper e Adorno, contudo, não atacaram recíproca e diretamente suas contribuições, e seu confronto se ramificou somente no interior de um debate ampliado, por meio das intervenções posteriores de Habermas, Albert e outros.[56]

No ensaio, Popper reiterou sua conhecida concepção de que o objetivo das ciências sociais era a explicação da conduta por meio da "lógica situacional" da ação: ou seja, por meio da reconstrução racional das circunstâncias (finalidades e conhecimento) sob as quais os indivíduos agem e das consequências do seu comportamento. Isso seria uma "sociologia interpretativa" mas, de acordo com Popper, não uma sociologia que retivesse qualquer resíduo das qualidades subjetivas, empáticas com as quais ela tinha sido caracteristicamente associada. Seria um "método puramente objetivo".[57] Dessa forma, diferia no conteúdo, mas não na forma lógica, dos métodos das ciências naturais, que Popper descreveu em termos que vieram a ser mais bem conhecidos pelo corpo geral de seus escritos. Rejeitou o que chamou de "naturalismo" nas ciências sociais, na mesma base em que rejeitou o "positivismo" na ciência natural: o naturalismo supunha que as ciências sociais começassem pela reunião de observações e medições e, a partir daí, induzissem generalizações que, então, seriam incorporadas no interior das teorias. Isso derivava de uma filosofia (positivista) errônea da ciência natural; a "objetividade" da ciência repousava em seu método crítico de tentativa e erro. Popper, assim, afirmou seu apoio ao "racionalismo crítico", o que significava sua defesa da refutação como o mais essencial procedimento da ciência.

A crítica de Habermas a Popper se concentrou, principalmente, nos limites do racionalismo crítico deste, que de acordo com o primeiro autor ainda continha um forte resíduo da filosofia positivista. A teoria da ciência de Popper era uma teoria analítica, oposta, portanto, a uma teoria dialética. Habermas sugeriu que a "objetividade" da ciência natural não poderia ser diretamente transferida para as ciências sociais, na medida em que estas estavam preocupadas com um universo de ocorrências pré-interpretado: isto é, com um mundo social no qual as categorias da experiência já estavam formadas dentro e pela "conduta com sentido" dos sujeitos humanos. A compreensão hermenêutica, que envolvia a manutenção da comunicação entre o cientista social e aqueles cuja conduta ele estudava, seria um elemento essencial de procedimento nas ciências sociais e não poderia ser utilizado pelo simples apelo à "observação" dos eventos na natureza, mesmo se fosse transposto, tal como na "lógica situacional". Conceber a finalidade da sociologia como a de descobrir leis teria a implicação prática de fazê-la se transformar em uma tecnologia social.

Ao contrário, a teoria dialética da sociedade deve indicar a brecha discrepante entre as questões práticas e a realização de tarefas técnicas – para não mencionar a compreensão do sentido que, para além da dominação da natureza conseguida pela manipulação de uma relação reificada, não importa o quão qualificada ela seja, estaria referida à estrutura do contexto da vida social como um todo e exigiria, de fato, sua emancipação.[58]

Para que isso fosse feito, uma teoria dialética ou crítica teria que transcender os limites do racionalismo crítico tal como foi expresso por Popper.

A separação entre fato e valor, ou cognição e avaliação, operada pelas filosofias positivistas, afirmou Habermas, condenava as questões práticas à irracionalidade ou ao "mundo fechado" do mito que supostamente tinha que ser dissipado pelo positivismo. Diferentemente de muitos filósofos, Popper o reconheceu abertamente, declarando que sua adesão ao racionalismo era uma questão de fé. Isso fez da adoção do racionalismo uma decisão inicial arbitrária. Alguns discípulos de Popper, notadamente Bartley, reconheceram que não poderia haver uma base dedutiva para o racionalismo, mas tentaram fundamentar o racionalismo crítico por referência a ele mesmo: ou seja, sustentar que o compromisso com o método crítico, tal como formulado por Popper, em princípio poderia ser ele mesmo criticado.[59] Mas isso dificilmente aconteceria: Bartley foi incapaz de especificar as condições sob as quais o compromisso com a racionalidade deveria ser racionalmente abandonado; isso se dá porque o que era entendido como "criticismo" nesse contexto era muito estreito e não se baseava nas condições históricas da vida social humana e da comunicação. Habermas ressaltou a conexão entre a adesão de Popper a uma teoria de correspondência à verdade e a tese do dualismo entre fato e valor. Popper se protegeu de alguns dos problemas que a teoria da correspondência levantava, quando combinada com a sua aceitação do caráter impregnado de teoria dos enunciados de observação, sublinhando a diferença entre conhecer o que a verdade significava e ter um critério para decidir sobre a verdade ou a falsidade de um enunciado. De acordo com a noção de refutabilidade, não poderíamos ter tal critério ou um padrão de verdade; tudo que poderíamos conseguir seria a eliminação progressiva das falsas concepções. Entretanto, o que isso envolvia, afirmou Habermas, era a incorporação subreptícia de padrões de avaliação que seriam tomados acriticamente, a partir da vida cotidiana: a compreensão hermenêutica da linguagem ordinária e da experiência intersubjetiva seria considerada axiomática. A discussão crítica, tal como formulada por Habermas, envolveria três usos da linguagem: a descrição do estado das trocas; a postulação das regras de procedimento; e a justificação crítica das duas primeiras.[60] A crítica, desse modo, não poderia estar contida no interior da esfera da própria ciência, mas teria que se preocupar com os padrões ou valores que estruturavam a ciência como um modo de atividade entre outros. Na medida em que se toma como interesse o contexto histórico da ciência moderna, a aceitação positivista do dualismo entre fato e valor conduziria ao fracasso da avaliação de que a racionalidade técnica sustentava o sistema de dominação como sua ideologia legitimadora.

Nem Albert, defendendo Popper, nem o próprio Popper em seu comentário sobre o debate aceitavam que essas concepções impusessem qualquer espécie de limites ao racionalismo crítico, tal como Habermas reivindicava. De acordo com Albert, as ciências empíricas seriam capazes de lidar com as formas de experiência que Habermas atribuía à hermenêutica e poderiam representá-las como "fatos" como outros quaisquer. Para Albert, isso se constituía em uma perspectiva potencialmente mais crítica do que a de Habermas, já que era mais cética e encontrava seu impulso crítico na premissa de que a ciência frequentemente demonstrava que as suposições feitas no dia a dia ordinário eram errôneas. A teoria da ciência de Popper como mito autocrítico seria a única maneira de evitar o duplo dilema de um eterno retorno, por um lado, e da constituição dos "fundamentos" por meio de simples dogmas, por outro.[61] O racionalismo crítico de Popper, repetiu, era muito diferente do positivismo em seus principais aspectos; os teóricos críticos utilizaram o termo de uma maneira tão elástica que teriam sido capazes de encobrir essas diferenças e assim, obliquamente, atribuir a Popper algumas das fragilidades muito semelhantes àquelas que ele de fato demonstrou serem características da filosofia positivista. Em seus comentários, Popper concordou:

> O fato é que, ao longo da minha vida, combati a epistemologia positivista, sob o nome de "positivismo". Não nego, evidentemente, a possibilidade de alargar o termo "positivista" até que ele abarque qualquer um que tenha interesse pela ciência natural; assim ele pode ser aplicado até mesmo aos oponentes do positivismo, tal como eu próprio. Apenas sustento que tal procedimento não é nem honesto nem capaz de esclarecer as questões.[62]

Comentários sobre a filosofia da ciência natural

Obviamente, estaria fora de questão neste contexto tentar uma discussão abrangente das questões levantadas nas seções anteriores. Limitarei meus comentários a alguns poucos problemas em duas grandes categorias: a filosofia da ciência natural e a relação entre as ciências naturais e sociais.

Na medida em que a primeira dessas categorias é objeto de interesse, há duas questões levantadas pela filosofia pós-positivista da ciência que tomam um vulto particularmente amplo. Uma é o *status* da refutação, tal como elaborada por Popper e seus discípulos (particularmente Lakatos) e, de modo mais geral, pelas abordagens dedutivistas do conhecimento científico, incluindo, no seu interior, o "modelo dedutivo-nomológico"; a outra é o problema da "incomensurabilidade" dos paradigmas tal como pode ser deduzido dos escritos de Kuhn.

A "solução do problema da indução" de Popper, que ele defendeu incansavelmente desde seus primeiros trabalhos, adquiriu parte considerável de seu atrativo por sua simplicidade: a ideia segundo a qual se considera apenas uma instância de não confirmação para refutar um enunciado universal. Teve que admitir, porém, que a lógica da refutação era discrepante da prática. Os estudos de Lakatos, apesar de nominalmente dirigidos para sustentar os principais elementos da perspectiva popperiana, demonstraram quão profunda era a discrepância. Lakatos distinguiu três espécies de refutabilismo: refutabilismo dogmático, "refutabilismo metodológico" ingênuo e o sofisticado. O primeiro seria o mais fraco, por tratar a forma lógica da refutação como equivalente à sua prática, como se um simples evento observado ou um conjunto finito de eventos inequivocamente definidos pudessem fornecer os meios para a refutação das teorias científicas. Esta seria uma versão empirista do refutabilismo, em contraste com o refutabilismo metodológico, que aceitava o caráter impregnado de teoria das observações. Todo teste de teorias dependeria da aceitação da articulação teórica que, em qualquer contexto dado, representasse uma base não problemática do conhecimento.[63] O refutabilismo metodológico ingênuo, entretanto, ainda mantinha a concepção de que as teorias poderiam ser refutadas e, depois, abandonadas à luz das "observações" assim concebidas. Isso talvez não ocorresse porque alguém que defendesse uma teoria podia sempre, se fosse suficientemente engenhoso, "recuperá-la" a partir de um certo número de instâncias aparentemente discordantes. O refutabilismo metodológico sofisticado reconheceu esse fato e afirmou que não havia refutação onde a teoria descartada não fosse substituída por uma teoria superior, em que a superioridade fosse qualificada pelos seguintes fatores: a segunda teoria teria um conteúdo empírico adicional em relação à primeira, predizendo fatos excluídos ou improváveis à luz da teoria que ela substituiu; a segunda teoria explicaria tudo o que fosse explicado com sucesso pela primeira; e algo do conteúdo adicional da segunda teoria seria corroborado (no sentido que Popper deu a esse termo). Se tais critérios fossem encontrados, em qualquer circunstância dada de abandono de uma teoria por outra, poderíamos falar de uma "mudança progressiva de problema". Se eles não fossem encontrados, a mudança do problema seria de tipo degenerativo; a refutação de uma teoria preexistente por outra que a suplantasse não se constituiria efetivamente.

    O refutabilismo metodológico sofisticado de Lakatos era uma tentativa confessa de reconciliar a versão da filosofia da ciência de Popper com algumas das maiores dificuldades criadas para este último autor pelas obras de Kuhn e outros. Dessa forma, tal como Kuhn salientou, tal tentativa expressa realmente uma perspectiva muito próxima da sua própria concepção.[64] Uma das consequências das revisões de Lakatos em relação a Popper foi a de reduzir o papel das tomadas de decisão (voluntarismo), que era proeminente nos próprios escritos de Popper (o que foi enfatizado por Habermas), e constituir padrões para a comparação crítica das teorias; Lakatos declarou que esses padrões, ou "regras de aceitação e refutação", não estavam de fato constituídos ou, ao menos, não teriam sido explicitados por Kuhn. Mas a questão que se coloca é se Lakatos, tendo originalmente rejeitado uma postura favorável à justificação em favor de uma postura que defende a decadência, não acabou, por fim, chegando a uma posição favorável à justificação, que poderia ser mais bem defendida e expandida descartando-se o refutabilismo em seu conjunto. Lakatos, por isso, admite:

> A "refutação" no sentido do refutabilismo ingênuo (que a contraevidência corrobora) não é uma condição *suficiente* para a eliminação de uma teoria específica: apesar de centenas de anomalias conhecidas, nós não a encaramos como refutada (isto é, eliminada) até que tenhamos outra melhor. Tampouco a "refutação" em sentido ingênuo é *necessária* para a refutação no sentido sofisticado: uma mudança progressiva de problema não tem que ser entremeada pelas "refutações". A ciência pode crescer sem quaisquer "refutações" que indiquem o caminho.[65]

Tal como Lakatos a utilizou, a "refutação" (1) só poderia ser aplicada à "fase de degeneração de programas de pesquisa" (em outros casos as anomalias são largamente ignoradas ou acomodadas dentro da teoria existente) e (2) apenas seria efetiva quando uma teoria melhor superasse a teoria existente. É claro que aqui a refutação não mais se constitui na principal substância do refutabilismo. Lakatos aceitou, para todos os propósitos e motivos, as duas maiores falhas do refutabilismo, onde quer que o termo seja utilizado em um sentido próximo ao da crítica de Popper da lógica indutiva. Essas duas objeções ao refutabilismo são as que se seguem: primeiro, ao escolher entre as teorias, os cientistas não fazem o que Popper sugere: o que significa dizer, procurar pelo mais bizarro, a teoria " menos provável" com base no fato de que for mais facilmente refutável. Tampouco pode haver qualquer defesa da tese segundo a qual eles deveriam fazer isso. O uso de Popper parece tirar partido de dois sentidos diferentes do que é "menos provável". Uma teoria pode ser "menos provável" na medida em que for altamente inovadora; ou ela pode ser "menos provável" no sentido de que aparece como improvável à luz daquilo que é correntemente visto como evidência empírica relevante. Os cientistas estariam perdendo seu tempo se buscassem deliberadamente, tão frequentemente quanto possível, o último tipo de hipótese menos provável. Contudo, o fato de que eles não o fazem indica que operam com uma noção implícita de inferência indutiva. Segundo, tal como mencionei anteriormente, a tentativa de Popper de oferecer uma análise plausível para o progresso científico em termos de "verossimilhança" não foi bem-sucedida, já que não há razão para supor, no interior de sua epistemologia, que haja um número finito de teorias potenciais disponíveis para interpretar qualquer âmbito específico de ocorrências.

Rejeitando o refutabilismo, ao mesmo tempo rejeitamos o critério popperiano de demarcação entre ciência e não ciência, assim como o deslocamento entre a psicologia da descoberta e a lógica do teste. Mas como poderíamos fazer isso sem retornar às ideias que Popper começou por criticar: as envolvidas nas filosofias positivistas da ciência? Na tentativa de preparar a resposta a essa questão, é de grande valia reconsiderar os problemas que vieram à luz com as primeiras formulações do princípio de verificação, e posteriormente com a versão menos rígida do positivismo lógico. As primeiras formulações se baseavam na tese que descende diretamente de Hume e Mach, de que os significados dos conceitos científicos podem ser sempre, em princípio, reduzidos às observações empíricas. A última diferenciação entre enunciados de observação e enunciados teóricos abandonou essa perspectiva, substituindo-a pela noção de regras de correspondência que vinculavam observações e teorias; o modelo menos rígido manteve a mesma imagem de ciência como uma hierarquia de enunciados construída sobre uma base segura de observações. Algumas das dificuldades criadas pela distinção entre os termos de observação e os termos teóricos podem, como Shapere ressaltou, ser vinculadas ao contexto no qual essa distinção foi elaborada.[66] Uma dessas dificuldades é a que diz respeito ao *status* ontológico das "entidades teóricas". O que não se constituía em problema na primeira fase do positivismo lógico emerge como a maior das dificuldades na sua versão liberalizada. Uma perspectiva fenomênica ou fisicalista conecta os termos da observação de modo não-problemático a entidades que existem; mas não se sabe em que sentido uma entidade teórica como o "elétron" existe ou se constitui em alguma espécie de ficção habilidosa. O "conteúdo adicional" de um termo teórico, isto é, o fato de não poder ser diretamente expresso na linguagem de observação, teria sido supostamente criado pelo lugar do termo na hierarquia dedutiva de enunciados. Isso parece conduzir à conclusão incômoda e insatisfatória de que, já que há uma sequência do observável ao não observável, então também o mesmo se dá a partir de objetos que existem até os que não existem. Uma segunda dificuldade, relacionada à primeira, diz respeito ao caráter das relações dedutivas estabelecidas entre os níveis da hierarquia dos enunciados observacionais e teóricos como sistemas axiomáticos interpretados. As "regras de correspondência" que intervêm entre a observação e a teoria são concebidas de maneira paralela à interpretação dos sistemas formais de lógica matemática, como regras de derivação lógica. Mas as conexões lógicas dessa espécie são obviamente diferentes das conexões que podem pertencer à relação entre as entidades, como relações causais; e, assim, somos mais uma vez levados a concluir que os termos teóricos estão ligados aos de observação de forma tal que os primeiros não se referem diretamente às propriedades das coisas existentes.

A construção de um esquema alternativo, que envolve um modelo revisto de inferência indutiva, foi sugerida pelos escritos de Quine e elaborada em algum detalhe por Hesse.[67] Este utilizou a noção de que o conhecimento científico deveria ser representado por meio de uma rede de enunciados, ainda que não aceitasse alguns aspectos do convencionalismo de Duhen.[68] Dentro de tal rede, o que era "observável" e o que era "teórico" apenas poderia ser diferenciado de uma forma pragmática e relativa. Os enunciados conectados na rede seriam leis, mas as leis seriam tratadas como pertinentes a domínios finitos; assim, um dos dilemas clássicos do indutivismo, o de que não seria possível mover-se de um enunciado particular para os enunciados universais, estaria superado para toda inferência indutiva que envolvesse o movimento de particularidades em direção a particularidades análogas. Essa concepção das leis científicas, disse Hesse, não implicava que as leis universais viessem a ser generalizações científicas ou que as generalizações estatísticas tivessem que ser vistas como preferíveis às leis universais em domínios finitos.[69] Nem implicava uma descrição instrumental da ciência, mas sim realista, na qual o caráter analógico da inovação se tornasse central. "A linguagem científica", segundo Hesse, "é então vista como um sistema dinâmico que cresce constantemente pela extensão metafórica da linguagem natural, mudando também com a mudança da teoria e com a reinterpretação de alguns conceitos da própria linguagem natural".[70]

Essa concepção da teoria científica termina com a ideia de regras de correspondência. A rede envolve predicados de observação que são as "amarras" que os prendem ao objeto-mundo, mas essa base não é fixa e invariável; o lugar que essas amarras ocupam depende do estado de desenvolvimento da teoria e da forma de sua linguagem, e elas podem ser alteradas no curso da sua transformação, especialmente onde há o caráter "revolucionário" descrito por Kuhn. A teoria científica não envolve duas linguagens, uma linguagem de observação e uma linguagem de termos teóricos; ao contrário, envolve dois usos superpostos e entremeados da mesma linguagem. Tampouco há uma diferenciação absoluta entre as linguagens formais da ciência e as linguagens naturais, já que as primeiras procedem por extensão metafórica das últimas e que as experiências originalmente se organizaram pelas últimas como "atitude natural". Na vida cotidiana – e no aprendizado das teorias científicas – lidamos com a busca de entendimento dos termos de observação e os usamos em contextos relevantes, mas somente chegando concomitantemente a compreender os termos mais abstratos aos quais seus significados estão vinculados. Se o modo pelo qual isso é alcançado está de acordo com o processo sugerido por Quine, então todos os predicados descritivos, apesar de "teóricos", são apreendidos em conjunto com situações-estímulo definidas ou por meio de sentenças que contenham tais predicados (ou os dois, de forma combinada). Nenhum desses predicados, entretanto, é apreendido por associação empírica apenas: eles não constituem uma "classe" independente de termos de observação tal como pressupõe a filosofia positivista. O que é considerado um termo de observação não pode ser especificado sem que se pressuponha uma articulação de leis aceitas, que constituam os elementos integrantes da rede mas que, em princípio e na prática, possam ser radicalmente transformadas. Não é possível saber, em nenhum ponto determinado do tempo, que leis e predicados devem ser revistos ou descartados à luz dos achados de pesquisa.

O modelo em rede da ciência oferece um caminho para reconhecer a poética da inovação teórica e, ao mesmo tempo, constitui um modo de distinguir sentido e referência no que se refere aos "paradigmas". Escritos como os de Kuhn, que mostram a importância das descontinuidades no desenvolvimento da ciência, colocam em primeiro plano duas espécies de problema, ambos suscitando potencialmente os dilemas do relativismo: um diz respeito à possibilidade de operar a transição de um paradigma para o outro, se eles são "universos de significação" diferentes e distintos; o outro se refere à possibilidade de manter uma noção de verdade, dado que essa sucessão de paradigmas envolve transformar o que se reconhece como "fatos" no interior de sistemas teóricos divergentes. O primeiro, o assim chamado problema de "variação de significado", é, de alguma forma, o resultado de exagerar a unidade interna dos paradigmas ou, de modo mais geral, "articulações de significado".[71] Se os paradigmas forem tratados como sistemas gerais de conceitos, com significados determinados apenas por sua relação mútua dentro do sistema, torna-se difícil ver como se alcança a transferência de um paradigma para outro. A mediação de paradigmas ou articulações de significado poderia, entretanto, ser mais propriamente vista como normal e não como fato extraordinário na experiência humana: tornar-se um cientista, por exemplo, envolve se autodistanciar das visões de mundo do senso comum como parte do processo de se apoderar das teorias científicas. A capacidade de transferência entre o que Schultz chama "realidades múltiplas", que implicam o controle da alegoria e da metáfora, é um traço rotineiro da atividade humana cotidiana, apesar de ser posta em relevo, na medida em que é conscientemente organizada como um processo de aprendizado de novas articulações de significado ou um processo pelo qual alguém se torna capaz de se mover de um paradigma ao outro dentro do contexto da atividade científica. Nessa concepção, a mediação entre paradigmas radicalmente diferentes, tal como a que está envolvida nas "revoluções" científicas, não é qualitativamente diferente das transformações de significado exigidas pela passagem entre teorias muito proximamente relacionadas; o papel do aprendizado por meio da analogia e da metáfora é fundamental em ambos.

No que se refere à verdade, as implicações relativistas do texto de Kuhn têm sido uma questão básica no debate que cerca a sua obra desde a primeira publicação de A *estrutura das revoluções científicas* (a despeito do fato de o próprio Kuhn ter rejeitado firmemente o relativismo nesse sentido). Tais implicações também emergem dos escritos de alguns filósofos não especificamente preocupados com a filosofia da ciência — por exemplo, nas obras de Gadamer sobre hermenêutica e nas de Winch sobre a "filosofia pós-Wittgenstein" — e são um ponto capital nas respectivas controvérsias que tais obras originaram. A fonte da tendência ao relativismo é fácil de identificar: ela deriva das inclinações idealistas desses autores. Se os "paradigmas" ("tradições", "jogos de linguagem") são tratados como constitutivos de um objeto-mundo e não como modos de representar ou descrever um objeto-mundo, então há tantas "realidades" quantas articulações de significados. Kuhn deixou claro que não aceitava esse tipo de concepção, sem, entretanto, elaborar uma explicação de qual noção de verdade deveria substituir as versões de uma teoria de correspondência da verdade (inclusive a de Popper) que ele rejeitou.[72]

Hesse afirmou que o modelo de rede da ciência envolvia uma ruptura com a respeitada e tradicional dicotomia entre as teorias de correspondência e de coerência com a verdade, ao adotar elementos advindos de cada uma, apesar de descartar algumas de suas características mais tradicionais, e que essa posição estava vinculada de modo mais apropriado a uma ontologia realista. A aceitação do caráter impregnado de teoria das observações parecia por vezes obstruir ao mesmo tempo a possibilidade de fazer o que os cientistas usualmente afirmavam estar fazendo, isto é, comparando diferentes teorias da evidência à sua, na medida em que o que se considerava "evidência" era influenciado pelas próprias teorias: os fenômenos podiam sempre ser resgatados pela interpretação e reinterpretação das observações. Mas esconde-se nessa concepção um forte resíduo da filosofia positivista: uma explicação puramente instrumental da ciência é o último refúgio do positivista desiludido. Em contraposição a esse ponto de vista pode-se colocar dois elementos integrantes do procedimento científico. O primeiro é a insistência na significação dos padrões sancionados de crítica que ajudam a distinguir a ciência — apesar de não demarcá-la claramente — das cosmologias religiosas. O reconhecimento da importância da ciência como autocrítica não tem nenhuma conexão necessária com a epistemologia refutabilista. Na verdade, a distinção entre uma e outra ajuda a reforçar a análise de Habermas sobre as insuficiências do popperianismo, tornando claro que a "tradição crítica" da ciência pressupõe padrões normativos que não podem ser validados tal como os procedimentos de teste científico, porque eles são a estrutura legítima dentro da qual os procedimentos são organizados. O segundo ponto é o de que a mediação entre as teorias divergentes, ou paradigmas, envolve a conjunção de parâmetros referenciais que, considerada a orientação normativa da ciência, sempre fornecem uma "interseção empírica" sujeita a contestação referente ao que se reivindica como verdade. Isso advém diretamente do modelo de rede da ciência. A mediação de paradigmas é uma tarefa hermenêutica, no sentido de que envolve a capacidade de transitar entre as estruturas de significado; mas essa capacidade não pode ser adquirida apenas no âmbito da intensidade, pois os termos que compreendem a rede estão ligados de um modo complexo (e variável) aos predicados extensivos.

Na medida em que a teoria da correspondência à verdade estava tradicionalmente ligada às filosofias positivistas, a crítica dessas filosofias supôs usualmente que rejeitá-las implicava descartar também a própria teoria. Há várias características das teorias da correspondência à verdade, contudo, que são parte substancial do resíduo das filosofias positivistas e que podem ser diferenciadas sem desautorizar em conjunto a noção de correspondência. A primeira é a afirmação de que uma teoria da correspondência pressupõe no mínimo alguns enunciados que se baseiam em observações indiscutíveis, não abertos à revisão. Essa ideia pode ser caracterizada em grande parte pela tese de que o significado dos termos empregados em uma linguagem teórica tanto pode ser expresso diretamente na forma de observações empíricas quanto assentar-se sobre o fundamento de tais observações. A concepção da linguagem, aqui, envolve um empobrecimento e se cala sobre a distinção que diz respeito à relação entre conceitos dentro de uma rede teórica e à relação entre os enunciados que envolvam esses conceitos e o objeto-mundo. A primeira relação pode ser esclarecida, no que se refere aos valores de verdade, pela incorporação do critério de coerência ou "condições de coerência", tal como sugeridos pelo modelo de rede. Tais critérios de coerência não podem ser considerados verdadeiros, como no esquema positivista, onde a conexão entre os conceitos é implicitamente explicada por meio da operação das regras de correspondência. Os critérios podem ser es-

pecificados como um conjunto de condições que permitem a inter-
-relação de conceitos dentro das redes. As inter-relações dos componentes da rede apenas dizem respeito ao objeto-mundo no que se refere à sua produção como um sistema de classificação: assim, esse sistema pertence à rede como um meio organizador graças ao qual a verdade como relação entre enunciados e o objeto-mundo se torna possível, embora não ofereça a substância daquela relação em si.

Duas suposições posteriores derivadas da associação da teoria da correspondência com as filosofias positivistas são a de que a defesa da teoria da correspondência supõe a explicação da "correspondência" em alguns termos filosóficos mais básicos e a de que tal defesa necessariamente envolve uma declaração da existência do objeto-
-mundo em si. A primeira atinge o centro das objeções tradicionalmente levantadas contra a teoria da correspondência, que diz respeito à dificuldade de definir o que a correspondência é. A suposição de que tais objeções têm que ser respondidas pela especificação da natureza da correspondência, nos termos de algum outro tipo de relação, entretanto, está ligada à concepção positivista do caráter dos enunciados de observação, já que a observação é considerada uma relação mais "primitiva" do que a correspondência, isto é, como aquela à qual a correspondência pode ser, de alguma maneira, reduzida. Se rompemos com tal concepção dos enunciados de observação, também podemos rejeitar esse modo de tratar a relação de correspondência; a "correspondência" se torna assim o termo mais primitivo e como tal é visto como elemento necessário ao caráter extensivo da afirmação do conhecimento.

A suposição de que a teoria da correspondência pode justificar a existência independente do objeto-mundo está igualmente conectada às preocupações fundamentais das filosofias positivistas, porque estas tendem a vincular as condições do conhecimento à experiência sensorial, e esta é tomada (no fenomenismo) como se constituísse realmente o objeto-mundo. A rejeição da filosofia positivista nos livra da obrigação de basear a versão da verdade por correspondência em uma justificação como esta, ou ao menos indica que uma explicação do conceito de verdade não a engendra logicamente. Propor que o modelo de rede da ciência pode ser combinado com uma epistemologia realista não é, assim, afirmar que a última é necessariamente a única concepção que pode ser potencialmente reconciliada com uma teoria reelaborada da verdade do tipo sugerido aqui. Mais ainda, isso por sua vez envolveria uma reelaboração detalhada das formulações preexistentes de "realismo".

As ciências naturais e as ciências sociais

A discussão da filosofia da ciência natural já realizada não oferece, em si e por si, um esquema adequado para o tratamento das conexões e divergências entre as ciências naturais e sociais. Ao contrário, ela indica mais propriamente alguns elementos de uma abordagem dos problemas epistemológicos que ampliam quaisquer diferenciações que possam existir entre elas. Mas a formulação de uma filosofia pós--positivista da ciência natural indubitavelmente tem implicações diretas para o método científico social, que foi usualmente analisado contra o pano de fundo da filosofia positivista, explicitamente afirmada ou implicitamente pressuposta. Isso não é somente verdadeiro para a tradição de pensamento por cuja discussão comecei, que vincula Comte, Durkheim e o funcionalismo moderno: também se aplica à "contratradição" associada à noção de Geisteswissenschaften.

O contraste entre Erklären (explicação) e Verstehen (compreensão) foi caracterizado por Droysen e Dilthey como estando no cerne da tradição das Geisteswissenschaften. Ao elaborar sua versão desse contraste, Dilthey opôs suas concepções às de autores como Comte e J. S. Mill, que enfatizaram a continuidade do estudo científico da natureza e da sociedade, sublinhando antes que o caráter subjetivo, de sentido, da conduta humana não tinha contrapartida na natureza. As ciências naturais desenvolveram explicações causais de eventos "exteriores"; as ciências humanas, por outro lado, estavam preocupadas com a compreensão "interior" da "conduta com sentido". Mas Dilthey também aceitou elementos importantes das ideias de Comte e Mill, enfatizando a necessidade de tornar as ciências humanas tão precisas e empíricas quanto as ciências da natureza. As diferenças entre as ciências naturais e sociais não se relacionavam tanto à forma lógica das suas investigações e de seus resultados quanto ao conteúdo de seus objetos de investigação e aos procedimentos pelos quais eles poderiam ser estudados.

Algumas das principais tensões nos escritos de Dilthey (e nos de Max Weber) resultam da sua tentativa de combinar elementos da filosofia positivista com a concepção idealista da "filosofia da vida" advinda do desenvolvimento inicial da tradição das *Geisteswissenschaften*. A "compreensão" da ação humana ou dos produtos culturais estava sujeita a ser, de acordo com Schleiermacher, um processo de re-experimentação e re-representação das experiências interiores de outros. Mas, ao mesmo tempo, esse processo não se relacionava mais à mera intuição: era um processo que tinha que se tornar a base de uma história científica e que, consequentemente, se constituía no elemento básico do método nas ciências humanas. O termo *Erlebnis* (experiência) de Dilthey, como Gadamer indicou, expressava a tensão entre as tendências positivistas e idealistas nas suas obras.[73] Diversamente da forma verbal *erleben*, a palavra *Erlebnis* apenas se tornou comum nas obras históricas, na década de 1870, em larga medida porque Dilthey fazia uso dela. A palavra é mais restrita do que outro termo alemão que também pode ser traduzido por "experiência", *Erfahrung*, e nos escritos de Dilthey foi introduzida como um foco específico do processo de compreensão interpretativa; ao compreender o sentido do que outra pessoa fez, entenderíamos o conteúdo da "experiência" dessa pessoa no mundo. *Erlebnis* se constituía no conteúdo fundamental da consciência, a que por vezes Dilthey se referia como "experiência imediata vivida"; ela seria anterior a qualquer ato ou reflexão. O termo, assim, está vinculado à influência do empirismo (só aquilo que fosse diretamente experimentado seria real) e à influência da filosofia da vida (o caráter de sentido da vida humana era dado pela experiência interior da consciência).

A resposta crítica à tradição das *Geisteswissenchaften* da parte dos positivistas lógicos, ou dos que estavam próximos dos positivistas lógicos, foi consistente. *Verstehen* não poderia fornecer o tipo de evidência necessário para a pesquisa científica, na medida em que dependia de alguma espécie de identificação empática com os outros. A linguagem de observação da ciência social tinha que se referir ao comportamento aberto e não a estados de consciência hipotéticos. Não importa o quanto alguém tente oferecer uma especificação concreta de *Erlebnis*, ela permanecerá inacessível às observações intersubjetivamente assentes das quais todas as ciências dependem necessariamente. O valor de *Verstehen*, se algum tivesse, estaria em um modo de sugestão das hipóteses; mas tais hipóteses teriam que ser testadas em contraponto às observações de comportamento.[74] Sob esse aspecto, as concepções dos positivistas lógicos condiziam com as do behaviorismo nas ciências sociais.

Há três modos pelos quais essa crítica de *Verstehen* pode ser avaliada: a primeira se coloca nos termos da atribuição do que é a "compreensão"; outra, nos termos da questão de qual "comportamento racional" deveria ser considerado como significativo; uma terceira, nos termos da avaliação da significação dos elementos "subjetivos" na conduta. Nas obras de Dilthey, particularmente nos primeiros escritos, *Verstehen* é um procedimento ou *o* procedimento pelo qual as ciências humanas obteriam acesso ao seu objeto temático; desse modo, baseiam-se numa espécie de processo empático de "re-representação". A noção de que *Verstehen* seria, em primeiro lugar, um modo de obter os dados era tida como verdadeira pelas críticas positivistas. Assim, Abel afirmou que *Verstehen* seria uma "operação" que produziria a "evidência" e continuou a afirmar que tal modo intuitivo de procedimento simplesmente impunha como pergunta se era válido o processo de "compreensão" que se desenvolvia.[75] Esse tipo de objeção ganhava força caso a noção de *Verstehen* fosse representada como um procedimento de pesquisa específico e envolvesse alguma forma de processo empático; na verdade, Dilthey não conseguiu reconciliar como queria subjetividade e objetividade, dentro de uma articulação fortemente influenciada pelo empirismo. Porém, o abandono de *Verstehen* como mera propedêutica invalida grandes elementos da tradição das *Geisteswissenschaften*; a preocupação com o caráter "de sentido" da conduta humana e da cultura, que caracterizava aquela tradição, foi abandonada na filosofia positivista, que buscava reduzir tal caráter ao conteúdo da "observação empírica". Assim, é importante reconhecer que as contribuições recentes, oriundas da tradição, tal como a fenomenologia hermenêutica revitalizada, reelaboraram a noção de *Verstehen* de modo a separá-la de sua dependência da ideia de "re-representação" e de "revivência" das experiências dos outros. Desse modo, para Gadamer, *Verstehen* seria, não um procedimento especial de investigação apropriada para o estudo da conduta social, mas a condição ontológica da intersubjetividade como tal; não com base no entendimento empático das experiências dos outros, mas no domínio da linguagem como meio de organização significativa da vida social humana.

Associar a noção de *Verstehen* à linguagem como meio de intersubjetividade possibilita pontos de conexão direta com a filosofia pós-positivista da ciência. O reconhecimento da significação das articulações de sentido, bem como de sua mediação, aparece tanto em Gadamer quanto em Kuhn, apesar de nos escritos do primeiro autor isso estar incorporado a uma exposição mais ampla da hermenêutica. Na medida em que toda "compreensão" ocorre por meio da apropriação das articulações de significado, ela não é mais vista como um procedimento que distingue as ciências sociais das ciências naturais, mas como um procedimento comum a ambas. A questão da relação entre as ciências naturais e sociais pode, então, ser vista sob uma nova luz. A ciência natural envolve o desenvolvimento de articulações de significado, organizadas em rede, e de descontinuidades na progressão das teorias científicas, o que coloca problemas hermenêuticos similares aos relativos à mediação das articulações de significado em outras esferas de atividade. Porém, as ciências sociais estão preocupadas com um mundo pré-interpretado, no qual as articulações de significado estão integradas ao seu "objeto temático", isto é, à intersubjetividade da vida prática social. A ciência social, assim, envolve uma "dupla hermenêutica", ligando suas teorias, como articulações de significado, àquelas que já são parte constitutiva da vida social.[76] As ramificações desse processo, é claro, são complexas e difíceis de caracterizar, já que envolvem a identificação de relações entre crenças sedimentadas e conceitos da linguagem comum, por um lado, e conceitos e teorias das ciências sociais, por outro.

Vamos examinar o problema de qual noção de "comportamento observável" deva ser tomada como referência. Deveria estar claro que o que já foi mencionado sobre a reformulação do conceito de *Verstehen* se vincula a essa questão, na medida em que ajuda a indicar as dificuldades residuais na afirmação da crítica influenciada pelo positivismo de que a *Verstehen* nada mais é do que uma fonte preliminar de hipóteses que devem, depois, ser contrapostas ao comportamento. Abel oferece para isso a explicação que se segue. No início do inverno, um homem viu o seu vizinho sair para o depósito de lenha, cortar algumas toras, trazê-las para casa e acender a lareira. Ele entendeu que seu vizinho "acendia o fogo para se aquecer porque estava com frio". Mas ele não poderia saber, sem investigação posterior, se estava correto; o vizinho poderia, por exemplo, ter acendido a lareira para dar um sinal de qualquer tipo a outra pessoa. Assim, *Verstehen* apenas constitui uma hipótese plausível sobre o que ocorreu.[77] Essa conclusão, entretanto, demanda um tipo de questão que se constitui pela sua assimilação a outras. Pressupõe que o observador já entendeu os termos da linguagem ordinária "clima frio", "vizinho", "depósito de lenha" etc. Já que tal entendimento é tomado como verdade, a questão é que o modo pelo qual isso é atingido não se diferencia das questões de como o comportamento pode ser caracterizado e em que sentido, se algum há, os elementos "subjetivos" são relevantes para a explicação da conduta humana nas ciências sociais.

A filiação da filosofia positivista ao behaviorismo resulta de uma desconfiança comum relativa às características da conduta que não são "observáveis", onde "observável" significa "apreendido diretamente pelos sentidos". A rejeição do fenomenismo ou fisicalismo nos liberta de algumas restrições dessa concepção, que nunca conseguiu chegar a bom termo em relação à diferença entre "comportamento" e "ação", isto é, entre reações involuntárias e atos "provocados" pelo indivíduo. A noção do agir e da ação tem sido muito discutida na literatura filosófica recente, em parte como resultado da ênfase nas *Investigações filosóficas* de Wittgenstein. Alguns filósofos, particularmente aqueles que foram muito influenciados por Wittgenstein, declararam que a conduta humana poderia ser descrita em dois níveis discretos: um seria o dos "movimentos", que empregaria algo como a linguagem do behaviorismo, o outro o das "ações". Falar de "um braço se movendo para cima" seria descrever um movimento; falar de "alguém que levanta o braço" seria redescrever o movimento como uma ação. Mas tal ideia é enganosa caso presuma que esses sejam dois modos alternativos de descrição igualmente aplicáveis a qualquer forma específica de conduta humana. Eles seriam mais propriamente vistos como tipos de predicados rivais e não complementares: referir-se à ação como se ela fosse meramente comportamento (reativo) é *descrevê-la mal*. Na distinção entre "movimento" e "ação" ainda há um resíduo da concepção segundo a qual apenas o "comportamento aberto" pode ser diretamente observado. Mas, se a concepção positivista for abandonada, não há nenhuma garantia para isso; observamos "ações" tão diretamente quanto observamos "comportamento".

Isso ainda deixa sem resolução o *status* dos "elementos subjetivos" na ação. O exemplo de Abel torna claro que ele estava se referindo aos propósitos pelos quais um ato pode ser empreendido: o ator em questão acendeu o fogo para não sentir frio. Abel empregou uma terminologia behaviorista para descrever essa situação e afirmou que o evento de acender o fogo só poderia ser adequadamente explicado quando fizesse parte de um esquema de tipo dedutivo-nomológico. A explicação tomou a forma que se segue: a baixa temperatura reduz a temperatura do corpo; acender o fogo produz aquecimento; o "estímulo" (o clima frio) foi conectado à "resposta" (acender o fogo) por meio da generalização, "aquele sentimento de frio gerará a busca do calor". Isso como que formalizava a assimilação entre comportamento reativo e ação. O esquema não reconhecia nenhuma diferença entre os casos nos quais o que Abel denominou os "estados-sentimentos" de um indivíduo estivessem conectados por alguma espécie de efeito mecânico e aqueles que estavam dentro do raio de sua ação. Assim, o tratamento dos componentes motivacionais da conduta é frágil e estéril: o motivo ou propósito aparece somente como um "estado-sentimento" que vincula o estímulo à resposta. Não há lugar para uma concepção do ator como um agente racional, capaz de usar o conhecimento de um modo calculado para atingir os resultados pretendidos.

Esse é um dos grandes elementos nos quais coincidem a linha de pensamento que vai de Comte e Durkheim até o funcionalismo moderno, e a filosofia positivista moderna como ramificação do positivismo lógico, na ausência de uma teoria da ação. Cada uma dessas abordagens envolve uma forma determinista de filosofia social, apesar do fato de os positivistas lógicos encararem com desconfiança a tendência da primeira linha de pensamento aos conceitos "holísticos" como os de *conscience collective, représentation collective* etc.[78] Os escritos de Talcott Parsons desempenharam um importante papel em ligar as obras de Durkheim ao funcionalismo moderno. Parsons, especificamente, tentou romper com algumas das principais ênfases da filosofia positivista; também formulou uma "estrutura de referência da ação", originalmente estabelecida para incorporar um importante elemento de "voluntarismo" no interior da teoria social.[79] Mas as características voluntaristas do esquema de Parsons passaram a depender principalmente do teorema durkheimiano de que os valores coletivos que facilitavam a solidariedade social também eram "internalizados" como componentes motivacionais da personalidade. A tentativa de inserir um tratamento do voluntarismo no contexto de uma teoria das instituições acabou por se reduzir a sublinhar que a análise social necessitava absorver a teoria da motivação, em vez de fornecer uma articulação que relacionasse os motivos ao monitoramento da ação.

Uma teoria desenvolvida da ação precisa lidar com as relações entre motivos, razões e propósitos, mas também deve oferecer, como os teóricos do funcionalismo sempre tentaram fazer, uma explicação da organização institucional e da mudança. Por isso, se o funcionalismo, até mesmo na sua forma mais sofisticada nos escritos de Parsons, não é capaz de produzir uma teoria da ação adequada, isso também é verdadeiro para aquelas escolas de pensamento que têm estado mais preocupadas com a filosofia da ação, incluindo particularmente a filosofia pós-Wittgenstein e a fenomenologia existencial, que apenas tangenciaram os problemas relativos às ordens institucionais e à sua transformação. Sugeri, em outro lugar, seguindo Schutz, que os termos "motivo", "razão" e "propósito" eram errôneos tal como empregados na terminologia ordinária porque pressupõem um "corte interior" conceptual ou a segmentação de um fluxo ininterrupto da ação; tal corte interior no curso contínuo da ação é normalmente feito apenas quando um ator é inquirido sobre a razão pela qual agiu como agiram, quando categorizou reflexivamente um segmento de sua ação, ou quando um observador o fez.[80] Desse modo, é mais adequado considerar os três termos acima como termos processuais: a orientação subjetiva da ação pode, então, ser vista como diretamente intencional em conjunção com os processos em curso de motivação e racionalização da ação. O último tem como implicação o fato de, em geral, o ator socialmente competente monitorar sua ação, "mantendo contato", em teoria, com o conteúdo do que faz; em outras palavras, quando solicitado a dar uma explicação do "segmento" específico de sua conduta, deve ser capaz de oferecê-la. O problema de conectar a orientação subjetiva da ação às estruturas institucionais sempre pareceu uma enorme dificuldade, mas essa é, pelo menos em parte, a razão pela qual o termo "estrutura" tem sido concebido fundamentalmente como uma *coação* sobre a ação. Durkheim explicitamente fez desse termo uma propriedade definidora da estrutura social separando os "fatos sociais" dos "fatos psicológicos"; apesar de terem sido menos diretos, outros autores aceitaram em grande parte a mesma noção.[81] Ainda assim, as propriedades estruturais das instituições não são apenas coações sobre a ação, elas são incentivadoras da ação: uma questão fundamental para a teoria social, nesse caso, é desenvolver uma reformulação sobre os conceitos-chave de "estrutura" e "sistema" a fim de reconhecer ao mesmo tempo o aspecto capacitador e o aspecto coercitivo das formas institucionais. Nesse tipo de concepção, a racionalização reflexiva da ação operaria por meio da mobilização de propriedades estruturais e contribuiria, ao mesmo tempo, por seu intermédio, para sua reprodução.[82]

O reconhecimento da importância capital desse tipo de abordagem para a teoria da ação envolve a rejeição da tendência positivista a considerar a reflexividade como um "inconveniente" apenas, e também tem conseqüências diretas para a questão do *status* das leis nas ciências sociais. A discussão de Nagel das predições que influenciam a si mesmas, referida previamente, é típica no que se refere à primeira dessas questões, na medida em que a reflexividade foi tratada apenas do ponto de vista da predição e na medida em que se presumiu que sua influência era um "problema" para as ciências sociais. Mesmo dentro desses termos de referência, contudo, as profecias de "autorealização" e "autonegação" não estão, como ele afirmou, em analogia direta com as ciências naturais. A questão é a maneira pela qual tais coisas acontecem e não o fato de acontecerem, na sociedade e na natureza. Ou seja, na esfera da sociedade, as predições que influenciam a si mesmas ocorrem porque as predições acabaram por ser controladas e por reagir como parte do comportamento de agentes racionais: como um elemento do "conhecimento" que eles empregam na racionalização reflexiva de sua conduta.

Os seres humanos são agentes racionais que aplicam o conhecimento dos seus contextos de ação reflexivamente na sua produção da ação, ou interação. A "capacidade de predição" da vida social não "acontece" apenas, mas é "feita para acontecer" como resultado das qualificações conscientemente aplicadas dos atores sociais. Mas o âmbito da racionalização reflexiva da ação de indivíduos concretos está limitado de várias maneiras; cada um deles suscita problemas específicos de inquietação para a ciência social. O primeiro diz respeito à formalização do conhecimento que é aplicado à ação. Produzindo uma expressão vocal gramatical em inglês, por exemplo, aquele que fala demonstra e utiliza as regras sintáticas e outras que estão envolvidas em falar inglês; mas ele provavelmente não está capacitado a oferecer uma explicação formal sobre o que são essas regras, embora efetivamente as "conheça", isto é, saiba como usá-las. Contudo, a aplicação desse "conhecimento" se realiza dentro de um parâmetro de influências que não são parte da racionalização em curso de sua ação. Tais influências incluem repressões e elementos inconscientes da personalidade; mas também condições externas, inclusive a conduta dos outros atores. Um terceiro limite da racionalização reflexiva da conduta é encontrado nas consequências não intencionais da ação. Isso se vincula estreitamente ao segundo limite, na medida em que a produção e a reprodução das estruturas institucionais aparecem como resultado não intencional da multiplicidade de atores.

Um ponto crucial a admitir é que os limites entre esses três tipos de condição não reconhecidos da ação são fluidos, tal como o âmbito da racionalização da ação em relação a eles. Temos, então, uma base para a análise da questão do *status* das "leis" nas ciências sociais. Zetterberg sustentou que não havia carência de generalizações na ciência social: o objeto desta última deveria ser tornar sua formulação mais precisa e verificá-la à luz das pesquisas empíricas. Sua discussão seguiu as linhas características da sociologia positivista, afirmando que tais leis deveriam derivar da acumulação progressiva de pesquisa e formar uma hierarquia dedutiva. A adoção do modelo de rede da ciência natural implica rejeitar essa hierarquia. Podemos representar as teorias na ciência social, assim como na ciência natural, como redes que envolvem leis ou generalizações abstratas. Mas, na ciência natural, a rede não está em interação com o objeto-mundo que ela busca explicar, ao contrário do que ocorre na ciência social. As generalizações nas ciências sociais são, em princípio, sempre instáveis em relação ao seu "objeto temático" — isto é, a conduta social e suas formas institucionais — na medida em que sua aceitação altera a relação entre a racionalização da ação e seus fundamentos não reconhecidos. Isso é diferente das possibilidades "técnicas" de intervenção na natureza possibilitadas pelas leis nas ciências naturais. O conhecimento das leis na ciência natural permite que as pessoas alterem a incidência empírica das circunstâncias sob as quais elas são aplicadas, ou, se é isso que se deseja, permitem estender seu âmbito.

Mas, se o conhecimento das leis permite a transformação material por meio desses expedientes, isso não altera as conexões causais nelas envolvidas ou a elas subjacentes. Nas ciências sociais, por outro lado, as conexões causais que são especificadas ou implicam generalizações dependem de alinhamentos particulares da racionalização da ação e de suas condições não reconhecidas, sendo assim, em princípio, mutáveis à luz do conhecimento daquelas generalizações.

O grau em que isso acontece e suas consequências constituem, é claro, circunstâncias limitadas pela prática. Porém, embora isso possa acontecer, é inevitável a implicação de que a relação da ciência social com seu objeto temático não pode estar contida na diferenciação entre ciência "pura" e ciência "aplicada".

Notas

1 A influência de Saint-Simon sobre Marx é uma questão em si algo controversa. Para um tratamento sistemático, ver Georges Gurvitch, La sociologie du jeune Marx, in *La Vocation actuelle de la sociologie*, Paris, 1950.

2 Herbert Marcuse, *Reason and Revolution*, London, 1955, p.341.

3 *Cours de Philosophie Positive*, v.I (*Philosophie première*), Paris, 1975. p.21ss.

4 Ibidem, p.21.

5 Ibidem, p.28-9.

6 Ibidem, v.II (*Physique sociale*), p.139.

7 Ibidem, p.139-40.

8 Cf. John Stuart Mill, *Auguste Comte and Positivism*, Ann Arbor, 1961, p.125ss.

9 *Cours de philosophie positive*, v.I, p.44ss.

10 Ver Herbert Spencer, *Reasons for Dissenting from the Philosophy of M. Comte*, Berkeley, California, 1968; Mill comenta esse aspecto em *Auguste Comte*, p.5ss.

11 Durkheim e Fauconnet, Sociologie et sciences sociales, *Revue Philosophique*, v.LV, 1903.

12 Mill, *Auguste Comte*, p.59.

13 Durkheim, *The Elementary Forms of the Religious Life*, New York, 1965, p.170ss; (em coautoria com Mauss), *Primitive Classification*, London, 1963.

14 Durkheim, *The Rules of Sociological Method*, London, 1964, p.14.
15 Ibidem, p.48ss.
16 *Cours de philosophie positive*, v.II. p.16ss.
17 Ernst Mach, *The Analysis of Sensations*, Chicago, 1914, p.37ss.
18 Mach, *Erkenntnis und Irrtum*, Leipzig, 1917, p.vii.
19 *The Analysis of Sensations*, p.369.
20 Cf., por exemplo, Victor Kraft, *The Vienna Circle*, New York, 1953. As teorias de Mach também atraíram a atenção de proeminentes figuras literárias. Hofmannsthal, o poeta, comparecia às conferências de Mach, acreditando que se o mundo consistia apenas de nossas sensações, ele poderia ser descrito mais direta e completamente pela poesia do que pela ciência. Robert Musil começou sua carreira como filósofo, escrevendo sua tese de doutoramento sobre Mach antes de se voltar para o romance.
21 A. J. Ayer et al., *The Revolution in Philosophy*, London, 1956.
22 Stephen E. Toulmin, From Logical Analysis to Conceptual History, in Peter Achinstein, Stephen F. Barker, *The Legacy of Logical Positivism*, Baltimore, 1969, p.31ss. Mais tarde Carnap escreveu sobre esse ponto: "quando estávamos lendo o livro de Wittgenstein no Círculo, acreditei erroneamente que a sua atitude em relação à metafísica era similar à nossa. Não prestei atenção suficiente aos enunciados do seu livro sobre o místico porque seus sentimentos e pensamentos nessa área eram muito divergentes dos meus".
23 Herbert Feigl, The Origin and Spirit of Logical Positivism, in Achinstein, Barker, *Legacy*, p.5.
24 Cf. o Prefácio de Carnap à segunda edição de *The Logical Structure of the World*, London [Los Angeles], 1967.
25 A. J. Ayer, Editor's Introduction, in *Logical Positivism*, Glencoe, Ill., 1959, p.8.
26 Carnap, *The Logical Structutre of the World*.
27 Carnap, Psychology in Physical Language, in Ayer, *Logical Positivism*, p.197.
28 Cf. Richard von Mises, *Positivism, a Study in Human Understanding*, Mass., 1951, p.80ss.
29 Richard Bevan Braithwaite, *Scientific Explanation*, Cambridge, 1968, p.51.
30 Cf. Carnap, The Methodological Character of Theoretical Concepts, in Herbert Feigl, Michael Scriven, *The Foundations of Science and the Concepts of Psychoanaysis*, Minneapolis, 1956.
31 Herbert Feigl, The "Orthodox" View of Theories: Some Remarks in Defence as well as Critique, in M. Radner, S. Winokur, *Minnesota Studies in the Philosophy of Science*, v.IV, Minneapolis, 1956.
32 Carl G. Hempel, P. Oppenheim, Studies in the Logic of Explanation, *Philosophy of Science*, v.XV, 1948.

33 Hempel, Deductive-nomological vs. Statistical Explanation, in Herbert Feigl, Grover Maxwell, *Scientific Explanation, Space and Time*, Minneapolis, 1962.

34 Hempel, The Function of General Laws in History, in *Aspects of Scientific Explanation*, New York, 1965, p.240-1.

35 Otto Neurath, Sociology and Phisicalism, in Ayer, *Logical Positivism*, p.283; ver também Neurath, *Foundations of the Social Sciences, International Encyclopaedia of Unified Science*, v.II, Chicago, 1944.

36 Neurath, Sociology and Physicalism, p.299.

37 Paul F. Lazarsfeld, Morris Rosenberg, General Introduction, in *The Language of Social Research*, New York, 1955, p.2ss.

38 Ernest Nagel, *The Structure of Science*, London [New York], 1961, p.484.

39 Ibidem, p.468-9.

40 Hans L. Zetterberg, *On Theory and Verification in Sociology*, Otawa, 1966.

41 Ibidem, p.46ss.

42 Ibidem, p.81 e 85.

43 Ibidem, p.102-3.

44 Hempel, The Logic of Functional Analysis, in *Aspects of Scientific Explanation*.

45 Ibidem, p.317.

46 Ibidem, p.325.

47 Popper, Science: Conjectures and Refutations, in *Conjectures and Refutations* [New York, 1968], London, 1972, p.37.

48 Thomas S. Kuhn, *The Structure of Scientific Revolutions*, Chicago, 1970, p.126.

49 Cf. Kuhn, Reflections on My Critics, in Imre Lakatos, Alan Musgrave, *Criticism and the Growth of Knowledge*, Cambridge [New York], 1970, p.248.

50 Max Weber, *The Methodology of the Social Sciences*, Glencoe, Ill., 1949, p.13ss.

51 Cf. o meu *Politics and Sociology in the Thought of Max Weber*, London, 1972.

52 Max Horkheimer, *Eclipse of Reason*, New York, 1974, p.5

53 Horkheimer, Der neueste Angriff auf die Metaphysik, *Zeitschrift für Sozialforschung*, v.VI, 1937.

54 Jürgen Habermas, *Knowledge and Human Interests*, London, 1972, p.43ss.

55 Max Horkheimer, Theodor W. Adorno, *Dialectic of Enlightenment*, New York, 1972.

56 Adorno et al., *The Positivist Dispute in German Sociology*, London, 1976 (primeira publicação na Alemanha, em 1969).

57 Popper, The Logic of the Social Sciences, in Adorno et al., *The Positivist Dispute*, p.102.

58 Habermas, Analytical Theory of Science and Dialectics, in Adorno et al., *The Positivist Dispute*, p.142.

59 William W. Bartley, *The Retreat to Commitment*, London, 1964.
60 Cf. Habermas, *Knowledge and Human Interests*, p.301ss.
61 Hans Albert, Behind Positivism's Back?, in Adorno et al., *The Positivist Dispute*, p.246ss. Cf. também Albert, *Traktat über kritische Vernunft*, Tübingen, 1968.
62 Popper, Reason or Revolution?, in Adorno et al., *The Positivist Dispute*, p.299.
63 Lakatos, Falsification and the Methodology of Scientific Research Programmes, in Lakatos, Musgrave, *Criticism and the Growth of Knowledge*, p.106ss; cf. Lakatos, Changes in the Problem of Inductive Logic, in *The Problem of Inductive Logic*, Amsterdam, 1968.
64 Kuhn, Reflections on My Critics p.256ss.
65 Lakatos, Falsification, p.121. Cf. também a nota 4, p.122 e p.137, onde a verificação é reintroduzida, ainda que relutantemente.
66 Dudley Shapere, Notes Toward a Post-positivistic Interpretation of Science, in Achinstein, Barker, *Legacy*.
67 Ver, por exemplo, W. O. Quine, *From a Logical Point of View*, Cambridge, Mass., 1953; *Word and Object*, Cambridge, Mass., 1960; *Ontological Relativity and Other Essays*, New York, 1969; Hesse, *The Structure of Scientific Inference*, London [Los Angeles], 1974.
68 Cf. Pierre Duhem, *The Aim and Structure of Physical Theory*, Princeton, N. J., 1954; *To Save the Phenomena*, Chicago, 1969.
69 Hesse, *The Structure of Scientific Inference*, p.175ss.
70 Ibidem, p.4-5.
71 Cf. o meu *New Rules of Sociological Method*, London, 1976, p.142ss.
72 Cf. Kuhn, Second Thoughts on Paradigms, in F. Suppe, *The Structure of Scientific Theories*, Urbana, Ill., 1974.
73 Hans-Georg Gadamer, *Truth and Method*, London [NewYork], 1975, p.55ss.
74 Theodore Abel, The Operations Called *Verstehen*, *American Journal of Sociology*, v. LIV, 1948; Carl Hempel, On the Method of *Verstehen* as the Sole Method of Philosophy, *The Journal of Philosophy*, v.L, 1953.
75 Abel, The Operation Called *Verstehen*.
76 Cf. o meu *New Rules of Sociological Method*, p.148ss.
77 Abel, The Operation Called *Verstehen*.
78 Para uma definição de "determinismo", neste contexto, ver o meu *New Rules of Sociological Method*, p.85.
79 Talcott Parsons, *The Structure of The Social Action*, Glencoe, Ill., 1949.
80 *New Rules of Sociological Method*; Alfred Schultz, *The Phenomenology of the Social World* [Evanston, 1967], London, 1972.

81 A ideia de "estrutura", é claro, aparece em muitos contextos diversos no pensamento moderno. Há contrastes óbvios entre o modo pelo qual o termo é utilizado no "estrutural-funcionalismo", por um lado, e no "estruturalismo", por outro.

82 Cf. a análise oferecida no meu texto *Functionalism: après la lutte*, Studies in Social and Political Theory, London, 1979, p.96-129.

CAPÍTULO 6
"PODER" NOS ESCRITOS DE TALCOTT PARSONS

Talcott Parsons foi frequentemente censurado por negligenciar questões de conflito e poder. Porém, ele devotou um número significativo de seus últimos escritos a esse assunto e, de fato, elaborou importantes contribuições a respeito.

A última obra de Parsons sobre o poder demonstrou uma mudança consciente de suas concepções anteriores, em que aceitava o que chamou de concepção "tradicional" do poder. Sua nova teoria do poder foi uma tentativa de desenvolver um conjunto de conceitos que superaria o que para ele eram fragilidades importantes na noção "tradicional". Um dos primeiros lugares em que Parsons explicitamente examinou essas questões foi na resenha que fez de *The Power Elite* [A elite do poder], de C. Wright Mills. Nesse artigo, Parsons teceu várias críticas ao livro de Mills, mas também pôs em questão a concepção de poder que ele via como subjacente à obra de Mills. A tese de Mills, sustentou Parsons, adquiria importância a partir de uma concepção "enganosa e parcial" sobre a natureza do poder, que Parsons rotulou como conceito de poder "de soma zero". Isto é, o poder era concebido como se uma pessoa ou grupo o possuísse enquanto uma segunda pessoa ou grupo não o possuía, constituindo-se naquele sobre quem o poder era exercido. O poder era assim definido nos termos de objetivos mutuamente excludentes, de modo que uma parte seria detentora de poder na medida em que realizaria seus próprios desejos à custa daqueles que constituíam a outra parte. Nos termos da teoria dos jogos, de onde a frase "soma zero" é retirada, no mesmo grau em que uma parte vence, a outra necessariamente perde. De acordo com Parsons, essa concepção tendia a gerar uma perspectiva a partir da qual todo exercício de poder apareceria como servidor de interesses parciais.[1] Parsons, então, prossegue afirmando que o poder seria concebido de modo mais adequado por analogia a um jogo diferente do de soma zero: em outras palavras, como uma relação pela qual ambos os lados pudessem ganhar.

O poder, propôs Parsons, poderia ser visto como "oriundo" de um sistema social, aproximadamente do mesmo modo que a riqueza seria gerada na organização produtiva da economia. Na verdade, a riqueza era uma quantidade finita, e na medida em que uma parte possuísse certa proporção de uma dada soma de dinheiro, uma segunda parte poderia apenas possuir o restante; mas a quantia real de riqueza produzida variava com a estrutura e a organização de tipos diferentes de economia. Em uma sociedade industrial, por exemplo, tipicamente, havia mais para todos do que em uma sociedade agrária. De modo similar, o poder apresentava esses dois aspectos e, segundo Parsons, era o aspecto coletivo que se constituía no elemento mais crucial para a análise sociológica. Parsons resumiu suas objeções às concepções de Mills como se segue:

> Para Mills, o poder não é uma facilidade para o desempenho da função na, e em benefício da, sociedade como um sistema, mas é interpretado exclusivamente como uma facilidade para conseguir o que um grupo, os detentores do poder, desejam, impedindo o outro grupo, os "de fora", de obter o que quer.

O que essa conclusão faz é elevar um aspecto secundário e derivado de um fenômeno total a uma posição central.[2]

Muito do conteúdo dos últimos escritos de Parsons sobre o poder consiste na reafirmação dessa posição e na elaboração de uma analogia entre poder e dinheiro.[3] Os paralelos que Parsons desenvolveu entre os dois se baseavam na suposição de que cada um deles tinha um papel similar no interior de dois dos quatro "subsistemas funcionais" da sociedade que Parsons distinguiu em seus trabalhos anteriores. O poder tinha na política (subsistema de objetivos) uma função paralela àquela que o dinheiro tinha na economia (subsistema adaptativo). A principal função do dinheiro na economia moderna é a de "meio de circulação": isto é, a de um meio padronizado de troca nos termos do valor pelo qual os produtos podem ser estimados e comparados. O dinheiro em si não tem nenhuma utilidade intrínseca; ele tem "valor" apenas na medida em que é comumente reconhecido e aceito como uma forma padronizada de troca. É apenas nos sistemas monetários primitivos, quando o dinheiro é feito de metal precioso, que ele chega perto de ser um bem por si mesmo. Em uma economia desenvolvida os metais preciosos aparecem diretamente apenas em uma proporção muito pequena das transações de troca. A economia só é realmente "fundada" sobre seus depósitos de ouro em um sentido simbólico e indireto, e o ouro forma uma "reserva" para a qual se recorre apenas quando a estabilidade da economia é, por alguma razão, ameaçada.

O poder foi concebido por Parsons apenas como um "meio de circulação" no mesmo sentido, primariamente "gerado" dentro do subsistema político como o dinheiro era gerado na economia, mas também se constituindo em *output*[4] nos três outros subsistemas funcionais da sociedade. O poder foi definido, dessa forma, como "capacidade generalizada para servir à realização das obrigações encadeadas pelas unidades dentro de um sistema de organização coletiva quando as obrigações são legitimadas por referência à sua relação com os objetivos coletivos".[5] Por "obrigações recíprocas" Parsons entendia as condições a que estavam sujeitos tanto aqueles que se encontravam no poder quanto aqueles sobre os quais o poder era exercido, que eram as condições da legitimação que lhes conferia aquele poder; todo poder envolvia um certo "mandato", que podia ser mais ou menos extenso, dava alguns direitos aos seus detentores e lhes impunha certas obrigações em relação àqueles que lhes estavam sujeitos. As metas coletivas se assentavam sobre um sistema-valor comum, que estabelecia os grandes objetivos que governavam as ações da maioria da sociedade. Assim, a sociedade americana, de acordo com Parsons, se caracterizava pela primazia de valores do "ativismo instrumental", que provocava o fato de um dos maiores "objetivos coletivos" da sociedade ser o desenvolvimento da produtividade econômica.

Assim como o dinheiro tem "valor" por causa da "concordância" comum em usá-lo como um modo de troca padronizado, também o poder se transformou em uma facilidade para a conquista dos objetivos coletivos por meio da "concordância" dos membros de uma sociedade em legitimar as posições de liderança – e em oferecer aos que estão em tais posições um mandato para desenvolver ações políticas e implementar decisões para o desenvolvimento dos objetivos do sistema. Parsons enfatizou que essa concepção de poder era diferente da noção mais comum de "soma zero" que tinha dominado o pensamento nesse campo. Na concepção de Parsons, o "montante" líquido de poder em um sistema poderia ser expandido "se aqueles que são governados estiverem preparados para depositar uma quantidade considerável de confiança nos seus governantes". Esse processo foi concebido na forma de uma comparação com a criação do crédito na economia. Os indivíduos "investem" sua "confiança" naqueles que os governam – por intermédio, digamos, do voto em uma eleição para colocar um certo governo no poder; na medida em que aquele, desse modo, uma vez no poder, desse início a novas políticas que efetivamente desenvolvessem "objetivos coletivos", haveria mais do que um fluxo circular de soma zero de poder. Todos ganhariam com o processo. Aqueles que "tivessem investido" nos líderes receberiam de volta, na forma da realização dos objetivos coletivos, um retorno maior de seu investimento. Apenas quando aqueles que estão no poder tomam decisões exclusivamente administrativas de "rotina" não há ganho óbvio para o sistema.

O poder era assim, para Parsons, diretamente derivado da autoridade: a autoridade era a legitimação institucionalizada que subjaz ao poder e se definia como "institucionalização dos direitos dos 'líderes' de esperar apoio dos membros da coletividade".[6] Ao falar de "obrigações recíprocas", Parsons trouxe a legitimação deliberadamente para a própria definição de poder, de modo que, para ele, não poderia haver um fenômeno como "poder ilegítimo". Parsons o expressou da seguinte forma:

> A ameaça de medidas coercitivas, ou de compulsão, sem legitimação ou justificação, não poderia ser chamada propriamente de poder de forma alguma, mas seria o caso-limite em que o poder, perdendo seu caráter simbólico, mergulha em uma instrumentalidade intrínseca à obtenção de aquiescência aos desejos e não às obrigações.[7]

Na linha de sua abordagem geral, Parsons sublinhou que o uso do poder era apenas um entre muitos modos diferentes pelos quais uma parte poderia obter a aquiescência da outra para o curso da ação desejada. As outras formas de conseguir aquiescência não deveriam ser vistas, sustentou Parsons, como formas de poder; sendo antes o caso em que o uso do poder (isto é, a ativação das "obrigações recíprocas")[8] era um entre vários modos de assegurar que uma parte desse a resposta desejada. Parsons distinguiu dois "canais" principais pelos quais uma parte poderia procurar comandar as ações da outra, e dois "modos" principais desse controle, produzindo uma tipologia de quatro elementos. O ego deveria tentar controlar a situação na qual o alter estaria colocado, ou tentar controlar as "intenções" do alter; os "modos" de controle dependeriam da possibilidade de aplicação de sanções positivas (isto é, do oferecimento de algo que o alter deveria desejar) ou negativas (isto é, sustentação da ameaça de punição):

1 Canal situacional, sanção positiva: o oferecimento de vantagens positivas para o alter se ele seguir os desejos do ego (*incentivo*, tal como o oferecimento de dinheiro).

2 Canal situacional, sanção negativa: ameaça de imposição de desvantagens se o alter não consentir (o uso do *poder*: no caso extremo, o uso da força).

3 Canal intencional, sanção positiva: o oferecimento de "boas razões" pelas quais o alter deve consentir (o uso da *influência*).

4 Canal intencional, sanção negativa: a ameaça de que seria "moralmente incorreto" para o alter não consentir (o apelo à *consciência* ou outros compromissos morais).[9]

Havia uma "assimetria", sustentou Parsons, entre as sanções positivas e negativas. Quando a aquiescência estava assegurada graças a sanções positivas, porque haveria alguma recompensa definida, as sanções eram óbvias. Mas, no caso das sanções negativas, a concordância permitia que a sanção não fosse posta em vigor; a operação de sanções negativas seria geralmente simbólica e não real. Na maior parte dos casos em que o poder fosse utilizado, não se empregaria abertamente a sanção (ocasiões em que a força era utilizada, por exemplo, seriam relativamente raras no exercício do poder). Era um grande equívoco, enfatizou Parsons, falar do uso do poder apenas quando alguma forma de sanção negativa fosse realmente empregada: alguns autores que se utilizaram da noção de "soma zero" de poder tendiam a fazê-lo, referindo-se ao "poder" apenas quando alguma forma de coerção tivesse sido aplicada. Parsons afirmou:

> [Quando as coisas estão "correndo bem"] falar do detentor da autoridade em tais circunstâncias como se não tivesse ou não usasse o poder é, na nossa opinião, altamente enganoso. A questão da sua capacidade de coagir ou compelir no caso da não aquiescência é uma questão independente que envolve a de lidar com condições inesperadas ou excepcionais para as quais o sistema comum de poder pode estar preparado ou não.[10]

Cumpre sublinhar, sustentou Parsons, que a posse e o uso do poder não podem ser identificados diretamente com o uso da força. Na concepção de Parsons, a força teria que ser vista apenas como um entre vários meios, apenas um entre vários modos de obtenção da aquiescência. A força tendia a ser usada em sistemas políticos estáveis apenas como último recurso, quando outras sanções tivessem se revelado ineficazes. Utilizando mais uma vez a analogia entre dinheiro e poder, Parsons estabeleceu um paralelo entre a centralização do controle do Estado sobre o ouro e o monopólio do Estado sobre os instrumentos da força organizada em sociedades "avançadas e estáveis". Na economia, algumas vezes ocorreram deflações, nas quais a perda de confiança no valor da moeda conduziu à fé nas reservas de ouro, no sentido de manter a estabilidade econômica. De modo similar, sustentou Parsons, a "deflação de poder" poderia ocorrer quando houvesse um decréscimo de confiança nas instituições de poder político. Essa "perda de confiança" fazia crescer a crença, por parte dessas mesmas instituições, na força como forma de preservar a integração política. Nos casos econômicos como nos políticos, a corrosão da confiança, que seria o fundamento do dinheiro e do poder, produziria uma "regressão" ao padrão "primitivo".[11]

Na discussão subsequente, meu principal interesse será o de comentar a análise do poder como tal em Parsons. Não tentarei avaliar detalhadamente a exatidão dos paralelos que Parsons buscou especificar entre a política e a economia como "subsistemas funcionais" da sociedade. Se o esquema conceitual de Parsons e as pressuposições que lhe são subjacentes não podem lidar satisfatoriamente com os problemas de poder, então, de qualquer forma, muitos desses "paralelos" devem ser declarados tanto inválidos quanto equivocados.

A crítica de Parsons ao conceito de "soma zero" de poder contém de fato muitas contribuições e percepções de importância. Não há dúvida de que Parsons estava correto ao afirmar que o conceito de "soma zero" de poder algumas vezes reforça uma concepção simplista que identifica poder quase totalmente com o uso da coerção ou força. Uma perspectiva como essa costuma resultar, apesar de não ser absolutamente uma implicação lógica, da definição weberiana de poder, provavelmente a que mais influiu na sociologia. Na definição conhecida de Weber, o poder é visto como "a possibilidade de um homem ou uma certa quantidade de homens realizar sua própria vontade em uma ação comum até mesmo contra a resistência de outros que participem dessa ação".[12] Essa definição tende a pressupor as relações de poder como se envolvessem inevitavelmente interesses incompatíveis e conflitantes, na medida em que o que se ressalta é a capacidade de uma parte para realizar seus *próprios* (implicitamente parciais) objetivos, e o principal critério para aferir o "montante" de poder é a "resistência" que pode ser superada.

Como Parsons bem enfatizou, isso pode ser extremamente enganoso, tendendo a produzir uma identificação do poder com as sanções que são ou podem ser usadas por quem detém o poder. De fato, na maior parte das vezes, não são os grupos que recorrem de modo mais frequente ao uso aberto da coerção aqueles que detêm mais poder; o uso frequente das sanções coercitivas indica uma base insegura de poder. Isso é particularmente verdadeiro, como Parsons salientou, em relação à sanção da força. A posição de poder de um grupo individual que recorre constantemente ao uso da força para assegurar aquiescência às suas ordens é usualmente fraca e insegura. Longe de ser um índice de poder que uma parte detém, a quantidade de força aberta utilizada é antes a indicação de uma base de poder superficial e insegura.

Entretanto, encarar o uso da força em si como um critério de poder é um erro que apenas os analistas sociais mais ingênuos poderiam cometer. É muito mais comum identificar o poder que uma parte detém em uma relação social com sanções coercitivas que ela é *capaz* de empregar contra os subordinados, quando chamada a fazê-lo — incluindo, em primeiro lugar, a capacidade de uso da força. Mais uma, vez Parsons teceu um importante comentário aqui, ressaltando que uma parte poderia exercer um poder considerável conservando ao mesmo tempo poucas sanções coercitivas com as quais reforçaria suas ordens se elas fossem questionadas pelos subordinados. Isso é possível se a parte detentora do poder goza de um amplo "mandato" para tomar decisões de autoridade cedida ou consentida por aqueles que estão sujeitos às decisões — isto é, se aqueles sobre quem o poder é exercido "concordam" em sujeitar-se ao poder. Em tais circunstâncias, a parte no poder depende, não da posse de sanções coercitivas com as quais ela consegue superar a não aquiescência, mas do reconhecimento pela parte ou partes subordinadas de seu direito legítimo de tomar decisões autoritárias. Esses últimos em algum sentido consentem em submeter-se. Assim, quando os subordinados "concordam" em permitir que outros comandem suas ações e quando, ao mesmo tempo, aqueles que recebem esse "mandato" têm poucas sanções coercitivas a empregar se suas ordens não são obedecidas, então existe uma situação de poder que não se baseia no controle dos meios de coerção. É por causa dessa possibilidade que Parsons propôs separar analiticamente a questão de "quanto" poder uma parte exerce e a questão de quais sanções seria capaz de pôr em jogo em caso de desobediência. E é preciso reconhecer que a falta de capacidade de ordenar um tipo de sanções não engendra necessariamente a falta de poder; o "montante" de poder que uma parte detém não pode ser avaliado simplesmente em termos das sanções efetivas que ela é capaz de empregar se defrontada com a não aquiescência possível ou real. Ao mesmo tempo, dever-se-ia reconhecer que o "montante" de poder exercido em um conjunto concreto de circunstâncias e as sanções efetivas que podem ser usadas para conter a não aquiescência estão frequentemente relacionados de modo íntimo. Estudos de todos os tipos de estrutura social, dos pequenos grupos até as sociedades totais, demonstram que os detentores do poder ordenam ou desenvolvem sanções que, muitas vezes, reforçam sua posição: em qualquer grupo de existência contínua ao longo do tempo, os que estão no poder encaram problemas relativos à dissensão e à possibilidade de rebelião. O próprio fato de possuir um "mandato" dos subordinados para uma relação de poder permite que a parte dominante use sua "boa vontade" para mobilizar sanções (mesmo se apenas o escárnio, ridículo etc. da maioria conformada) contra uma minoria rebelde ou potencialmente rebelde. Se a parte detentora do poder não possui sanções para usar nos casos de desobediência, ela tende rapidamente a adquiri-las e pode, de fato, usar seu poder para fazê-lo.

O elemento que Parsons estava preocupado em salientar era, então, que o uso do poder representava frequentemente uma facilidade para a consecução de objetivos que *ambos* os lados em uma relação de poder desejavam. Nesse sentido, é claro que a criação de um sistema de poder não engendra *necessariamente* uma subordinação coercitiva das vontades ou interesses de uma parte aos da outra. Tampouco o uso do poder é inevitavelmente correlato à "opressão" ou "exploração". Muito claramente, em qualquer tipo de grupo, a existência de posições de "liderança" definidas não "gera" poder que possa ser utilizado para a consecução de objetivos desejados pela maioria dos membros do grupo. Essa possibilidade é, evidentemente, observada na teoria marxista clássica e em muitas das variedades da teoria socialista, na forma de uma direção "coletiva" dos instrumentos de governo.

Como Parsons reconheceu, essa espécie de poder é necessariamente legítima, e assim ele assimilou a legitimação na sua própria definição de poder. Parsons rejeitou, desse modo, a concepção frequentemente afirmada de que a autoridade é a "forma" do poder ou o "poder legítimo". Essa é, mais uma vez, uma ênfase útil. Considerar a autoridade um "tipo" de poder leva a negligenciar sua principal característica: especificamente, a que diz respeito ao *direito* de uma parte a fazer prescrições impositivas. A autoridade se refere à posição legítima de um indivíduo ou grupo e é, assim, adequadamente vista como uma *base* de poder (para Parsons, a única base de poder), mais do que como uma espécie de poder. É precisamente a confusão das formas com a base do poder que leva Parsons a especificar uma definição bastante restrita de poder. A autoridade, como a força, não é mais a forma do poder.

Um aspecto adicional valioso da análise de Parsons é a introdução da tipologia do comportamento complacente. É ainda muito comum para os analistas sociais afirmar ou assumir ingenuamente que a conformidade com qualquer curso específico da ação social está fundada *também* na "internalização" de valores morais adequados *ou* em alguma forma de coerção. Essa tendência é forte nas obras tanto daqueles que seguem Parsons quanto daqueles que lhe são francamente hostis. O isolamento de vários modos de assegurar a aquiescência leva em consideração outros mecanismos de conformidade. A importância da tipologia é diminuída pela falta de qualquer tentativa de especificar como esses diferentes modos de assegurar a aquiescência estão relacionados nos sistemas sociais. Entretanto, no interior do contexto geral da teoria parsoniana, essa tipologia tem alguma significação, demarcando um reconhecimento mais definido do papel dos fatores não-normativos na ação social.[13]

Mas há outros aspectos em que a discussão do poder de Parsons compartilha algumas das dificuldades e deficiências básicas de sua teoria geral e é pelo menos tão parcial quanto a concepção que ele desejou substituir. Parsons quis acima de tudo enfatizar que o poder não engendra necessariamente imposição coercitiva de um indivíduo ou grupo sobre outro e, na verdade, indicou algumas correções valiosas para o núcleo da reflexão sociológica sobre os problemas do poder. Mas o que se torna quase completamente invisível na análise parsoniana é o próprio fato de o poder, tal como o definiu, ser sempre exercido *sobre* alguém! Tratando o poder como necessariamente (por definição) legítimo, e assim iniciando pela pressuposição de uma espécie qualquer de consenso entre os detentores do poder e os que lhes seriam subordinados, Parsons virtualmente ignorou, de forma consciente e deliberada, o caráter forçosamente hierárquico do poder e as divisões de interesse que não raro são sua conseqüências. Entretanto, é bem verdade que o poder pode se apoiar na "concordância" em ceder autoridade para ser usada em objetivos coletivos; é também verdade que, frequentemente, há uma colisão entre os interesses dos detentores do poder e os daqueles que estão sujeitos ao poder. Alguns teóricos da "soma zero", sem dúvida, tendem a alegar que os diferenciais de poder engendram *inevitavelmente* conflitos de interesse e produzem conflitos abertos — deixando de conferir atenção suficiente à especificação das condições nas quais nenhuma espécie de conflito se apresenta. Mas está certamente fora de questão que as posições de poder oferecem aos seus detentores recompensas materiais e psicológicas, e assim estimulam conflitos entre aqueles que querem poder e aqueles que o detêm. Isso traz à cena, é claro, uma multiplicidade de estratégias possíveis de coerção, engodo e manipulação que podem ser usadas tanto para adquirir quanto para manter o poder. Se o uso do poder repousa na "fé" ou "confiança", tal como Parsons enfatizou, repousa também muitas vezes no engodo e na hipocrisia. Na verdade, isto é característico de toda vida social; toda ação social estável, exceto talvez no que se refira à guerra aberta e total, depende de alguma espécie de "fé" ao menos provisória – mas esse mesmo fato possibilita muitas espécies de violação e rejeição de "confiança". *L'enfer c'est les autres* [O inferno são os outros]. Engodo e "desconfiança" apenas ganham significação em relação à "fé" e "confiança": os primeiros são tão ubíquos como parte da vida social quanto os últimos, e continuarão a sê-lo por tanto tempo quanto as pessoas tiverem desejos ou valores que sejam reciprocamente excludentes, por tanto tempo quanto existirem "recursos escassos" de qualquer espécie. Qualquer teoria sociológica que trate esses fenômenos como "incidentais" ou "secundários e derivados", e não como estruturalmente intrínsecos aos diferenciais de poder, é inadequada. Ter poder é ter acesso potencial a recursos escassos valorizados, e assim o poder *em si mesmo* se torna um recurso escasso. Apesar de as relações entre poder e exploração não serem simples nem diretas, sua existência dificilmente pode ser negada.

Parsons evitou tratar desses problemas, em grande medida, recorrendo a um ardil de definição: considerou como "poder" apenas o uso das decisões com autoridade para desenvolver os "objetivos coletivos". Dois fatos óbvios – que as decisões com autoridade muitas vezes servem realmente interesses parciais e que os conflitos mais profundos na sociedade frequentemente afloram das lutas pelo poder – não são levados em conta, nem mesmo como fenômenos vinculados ao "poder". A conceituação de poder que Parsons ofereceu permitiu-lhe desviar todo o peso de sua análise, do poder como expressão de uma relação entre indivíduos ou grupos, para uma concepção de poder somente como "propriedade sistêmica". O fato de esses "objetivos" coletivos, ou mesmo os valores que lhes são subjacentes, poderem ser o resultado de uma "ordem negociada" construída sobre os conflitos entre as partes que detêm um diferencial de poder foi ignorado, na medida em que para Parsons "poder" pressupunha a existência anterior dos objetivos coletivos. As implicações desse fato estão claramente demonstradas em um pequeno livro de Parsons, *Societies*, em que ele tentou aplicar algumas dessas ideias à mudança social nos cenários sociais reais. A mudança social no seu aspecto mais geral, esclareceu Parsons, seria fundamentalmente evolução cultural – isto é, mudança nos sistemas de valores, normas e ideias. E as *fontes* básicas de mudança tinham que ser buscadas nas mudanças dos valores culturais e das *próprias* normas, não em alguma espécie de fatores "de nível mais baixo" que, no máximo, exerceriam um efeito "condicionado" sobre a mudança social. Apesar de inúmeras restrições e afirmações no sentido contrário, a teoria de Parsons, tal como ele a aplicou aqui, acabou caindo em pouco mais que uma espécie de ortodoxia idealista. A história seria movida, as sociedades se transformariam sob a direção norteadora dos valores culturais que, de alguma forma, mudam independentemente de outros elementos na estrutura dos sistemas sociais e exercem sobre eles um "controle cibernético". Isso dificilmente está de acordo com a conclusão de Parsons de que "uma vez que se formule analiticamente o problema da imputação causal, os velhos problemas relativos ao ovo e à galinha sobre a primazia dos fatores ideais e materiais simplesmente perdem significação".[14] Há uma grande diferença entre a forma de interpretação da mudança histórica e social que Parsons apresentou em *Societies* e aquela que se filia a uma perspectiva marxista. A explicação de Parsons se baseava muito fortemente em um exame dos valores sistêmicos e nas mudanças no seu interior, não dando praticamente nenhuma atenção aos fatores não normativos como ações causais na sua formação, manutenção e difusão. Tal como nas exposições teóricas mais gerais de Parsons, esses fatores foram reconhecidos formalmente como de alguma importância, embora não houvesse nenhuma discussão sistemática da inter-relação entre eles e os valores. Consequentemente, Parsons tendia a raciocinar como se a demonstração de que alguma espécie de relação lógica ou de "ajuste" entre um valor específico, norma ou padrão de comportamento e algum valor mais geral se constituísse em uma "explicação" dos primeiros elementos. Isso também é característico da análise teórica de Parsons sobre o poder e a mudança social. Assim, por exemplo, a certa altura dessa discussão do poder político, é como se ele encontrasse a origem da "democracia política" — isto é, o voto universal — no "princípio de igualdade anterior à lei", que era um "princípio subordinado à organização normativa universalista", como se isso explicasse por que ou como o voto universal chegou a existir.

Na conceitualização de poder de Parsons havia uma noção com uma referência dinâmica explícita: a de "deflação de poder". Isso, no mínimo, constituiu um receptáculo teórico no sistema parsoniano para a possibilidade de revolução social. Caracteriza, contudo, o fato de que o conceito depende da pressuposição anterior de uma "confiança" consensual no sistema de poder. A deflação de poder se referia a uma diminuição em espiral da "confiança" nas ações do poder, de forma que aqueles que se subordinavam a ele viessem cada vez mais a questionar sua posição. Parsons não sugeriu quaisquer respostas à questão do porquê de as deflações de poder ocorrerem, exceto para indicar que uma vez postas em marcha elas se pareciam com o "círculo vicioso" de um apoio declinante característico das crises econômicas. O paralelo com a deflação econômica, nos termos pelos quais Parsons a discutiu, demonstra claramente que ele concebeu o processo como basicamente psicológico, o que é uma espécie de generalização da caracterização do desvio apresentada em *The Social System* [*O sistema social*]. A deflação de poder é desvio de mandato na medida em que ela esteja centrada na autoridade legítima.[15] Dessa forma, está excluída a possibilidade de explicar a deflação de poder nos termos de uma interação mútua dos grupos de interesse. Foi afastada a possibilidade de vincular teoricamente tais fatores aos mecanismos de deflação de poder, graças a uma tipologia de meios para a obtenção da aquiescência. Os paralelos que Parsons se propôs buscar entre a política e a economia servem, de fato, para separar os processos econômicos e políticos entre si. O fato de o fator econômico e outros fatores "materiais" em si desempenharem um papel--chave na deflação de poder foi ignorado, já que Parsons estava, acima de tudo, preocupado em demonstrar como a política e a economia eram "analiticamente" similares, não como elas se inter-relacionavam. As várias discussões das relações entre a sociologia e a economia em Parsons, incluindo o seu e de Smelser *Economy and Society* [*Economia e sociedade*], foram todas iniciadas nos termos de categorias tipológicas formais e raramente sugeriram quaisquer generalizações substantivas que vinculassem as duas. O método de Parsons é bem ilustrado pelo caráter inteiramente abstrato de sua tipologia dos modos de assegurar a obediência. Operou-se uma distinção entre incentivo e "poder". A razão para tal distinção era que estes poderiam ser considerados "meios" paralelos nos subsistemas da economia e da política. Essa distinção tipológica podia ser útil, mas aplicá-la é problema sociológico importante. Como, de fato, incentivo e poder operam como propriedades sistemáticas das sociedades ou de outras estruturas sociais? Obviamente, o incentivo é a *base* do poder, e o contrário também pode frequentemente ser verdadeiro – uma pessoa ou um grupo que detém o poder está muitas vezes em uma posição que permite o acesso a várias formas de incentivo, inclusive o oferecimento de recompensa material. A relação entre sanções "positivas" e "negativas" pode ser muito complicada do modo como realmente opera nos sistemas sociais. Assim, os incentivos, ao oferecer algumas recompensas definidas em troca de aquiescência, sempre abrem a possibilidade de transformá-las em sanções negativas; a *contenção* de uma recompensa representa uma punição e uma forma definida de coerção. Mas Parsons não cogitou de estabelecer tais possibilidades e aplicá-las à análise da deflação de poder; em vista disso, o processo de deflação de poder foi concebido puramente como uma "perda de confiança" psicológica no sistema existente.

Talvez seja significativo que Parsons tenha mencionado apenas de passagem os fatores que produzem a "inflação de poder" — isto é, o processo pelo qual a "confiança" no sistema de poder se *desenvolve* e se *expande* nas sociedades. É exatamente nessa área que se assentam alguns dos problemas mais cruciais no estudo do poder e onde o conflito e a coerção podem desempenhar um papel mais importante. No tratamento do poder, em Parsons, a coerção e a força foram retratadas ao longo do final da linha de uma progressão das sanções corretivas que poderiam ser aplicadas para conter quaisquer tendências que apontassem para a deflação de poder. A força era a sanção aplicável quando tudo o mais tivesse fracassado. Só quando o sistema mostrasse falta de "confiança" é que o uso aberto do poder tornava-se frequente. Assim, concluiu Parsons, o sistema de poder estável estaria baseado apenas de forma indireta, ou "simbolicamente", no uso da força. Mas na "inflação" de poder, a coerção e a força podem ser a fundação de uma ordem consensual de um modo muito diferente. A história das sociedades demonstra mais e mais que as formas sociais particulares são frequentemente implementadas, pela primeira vez, pela força e por alguma outra forma definida de coerção e que as medidas coercitivas são usadas para *produzir* e reforçar uma nova legitimação. É nesse sentido que o poder pode se desenvolver para além dos barris de pólvora. A força permite o controle manipulador que pode, então, ser usado para diminuir a dependência da coerção. Se isso, em eras anteriores, foi provável apenas como resultado parcial da manipulação consciente, hoje em dia, por meio da difusão controlada da propaganda, tornou-se um processo muito mais deliberado. Mas, deliberado ou não, não se trata somente do fato de que os sistemas de poder estável se apoiam na legitimação estável da autoridade, que é a chave para a análise do poder, mas, conforme os teóricos da "soma zero" sempre reconheceram, de como a legitimação é *obtida*. Ao definir o poder como ativação das obrigações legítimas, Parsons evitou examinar o processo pelo qual a legitimação, e por meio dela a autoridade e o poder, foram estabelecidos e mantidos. O consenso foi pressuposto e o poder foi concebido como se derivasse dele; as determinações da base consensual do poder foram encaradas como não problemáticas.

Isso também quer dizer que Parsons tendia a aceitar as operações de autoridade por seu valor aparente, como se todas as "obrigações" de importância fossem abertas, públicas e legítimas. Mas aceita-se como fato da vida política que aqueles que ocupam posições de autoridade formal são, às vezes, marionetes que têm seus cordões controlados por trás da cena. Nas sociedades modernas, é nos processos ocultos de controle que algumas das operações cruciais de poder estão alocadas. Definindo o poder como "ativação de obrigações *legítimas*", Parsons poderia dar a impressão de ter tido que classificar esses processos como se não envolvessem "poder". Mas os que controlam as marionetes por trás da cena podem ser as pessoas que detêm controle real; assim, o conceito que não nos permita explorar as relações muitas vezes complicadas que se estabelecem entre os sistemas de poder "não reconhecidos" ou "ilegítimos" e legítimos não nos é muito útil.

Isso pode não emergir necessariamente da definição de poder em Parsons *per se*, na medida em que seria possível sustentar que aqueles que estão *de fato* "ativando obrigações legítimas" são aqueles que usam os indivíduos nas posições de autoridade formal como um *front* – isto é, são as pessoas por trás da cena as que realmente controlam essas "obrigações legítimas" e, assim, são as que realmente detêm o "poder". Mas, de qualquer modo, a própria análise de Parsons demonstrou certa tendência à ingenuidade ao não enxergar nada além dos processos abertos. A explicação de Parsons de como é produzido o apoio político, por exemplo, foi constituída nos termos de uma comparação *prima facie* entre o governo e o sistema bancário:

> o apoio político deveria ser concebido como uma concessão de poder que, se conduz ao sucesso eleitoral, coloca a liderança eleita em uma posição análoga à do banqueiro. Os "depósitos" de poder feitos pelos votantes são revogáveis, se não no momento em que se deseja, na próxima eleição.[16]

Assim, aqueles que estão nas posições de poder político têm o direito legítimo de "usar" o poder "concedido" a eles pelo eleitorado da mesma maneira que um banqueiro pode investir o dinheiro depositado em seu banco. Ao que parece, Parsons está apenas sustentando que esses dois processos são "analiticamente" paralelos e, sem dúvida, poderia reconhecer as muitas diferenças substantivas entre eles. Mas, apesar disso, sua ansiedade em desenvolver similaridades formais entre a política e a economia e, de modo correspondente, entre o dinheiro e o poder, parece tê-lo cegado para as realidades da manipulação política.

O tratamento do poder em Parsons, conquanto marcasse em poucos aspectos um grande reconhecimento formal do papel dos "interesses" na ação social,[17] representou nos seus aspectos fundamentais uma forte contração de sua posição teórica geral, tal como foi estabelecida em *The Social System*. O poder se tornou simplesmente uma extensão do consenso, os meios que uma sociedade usa para atingir suas "metas". Mas, certamente, isso é inadequado. O poder desce tão profundamente às raízes da vida social quanto os valores ou as normas; se todas as relações sociais envolvem elementos normativos, então também todas as relações de poder contêm diferenciais de poder.

Conclusão

No "funcionalismo normativo" de Durkheim e Parsons, o conceito de interesse tende a ser concebido como um elemento relacionado apenas à dicotomia tradicional entre indivíduo e sociedade, não às divisões entre grupos dentro da totalidade social. Assim, esse tipo de teoria social encontra dificuldade em abrir espaço para a análise do poder como instrumento de interesses parciais de grupo. O poder é concebido como o "poder da sociedade" em confronto com o indivíduo. Embora essa concepção, tal como aparece nos escritos políticos de Durkheim, possa oferecer uma explicação da dominação do Estado sobre a sociedade civil, ela não permite conceber a própria sociedade como um sistema de poder fundado em divergências irreconciliáveis de interesse.

No entanto, são importantes as noções de que o poder não é tratado adequadamente se se constitui em uma quantidade fixa e de que ele não tem nenhum vínculo ou conflito necessário. Nenhuma dessas duas noções depende da espécie de formulação do conceito que Parsons elaborou. O caráter "explicável" do poder não tem nenhuma conexão lógica com o poder referente às "metas" da coletividade. É possível manter a crítica de Parsons à concepção do poder de soma zero sem concordar com sua reconstrução da noção de poder.

Podemos distinguir um sentido amplo e estrito do termo "poder", paralelo à diferenciação entre "ação" e "interação", em que as últimas se referem a formas de conduta reciprocamente orientadas entre dois ou vários atores. A ação ou o agir implicam a intervenção (ou a contenção) de um indivíduo no curso dos acontecimentos no mundo e pode ser verdadeiro afirmar, no que diz respeito a esse indivíduo, que "ele poderia ter agido de outra maneira". A ação, assim definida, envolve a aplicação de "meios" para assegurar resultados, na medida em que esses resultados se constituam na intervenção no curso contínuo dos acontecimentos. Definamos, pois, o poder como o uso de recursos, de qualquer natureza, para assegurar resultados. O poder, então, se torna um elemento da ação e diz respeito à categoria de intervenções de que um agente é capaz. O poder, em sentido amplo, é equivalente à *capacidade transformadora* da ação humana — a capacidade dos seres humanos de intervir em uma série de acontecimentos de modo a alterar o seu curso. Nesse sentido, o poder está intimamente ligado à noção de *praxis*, porquanto se relaciona com as condições historicamente constituídas e historicamente mutáveis da existência material.

A produção e reprodução da interação envolve, evidentemente, o poder como capacidade de transformação: mas na interação podemos distinguir um sentido mais estrito, um sentido "relacional" de poder, já que a ação realizada com a intenção de assegurar resultados particulares envolve, por consequência, respostas ou comportamento potencial de outros (incluindo sua resistência ao curso da ação que uma parte quer produzir). Poder, aqui, é dominação, mas seria um grande equívoco supor, tal como as teorias do poder de soma zero, até mesmo no seu sentido mais restrito, que a existência do poder implique logicamente a existência do conflito, se tal termo for tomado na acepção de oposição de interesse ou luta real entre dois ou mais combatentes de qualquer espécie. É precisamente o conceito de interesse que se vincula mais imediatamente aos conceitos de conflito e de solidariedade. O uso do poder é frequentemente acompanhado de luta; isso não acontece por causa de uma relação lógica entre os dois, mas por causa da falta de coincidência dos interesses dos atores nas circunstâncias em que o poder é aplicado. (Ao fazer essa afirmação, não quero propor a tese de que as pessoas sempre sabem quais são seus interesses, ainda que a identificação de interesses por parte do teórico envolva a imputação de desejos a essas pessoas. Tampouco quero afirmar que a divisão de interesses sempre conduz a conflito aberto, ou ao contrário, que a existência desse conflito pressupõe *ipso facto* a divisão de interesses.) O conceito de interesse tem que ser entendido como um conceito metateórico. Ou seja, ele tem que ser libertado de qualquer associação com as necessidades humanas no estado de natureza, ou da questão que o coloca em uma única conexão com as divisões de classe na sociedade. A primeira conduz a uma situação na qual o interesse é concebido exclusivamente com referência aos interesses do "indivíduo" em oposição aos da "sociedade" (ou do Estado). A segunda, tal como expressa em algumas leituras de Marx, leva à implicação de que, com a transcendência das classes, as divisões de interesse na sociedade desapareceriam. Se precisamos reconhecer que as oposições entre interesses particulares podem sempre ser transcendidas pela transformação social, isso é inteiramente distinto da pressuposição de que as divisões de interesse na sociedade possam ser superadas em conjunto.

O mesmo se aplica à dominação. As formas específicas de dominação, tal como localizadas historicamente nos sistemas de poder, estão em todas as instâncias abertas à transformação potencial. Se o poder é visto como intrínseco a toda interação, a questão da sua transcendência em uma sociedade empírica qualquer não pode colocar-se. Seria possível desenvolver um modelo de emancipação baseado na igualdade de poder na interação. Mas, isoladamente, nada seria menos apropriado porque assim não se lidaria com o poder no seu aspecto de capacidade transformadora, como o meio da realização dos interesses humanos coletivos. Sob esse aspecto, a liberdade em relação à dominação nos sistemas de interação aparece como um problema de construção de formas racionalmente defensáveis de autoridade.

Notas

1 Assim Mills, na concepção de Parsons, demonstrava uma "tendência a pensar o poder como supostamente ilegítimo; se as pessoas exercem poder considerável deve ser porque, de alguma forma, usurparam-no em uma situação em que não tinham qualquer direito e pretendem usá-lo em detrimento de outros". The Distribution of Power in American Society, in *Structure and Process in Industrial Societies*, Glencoe, Ill., 1960, p.221.

2 Ibidem, p.220.

3 Parsons sublinhou que essa análise do poder representou uma mudança em relação às concepções estabelecidas em *The Social System*, onde afirmou que ainda aceitava a concepção "tradicional" (isto é, de "soma zero"). Isso significava que sua concepção do que se constituía como "ciência política" também tinha mudado; se ele aceitava anteriormente, em *The Structure of Social Action*, a ideia de que a ciência política era uma disciplina sintética, ela passou depois a ser vista como um disciplina analítica autônoma em paridade com a economia.

4 A palavra pode ser mantida em inglês como resultado do raciocínio matricial de Parsons; pode-se optar também pela tradução "elemento interveniente" ou "elemento resultante no interior dos". (N.T.)

5 On the Concept of Political Power, in *Structure and Process in Industrial Societies*, p.237.

6 Authority, Legitimation and Political Action, in *Structure and Process in Industrial Societies*, p.181.

7 On the Concept of Political Power, p.250.

8 A expressão em inglês é *binding obligations*. Optamos pela tradução "recíprocas" pelo contraponto ao uso coercitivo ou à obtenção da aquiescência. (N.T.)

9 Some Reflections on the Place of Force in the Social Process, in Harry Eckstein, *Internal War*, Glencoe, Ill., 1964. Essa tipologia obviamente se vincula aos subsistemas funcionais da sociedade. Assim como na maior parte dos esquemas de Parsons que envolvem quatro "subsistemas funcionais", um conjunto regressivo de subclassificações é possível para cada um dos quatro "meios" de interação. No caso da "influência", por exemplo, o padrão seria próximo do que se segue:

(I = integração; OM = obtenção de metas; A = adaptação; MP = manutenção do padrão).

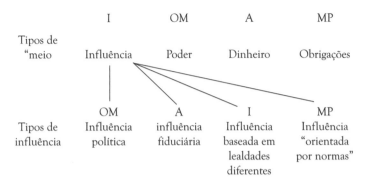

10 Some Reflections on the Place of Force in the Social Process, p.52.

11 Ibidem, p.63ss.

12 Hans H. Gerth, C. Wright Mills, *From Max Weber*, New York, 1958, p.180.

13 Parsons afirmava que esses conceitos "faziam a ponte sobre os aspectos normativos e factuais do sistema no qual eles operavam". On the Concept of Influence, *Political Opinion Quarterly*, v.XXVII, 1963, p.45.

14 *Societies: Evolutionary and Comparative Perspectives*, Englewood Cliffs, N. J., 1966, p.115.

15 Cf. o comentário de Parsons: "Podemos dizer que a primeira função da autoridade superior é definir claramente a situação para os escalões mais baixos da coletividade. O problema de superar a oposição na forma dos dispositivos da não aquiescência surge, então, da institucionalização incompleta do poder de um detentor de autoridade superior". On the Concept of Political Power, p.243.

16 Ibidem, p.254.

17 Parsons sempre reconheceu, em princípio, o vínculo essencial entre valores e interesses. Ver, por exemplo, a discussão em um dos seus primeiros artigos: O lugar dos valores últimos na teoria sociológica, *International Journal of Ethics*, v.XLV, 1935, p.82-316. Em uma publicação muito posterior, Parsons afirmou, presumivelmente em referência a Lockwood: "Não acredito que seja útil postular uma dicotomia profunda entre as teorias que dão importância às crenças e valores, por um lado, e aos interesses que se alegam 'realistas', isto é, econômicos, por outro. Crenças e valores são efetivados, parcial e imperfeitamente, em situações realistas da interação social e os resultados são *sempre* codeterminados pelos valores e pelas exigências realistas". Authority, Legitimation and Political Action, republicado em *Structure and Process in Industrial Societies*, p.173. Há claramente um sentido no qual os "valores" são anteriores aos "interesses": para ter um "interesse", um indivíduo ou grupo tem que ter alguma espécie de motivação seletiva, que supõe, por sua vez, alguma espécie de "valor". Mas isso é muito diferente de dizer que em um sentido *explicativo* os valores são ne-

cessariamente anteriores aos interesses. E é precisamente o que a totalidade da teoria de Parsons está postulando. O reconhecimento de Parsons do papel dos interesses não normativos não conduz a um tratamento teórico sistemático da interação entre valores e interesses. A questão é que não apenas os "resultados em situações realistas de interação social" estão codeterminados pelos valores e "exigências realistas", mas que os últimos desempenham uma parte (frequentemente crucial) na formação e no grau de "efetivação" dos valores.

CAPÍTULO 7

O GURU IMPROVÁVEL: RELENDO MARCUSE

"O guru improvável da política surrealista": frase usada no final dos anos 1960 pela revista *Fortune* para descrever Herbert Marcuse. Por que improvável? Porque Marcuse, já com 70 anos de idade na época, tinha trabalhado em relativa obscuridade durante muitos anos, um escritor de estilo pouco claro cujos trabalhos eram conhecidos apenas por certos setores da comunidade acadêmica. Dentre todos, um livro impulsionou Marcuse para a fama – ou lhe trouxe notoriedade –, que se estenderia bem além dos limites da academia. Publicado pela primeira vez em 1964, *One-Dimensional Man* coincidiu com o começo do movimento estudantil nos Estados Unidos e tornou-se em vários países uma espécie de manifesto para os estudantes ativistas associados à Nova Esquerda. É claro que o próprio Marcuse estava longe de estar plenamente satisfeito com a maneira pela qual seu trabalho era evocado pelos radicais da Nova Esquerda. De fato, ao mesmo tempo que emprestava seu apoio a diversas atividades radicais do período, Marcuse previu que o impacto dos movimentos estudantis seria limitado e antecipou sua dissolução. Em 1969, ele escreveu que nem os estudantes nem a Nova Esquerda em geral poderiam ser considerados os progenitores de uma nova sociedade; quando suas atividades atingissem os limites, ele temia que "o *establishment* pudesse iniciar uma nova ordem de repressão totalitária".[1]

Não é meu objetivo, nesta discussão, avaliar a influência da Nova Esquerda ou o envolvimento de Marcuse com ela. Nem vou fazer nenhuma tentativa de examinar o desenvolvimento do trabalho de Marcuse como um todo. Concentrarei minha atenção principalmente em *One-Dimensional Man*. O que uma leitura ou releitura do livro pode oferecer? O livro expressou uma fase transitória da vida política do Ocidente ou contém uma análise da sociedade contemporânea de importância duradoura?

A análise de Marcuse: seus temas principais

Naturalmente seria enganador separar por completo *One-Dimensional Man* dos outros escritos de Marcuse, já que de alguma maneira ele representa a sua síntese. Foi escrito em inglês e tomou os Estados Unidos como o foco principal da discussão. Mas o livro ampliou e deu continuidade a noções que surgiram pela primeira vez cerca de trinta anos antes, nos primeiros escritos de Marcuse, constituídos pela combinação das influências de Marx, Hegel e Heidegger.[2] Embora, posteriormente, Marcuse repudiasse alguns dos pontos de vista tomados de Heidegger, manteve-se mais fortemente influenciado por aquele pensador do que os outros dois personagens principais da "Escola de Frankfurt", Horkheimer e Adorno.[3] Preparado para revisar profundamente Marx onde fosse necessário, Marcuse manteve-se, durante toda a vida, filiado a uma antropologia filosófica extraída, significativamente, dos primeiros textos marxistas — em especial dos "Manuscritos de Paris" de 1844. De Hegel, ele tomou a concepção do "poder impulsionador da dialética", assim como o "poder do pensamento negativo", empregado para revelar as "inadequações internas" do mundo empírico constituído.[4] As inadequações do mundo constituído são reveladas pela exposição de como o real inibe o desenvolvimento das possibilidades imanentes de mudança que negariam o estado das relações existentes. Marcuse nunca adotou esse ponto de vista para indicar uma dialética negativa, separada de qualquer base transcendental, da maneira como Adorno o faria. Tal concepção seria inconsistente justamente com a antropologia filosófica de Marcuse em que, nas últimas fases de seu trabalho, é claro, ele fundiu Freud e Marx.

Todas essas ênfases estão em *One-Dimensional Man* e constituem uma fundamentação essencial para o seu entendimento. O livro foi explicitamente apresentado como um trabalho de teoria crítica, uma análise da sociedade que tentava avaliar o leque de possibilidades não realizadas no contexto de uma aparente prosperidade industrial. O "pensamento negativo" e os objetivos positivos de uma antropologia filosófica foram apresentados aqui por Marcuse como elementos conexos em um único empreendimento crítico. Ele procurou formular:

> uma teoria crítica da sociedade contemporânea, uma teoria que analisa a sociedade à luz de suas capacidades, usadas, não usadas ou abusadas para a melhoria da condição humana. [Tal análise] implica julgamentos de valor ... o julgamento de que a vida humana vale a pena ser vivida, ou melhor, pode e deve valer a pena ... [e] o julgamento de que, em uma dada sociedade humana, existem possibilidades específicas para a melhoria da vida humana e caminhos específicos para a realização dessas possibilidades. A análise crítica tem que demonstrar a validade objetiva desses julgamentos e a demonstração tem que ser estabelecida com base empírica.[5]

One-Dimensional Man foi organizado em três seções principais. Nos primeiros capítulos do livro, Marcuse retratou o que chamou de "sociedade unidimensional", ou aquilo a que muitas vezes se referiu como "sociedade industrial avançada". A segunda parte se preocupava com "o pensamento unidimensional" – aquilo que Marcuse denominou "a derrota da lógica de protesto", que era resultado de um modo específico de desenvolvimento da ordem industrial avançada. Como conclusão, o autor colocou a questão "Quais alternativas existem?". Quais as possibilidades que se oferecem para transcender uma forma de sociedade que Marcuse via como fundamentalmente repressiva, mas na qual as formas potenciais de protesto tinham sido aparentemente solapadas?

Foi básica para a discussão de Marcuse do primeiro desses temas sua interpretação das mudanças sociais que vinham acontecendo desde o século XIX. A crítica de Marx da economia política fora construída em um período do desenvolvimento do capitalismo em que as duas classes, burguesia e proletariado, encaravam-se como antagonistas em luta. Na sua forma clássica, nos textos de Marx, a teoria crítica baseava-se na previsão de que a classe trabalhadora traria o fim da soberania do capitalismo e proclamaria uma sociedade socialista de caráter radicalmente diferente. Embora essas permanecessem as classes básicas, Marcuse afirmou que, nas sociedades ocidentais atuais, a classe operária não poderia continuar sendo considerada o veículo da transformação histórica. A classe operária tinha deixado de ser a "negação material" da ordem industrial avançada, convertendo-se ao contrário em parte integral daquela ordem. A sociedade industrial avançada, de acordo com Marcuse, tinha sido formada pela conjunção do Estado de bem-estar social com o estado de guerra.[6] Internamente, o capitalismo competitivo do século XIX cedera lugar a uma economia industrial organizada, na qual o Estado, as grandes corporações e os sindicatos coordenavam suas atividades para promover o crescimento econômico. Mas essa era também uma economia engrenada para a ameaça de guerra, na qual grandes somas eram gastas em armamentos e a ameaça do "comunismo internacional" era utilizada para promover a unidade política entre programas de partidos políticos supostamente divergentes. "Mobilizada contra essa ameaça", nas palavras de Marcuse, "a sociedade capitalista demonstra uma unidade interna e coesão desconhecidas em etapas precedentes da civilização industrial. É uma coesão em um plano bem material; a mobilização contra o inimigo funciona como um poderoso estímulo à produção e ao emprego, mantendo assim um alto nível de vida".[7]

A colaboração dos sindicatos com as lideranças empresariais e com o Estado não foi de modo algum a característica mais fundamental da sociedade industrial avançada, que teria promovido a incorporação da classe trabalhadora. Mais profundas foram as mudanças na tecnologia e no processo de produção. A mecanização da produção, pela qual o poder do trabalho integrou-se cada vez mais no projeto global da tecnologia,[8] continuou sendo o cerne da alienação. Mas a escravidão do ser humano pela máquina foi ocultada pela desaparição gradual dos ambientes de trabalho mais evidentemente brutais. Mais ainda, a própria máquina foi absorvida por sistemas muito mais abrangentes de organização técnica que ultrapassavam as divisões entre trabalho manual e não manual. A dominação de classe aparecia agora como mera administração neutra. Capitalistas e gerentes, disse Marcuse, tendiam a perder sua identidade específica como uma classe manifestamente exploradora, assim como os trabalhadores perderam a sua identidade como classe explorada. A divisão de classes e o trabalho alienado não foram eliminados, mas engolidos durante a expansão das hierarquias organizativas. O poder político, para Marcuse, também foi incorporado ao aparato técnico produtivo. Contudo, por mais que elas se considerassem democracias liberais, as sociedades contemporâneas eram totalitárias. "Porque 'totalitário'", na opinião de Marcuse, "não é apenas uma coordenação política terrorista da sociedade, mas também uma coordenação técnico-econômica não terrorista que opera por meio da manipulação das necessidades pelo capital realizado".[9]

A coesão social e política da sociedade industrial avançada originou uma coesão correspondente, continuava Marcuse, no nível da cultura. Em tempos anteriores, a "alta cultura" ou "cultura intelectual", como ele disse muitas vezes, exaltou ideais distantes que eram, assim, explícita ou implicitamente antagônicos em relação às realidades sociais existentes. Esse nunca foi, admitia, um estímulo maior para a mudança social em si e por si mesma, já que a alta cultura era privilégio de uma minoria, distante das atividades mundanas da vida cotidiana. Contudo, ela manteve vivo um leque de concepções alternativas do mundo que estariam hoje em processo de extinção. A liquidação da "cultura bidimensional" não ocorreu simplesmente por meio da destruição da alta cultura, mas, principalmente, da sua apropriação pela ordem estabelecida. Os valores incorporados na alta cultura foram disseminados pelos meios de comunicação de massa e reduzidos a cômodas banalidades despidas de sua força de negação. Isso foi descrito como o processo de "dessublimação repressiva", uma noção diretamente vinculada às visões esboçadas por Marcuse em *Eros e civilização*. A literatura e a arte, da maneira que eram exercidas anteriormente, baseavam-se na sublimação dos impulsos instintivos, mediada pela gratificação dos instintos. Mas a fácil difusão e a trivialização de valores e de ideais permitiu sua gratificação imediata. Tal dessublimação era repressiva, pois servia apenas para reforçar o totalitarismo da sociedade unidimensional. A sexualidade era expressa dentro de limites que reprimiam exatamente a difusão do erótico, que Marcuse via como a precondição da sociedade liberada. O erótico foi reduzido à sexualidade permissiva. Essa era uma civilização cujos descontentes foram apaziguados por uma consciência feliz derivada da absorção do princípio de realidade pelo princípio do prazer. A dessublimação repressiva "manifesta-se em todas as formas de divertimento, de descontração e de sociabilidade, que exercem a destruição da privacidade, o desprezo pela forma, a incapacidade de tolerar o silêncio e a exibição orgulhosa de rudeza e de brutalidade".[10]

Na sociedade industrial avançada, a razão técnica converteu-se na única forma de razão admitida como válida. A razão técnica, a racionalidade da tecnologia, definiu a razão de maneira puramente instrumental nos termos da relação entre fins e meios. Vendo essa concepção como a base do positivismo no discurso intelectual, e da ideologia contemporânea de uma forma mais geral, a análise de Marcuse aproximou-se nesse ponto da dos outros membros da Escola de Frankfurt. A razão, disse Marcuse, baseava-se no caráter potencialmente subversivo da negação, objetivamente conectada à revelação das "inadequações internas" do mundo existente. Mas o poder subversivo da razão tinha sido subvertido no "pensamento unidimensional" da racionalidade tecnológica. Na filosofia clássica, assim como em boa parte da metafísica ocidental até recentemente, a filosofia vinculava a verdade à vida boa, aos modos possíveis de viver uma existência livre e compensadora. A indagação da verdade operava dialeticamente, expondo as contradições entre o pensamento e a realidade, e conectando tais contradições com a promessa da vida boa. Porém, na razão instrumental, a verdade referia-se à correspondência e não à contradição, e a verdade ou "fato" foram separados dos valores.[11] Assim, os valores não poderiam ser justificados racionalmente em relação ao mundo objetivo, mas converteram-se em uma questão de apreciação subjetiva. A razão instrumental era supostamente neutra em relação aos valores mas, na realidade, preservava-se como um valor superior do mundo unidimensional do progresso técnico.

A primazia da ciência, concebida como um meio de controlar a natureza, relacionou diretamente a realidade da tecnologia com a filosofia, que foi paulatinamente dominada pelo positivismo:

> Os princípios da ciência moderna [afirmou Marcuse] foram estruturados *a priori* de maneira a poderem servir como instrumentos conceituais para um universo de controle produtivo automático; ao operacionalismo teórico veio corresponder o operacionalismo prático. O método científico, que conduzia para a dominação cada vez mais efetiva da natureza, providenciou os conceitos puros, assim como os meios para a dominação cada vez mais efetiva do homem pelo homem *por meio* da dominação da natureza. A razão teórica, permanecendo

pura e neutra, serviu aos interesses da razão prática. A junção revelou-
-se benéfica para ambas. Hoje, a dominação se perpetua e se estende
não apenas por meio da tecnologia mas *como* tecnologia, e esta última
confere maior legitimidade à expansão do poder político, que absorve
todas as esferas da cultura.[12]

A filosofia da linguagem comum de Austin e outros e a filosofia
do último Wittgenstein foram vítimas de tais tendências, ainda que
elas pudessem diferir superficialmente do positivismo. Pois seu objetivo
era libertar a filosofia da metafísica, uma operação de limpeza
que mostrou que a metafísica se baseava no mau uso da linguagem.
A tarefa da filosofia era novamente uma tarefa "tecnológica", de
controlar os excessos de seu próprio passado metafísico por meio da
correção da linguagem. Como empreendimento terapêutico, sugeriu
Marcuse, a filosofia linguística compartilhava uma orientação comum
com a moderna psiquiatria. A desrazão da loucura era assim
concebida como possuidora de uma afinidade subjacente com a razão
da metafísica. Já que a loucura era uma forma de negação do real,
a preocupação da psiquiatria era a de "ajustar" o indivíduo ao mundo
existente, por mais insano que pudesse ser esse mundo. Como a
psiquiatria, a filosofia linguística "detesta a transgressão".

Um traço relevante de *One-Dimensional Man* era a relativa brevidade
da sua terceira e conclusiva seção: "a possibilidade de alternativas"
para a sociedade unidimensional e para o pensamento unidimensional.
Muito daquilo que Marcuse tinha a dizer nessa seção era
altamente abstrato, em um livro que, como um todo, não impressionava
o leitor pela minúcia das discussões que oferecia. O "projeto
transcendente" da sociedade alternativa foi enunciado nos termos
da sua racionalidade específica, contrastada com a racionalidade da
técnica. O projeto transcendente, exigiu Marcuse, deve manter sua
conexão com o materialismo de Marx no sentido de preocupar-se
com as possibilidades reais de mudança no estado atual da cultura
material e intelectual. Ele deve demonstrar sua "racionalidade superior",
em contraste com a racionalidade tecnológica, mostrando que
a negação do presente (comparada, por exemplo, com o niilismo)
afirmava os valores da liberdade humana e da autorrealização. Uma
vez que a tecnologia e a racionalidade tecnológica eram as fundações
subjacentes a uma sociedade industrial avançada, o projeto de
transformação deveria concentrar-se no desenvolvimento de uma

"técnica qualitativamente nova". A razão técnica já tinha se convertido na base da política e a sua reversão implicaria necessariamente uma reversão política. A possibilidade da transcendência da racionalidade tecnológica, declarava Marcuse, estava implícita no seu próprio progresso, já que ela estava alcançando seus limites dentro da ordem repressiva do industrialismo avançado. O avanço da mecanização e o da automação do trabalho alcançou uma fase cuja contenção não seria mais possível dentro da sociedade unidimensional, já que a ameaçava de desintegração. Ele anunciava uma ruptura revolucionária, um movimento da quantidade para a qualidade:

> Estaria aberta a possibilidade de uma realidade humana essencialmente nova — a saber, a existência do tempo livre com as necessidades vitais satisfeitas. Sob tais condições, o próprio projeto científico libertar--se-ia para fins transutilitários e para uma "arte de viver" para além das necessidades e luxos da dominação. Em outras palavras, a culminação da realidade tecnológica não seria apenas o pré-requisito, mas também a base racional para *transcender* a realidade tecnológica.[13]

Quando publicado, *One-Dimensional Man* foi considerado por muitos de seus críticos um livro profundamente pessimista, já que seu autor parecia acenar com poucas oportunidades concretas de mudança social. Tal foi o êxito aparente da sociedade unidimensional em excluir a oposição. Quando, em *An Essay of Liberation* [*Um ensaio sobre a liberação*] e em outros escritos posteriores, Marcuse se aproximou dos estudantes e de outros militantes, isso foi visto em geral como o marco de uma mudança de sua postura em direção a uma perspectiva mais otimista. Mas isso era apenas parte da questão e baseava-se num duplo erro de interpretação. Marcuse não considerava o movimento estudantil e as outras tendências militantes daquele tempo a vanguarda da revolução imediata, mas expressão das tensões imanentes dentro do sistema. A principal base da transformação revolucionária não seria encontrada nas atividades daqueles que ainda não tinham sido completamente incorporados à sociedade unidimensional. Ela deveria ser encontrada no próprio centro da sociedade unidimensional, nas consequências potencialmente explosivas daquela mesma força que estava na origem da sua coerência: a racionalidade da técnica. Pelo menos em seus próprios termos, *One-Dimensional Man* era um tratado fortemente revolucionário e permaneceu fiel ao que Marcuse viu como o caráter essencial do pensamento marxista, a tensão entre as relações de produção (da sociedade unidimensional) e as mudanças emergentes nas forças de produção que pressagiavam uma nova sociedade. Os veios de pessimismo que podem ser encontrados nos primeiros trabalhos de Horkheimer e Adorno, e que finalmente se tornaram bem definidos na sua consideração relativa à época "do fim do indivíduo", estão claramente ausentes nos escritos de Marcuse do começo ao fim. Mais ainda, a afirmação geralmente feita contra Marcuse de que seus trabalhos são meramente "utópicos" ignora sua reavaliação do significado da "utopia" na era contemporânea. O que era utópico, disse ele, mudou seu caráter em virtude do próprio nível de desenvolvimento da tecnologia em uma sociedade industrial avançada. O utópico não era mais o era especificamente implausível ou o que "não tinha lugar" na história; as possibilidades utópicas estavam contidas na própria organização técnica da ordem industrial avançada.[14]

Alguns comentários substantivos

Sob alguns aspectos Marcuse era um alvo fácil para o furor crítico, embora ele dificilmente merecesse os ataques desaforados que recebeu de alguns adversários tanto à sua direita como à sua esquerda. Contudo, parece-me que vale a pena reconhecer dois níveis distintos de leitura em *One-Dimensional Man*. O livro pode ser visto como um texto "substantivo" que desenvolve algumas teses sobre a natureza das sociedades contemporâneas. Nesse nível, muito do que Marcuse tinha para dizer é quase ingenuamente inadequado. Mas o trabalho também pode ser interpretado, como se presume que Marcuse pretendia que fosse interpretado, como um estudo "sintomático": isto é, como uma defesa da teoria crítica da sociedade em uma era na qual o marxismo ortodoxo parecia ostentar sérias deficiências. Lendo o trabalho desse segundo ponto de vista, as concepções de Marcuse conservam seu interesse.

Como análise substantiva, a obra de Marcuse tem muito em comum com autores de quem diverge profundamente quanto às ideias relativas a outros aspectos. Bell, Lipset e muitos outros tinham escrito sobre a incorporação bem-sucedida da classe trabalhadora ao que eles chamaram de "sociedade industrial" em vez de "capitalismo". Nesses autores, a mudança da terminologia não era fortuita. De acordo com sua concepção, "capitalismo", como uma forma de sociedade semelhante à descrita por Marx, era no máximo uma ordem social transitória, confinada ao final do século XIX e começo do XX. "Capitalismo" era uma subcategoria de tipo mais genérico de "sociedade industrial", que tinha se realizado plenamente no século XX. Em tal sociedade, argumentava-se, o consenso geral em relação aos objetivos do avanço econômico e da liberação política tomou o lugar das velhas disputas econômicas que polarizavam as classes sociais. O "fim da ideologia" significou o fim do radicalismo, "a derrota da lógica de protesto", que Marcuse também enunciou.

Ao discutir a tese do fim da ideologia, Marcuse se opôs consideravelmente aos próprios termos de tais concepções. A sociedade unidimensional era uma sociedade na qual o sujeito revolucionário da teoria marxista não se constituía mais como portador da promessa de mudança radical. A tarefa que Marcuse se propôs foi a de demonstrar, com alguma profundidade, a validade da rápida observação feita por C. Wright Mills que desqualificava as pretensões da tese sobre o fim da ideologia: a observação de que ela própria era uma ideologia. *One-Dimensional Man* procurou mostrar exatamente como isso poderia se constituir. A absorção de opiniões contrastantes do poder condutor da negação, na racionalidade tecnológica, realmente significava que "a cultura industrial avançada é mais ideológica que a que a precedeu".[15] Ela era mais ideológica que o primeiro capitalismo, de acordo com Marcuse, porque a ideologia tinha se tornado parte do próprio processo de produção. A falsa consciência era parte integrante da "verdade" da lógica da razão técnica.

O interesse real da sua discussão sobre esse ponto não nos deve levar a esquecer as deficiências, igualmente significativas, da análise social de onde foi extraída. A adoção por Marcuse dos termos "sociedade industrial" ou "sociedade industrial avançada" foi ambígua e conduz a confusões. Ele continuou a usar o termo "capitalismo" de vez em quando e reconheceu diferenças entre o industrialismo do Ocidente e o das sociedades do Leste europeu.[16] Mais ainda, na "sociedade industrial avançada", as relações de classe continuaram a ser parte integrante das relações de produção, por mais que isso pudesse ser encoberto pela administração técnica da ordem unidimensional.

Mas, ao fazer do termo "sociedade industrial" o ponto fundamental de sua análise, sem dúvida Marcuse passou demasiado rápido para o discurso de seus oponentes. Essa preferência terminológica não foi, no seu caso, meramente fortuita. Marcuse retratou uma sociedade na qual os mecanismos capitalistas de produção não forneciam mais a chave para explicar suas mais importantes instituições.

O uso de Marcuse dos conceitos de "capitalismo organizado" e "sociedade industrial avançada" era ambíguo e inconsistente. Oscilando entre os dois, ele se deslocou entre uma perspectiva marxista e a perspectiva de Max Weber: o "capitalismo organizado" era dominado pela razão técnica ou aquilo que para Weber era a "racionalidade formal".[17] As mudanças que, segundo Marcuse, haviam estabilizado o capitalismo, cuja análise era necessária como "sociedade industrial avançada", ocultavam a mudança de sua posição teórica em relação à própria natureza do capitalismo. Essa tensão não resolvida – em termos crus, uma tensão entre a concepção de capitalismo de Marx como uma sociedade de classes e a associação weberiana entre capitalismo e racionalidade da técnica – foi um importante fator de introdução de inconsistências na posição de Marcuse.

De qualquer modo, o termo "sociedade unidimensional" certamente foi e é um termo que conduz a equívocos. Enfatizei que Marcuse viu uma contradição imanente no centro da ordem aparentemente consensual que ele retratou. Mas a identificação dessa contradição foi claramente delimitada por sua associação com o avanço da razão técnica como o foco unificador da ordem unidimensional. "Internamente", e no contexto das relações econômicas e políticas internacionais, os Estados Unidos e as outras sociedades capitalistas estavam mais divididos e eram mais conflituosos do que a análise de Marcuse sugeria. Marcuse procurou inverter a posição do pluralismo. Os teóricos do pluralismo político e os diversos defensores da teoria da sociedade industrial criaram uma imagem dos países capitalistas aparentemente contrária à de Marcuse. Para ele, essa imagem era a de uma crescente conformidade "totalitária". Os outros alegaram que as sociedades ocidentais estavam se tornando mais diferenciadas internamente. Mas a oposição entre os dois pontos de vista era menos dramática do que se poderia imaginar. Ao concordar que o conflito transformador havia sido contido com êxito, cada posição subestimou o caráter dividido e fragmentário da sociedade industrial;

e todas foram incapazes de relacionar as fontes internas de tensão ou antagonismo com as tendências do sistema mundial.[18]

A discussão de Marcuse em *One-Dimensional Man* baseava-se explicitamente nos Estados Unidos. Como diagnóstico das tendências de desenvolvimento naquela sociedade, pelas razões que indiquei, o livro era, no melhor dos casos, de uma plausibilidade limitada. Mas a suposição de que os Estados Unidos, como a sociedade capitalista mais avançada tecnologicamente, deixam uma trilha que outros estarão destinados a seguir deve ser tratada com algum ceticismo. Nós não podemos imaginar que exista apenas um modelo de "capitalismo avançado" e que outras sociedades simplesmente fiquem para trás no que se refere ao movimento em direção a esse modelo.

Tecnologia, liberdade, política

One-Dimensional Man foi um livro verdadeiramente radical. Marcuse estava, acima de tudo, preocupado em manter um compromisso com a profunda transformação social e recusou-se a fazer qualquer concessão em relação aos paliativos. É fácil compreender que um livro supostamente "pessimista" pudesse ter contribuído para o ativismo político, quando visto desse prisma. Marcuse não apenas atacou todas as formas de conciliação como procurou demonstrar como estas de fato acabavam por adquirir uma face oposta à de sua aparência. "Tolerância repressiva", "dessublimação repressiva", esses termos veiculavam o diagnóstico de Marcuse sobre as "inadequações internas" da cultura unidimensional. A sentença de abertura do primeiro capítulo de *One-Dimensional Man* deu o tom do conjunto do livro. No Ocidente, propôs Marcuse, "uma falta de liberdade confortável, suave, razoável, democrática prevalece".[19]

Marcuse não era, como comentei anteriormente, um pensador utópico — pelo menos, no sentido pejorativo que o termo adquiriu no século XIX, desde que Marx tratou o "socialismo utópico" tão depreciativamente. Apesar de qualquer reserva que se possa fazer da interpretação de Freud que Marcuse adotou, no contexto de sua antropologia filosófica, Marcuse desenvolveu certo radicalismo em relação a questões que foram apenas fracamente elaboradas pelas formas mais ortodoxas de marxismo. Estas eram em parte, mas apenas em parte, compartilhadas pelos outros autores da Escola de Frankfurt. Enfatizarei aqui apenas as questões relativas à sexualidade e tecnologia.

Já se foram os tempos em que Marcuse podia ser identificado, como o foi por aqueles que tinham apenas um conhecimento superficial de seus escritos, como um protagonista da "sociedade permissiva". Ele emergiu, mais exatamente, como um dos seus críticos mais contundentes, como fica perfeitamente claro tanto em *Eros e Civilização* como em *One-Dimensional Man*. "Libertação sexual" era explicitamente um dos seus principais objetos de ataque. Neste contexto, talvez valha a pena observar que a discussão de Marcuse sobre a sexualidade não era tão distante da de Foucault como poderia parecer.[20] A visão de Foucault sobre Freud e o "freudismo crítico" de Marcuse podem parecer irreconciliáveis, e, sem dúvida, de certa maneira o eram em relação a alguns aspectos. Contudo, quando Foucault sustentou que, na civilização contemporânea ocidental, mais do que nos libertarmos por meio da sexualidade, necessitávamos nos libertar da sexualidade, pode-se encontrar, no que Foucault queria dizer, mais do que um eco do pensamento de Marcuse. O discurso sobre a "sexualidade" e a preocupação com o "sexo" eram, para os dois autores, uma condição para a disciplina "internalizada" característica das formas contemporâneas de organização social, ao invés de se constituir em uma forma de dissolvê-la. Na argumentação de Marcuse, a libertação do erótico depende da transcendência da "sexualidade" vista como uma atividade separada do resto da vida. Outro traço interessante do argumento de Marcuse era a ideia de que a libertação do erótico não derivaria da supressão da repressão como tal — como Reich propôs. Ela só podia ser alcançada pela transformação da própria sublimação.

Aparentemente, a tentativa de Marcuse de combinar uma versão razoavelmente ortodoxa de Freud com uma versão claramente não ortodoxa de Marx parecia se destinar ao fracasso. Marcuse rejeitava enfaticamente o "revisionismo" de autores como Fromm e Horney. Segundo Marcuse, a teoria de Freud "é na sua própria essência 'sociológica'"; daí se seguia que "não é preciso nenhuma nova orientação cultural ou sociológica para revelar sua substância".[21] Marcuse considerava que a teoria de Freud já apontava para a possibilidade de alcançar uma sociedade não repressiva. O elemento das opiniões de

Freud que parecia mais problemático e o mais frequentemente descartado pelos psicanalistas revisionistas — o instinto de morte — foi o que Marcuse considerou como capaz de demonstrar o potencial emancipatório da teoria de Freud. A conjunção de Eros e Tânatos, na interpretação de Marcuse e de Freud, era inerente ao alto desenvolvimento humano e envolvia intimamente o avanço da mudança histórica enfatizada pelo jovem Marx. O prazer era diferenciado da "satisfação cega do instinto" característica do comportamento dos animais. No prazer, que é generalizado, o instinto não era exaurido na gratificação imediata, mas contribuía para a autoformação do indivíduo. A isso Marcuse chamou de uma "racionalidade sensual".[22] Na sociedade que Marcuse antecipou para o futuro, o prazer não seria liberado, mas possuiria *forma*. A energia erótica "irromperia em formas novas de criação cultural". O resultado, acentuava ele, "não seria o pansexualismo, que de certa forma pertence à imagem da sociedade repressiva ... Caso a energia erótica fosse realmente libertada, ela cessaria de ser mera sexualidade e se converteria em uma força determinante do organismo em todos os seus modos de comportamento, dimensões e objetivos".[23]

Essas ideias mantêm seu caráter provocativo e contrastam cada vez mais com o ponto de vista de Habermas. Habermas se inspirou em larga medida em Freud ao formular a sua versão da teoria crítica. Mas seu uso de Freud parece ser quase totalmente "metodológico": a terapia psicanalítica demonstrou de que modo se poderia obter uma maior autonomia de ação, graças ao autoentendimento do próprio indivíduo. Habermas deixou poucas indicações do quanto ele aceitava o *conteúdo* dos escritos de Freud. A esse respeito, sua apropriação de Freud contrasta claramente com a de Marcuse, e isso tem consequências para o trabalho posterior de Habermas. Pois o conceito de uma situação ideal do discurso, interessante como possa ser em si mesma, mantém-se num nível especialmente cognitivo. O que acontece com afeto, sexualidade, amor, ódio e morte? Enquanto a formulação de Marcuse da teoria crítica fundava-se em uma preocupação constante com esses fenômenos, o relato de Habermas fornece poucas maneiras de elaborá-los conceitualmente.

Desde os seus primeiros trabalhos, sob a influência de Heidegger, Marcuse colocou-se contra a concepção — que parece ser a do último Marx e que certamente se estabeleceu com vigor no marxismo ortodoxo — de que a natureza era meramente um meio para a realização dos propósitos humanos. A relação de Marcuse com Heidegger — que, como sugeri anteriormente, permaneceu mais importante para ele do que alguns de seus críticos ressaltaram — concedeu à sua crítica da razão instrumental um caráter diferente das concepções tanto de Horkheimer quanto de Adorno. Para os três escritores, com efeito, a submissão do marxismo ortodoxo à influência da razão instrumental estava inerentemente relacionada com a degeneração do socialismo no interior de nada mais nada menos do que um modo alternativo de promover a industrialização, diferente do oferecido pelo capitalismo. Contudo, a reprovação de Marcuse uma dialética negativa "sem fundamentos" conduziu-o a enfatizar o fato de que a teoria crítica deve incorporar uma teoria do Ser. Sua justaposição do "técnico" com o "estético" devia muito a Adorno; e suas preocupações com a tecnologia como um meio de dominação tem muitas afinidades, em alguns aspectos, com as preocupações similares de autores conservadores como Freyer, Schelsky e Gehlen. Mas a síntese que ele alcançou diferia significativamente de todas as outras. O elemento que mais obviamente diferenciou as concepções de Marcuse das desses autores é sua ênfase no potencial libertador da própria tecnologia. Ele admitia que o progresso técnico e o progresso da humanidade não eram certamente uma única e mesma coisa. Mas o avanço técnico e o incremento de produtividade geravam a crescente possibilidade (e mesmo a probabilidade) de sua própria negação: "o crescimento da produtividade na liberdade e felicidade torna-se cada vez mais forte e racional".[24]

Como decorrência da enunciação de Marcuse do caráter generalizável do erótico, essa transformação não poderia simplesmente tomar a forma da supressão da repressão. Certamente, ao sublinhar o significado da automação, Marcuse enfatizou a importância de alterar o caráter da própria tecnologia e de transcender a subordinação humana à máquina. Gostava de aludir às passagens nos *Grundrisse* em que Marx falou da automatização libertando o ser humano das amarras da produção e permitindo ao indivíduo tornar-se mestre do processo produtivo. Porém, naquilo que tinha a dizer sobre as consequências desse processo, Marcuse propôs uma ontologia de acordo com a qual a humanidade viveria novamente "na" natureza e não simplesmente "dela". O capitalismo contemporâneo predava a natureza, protegendo somente algumas áreas dessa atitude destrutiva: áreas de recreação, parques etc. A natureza sobreviveu aqui apenas como dessublimação repressiva. Um passeio no campo nos fins de semana poderia permitir que alguém se recuperasse da pressão do trabalho e da vida urbana, mas seria de fato um pobre substituto da rica relação, esteticamente compensadora, que Marcuse imaginava entre seres humanos e natureza. Aqui, novamente, embora se nutrisse em parte de fontes conservadoras, o radicalismo de Marcuse emergia com toda a força. Uma recuperação e extensão da *cathexis* erótica da natureza, sustentava Marcuse, permitiria aos seres humanos "se encontrar na natureza"; a natureza devia ser encontrada como "sujeito com o qual se convive em um universo comum". Isso, por sua vez, exigiria romper com a compreensão do mundo dominante como tempo-espaço mercantilizado:

> A existência [afirmou ele] será experimentada não como uma contínua e frustrada adaptação mas como existência ou ser com o que é e pode ser. O tempo não parecerá linear como uma linha perpétua ou uma curva ascendente, mas cíclico como o retorno contido nas ideias de Nietzsche sobre a "eternidade do prazer".[25]

Essas ideias ainda são relevantes para a teoria social. A afirmação, contudo, não significa aprová-las tal como se apresentam. Seria surpreendente se uma análise tão aberta à crítica em um âmbito substantivo demonstrasse ser indiscutível quando lida "sintomaticamente". E, de fato, existem deficiências básicas no pensamento de Marcuse que não podem ser superadas simplesmente pelo rearranjo de algumas das dificuldades ou ambiguidades na sua consideração a respeito da sociedade unidimensional. Marcuse chamou as democracias liberais contemporâneas do Ocidente de "totalitárias". Ao usar esse termo, ele estava bem consciente das diferenças entre tais sociedades e as mais diretamente baseadas no terror. "A democracia burguesa", reconheceu Marcuse, "é ainda infinitamente melhor que o fascismo."[26] Tais comentários, contudo, não substituem uma análise adequada das condições políticas da liberdade, e tal análise está ausente nos escritos de Marcuse. Isso traz consequências tanto para sua interpretação das sociedades existentes quanto para a da sociedade do futuro que ele vislumbrou. A atitude básica de Marcuse em relação ao liberalismo foi estabelecida em alguns de seus primeiros escritos, e eu não penso que ela tenha mudado muito em momentos posteriores. Segundo Marcuse, o liberalismo e os "direitos burgueses" associados a ele eram produtos do capitalismo empresarial do século XIX. As liberdades burguesas, em todo caso, sempre matizadas em função das classes sociais declinaram com a substituição do capitalismo competitivo pelo organizado. "O liberalismo", escreveu Marcuse em 1934, "gera" o Estado total autoritário a partir dele mesmo, como seu próprio ápice em uma fase mais avançada de desenvolvimento".[27] Liberalismo e fascismo, continuava Marcuse, estavam intimamente relacionados: o inimigo real de ambos era o socialismo marxista radical.

Essa postura é fundamentalmente defeituosa. Em vez de se constituir em uma base para a análise política, ela a evita. O poder político – como Marcuse esclareceu em *One-Dimensional Man* – não era mais que uma extensão da dominação da racionalidade tecnológica, do "poder sobre o processo mecânico".[28] Na sociedade unidimensional, os direitos e as liberdades burguesas, erodidos pela influência predominante da razão técnica, acabaram tendo uma importância apenas marginal. Tal concepção ignora o fato de que as "liberdades burguesas" proporcionaram, desde os primeiros anos do desenvolvimento capitalista, um estímulo de mudança para os excluídos de tais direitos: os grupos subalternos. Marcuse subestimou o significado das lutas para universalizar direitos e liberdades que anteriormente se constituíam em privilégio efetivo de poucos – uma opinião perdoável, talvez, na Alemanha do começo dos anos 1930, mas não quando generalizada para as "sociedades industriais avançadas" como um todo. As sociedades capitalistas contemporâneas são hoje, de fato, em alguns aspectos básicos, bastante diferentes das do século XIX. Mas, em algumas de suas parcelas substantivas, elas se transformaram em resultado da luta de classes. Sob esse aspecto, a explicação de T. H. Marshall da importância dos direitos de cidadania, quando adotados em uma versão modificada, ganha significação.[29]

Um dos temas principais de Marcuse é o da relação entre tecnologia e emancipação. As transformações em tecnologia que Marcuse antecipou e defendeu eram elas próprias, na sua análise, a garantia da liberdade. Liberdade e servidão não foram, na teoria de Marcuse, fenômenos de política, ou mesmo de poder entendido de maneira mais ampla. A liberdade, sustentou Marcuse repetidamente, deveria ser interpretada em função da satisfação de necessidades. Em uma sociedade em que se libertaria a energia erótica da personalidade, a emancipação do indivíduo singular seria simultaneamente a emancipação de todos. Aqui, furtivamente, esconde-se uma doutrina há muito estabelecida, mas inteiramente insatisfatória: a dominação das pessoas cederá lugar à administração das coisas como fundamento da sociedade livre. Marcuse, o improvável guru de um novo radicalismo, se revelou como alguém que, tardiamente, aderira a uma filosofia política arcaica, a de Saint-Simon.

Notas

1 Herbert Marcuse, *An Essay on Liberation*, Boston, Mass., 1969, p.viii.
2 Algumas delas aparecem em tradução muito posterior, in Marcuse, *Negations*, Boston, Mass., 1968 e em outras fontes. Alguns dos primeiros ensaios permanecem sem tradução, mas podem ser lidos em uma reedição de *Zeistschrift für Sozialforschung*, Münch, 1980.
3 Para uma análise que esclarece esse ponto, ver David Held, *Introduction to Critical Theory: Horkheimer to Habermas*, London, 1980. Held insiste que, "De todos os membros da Escola de Frankfurt, a relação de Marcuse ao longo da vida com sua primeira obra e ambições políticas talvez seja a mais consistente". Para a "versão heideggeriana" de Marx em Marcuse, ver Contributions to a Phenomenology of Historical Materialism, *Telos*, v.IV, 1969 (originalmente publicado em 1928).
4 Marcuse, *Reason and Revolution*, New York, 1960, p.viii.
5 Marcuse, *One-Dimensional Man*, Boston, Mass., 1966, p.x-xi.
6 O autor faz um jogo de palavras intraduzível entre Estado de bem-estar social (*welfare State*) e estado de guerra (*warfare state*). (N.T.)
7 Ibidem, p.21.
8 Cf. o ensaio de Marcuse sobre esse ponto, primeiramente publicado em 1941, Some Social Implications of Modern Technology, reeditado em Andrew Arato, Eike Gebhardt (Org.) *The Essential Frankfurt School Reader*, Oxford, 1978.
9 *One-Dimensional Man*, p.3.
10 Marcuse, *Eros and Civilization*, Boston, Mass., 1961, p.x.
11 *One-Dimensional Man*, p.13ss.
12 Ibidem, p.158.

13 Ibidem, p.231.

14 *An Essay on Liberation*, p.4.

15 *One-Dimensional Man*, p.11.

16 Cf. Marcuse, *Soviet Marxism*, London, 1958, p.xi e *passim*.

17 A crítica de Marcuse a Weber, deve-se notar, se volta mais do que qualquer outra coisa para a afirmação de que o que Weber via como a razão formal da burocracia, e como concomitantemente inevitável na sociedade contemporânea, era realmente capaz de transformação radical. Aceitava a direção geral da análise de Weber sobre a "racionalização", discutindo, contudo, seu caráter inevitável, in *Negations*.

18 Cf. o meu pós-escrito à segunda edição de *The Class Structure of the Advanced Societies*, London, 1981.

19 *One-Dimensional Man*, p.1.

20 Michel Foucault, *The History of Sexuality*, v.I, London, 1978.

21 *Eros and Civilization*, p.4.

22 Ibidem, p.208.

23 Marcuse, *Five Lectures*: Psychoanalysis, Politics and Utopia, London, 1970, p.40.

24 Ibidem, p.17.

25 Citações extraídas de *Counterrevolution and Revolt*, p.60; e *Five Lectures: Psychoanalysis, Politics and Utopia*, p.41.

26 Marcuse, Habermas et al., Theory and Politics, *Telos*, n.38, 1978-9, p.148.

27 The Struggle Against Liberalism in the Totalitarian View of State, in *Negations*, p.19.

28 Ver especialmente p.31 e seguintes nesta obra.

29 Ver Class Division, Class Conflict and Citizenship Rights in *Profiles and Critiques in Social Theory*, London, 1982.

CAPÍTULO 8

GARFINKEL, ETNOMETODOLOGIA E HERMENÊUTICA

Na discussão que se segue deverei relacionar alguns dos temas encontrados nos textos de Harold Garfinkel com certos desdobramentos no interior da filosofia social europeia. Ao submetê-los à "crítica construtiva", espero elucidar sua importância para a teoria social contemporânea.

A noção de *Verstehen* (compreensão) vem sendo reabilitada há poucas décadas, particularmente no contexto das *Geisteswissenschaften*. Na Alemanha, esse processo tem se centrado no trabalho de Hans--Georg Gadamer, que, por sua vez, inspirou-se extensamente na "fenomenologia hermenêutica" de Heidegger. Os textos de Gadamer demonstram conexões claras e sobreposições com o trabalho de autores como Winch, na Inglaterra, e Ricoeur, na França.[1] Não pretendo detalhar as diversas concepções desses autores individualmente, mas apenas caracterizar certas noções que delas emergem — aquelas que, mais especificamente, contrastam de forma radical com a versão da "sociologia interpretativa" de Max Weber, que serviram para introduzir o conceito de *Verstehen* na sociologia inglesa. Outras restrições são necessárias a respeito da "etnometodologia" — termo que abrange um bom número de concepções discordantes. O que tenho a argumentar não se orienta para o programa de estudos práticos de Garfinkel em torno das "práticas cotidianas", que me parecem, ao mesmo tempo, profundamente interessantes e pobremente elucidadas em termos filosóficos. Tudo que pretendo é comparar, de forma crítica, algumas ideias de Garfinkel com aquelas que emanam das tradições mais abstratas da filosofia social europeia.[2]

Meu argumento é que tanto a compreensão desses temas quanto a apreciação de seus significados sinalizam uma ruptura importante com as escolas anteriormente dominantes da sociologia, segundo as quais as ciências sociais podem ser estreitamente modeladas pela ciência natural. Uma ênfase importante dessas escolas é a de que a sociologia é (ou pode aspirar a ser) *reveladora* das confusões e equívocos do "senso comum". Isso quer dizer que, assim como as ciências naturais pareciam se impor em oposição às concepções de senso comum relativas ao mundo físico, que permearam as mistificações do pensamento comum, leigo, também a sociologia poderia se despojar dos erros embolorados das crenças cotidianas sobre a sociedade. Os "achados" reivindicados pela pesquisa social, tal como os da ciência natural, são frequentemente repelidos ou negados por leigos com base no que o "senso comum mostra". Nas questões relativas à ciência natural, essa "resistência" normalmente adquire a forma de uma recusa em abandonar a crença no "senso comum" em face dos achados conflitantes que se lhe opõem: por exemplo, a tendência de adesão à crença de que a terra seria preferencialmente plana e não redonda. Algo semelhante certamente pode ocorrer em relação às afirmações geradas pela sociologia, mas outra resposta é comum — quase diametralmente oposta. Não se trata do fato de as ciências sociais emitirem conclusões que não podem ser aceitas pelas pessoas porque vão contra as crenças enraizadas, mas às vezes porque apenas *repetem o familiar* — "contam-nos o que já sabemos", embora, talvez, envoltas numa linguagem técnica. Os sociólogos tendem a descartar esse tipo de réplica às suas obras de forma um tanto curiosa, argumentando que a tarefa principal da pesquisa social é verificar as convicções do "senso comum" que possam estar certas ou erradas. Todavia, encarar as crenças estabelecidas como um princípio a ser corrigido equivale a tratá-las como se fossem meramente auxiliares à ação humana, em vez de integrá-la. Crenças estabelecidas não são apenas *descrições* do mundo social mas, como produto organizado dos atos humanos, são a própria base da *constituição* desse mundo. Como pretendo demonstrar, o reconhecimento desse ponto nos torna conscientes de que a sociologia, mais do que a ciência natural, se insere numa relação mais complexa com seu "tema essencial" — a conduta social humana. O mundo natural é transformado pela atividade humana, porém não é constituído como um objeto-mundo pelos seres humanos. Por outro lado, o mundo social é constituído e reproduzido na e por meio da ação humana; os conceitos de "senso comum" e a linguagem cotidiana pela qual se expressam são utilizados por atores leigos para "fazerem a vida social acontecer".

Distinguirei cinco temas que podem ser encontrados em alguns textos daqueles que estejam ou envolvidos com ou muito próximos da "etnometodologia". Considero tais pontos particularmente importantes, apesar de não esgotarem o interesse desses escritos. Em primeiro lugar, o tema do significado da noção de ação humana ou capacidade de ação na teoria sociológica. A maioria das principais escolas da sociologia, com a exceção parcial do interacionismo simbólico, carece de um conceito de ação. Ora, isso parece, de início, uma afirmação bizarra, porque uma das principais personalidades que influenciaram Garfinkel, Talcott Parsons, baseou explicitamente seu esquema teórico em um "quadro de referência da ação"; e, em sua obra principal, *A estrutura da ação social*, tentou incorporar o "voluntarismo" como seu componente essencial. Algumas vezes se afirma que, se Parsons começou sua carreira intelectual como um "voluntarista", suas teorias se tornaram cada vez mais deterministas. Penso ser mais exato afirmar que Parsons não incorporou com êxito essa perspectiva ao interior de seu sistema teórico. O que fez foi considerar o voluntarismo equivalente à internalização dos valores na personalidade, tentando, dessa forma, relacionar a motivação ao *consenso universal* do qual depende, como afirmou, a solidariedade social. O elemento criativo na ação humana, consequentemente, se traduz em um efeito causal de "ordens de necessidades", e a adoção do voluntarismo em um mero pretexto para complementar a sociologia com a psicologia. Nesse caso, o ator de fato aparece mais como um "viciado cultural" do que como um agente do conhecimento, ao menos, em parte, dono de sua própria sorte ou destino. Em contraponto ao determinismo inerente ao tipo de abordagem adotado por Parsons, é fértil colocar em primeiro plano a tese de que a sociedade é uma prática eficiente dos atores; isso é verdade até mesmo em relação ao mais trivial contato social.

O segundo ponto se refere ao tema da reflexividade. Tal como os textos dos filósofos tornaram claro, a noção de ação está integralmente vinculada à capacidade de autorreflexão dos atores humanos no sentido de "monitoramento" de suas próprias condutas. Nas formas mais ortodoxas da sociologia (incluindo o funcionalismo parsoniano), porém não na etnometodologia, a reflexividade é encarada como um "transtorno" cujos efeitos têm que ser minimizados tanto quanto possível, sendo apenas reconhecida em várias formas marginais como "efeito de massa", "profecias autorrealizadas" etc. Além disso, essas formas tendem a condensar dois aspectos da reflexividade: o do observador social em relação às teorias que formula e o dos atores cujo comportamento procura analisar ou explicar. Há aqui uma ironia que vincula os dois aspectos ou, mais frequentemente, os negligencia em formas tendencialmente positivistas do pensamento social. O que é negado ou obscurecido no âmbito da teoria — especificamente, que os agentes humanos atuam por certas razões e são, em certo sentido, "responsáveis" por suas ações — é implicitamente assumido no âmbito do discurso sociológico: isto é, aceita-se que se tenha que oferecer os "fundamentos racionais" para a adoção de uma teoria particular em face das avaliações críticas oferecidas pelas outras no interior da comunidade sociológica.

Talvez o interacionismo simbólico seja a única das principais escolas de pensamento da sociologia de língua inglesa que atribui um lugar central à capacidade de ação e à reflexividade. A filosofia social de G. H. Mead articula a relação do "eu" e do "nós" na interação social com o desenvolvimento da personalidade. Porém, mesmo nos trabalhos de Mead, o "eu" aparece como um elemento mais obscuro que o *self* socialmente determinado, que merece uma discussão mais elaborada. Nos trabalhos da maioria dos discípulos de Mead, o *self* social desloca o "eu" de forma conjunta, excluindo, portanto, a opção de Mead da possibilidade de incorporar a reflexividade na teoria da ação. Quando isso acontece, o interacionismo simbólico é prontamente assimilado no interior do curso principal do pensamento sociológico como uma forma de "psicologia social sociológica" concentrada na interação face a face.

Em terceiro lugar, o tema da linguagem. Aqui, enquanto símbolo, a linguagem é obviamente enfatizada pelo interacionismo simbólico, como o próprio termo indica. Todavia, isso é distinto do ponto de vista da etnometodologia, no qual a linguagem é concebida não apenas como um conjunto de símbolos ou sinais, ou como um modo de representar as coisas, mas como "um meio de atividade prática", um modo de fazer coisas. A linguagem, para usar a terminologia wittgensteiniana, se realiza no interior de "formas definidas de vida" e é rotineiramente usada por atores leigos como o meio de organizar suas condutas sociais cotidianas. Dessa forma, os significados das elocuções têm que ser apreendidos em relação à completa variedade de usos pelos quais a linguagem é enunciada pelos atores sociais — não apenas aquelas que "descrevem", mas também aquelas que "argumentam", "persuadem", "zombam", "avaliam" etc. etc. Fiz, acima, uma breve alusão a isso. Uma de suas consequências é que a linguagem ordinária não pode ser ignorada pelos pesquisadores sociais em proveito de uma metalinguagem técnica, completamente separada, que "ilumine" as "indistinções" ou as "ambiguidades" da fala cotidiana. A linguagem comum é o meio pelo qual a vida social é organizada *como* significativa por seus atores constituintes; estudar uma forma de vida envolve a apreensão dos modos leigos de fala que expressam aquela forma de vida. A linguagem comum não é, portanto, apenas um tópico que pode estar disponível para análise, mas um recurso a que todo observador antropólogo ou sociólogo precisa recorrer para ter acesso ao seu "tema principal de pesquisa".

Em quarto, o tema da localização temporal e contextual da ação. Penso que seria plausível dizer que a teoria social ortodoxa tentou construir a temporalidade em suas análises somente em relação à evolução societária. Na etnometodologia, por outro lado, o lugar da interação no tempo torna-se o interesse fundamental. Na condução de um diálogo, por exemplo, ressalta o fato de seus participantes usarem típica e reflexivamente a conversação para caracterizar "o que foi dito" e, também, antecipar seu curso futuro para caracterizar "o que está sendo dito". A dependência do contexto ou o caráter de indiciação dos significados em interação certamente envolvem outros elementos além do tempo. Garfinkel, sem dúvida, está correto ao enfatizar o caráter de indiciação da comunicação por meio da linguagem comum — e, ao mesmo tempo, ao encará-lo como uma fonte básica de "dificuldade" relativa às concepções ortodoxas da natureza das metalinguagens sociológicas.

Finalmente, o quinto ponto refere-se ao tema das compreensões tácitas ou "tidas como verdadeiras". Na constituição ativa da interação como uma prática eficiente, os "silêncios" são tão importantes quanto as palavras enunciadas e, certamente, compõem o quadro de referência necessário de conhecimento mútuo em termos dos quais essas enunciações "fazem sentido", ou, mais adequadamente, o sentido é fornecido por elas. As compreensões tácitas são encaradas pelos atores como condições comuns, porém inexplicáveis, de interação social. A ênfase que a etnometodologia coloca nisso é um dos seus pontos diretos de conexão com as formas da filosofia social europeia que mencionarei na próxima seção, ao refletir sobre a dívida de Garfinkel para com Schutz, articulando, portanto, o trabalho do primeiro à grande tradição da fenomenologia, tal como exemplificada pela *Crise das ciências européias*, de Husserl.

Na medida em que a etnometodologia compartilha certas origens, no interior da "fenomenologia existencialista", com os desdobramentos do pensamento social europeu, abordarei a seguir o fato de não ser surpreendente que possamos identificar semelhanças entre elas; se estas não são imediatamente aparentes é porque os estilos de escrita pelos quais se expressam são bastante diversos. Enquanto a etnometodologia se orienta no sentido de gerar um programa de pesquisa empírica, a fenomenologia se expressa no estilo da filosofia abstrata. Ao aproximar as tradições que significaram um sopro de vida nova para a noção de *Verstehen*, é importante apreciar o contraste que oferecem com as fases iniciais do desenvolvimento das *Geisteswissenschaften*, como representadas por Dilthey (a despeito de muitas reservas) e por Max Weber. Na "velha tradição", *Verstehen* era encarado acima de tudo como um *método* a ser aplicado às ciências humanas, em contraste com os vários tipos de métodos de observação externa empregados nas ciências naturais. Para Dilthey, especialmente em seus primeiros textos, o processo de compreensão era concebido como dependente de uma (re)experimentação ou re-representação dos pensamentos e sentimentos daqueles cuja conduta deveria ser compreendida. Ou melhor, em qualquer sentido — que Dilthey crescentemente tinha dificuldades em especificar —, na compreensão da ação dos outros, o indivíduo mentalmente "tentava calçar o sapato dos outros". Weber também adotou muitas vezes a mesma posição, embora suspeitasse de noções como a "re-experimentação" e a "empatia", além de rejeitar a ideia de que havia um abismo lógico entre os métodos das ciências naturais e sociais. A versão weberiana da sociologia interpretativa entrelaçava-se densamente com seu compromisso com aquilo que, subsequentemente, veio a ser denominado individualismo metodológico: a tese de que afirmações que se referem às coletividades podem, sempre em princípio, ser expressas como o comportamento de indivíduos concretos.

Tanto Dilthey quanto Weber declaravam que seus conceitos específicos da "compreensão" podiam ser reconciliados com as conquistas das ciências objetivas da história (Dilthey) ou da sociologia (Weber). Suas concepções têm sido duramente atacadas pelos críticos que sustentam que *Verstehen* não pode produzir o tipo de evidência aparentemente necessária à "ciência objetiva".[3] De acordo com tais críticos, o processo de interpretação pode ser útil como fonte de hipóteses sobre a conduta, mas não pode ser utilizado para testar as hipóteses dele derivadas. É difícil resistir à força dessa crítica na medida em que se supõe que *Verstehen* é compatível com os critérios de evidência característicos das ciências naturais. Além disso, há uma série de outras dificuldades com as concepções de Weber, entre as quais mencionarei apenas duas. Uma se refere à "empatia" e a outra à formulação weberiana de "ação social". Weber desejava se distanciar da concepção de que a identificação empática se constituía na parcela mais importante da compreensão do significado das ações; no entanto, certos enigmas gerados por sua posição provam que ele foi incapaz de fazê-lo. Dessa forma, pressupôs que o misticismo estava "às margens da ação com significado", uma vez que o comportamento dos místicos podia apenas ser compreendido por aqueles que fossem "religiosamente musicais". Vamos supor que alguns, e apenas alguns cientistas sociais, sejam "religiosamente musicais": como poderiam comunicar sua compreensão para aqueles que não o são? Admitir que não o podem coloca em risco as concepções de Weber sobre a possibilidade de alcançar um conjunto de critérios intersubjetivamente concordantes em função do qual uma "linguagem-observação" objetiva poderia ser estabelecida nas ciências sociais. Contrariamente às concepções de Weber, eu diria que denominar uma conduta como "mística" é também, em certo sentido, "compreendê-la significativamente": e essa "compreensão" se encontra firmemente vinculada à capacidade de descrever as ações em seus termos linguísticos — tipificá-las, nos termos de Schutz. Há uma série de problemas que se antepõem, relacionados ao que Schutz chama, talvez de forma infeliz, de "significado objetivo", com a qual a análise de Weber, preocupada apenas com o "significado subjetivo", não pôde se conciliar. A preocupação de Weber com o significado subjetivo estava estreitamente limitada ao seu individualismo metodológico, na medida em que o "significado" apenas se realizava por meio da consciência subjetiva dos atores. É contra esse pano de fundo que Weber elaborou a distinção entre a ação com significado e a ação social, e esta se constituía no interesse principal da sociologia interpretativa, definindo-se como ação que se orienta para a conduta de outros e é, assim, influenciada em seu curso. No famoso exemplo de Weber, se dois ciclistas que não se percebem, avançando na mesma direção, esbarram ou colidem entre si, isso não constitui uma ação social, já que o comportamento de um deles não está orientado pela ação subjetiva do outro. Se, contudo, após a colisão iniciassem uma discussão sobre quem devia ser responsabilizado pelo acidente, tratar-se-ia, então, de uma ação social. No entanto essa formulação, que especificava o social apenas nos termos do ponto de vista subjetivo dos atores, não parece de todo satisfatória: não é fácil de aplicar e não abrange um raio de elementos que eu desejaria reivindicar como "social". Não é fácil aplicá-la à conduta real porque existem muitos casos de comportamento nos quais o outro, para quem a ação pode ser considerada como estando orientada, não está presente na cena. O que dizer, por exemplo, de um homem que faz a barba antes de sair à noite? Estaria orientando sua ação para uma pessoa específica que espera encontrar um pouco mais tarde? A resposta é que ele pode ter em mente, ou não, respostas possíveis a serem emitidas por um outro, ao mesmo tempo que conduz a atividade; e, de fato, isso não é particularmente relevante para o caráter social daquilo que está fazendo, o que provavelmente se refere mais a convenções ou normas de "asseio" etc. De forma semelhante, afirmo que a ação de um ciclista pedalando ao longo do caminho já é social, independentemente do fato de outros poderem ou não ser vistos, na mesma medida em que aquilo que o ciclista faz está orientado para e pode ser "interpretado" nos termos das regras sociais que governam o comportamento no trânsito.

Na série de trabalhos a que me referi anteriormente, *Verstehen* é abordado não como um método de investigação peculiar às ciências sociais, mas como uma condição ontológica da vida em sociedade; é encarado não como dependente de um processo social de "re-representação" ou algo similar, mas principalmente como um assunto linguístico; um tema linguístico que apreende o conteúdo tanto de formas familiares quanto de formas estranhas de vida; entender os outros, sustentou-se, é, em um sentido muito importante, entrar em *diálogo* com eles; tal compreensão não pode ser "objetiva" em qualquer sentido simples, uma vez que o conhecimento se move em círculo e não pode existir "livre de pressuposições"; e, finalmente, *Verstehen* está de tal modo vinculado às normas de significado que é como se não se sujeitasse ao individualismo metodológico.

Não se trata de discutir essas ideias complexas com maior detalhe; tentarei mostrar os pontos de interesse que partilham com os elementos da etnometodologia que mencionei anteriormente.

Argumentar que *Verstehen* deveria ser abordado como uma condição ontológica da sociedade humana, mais do que um método especial do sociólogo ou historiador, significa afirmar que é o meio pelo qual a vida social é constituída por atores leigos. Ou seja, "compreender" o significado das ações e comunicações dos outros, como uma prática qualificada, constitui um elemento integrante das capacidades de rotina de atores sociais competentes. A hermenêutica não é apenas um recurso privilegiado do investigador social profissional, mas é praticada por todos; o domínio dessa prática é a única via pela qual tanto os cientistas sociais profissionais quanto os próprios atores leigos se tornam capazes de elaborar descrições da vida social a que recorrem em suas análises. Naturalmente, uma das consequências disso é reduzir a distância entre o que os sociólogos fazem nas suas pesquisas e o que os atores leigos fazem em suas atividades cotidianas. Retornando à terminologia da etnometodologia, não basta assinalar que cada teórico social é um membro da sociedade e, portanto, se utiliza das experiências associadas a essa agremiação como um recurso para suas investigações; é igualmente importante assinalar que cada membro da sociedade é um "teórico social prático". A capacidade de predição do mundo social não acontece pura e simplesmente; os atores leigos "fazem-na acontecer".

A centralidade da linguagem como um meio organizador do "mundo vivido" é enfatizada de forma semelhante na fenomenologia hermenêutica de Heidegger, Gadamer e Ricoeur, e na sociologia de língua inglesa aparece também nos trabalhos dos discípulos do "último" Wittgenstein. Garfinkel, é óbvio, se inspirou diretamente nos escritos de Wittgenstein. No entanto, filósofos do continente começaram a enfatizar a relevância dos textos de Wittgenstein em relação às suas próprias preocupações. Durante algum tempo, Wittgenstein não atribuiu nenhum significado técnico especial a *Verstehen*, mas seus últimos trabalhos filosóficos certamente moveram-se no sentido de recomendar que a compreensão das ações e comunicações deveria ser abordada apenas no interior de envolvimentos práticos com "jogos de linguagem" definidos. Gadamer enfatizou que o indivíduo "vive *na* e *por meio da* linguagem", e compreender uma linguagem significa entender o modo de vida que essa linguagem expressa. No entanto, ao enfocar a importância do diálogo *entre* diferentes formas de vida, Gadamer foi além de Wittgenstein. O problema característico ao qual a filosofia de Wittgenstein parece conduzir é: como uma pessoa sai de um jogo de linguagem e entra em outro? Com efeito, os jogos de linguagem aparecem como universos fechados de significado. Em Gadamer, por outro lado, a mediação dos jogos de linguagem através do diálogo impunha-se mais como um ponto de partida do que como uma conclusão; a ênfase era sobre o que estava envolvido na apreensão do significado de textos históricos de longa duração, a compreensão de formas de vida alienígenas etc. Talvez não seja muito extravagante supor que a proeminência do diálogo na filosofia de Gadamer encontre um paralelo, conquanto em escala mais modesta, na proeminência da conversação no trabalho de Garfinkel.

O "círculo" no qual todo conhecimento se move constitui preocupação de muitas e diferentes filosofias modernas. Se alguém romper com a ideia de uma "primeira filosofia" — como o fizeram Popper, Kuhn e muitos outros na filosofia da ciência — apoiada sobre a sólida rocha da certeza, então estará às voltas com a noção segundo a qual cabe à epistemologia fazer que o círculo do conhecimento seja fértil e não vicioso. É o que Popper, por exemplo, tenta fazer pela ciência com sua filosofia da conjectura e da refutação; e o que, de uma perspectiva diferente, os filósofos fenomenológicos modernos procuram fazer, de várias formas, recorrendo à noção do "círculo hermenêutico". Não se pode encontrar, seja nos escritos de Garfinkel, seja em outros imediatamente influenciados por ele, uma discussão sofisticada desses assuntos epistemológicos. Tal preocupação pareceria um tema estranho ao estilo de trabalho característico da etnometodologia. Não obstante, o tema da "indicialidade" é, com certeza, diretamente relevante para tipos de questão levantados pelas filosofias que enfatizam a circularidade inerente ao conhecimento — embora, mais uma vez, em menor escala. Algumas das similaridades são bem fáceis de detectar. Uma das noções associadas ao "círculo hermenêutico" trata, por assim dizer, da compreensão de um texto, dado o fato de o leitor poder apreender cada parte graças a uma apreciação inicial do todo; há, portanto, um processo constante que se move da parte para o todo e do todo para a parte; nesse ir e vir, um entendimento enriquecido do todo ilumina cada parte e vice-versa. Ideia semelhante apareceu na discussão de Garfinkel sobre a "indicialidade" nas conversações, em que se ressaltava que uma conversação era constantemente ordenada pelos participantes, como um modo de caracterização pessoal e também para "explicar" o significado de cada contribuição particular para aquela conversação. Garfinkel (cf. também Cicourel na "triangulação indefinida") parece apresentar uma versão da ideia de que a circularidade do conhecimento pode ser proficuamente explorada, mas não sentiu necessidade de elucidá-la em nenhum âmbito mais abstrato; de fato, essa ideia parece acompanhar uma tendência definida ao naturalismo nos escritos de Garfinkel como, por exemplo, na afirmação de que a tarefa da etnometodologia seria a de descrever expressões indiciais "sem nenhum pensamento retificador". Tais perplexidades não resolvidas parecem estar subjacentes às muitas e diversas direções que, em parte, tomaram as obras dos autores originalmente influenciados de alguma forma por Garfinkel: por um lado, nos escritos de Sacks e Schegloff, para uma forma naturalista de "análise conversacional"; por outro, nos escritos de Blum e McHugh, para uma preocupação com as ramificações abstratas do "círculo hermenêutico".[4]

A mais nova versão de *Verstehen* depende da tese de que compreender o significado tanto de ações quanto de comunicações envolve a aplicação de categorias linguísticas "publicamente acessíveis", vinculadas às normas ou regras tacitamente conhecidas. Ao traçar alguns dos vínculos entre isso e a etnometodologia, retornamos às origens que cabem a cada parcela no desenvolvimento da fenomenologia posterior a Husserl, em Schutz e em Heidegger. É extremamente importante avaliar o grau em que esse desenvolvimento, que culmina na fenomenologia hermenêutica e se vincula a uma evolução largamente independente da filosofia pós-wittgensteieniana, produz um distanciamento do ímpeto original da fenomenologia. A "fenomenologia hermenêutica", nas mãos de Heidegger e Gadamer, rompe com o subjetivismo característico da primeira fase do desenvolvimento da fenomenologia. (Schutz nunca conseguiu completar essa ruptura.) Dessa perspectiva, assim como da do último Wittgenstein, a linguagem é essencialmente um fenômeno público ou social enraizado nas formas de vida: a autocompreensão do indivíduo pode ocorrer apenas nos termos dos conceitos "publicamente disponíveis". Uma pessoa só pode se referir às suas sensações privadas no mesmo quadro de linguagem que relaciona às sensações dos outros. Isso é muito diferente do esquema filosófico no qual Weber trabalhou e que permeia as suposições do individualismo metodológico, na medida em que o *locus* da criação de significado é pensado como padrões ou regras da coletividade, mais do que como consciência subjetiva do ator individual; tal consciência, de fato, pressupõe o primeiro. Os trabalhos de Garfinkel, certamente, assumem a mesma posição, e, dessa forma, é totalmente ilusório configurar a etnometodologia como forma de subjetivismo, como muitos críticos tentaram.

Várias das ideias mencionadas nas seções anteriores são de significado fundamental para as ciências sociais, mas elas não podem ser aceitas da forma em que se encontram no interior das tradições de pensamento que lhes deram origem: é vital reconhecer os limites dessas tradições, dimensionar o valor extraordinário dessas contribuições. As limitações de certas versões da etnometodologia ostentam semelhanças delimitadas com as encontradas na tradição de *Verstehen*. No entanto, ao identificar alguns desses limites e no interesse da brevidade deverei referir-me unicamente à etnometodologia.

Inicialmente, nos textos de Garfinkel (e nos da maioria daqueles que fizeram amplo uso deles, buscando um tipo de "correção da análise construtiva", com que o próprio Garfinkel se dizia despreocupado), a "capacidade explicativa" se separa da busca de motivos ou interesses práticos. As "atividades práticas cotidianas" referem-se a bem mais do que a manutenção de um mundo inteligível. A conquista de um mundo social "ordenado" deve estar relacionada não apenas a seu caráter significativo ou inteligível, mas aos entrosamentos — e conflitos — de interesses que os atores trazem aos "processos enunciados" e nos quais se empenham em permanecer como parte ou parcela desses mesmos processos. Penso que essa é uma das razões pelas quais os relatos de conversações aparecem nos textos da etnometodologia com um caráter peculiarmente vazio: as conversações não são descritas em relação a objetivos ou motivos dos interlocutores e aparecem desvinculadas da interlocução verbal. Nesse sentido, termos como "realização prática" etc., que largamente predominam no discurso etnometodológico, são usados de forma não apropriada. "Fazendo burocracia", "fazendo ciência" e outros envolvem algo mais do que meramente tornar tais fenômenos "enunciáveis".

Em segundo lugar, reconhecer a força desse comentário implica que cada relação de significado também é uma relação de poder — um tema que faz que certos "enunciados" *contem*. Nas formas mais transitórias da conversação cotidiana existem elementos de poder que podem ocorrer de forma direta como recursos diferenciados que os participantes trazem para a interação (tais como a posse de habilidades verbais superiores), mas que também podem refletir desequilíbrios de poder bem mais generalizados estruturados na sociedade como um todo (tais como as relações de classe). A criação de um mundo passível de enunciação não pode ser explicada separadamente de tais desequilíbrios de recursos que os atores trazem aos debates.

Em terceiro lugar, o reconhecimento da importância da capacidade de ação na teoria social precisa ser complementado com a análise "estrutural". Os estudos da etnometodologia se relacionam com a produção da sociedade como uma realização prática de atores comuns, mais do que com a reprodução de *séries* de estruturas. No entanto, o problema da reprodução estrutural se relaciona de forma inadequada com a teoria funcionalista ortodoxa, em que aparece como "internalização de valores". Para reconciliar as noções de capacidade de ação e estrutura precisamos fazer referência à dualidade da estrutura. Um interlocutor que enuncia uma sentença recorre a uma estrutura de regras sintáticas na produção do ato da fala. Nesse sentido, as regras geram o que o interlocutor diz. Mas o ato gramatical da fala também *reproduz* as regras que geram a expressão verbal e que somente "existem" dessa forma.[5]

Em quarto lugar, o termo "senso comum" tem que ser elucidado mais cuidadosamente do que aquilo que é característico do pensamento do próprio senso comum. A "incorrigibilidade" do senso comum como recurso necessário para a análise social não deveria esconder seu *status* de tópico. "Compreender" uma forma de vida é ser capaz, em certo sentido (não necessariamente na prática), de participar dela como um "membro competente". Desse ângulo, o senso comum — ou seja, as formas de conhecimento mútuo partilhadas por membros de uma mesma cultura — é um recurso que os sociólogos e antropólogos devem usar. Como recurso, esse conhecimento mútuo não é "passível de correção" para o cientista social. O erro de muitos dos que foram influenciados pelos textos etnometodológicos é supor que não há outro sentido de senso comum, a não ser o representado por crenças que estão, em princípio, abertas ao exame detalhado à luz dos achados da ciência social. Se o senso comum é em si organizado como um "tópico", as crenças que estão envolvidas, seja sobre a própria sociedade, seja sobre a natureza estão, em princípio, abertas à avaliação racional. Digamos que, para estudar a prática da magia numa cultura desconhecida, um antropólogo tenha que dominar suas categorias de significado pelas quais possa entender que a magia é organizada naquela cultura como uma prática. Porém, isso não significa que tenha que aceitar como válida a crença de que a doença pode ser induzida na vítima por meio do ritual mágico.

Notas

1 Hans-Georg Gadamer, *Wahrheit und Methode*, Tübingen, 1960; Peter Winch, *The Idea of a Social Science*, London, 1958 (nova edição, London, 1970). Paul Ricoeur, *De l'interpretation: essai sur Freud*, Paris, 1965.

2 Grande parte das concepções abordadas neste capítulo estão tratadas com mais profundidade no meu *New Rules of Sociological Method*, London, 1976.

3 Theodore Abel, The Operation Called Verstehen, *American Journal of Sociology*, v.LIV, 1948: Ernest Nagel, On the Method of *Verstehen* as the Sole Method of Philosophy, *The Journal of Philosophy*, v.L, 1953.

4 Emmanuel A. Schegloff, Harvey Sacks, Opening Up Closings, *Semiotica*, v.VIII, 1973; Alan Blum, *Theorising*, London, 1974; Peter McHugh et al., *On the Beginning of Social Enquiry*, London, 1974.

5 Cf. *New Rules of Sociological Method*, p.118ss.

CAPÍTULO 9
SOBRE TRABALHO E INTERAÇÃO EM HABERMAS

Trabalho e interação: termos que soam como inócuos, mas termos em torno dos quais Habermas consolidou alguns dos temas mais importantes da sua obra. As origens da diferenciação que Habermas estabeleceu entre trabalho e interação podem ser encontradas na sua discussão da relação entre Hegel e Marx – em uma análise que é tributária, de modo confesso, das ideias de Karl Löwith.[1] A explicação de Habermas deu mais importância às conferências de Hegel em Jena do que os intérpretes de Hegel habitualmente reconhecem, já que muitos deles encaravam essas conferências como uma fase transitória na evolução em direção à filosofia madura do pensador. De acordo com Habermas, os dois cursos formados pelas conferências que Hegel proferiu em Jena[2] constituíram uma perspectiva distinta, talvez incompleta, que Hegel acabou por abandonar, mas que, para Habermas, destacava alguns elementos de íntima conexão entre Hegel e Marx (mesmo que Marx não tenha chegado a conhecer os manuscritos de Jena).

Nas conferências de Jena, Hegel tratou o *Geist* (*o Espírito*), no processo da sua formação, como um fenômeno a ser explicado. O *Geist* tinha que ser entendido nos termos da comunicação entre os seres humanos por meio das categorias do significado contidas na linguagem. A linguagem era o meio da autoconsciência e do "distanciamento" da experiência humana da imediaticidade sensorial do aqui-e-agora. Implicando necessariamente a intersubjetividade ou a *interação*, a linguagem guardava um paralelismo definido com a significação do *trabalho*, nos escritos de Hegel. O trabalho era o modo especificamente humano de se relacionar com a natureza:

> Assim como a linguagem quebra os ditames da percepção imediata e ordena o caos das múltiplas impressões no interior das coisas identificáveis, assim também o trabalho quebra os ditames dos desejos imediatos e interrompe, na sua forma anterior, o processo da satisfação compulsiva.[3]

O trabalho e a interação eram, assim, dois aspectos-chave do processo de autoformação dos seres humanos em sociedade ou do desenvolvimento da cultura humana. Nas conferências de Hegel em Jena, de acordo com Habermas, trabalho e interação foram apresentados como irredutíveis entre si: essa questão se tornou um foco crucial da atenção de Habermas, na sua crítica a Marx. A interação se organizava por meio de normas consensuais que não tinham nenhuma conexão lógica com o processo causal que envolvia as transações com a natureza. É claro que isso não significava que eles fossem, do ponto de vista empírico, dois reinos separados do comportamento humano. Todo trabalho era conduzido em um contexto social e portanto comunicativo.

Mesmo no período de Jena, Habermas aceitava que Hegel tivesse interpretado o trabalho e a interação nos termos de uma teoria da identidade: *Geist* era a condição absoluta da natureza. Em outras palavras, a explicação de Hegel da autoformação da humanidade sempre teria sido idealista. Enquanto rejeitava o idealismo hegeliano, embora não tivesse acesso às conferências de Jena, Marx, no entanto, foi capaz de se apropriar das noções de trabalho e interação a partir de Hegel: essas ideias apareceram em Marx, afirmou Habermas, na forma da dialética entre as forças produtivas e as relações de produção.[4] O desenvolvimento progressivo das forças produtivas, então, manifestava a transformação do mundo por meio do trabalho humano. O processo de autoformação, nos escritos de Marx, não expressava mais a externalização do Espírito, mas se enraizava nas condições materiais da existência humana. Entretanto, o conceito de trabalho em Marx, enfatizou Habermas, permaneceu uma categoria epistemológica; a natureza só se constituía para nós por meio da sua mediação no interior da *praxis* humana.[5] Marx pressupôs que a "natureza-em-si" existia, mas isso era, no seu pensamento, uma espécie de contraponto à "coisa-em-si" kantiana: nós só encontramos diretamente a natureza na nossa interação prática com ela. Isso "preserva", de acordo com Habermas, "a inamovível facticidade da natureza, apesar da incorporação histórica da natureza na estrutura universal de mediação constituída pelos sujeitos do trabalho".[6]

A abordagem do trabalho em Marx, na concepção de Habermas, em certos aspectos constituía um avanço decisivo em relação ao que fora estabelecido por Hegel. Mas, ao mesmo tempo, representava também algo como um passo atrás, porque Marx não ofereceu o apoio epistemológico adequado que sustentasse a irredutibilidade entre trabalho e interação. O esquema de análise de Marx deu à interação, em grande parte, um lugar proeminente, sob a forma da noção de relações de produção. A fundação da subjetividade e da autorreflexão nas estruturas comunicativas da interação não foi, contudo, apreendida epistemologicamente por Marx por causa do lugar dominante atribuído ao papel do trabalho. Esse resultado brotou do verdadeiro sucesso do repúdio de Marx à teoria da identidade de Hegel. As obras de Marx constituíram-se, assim, em obras fundamentalmente sem equilíbrio, fato que produziu consequências importantes para a história posterior do marxismo. Nos seus trabalhos empíricos, Marx sempre conferiu um peso considerável às relações de produção bem como às forças produtivas. Os conceitos propriamente relativos às primeiras — à interação, nos termos de Habermas —, sobretudo a dominação e a ideologia, têm assim um papel primordial nos escritos empíricos de Marx. Desse modo, a concentração de Marx na *praxis* material se tornou vulnerável a uma ênfase equivocada: ela abriu, no âmbito da epistemologia, o caminho para o colapso da interação no interior do trabalho. De acordo com Habermas, nem mesmo Marx apreendeu inteiramente as implicações desse fato, o que ajudou a dirigir seu trabalho para uma direção positivista. Nas palavras de Habermas:

> Apesar de Marx estabelecer a ciência do homem sob a forma de crítica e não de ciência natural, ele tendeu continuamente a classificá-la com as ciências naturais. Considerava desnecessária uma justificação epistemológica da teoria social. Isso mostra que a ideia de auto-

constituição da espécie humana pelo trabalho era suficiente para criticar Hegel, mas foi inadequada para dar abrangência à significação real da apropriação materialista de Hegel.[7]

É exatamente essa justificação epistemológica que Habermas procurou constituir na expansão posterior baseada na distinção entre trabalho e interação. O colapso da interação no interior do trabalho significava que o conhecimento da exploração instrumental ou "técnica" — o tipo de conhecimento que usamos para tentar controlar o mundo material — acabou por ser visto como característico das ciências sociais assim como das ciências naturais. Todos os problemas sociais, então, acabaram sendo vistos como problemas "técnicos". A razão técnica parecia exaurir as capacidades da razão humana como um todo: característica que define o positivismo para Habermas. A influência da *Dialectic of Enlightenment* [*Dialética do esclarecimento*] de Adorno e de Horkheimer sobre o pensamento de Habermas é, nesse ponto, evidente. Sua "crítica da razão instrumental" tinha uma convergência direta com a direção política central dos escritos de Habermas (na qual a influência de Max Weber também se fazia sentir, em grande medida): a tese do controle crescente sobre a natureza ou sobre as forças de produção não era absolutamente coincidente com a libertação da dominação. A diferença essencial entre a posição de Habermas e a dos primeiros pensadores de Frankfurt, diferença particularmente explorada nos debates entre Habermas e Marcuse, está no fato de que Habermas rejeitou o tema segundo o qual o conhecimento técnico ou científico era, em sua própria forma, ideológico em si mesmo. A concepção de Habermas, que vincula sua discussão do trabalho e interação em Hegel e Marx com a concepção global dos interesses constitutivos do conhecimento (abandonada hoje por Habermas?), era a da necessidade de lutar contra a *universalização* da razão técnica ou instrumental, como forma única da universalidade. Nos escritos de Marx, a universalização da razão técnica foi caracterizada como domínio epistemológico do trabalho: contudo, o deslizamento do marxismo em direção ao positivismo foi uma característica que o marxismo compartilhou com grande parte da teoria social moderna e da filosofia como um todo.

A primeira tentativa mais sistemática de Habermas para elaborar a diferenciação entre trabalho e interação surgiu em uma análise crítica das concepções de Marcuse sobre a tecnologia.[8] O trabalho foi equacionado como "ação racional orientada por motivos" (*Zweckrationalität*), que se refere, afirmou Habermas, "à ação instrumental tanto quanto à escolha racional ou à sua conjunção". A ação instrumental era uma ação orientada por normas técnicas e estava fundada no conhecimento empírico. As regras técnicas envolvidas na ação racional orientada por motivos seriam formuladas com base nos poderes de predição que elas possibilitam. "A escolha racional" era uma questão de decisão entre estratégias de ação, de acordo com o caminho mais "eficiente" de realização das metas ou dos objetivos. A interação, por outro lado, com a qual Habermas equacionou a "ação comunicativa", "é governada por *normas consensuais* interligadas, que definem expectativas recíprocas sobre o comportamento e têm que ser entendidas e reconhecidas por, pelo menos, dois dos sujeitos da ação".[9] A ação comunicativa estaria baseada na comunicação pela linguagem comum e dependeria da compreensão mútua dos símbolos sociais. O contraste entre as regras da ação racional com motivos e as regras que governam a ação comunicativa foi exemplificado pelo caráter diverso das sanções pertinentes a cada caso. Habermas, aqui, faz eco à distinção feita por Durkheim.[10] A não concordância com as regras técnicas ou estratégias seria sancionada pela probabilidade de fracasso na obtenção dos objetivos; a não concordância com as normas consensuais seria sancionada pela desaprovação ou pela punição por parte dos outros membros da comunidade social. Apreender as regras da ação racional com motivos, na concepção de Habermas, era adquirir qualificações; apreender regras normativas era "internalizar" traços da personalidade.

Os dois tipos de ação, prosseguia Habermas, poderiam oferecer uma base para distinguir setores institucionais diferentes da sociedade. Havia alguns setores, entre os quais ele incluiu o Estado e o sistema econômico, em que prevalecia a ação racional orientada por motivos. Havia outros, tais como a família ou as relações de amizade, nos quais as "regras morais da interação" seriam predominantes. Essa classificação também poderia ser adotada, tal como Habermas acreditava, para iluminar a totalidade dos padrões no desenvolvimento das sociedades. Nas sociedades tradicionais ou pré-capitalistas, o âmbito dos subsistemas da ação racional orientada por motivos permaneceu confinado pela autoridade insinuante das estruturas da interação moralmente interligadas. A sociedade capitalista, pelo contrário, seria uma sociedade na qual a expansão dos subsistemas da ação racional orientada por motivos tinha sido privilegiada (em primeiro lugar, na forma pela qual se estabelecia no interior da reprodução ampliada do capital) e, progressivamente, atuava no sentido de erodir as outras formas institucionais. A ciência moderna desempenhava um importante papel nesse processo, especialmente na medida em que a ciência e a mudança tecnológica se tornavam mais intimamente integradas. Isso conduziu diretamente aos temas habermasianos da "cientificização da política" e da crise de legitimação:

> progresso quase autônomo da ciência e da técnica ... aparece como uma variável independente da qual depende o mais importante sistema variável isolado, especificamente o crescimento econômico ... quando essa aparência se enraizou efetivamente, então a propaganda pôde se referir ao papel da tecnologia e da ciência para explicar e legitimar a razão pela qual, nas sociedades modernas, o processo democrático de decisão sobre os problemas práticos perde sua função e "precisa" ser substituído por decisões plebiscitárias a respeito dos conjuntos de lideranças e de pessoal administrativo.[11]

A passagem das categorias abstratas da ação para uma preocupação mais empírica com os processos de desenvolvimento social é característica do estilo de argumentação de Habermas e se torna compreensível à luz de sua concepção da "epistemologia como teoria social". A distinção entre trabalho e interação permanece essencial para os dois aspectos da obra de Habermas nos seus últimos escritos. Apesar do fato de, à primeira vista, o esquema de interesses constitutivos do conhecimento, amadurecido em *Knowledge and Human Interests* e em outros escritos do período anterior, parecer tripartite, ele é fundamentalmente dicotômico, já que se funda no contraste entre trabalho e interação. O "interesse na emancipação" carece de conteúdo e retira sua existência da aproximação entre as questões nomológicas e hermenêuticas no interior da crítica da ideologia. O caráter dicotômico das especulações epistemológicas de Habermas se mantém no formato da "pragmática universal", na sua diferenciação entre o discurso "teórico-empírico" e o discurso "prático", uma diferenciação que pode ser superposta, como de fato foi, às distinções entre trabalho e interação e entre o nomológico e o hermenêutico. Aqui, não me preocuparei com essas ideias; limitar-me-ei a acompanhar a tentativa de Habermas de usar a distinção entre trabalho e interação para analisar a evolução das sociedades.

A interpretação posterior de Habermas da evolução social recapitulava alguns dos elementos de suas primeiras críticas a Marx. A teoria de Marx, reafirmou Habermas, não conseguiu apreender de modo adequado a ação comunicativa na análise do desenvolvimento das sociedades. Sob a influência de Luhmann, Habermas tendeu a empregar a terminologia associada à teoria dos sistemas. Marx, afirmou, localizou os "processos de aprendizagem" associados à evolução social na esfera das forças produtivas (isto é, ao trabalho); mas os processos de aprendizagem também tinham que ser compreendidos nas "visões de mundo, nas representações morais, nas formações de identidade" (isto é, na interação). Teríamos, assim, que complementar o estudo do desenvolvimento das forças produtivas com o estudo das "estruturas normativas". Habermas acreditava que isso poderia ser feito sem comprometer a ideia de que todas as determinações da mudança social decorreriam "do sistema de problemas economicamente condicionados".[12] A explicação de Habermas da evolução das estruturas normativas da interação se baseava na tese (também defendida de algum modo por Durkheim, Piaget e Parsons, entre outros) da homologia entre personalidade e desenvolvimento social. As formas de consciência e suas fases de desenvolvimento dos membros individuais da sociedade seriam as mesmas que caracterizavam a sociedade como um todo.[13]

De acordo com Habermas, a evolução dos processos sociais de aprendizagem poderia ser examinada nos termos que se seguem. Em algumas fases do seu desenvolvimento, as sociedades enfrentam "problemas sistêmicos não resolvidos" que apresentam desafios à continuidade da sua reprodução e não podem ser manipulados no interior da ordem normativa existente. A sociedade teria, então, que se transformar ou a continuidade de sua existência seria posta em questão. A natureza de tal transformação e a sua própria ocorrência, enfatizou Habermas, seriam determinadas não pelos problemas sistêmicos, mas somente pelas respostas dadas a eles pela sociedade, graças ao desenvolvimento de novos modos de organização normativa. Ainda valeria a pena denominar essa análise, afirmou Habermas, como "materialismo histórico". Seria materialista, porque os problemas da esfera da produção e reprodução estariam na origem das tensões que provocariam a reorganização do sistema; e permaneceria histórica porque as fontes dos problemas sistêmicos tinham que ser procuradas no desenvolvimento contingente das sociedades particulares. No seu relato da evolução social, Habermas encontrou uma justificativa arqueológica para o envolvimento que integra o trabalho e a linguagem com a diferenciação da sociedade "humana". "Trabalho e linguagem", afirmou ele, "são mais antigos do que o homem e a sociedade."[14]

Tendo esquematizado essas ideias, desejo oferecer uma breve avaliação crítica a seu respeito. Devo me concentrar em algumas das dificuldades mais diretamente "sociológicas" relacionadas à diferenciação entre trabalho e interação.[15] Pretendo discuti-las em três tópicos. Em primeiro lugar, o fato de que vale a pena mencionar algumas das ambiguidades presentes na formulação da distinção. Em segundo lugar, devo dirigir a atenção para alguns problemas que aparecem quando se toma cada conceito separadamente. Em terceiro, pretendo rever algumas implicações para a análise das instituições em Habermas.

1 Algumas das ambiguidades no uso de Habermas dos termos "trabalho" e "interação" foram apontadas por um dos seus mais importantes seguidores.[16] Habermas apresentou essa distinção referindo-a várias vezes a dois tipos de ação — ação racional com motivos, de um lado, e ação comunicativa, de outro. Um tipo de ação seria governado por regras técnicas e sancionado pela possibilidade de fracasso em atingir os objetivos; o outro seria governado pelas normas sociais e sancionado pela convenção ou pela lei. O mesmo se estende ao caso da subdivisão que ele faz dentro da noção de ação racional com motivos, entre ação "estratégica" e "instrumental". Mas nenhuma delas seria realmente um tipo de ação, como Habermas foi forçado a concordar. Eram, afirmou em resposta a esse tipo de crítica, elementos analíticos de um "complexo".[17] Ou seja, eram traços típico-ideais da ação, tal como os tipos de Weber dos quais se extraem certos elementos de sua inspiração. Todos os processos concretos de trabalho, claramente, como Habermas enfatizou na sua discussão de Marx, e como o próprio Marx enfatizou com tamanha força, seriam sociais: ou, nos termos de Habermas, envolveriam interação.

Mas isso é o mesmo que querer se aproveitar de duas alternativas opostas. E, no melhor dos casos, é um engano querer usar o "trabalho" como o equivalente de um elemento analítico da ação e ao mesmo tempo continuar a usá-lo no sentido do "trabalho social"; o mesmo se pode dizer do uso da "interação" tanto como elemento analítico quanto como um tipo substantivo, oposto à ação solitária ou "monológica". Penso que essa confusão nasce de um *mélange* infeliz de ideias extraídas de fontes que não têm realmente muito em comum. Essas fontes são, por um lado, a distinção weberiana entre ação racional orientada por motivos e ação racional orientada por valores (*Wertrationalität*: transformada, contudo, consideravelmente por Habermas); e, por outro lado, a diferenciação marxista entre forças e relações de produção. A distinção de Weber era supostamente analítica ou "típico-ideal", mas não a diferenciação de Marx. Mesmo no interior do esquema marxista, o "trabalho" não era equivalente às "forças produtivas", como supostamente Habermas reconheceu. Mas, mesmo assim, continuou a introduzir um termo no interior do outro: a assimilar "forças produtivas", "trabalho" e "ação racional orientada por motivos"; e a assimilar "relações de produção", "interação" e "ação comunicativa". Essas ambiguidades ou confusões não teriam muita importância se apenas os elementos terminológicos estivessem em questão, o que poderia ser corrigido por um uso mais claro e mais consistente. Mas, na minha opinião, eles parecem conduzir a consequências conceituais sérias na obra de Habermas.

2 Não aceito a totalidade da perspectiva de Habermas segundo a qual, nos nossos dias, a epistemologia só é possível como teoria social e não acredito, como Habermas, que o conceito de trabalho persiste como conceito epistemológico em Marx. Pelo menos, só adquire esse aspecto quando assimilado à ação racional orientada por motivos, o que, a meu ver, não é uma interpretação justificável. Habermas criticou, com alguma razão, a expansão da noção de *praxis* em direção a uma noção "lógico-transcendental" que, tal como pensava, poderíamos encontrar nas obras de Marcuse e de Sartre. Mas essa espécie de uso esgota as intuições da noção marxista se ela é interpretada ontologicamente e não epistemologicamente. Em vez de forçar a ideia de trabalho a abarcar toda a gama de associações feitas por Habermas, prefiro distinguir trabalho e *praxis*, utilizando o primeiro em um sentido mais restrito e a última em um sentido mais abrangente. Poderia enxergar o "trabalho", em outras palavras, como "trabalho social", como as atividades produtivas socialmente organizadas pelas quais os seres humanos interagem criativamente com a natureza material. O trabalho, então, permanece como atividade intrinsecamente social, entre outros tipos de atividade ou formas de instituição. A *praxis* poderia ser tratada como a base universal da vida social humana como um todo. Ou seja, a *praxis* se refere à constituição da vida social como práticas regulares, produzidas e reproduzidas pelos atores sociais nos contextos contingentes da vida social.

As objeções que podem ser levantadas contra o uso que Habermas faz da "interação" são pelo menos tão importantes quanto essas — talvez mais importantes, na medida em que boa parte do que Habermas escreveu se concentrava na interação, como o lado "negligenciado" da moeda no interior do materialismo histórico. As dificuldades do conceito de interação em Habermas parecem-me derivar de fontes paralelas àquelas que se referem à noção de trabalho. Habermas identificou interação com ação comunicativa, já que esta seria governada por normas consensuais. Sua ênfase na interpretação hermenêutica dos símbolos, como demanda metodológica da observação social e como meio da intersubjetividade entre os membros da sociedade, é inquestionável — vital, na verdade, para a teoria social. Mas tratar a interação como equivalente da "ação comunicativa" é mais que um simples engano, é um erro. Apesar do fato de Habermas insistir em que a interação não é redutível ao trabalho, eu afirmaria que ele mesmo realizou uma tripla redução no interior da própria noção de interação. Em primeiro lugar, é um erro tratar a interação como equivalente ou redutível à ação. Segundo, é um erro tratar a ação como equivalente ou como redutível à ação comunicativa. E, terceiro, é um erro supor que a ação comunicativa pode ser examinada apenas no âmbito das normas. Duvido que Habermas aceitasse o fato de ter realizado essas reduções quando colocadas de modo tão abrupto. Mas não acredito ser difícil demonstrar que ele realizou tais reduções quando escreveu sobre interação.

Desenvolverei parcialmente esses pontos. No que se refere ao primeiro, talvez o modo mais fácil de expressar o problema seja dizer que grande parte da discussão de Habermas sobre interação não menciona a *interação* de modo algum. Falar em interação como um tipo, ou mesmo como um elemento da ação, é fazer uso de uma denominação imprópria. Por consequência, Habermas tem pouco a dizer – e formulou poucos conceitos para analisar – sobre as relações sociais que são constitutivas dos sistemas sociais. Isso parece uma observação bastante banal, mas penso que ela tem muitas consequências: pois se vincula diretamente à divisão que Habermas faz da noção de *praxis* em duas. A produção e a reprodução da vida social envolvem a identificação de mecanismos pelos quais os padrões de interação são repetidamente mantidos. A "teoria da ação", como tentei mostrar em outro texto, não é idêntica à "teoria da interação": uma enunciação adequada da constituição dos sistemas sociais em interação exige a concepção do que eu chamei de "dualidade de estrutura" na reprodução social.[18]

É possível que me questionem no sentido de que, se Habermas apenas aflorou tais questões, isso poderia ser simplesmente um erro de omissão e o espaço em branco poderia ser preenchido sem comprometer o resto de suas ideias. Mas penso que a consideração dos dois outros pontos que levantei acima indica que não se trata disso. A interação não se identifica com a "ação comunicativa" porque a ação comunicativa é apenas um tipo de ação. No que se refere a esse ponto, muito do que se entende por "comunicação" permanece pendente. Mais uma vez talvez haja alguma ambiguidade terminológica, na medida em que ele parece equiparar o "simbólico" com o "comunicativo". O primeiro termo não implica necessariamente, como o segundo normalmente o faz, alguma espécie de significado intencional que um ator quer transmitir ao outro. Pode ser plausível afirmar que toda ação envolve símbolos, mas não se pode sustentar que os elementos simbólicos da ação sejam equivalentes à intenção comunicativa. Porém, de forma bastante frequente, Habermas parece argumentar como se o fossem, talvez em parte por causa de sua preocupação com o discurso. E, quando argumenta dessa forma, tende a voltar a alguns tipos de enunciações filosóficas do significado, com base na intenção, que são incompatíveis com outras de suas ênfases em discussões sobre a hermenêutica.[19]

O terceiro ponto que mencionei acima pode ser colocado como se segue: em relação à interação, há mais do que as normas pelas quais ela foi orientada. A ênfase de Habermas nos componentes normativos da interação é decorrência excessivamente plausível da tendência de misturar interação e ação comunicativa. Mas a consequência é o fato de sua teoria social ser surpreendentemente fechada em relação ao "funcionalismo normativo" de Parsons. Ambos concordam com a primazia das normas em relação ao poder no exame da interação social. Essa observação pode parecer surpreendente dado que a obra de Habermas estava supostamente dirigida para a crítica da dominação. Eu gostaria de mantê-la para afirmar que o poder é um componente tão intrínseco da interação social quanto as normas.[20] Habermas parece concordar com isso na medida em que a dominação ou o poder se tornaram um dos três aspectos fundamentais da organização social vinculada aos interesses constitutivos do conhecimento em *Knowledge and Human Interests*. Mas o interesse constitutivo do conhecimento, ligado à emancipação da dominação, estava como observei "vazio de conteúdo": a crítica da dominação acabou por se voltar para a liberdade de comunicação ou diálogo, em vez de se voltar para a transformação material das relações de poder. As implicações desse fato, acredito, aparecem de forma proeminente nas formulações de Habermas sobre a natureza da teoria crítica que estavam centradas de forma inabalável na revelação da ideologia. Apesar de provocante, sua formulação de uma situação ideal de discurso é como que um modelo contrafatual para a crítica social: ela opera mais uma vez no âmbito da comunicação. Ela não nos dá nenhuma indicação de como outros problemas tradicionalmente associados com as disparidades de poder, tal como o acesso a recursos escassos e os choques entre interesses materiais, podem ser enfrentados na "boa sociedade".

3 A importância dos comentários críticos que elaborei é que, em parte pelo menos por causa dos problemas com a distinção entre trabalho e interação, há um "núcleo ausente" nos escritos de Habermas: um esquema conceptual adequado para apreender a produção e a reprodução da sociedade. Essa observação pode ser consolidada, pretendo afirmar, se olharmos para aqueles segmentos da sua obra que dizem respeito à organização institucional da sociedade. Nesse ponto, Habermas se utiliza diretamente do funcionalismo de Parsons (assim como da teoria dos sistemas de Luhmann ou do chamado "estruturalismo funcional"). Certamente Habermas não deixou de criticar Parsons ou o funcionalismo de forma mais geral. Mas a sua inquietação com as teorias de Parsons e com as de Luhmann estava principalmente relacionada antes com o *status* lógico do funciona-

lismo como uma questão "empírico-analítica" do que com a substância dessas teorias. Os valores e as normas que desempenhavam um papel tão básico na caracterização de Parsons da sociedade não poderiam ser aceitos, sustentou Habermas, como "dados específicos", conforme Parsons supôs. Eles pressupunham procedimentos hermenêuticos de identificação e tinham que ser expostos às possibilidades da crítica da ideologia.[21]

Em outros aspectos, contudo, Habermas parecia estar disposto a assimilar alguns dos mais importantes elementos da sociologia de Parsons. Entre as concepções de Parsons, há muitas que me parecem particularmente questionáveis, e pode-se encontrar em Habermas mais do que um simples eco dessas concepções. As concepções que tenho em mente dizem respeito ao "modelo de sociedade" em Parsons, que, relativamente à integração social, atribuía centralidade aos valores e às normas; a tese de que sociedade e personalidade seriam homólogas ou "interpenetradas"; e a significação atribuída à "internalização" na teoria da socialização. Muitas objeções podem ser levantadas em relação a todas essas teses. Parece-me que a tese da primazia dos valores e normas na integração da sociedade está vinculada com a questão que apontei anteriormente, isto é, a tendência de Habermas a reduzir a interação à comunicação e às normas. O modelo de sociedade que resulta daí — caso se possa julgá-lo a partir do que constitui claramente, nos escritos de Habermas, apenas uma tentativa de se aproximar dos problemas relativos à mudança social — não parece incorporar nenhuma consideração sobre a contradição, e, mesmo, subestimar o significado do poder e da luta no desenvolvimento social. É possível que Habermas venha a incorporá-los no seu esquema de um modo mais constitutivo, mas até agora não o fez. Ao contrário, sua discussão se moveu no âmbito de "problemas funcionais" que os sistemas sociais enfrentam em algumas fases da sua história. "Problemas sistêmicos", conceito que me incomoda, não são contradições; e Habermas, até certo ponto, não oferece indicações de como a identificação desses "problemas sistêmicos" ajuda a explicar os processos de transformação histórica ou a luta ativa social e política. Em lugar de uma análise satisfatória dessas questões, causa-me mais impacto a similaridade entre o relato de Habermas sobre a evolução social e o que foi elaborado por Parsons no seu *Societies*[22] do que sua proximidade de Marx.

Tenho fortes reservas a respeito da tese da homologia entre sociedade e personalidade, que acabou por se constituir em uma suposição explícita nos últimos escritos de Habermas. Apesar de reconhecer as dificuldades dessa concepção, encarada fenotipicamente, é claro que não se pode adotá-la sem reter a ideia geral de que "a infância da sociedade" é como a infância do indivíduo, uma é a versão mais rudimentar da outra. Mas as linguagens de todas as "sociedades primitivas" conhecidas são tão complexas e tão sofisticadas quanto as das sociedades economicamente avançadas, e todas possuem ricos conteúdos simbólicos e de representação. As concepções de Lévi-Bruhl parecem-me hoje menos forçadas do que as de Lévi-Strauss.

De qualquer modo, no presente contexto, estou mais preocupado em criticar a ideia da homologia entre sociedade e personalidade como um postulado analítico da teoria social, sentido em que ela está intimamente vinculada à noção de "internalização". Esses foram temas transversais à sociologia parsoniana e estão relacionados mais uma vez à pressuposição de que o valor ou a norma é a chave que define a característica do social (ou da "interação"). A explicação de Parsons da "internalização" das normas fundamentava a ideia de que os mecanismos que agiam no sentido da integração do indivíduo no interior da sociedade e aqueles que integravam a sociedade eram os mesmos — a coordenação moral da ação por meio de valores compartilhados. Exatamente os mesmos valores que nós "internalizamos" na socialização e que constituem nossas personalidades seriam aqueles que firmariam o sistema social. As limitações desse tipo de perspectiva são evidentes. Elas inibem em seguida a possibilidade de elaborar adequadamente as questões de poder, de interesses parciais de grupo, de luta. Mas, no âmbito da relação sociedade-personalidade, implicam uma teoria da reprodução social que ignora a qualificação e o caráter passível de aprendizado da participação cotidiana dos atores nas práticas sociais. Estamos de volta, acredito, à exigência de uma concepção coerente de *praxis*.

Notas

1. Ver Habermas, Remarks on Hegel's Jena *Philosophy of Mind, Theory and Practice*, London, 1974, p.168; Karl Löwith, *From Hegel to Nietzsche*, New York, 1967.
2. *The Philosophy of Mind* e *System of Morality*.
3. Remarks on Hegel's *Philosophy of Mind*, p.159.
4. Ibidem, p.168.
5. Habermas, *Knowledge and Human Interests*, London, 1972, p.28-34.
6. Ibidem, p.34.
7. Ibidem, p.45.
8. Technology and Science as "Ideology", in *Toward a Rational Society*, London, 1971. Esse ensaio também expõe a significação de algumas ideias de Max Weber para Marcuse e para Habermas.
9. Ibidem, p.91-2.
10. Durkheim distinguia entre o que chamava de sanções "utilitárias", ou técnicas, e sanções "morais". Nas últimas a sanção era definida socialmente, nas primeiras por objetos e eventos na natureza. Emile Durkheim, Determination of the Moral Fact, in *Sociology and Philosophy*, London, 1953.
11. Technology and Science as "Ideology", p.105.
12. Habermas, Historical Materialism and the Development of Normative Structures, in *Communication and the Evolution of Society*, Boston, Mass., 1979, p.97-8.
13. Habermas, contudo, fez várias restrições a essa assertiva. Ver ibidem, p.102-3, 110-1.
14. Toward a Reconstruction of Historical Materialism, in *Communication and the Evolution of Society*, p.137.
15. Ver Haberma's Critique of Hermeneutics, in *Studies in Social and Political Theory*, London, 1977.
16. Thomas McCarthy, *The Critical Theory of Jürgen Habermas*, London, 1978, p.24-6.
17. Habermas, A Postscript to *Knowledge and Human Interests, Philosophy of the Social Sciences*, v.III, 1973.
18. Como tentei fazer em *Central Problems in Social Theory*, London, 1979, *passim*.
19. Cf. o meu *New Rules of Sociological Method*, London, 1974, p.68-9 e 86-91.
20. *Central Problems in Social Theory*, p.88-94.

21 Habermas, *Zur Logik der Sozialwissenschaften*, Frankfurt, 1970, p.170 ss.
22 Talcott Parsons, *Societies: Evolutionary and Comparative Perspectives*, Englewood Cliffs, N. J., 1966.

CAPÍTULO 10

FOUCAULT, NIETZSCHE E MARX

Uma forte corrente de conservadorismo político varreu o Ocidente nas últimas décadas. Não se trata apenas do fato de partidos políticos conservadores terem chegado ao poder em diversos países: é que eles o fizeram em um clima político que demonstra tendências evidentes a um realinhamento ideológico. Com a dissolução do keynesianismo, que no período pós-1945 foi aceito até certo ponto pelos partidos conservadores assim como pelos social-democráticos, os partidos conservadores não apenas subiram ao poder, mas fizeram-no sob a égide de um conservadorismo revitalizado e radical. Talvez estejamos exagerando a importância desse fenômeno a longo prazo. Só se passaram, afinal, uns 25 anos desde o período do florescimento da Nova Esquerda. Apesar de a Nova Esquerda parecer positivamente envelhecida, não se pode esquecer que, naquela época, muitos — tanto os que mantiveram atitudes fortemente hostis quanto os que a apoiaram — sentiam que profundas mudanças estavam acontecendo no tecido social dos países industrializados. Devemos, assim, ter cuidado para não generalizar à luz da experiência de uns poucos anos. As ciências sociais no período do pós-guerra inclinaram-se fortemente para essa direção. Com base em uma década e meia de aumento das taxas de crescimento e em uma "política de consenso" relativamente estável nas democracias liberais ocidentais, grandiosas "teorias da sociedade industrial" foram criadas, projetando um futuro indeterminado de expansão progressista. Faltava sentido histórico à maioria dessas teorias, necessário para uma generalização tão ambiciosa – e elas mostraram ser portadoras de graves deficiências.

Com essas objeções em mente, há importantes desenvolvimentos na teoria política que não seria prudente ignorar. Mais do que discuti-los no contexto do mundo anglo-saxônico, concentrar-mc-ei em certos aspectos do "novo conservadorismo" filosófico que conseguiu considerável notoriedade na França. Há uma diferença entre os novos conservadorismos da Inglaterra e dos Estados Unidos, de um lado, e os "novos filósofos" franceses, de outro. Os primeiros se centraram no território da sociedade civil, considerando especialmente a influência do monetarismo; as implicações políticas teriam sido, como de fato foram, guiadas pela teoria econômica. Já os novos filósofos descobriram o Estado e o poder. Seus escritos têm, pela maior parte, um caráter grandioso e beiram os limites de uma experiência de conversão. Os novos filósofos eram, então, os sobreviventes desiludidos dos "acontecimentos de maio" de 1968, que se descobriram não no mundo da libertação da humanidade, mas, ao contrário, em uma era de barbárie. Eles se afastaram de Marx em direção a Nietzsche.

Deixemos Bernard-Henri Lévy falar pelos novos filósofos:

> Sou o filho bastardo de uma infeliz união entre fascismo e stalinismo. Se eu fosse um poeta, cantaria o horror de viver e os novos *Gulags* que o amanhã nos reserva. Se eu fosse um músico, cantaria o riso idiota e as lágrimas de impotência, o terrível tumulto produzido pelos desaparecidos, acampados nas ruínas, esperando sua sorte. Se eu fosse um pintor (um Courbet, não um David), representaria o céu carregado de pó pairando sobre Santiago, Luanda ou Kolyma. Mas não sou nem pintor, nem músico, nem poeta. Sou um filósofo, aquele que usa ideias e palavras – palavras já esmigalhadas por tolos. Assim, com as palavras da minha linguagem, só posso falar de massacres, campos e procissões da morte, de algumas que vi e de outras que desejaria também evocar. Eu me sentiria satisfeito se pudesse explicar o novo totalitarismo dos príncipes sorridentes, que às vezes prometem inclusive a felicidade ao seu povo. [Minha obra] ... deve, portanto, ser lida como uma "arqueologia do presente", que redesenha cuidadosamente, através do nevoeiro do discurso e da prática contemporâneos, o contorno e o cunho de uma barbárie com rosto humano.[1]

Reconhecer que o mundo bárbaro de hoje tem "uma face humana", na verdade uma mera máscara superficial de humanidade, representa um reconhecimento de que, hoje, o Estado afirma atuar em nome do povo. Mas "a face humana" do Estado contemporâneo (1) é mais do que contrabalançada pela crescente concentração do terror em uma era de cientificismo, burocracia e alta tecnologia militar; e (2) é uma forma frágil de encobrir o Estado, uma instituição universal, como poder coordenador. Ora, o século XX é o século de duas guerras mundiais devastadoras; os horrores do nazismo, e mesmo os excessos do stalinismo mal se constituem em novidades. Por que o choque da descoberta? Por que o abandono total de Marx e a aproximação a Nietzsche em tão fervoroso abraço? Sem dúvida existem razões específicas relativas à França ou aos setores da esquerda europeia, relutantes em admitir a realidade do stalinismo; os relatos de Soljenitzyn sobre o *Gulag* tiveram um efeito mais devastador nos círculos esquerdistas franceses do que nos da Inglaterra ou dos Estados Unidos. Mas penso que também existiram outros fatores intelectuais mais profundos, relacionados com as tradições intelectuais que estiveram na origem do marxismo e do pensamento de Marx.

O marxismo foi uma criação da Europa ocidental do século XIX, desenvolvido a partir da crítica da economia política. Ao formular essa crítica, Marx absorveu alguns traços das formas de pensamento social que ele se propunha combater: especialmente a concepção de que o Estado moderno (capitalista) estava prioritariamente preocupado em garantir os direitos da propriedade privada, tendo como pano de fundo o crescimento das relações econômicas mercantis nacionais e internacionais. Faltavam aos textos marxistas clássicos não apenas uma teoria do Estado mais elaborada mas também uma concepção satisfatória do poder em um sentido mais abrangente. Marx ofereceu uma análise do poder de classe ou da dominação de classe; mas a ênfase aqui foi na "classe" como origem do poder. Tanto o Estado quanto, como Marx afirmou algumas vezes, o "poder político" poderiam ser superados com o desaparecimento das classes na antecipação da sociedade socialista do futuro. Existe, portanto, uma certa antítese entre Marx (a radicalização da propriedade) e Nietzsche (a radicalização do poder) que abre uma espécie de porta para os desiludidos. Talvez essa porta tenda a abrir-se apenas em uma direção — de Marx para Nietzsche —, já que Nietzsche oferece um refúgio para aqueles que perderam as suas ilusões modernas sem cair no cinismo ou na mais completa apatia. Poucos estão preparados para suportar o fardo mental de aprender tanto de Marx quanto de Nietzsche. Max Weber talvez seja o exemplo mais ilustre entre todos aqueles que o tentaram; e, ao que parece, ele acabou se aproximando, segundo Fleischmann, de Nietzsche.[2] As sombrias reflexões de Weber sobre o estado do mundo em 1918-1919, em "A política como vocação", têm, de fato, algumas ressonâncias em comum com Lévy, mesmo se carecem dos voos de retórica tão caros a este último autor.

A referência a Max Weber, naturalmente, lembra-nos que a influência de Nietzsche sobre a teoria social não é, de maneira alguma, um fenômeno contemporâneo. De fato, há quem considere Nietzsche, como Lukács em seu livro *Destruction of Reason* [*A destruição da razão*], uma influência perniciosa no interior de uma crescente onda de irracionalismo no pensamento alemão, que culminou precisamente no triunfo do nazismo. Mas existe algo novo sobre o ressurgimento atual do interesse por Nietzsche. Antes disso, Nietzsche nunca tinha influenciado os círculos intelectuais franceses, e as ideias parcialmente tomadas de Nietzsche não se constituíram apenas na base de um novo conservadorismo.

Mais do que discutir em detalhe os textos dos novos filósofos, proponho-me voltar a atenção para Foucault. Nos últimos escritos de Foucault, especialmente os que tratam do poder, ele mantém, de fato, algumas das ênfases de seus primeiros textos. Seus estudos históricos são estruturados pelo que ele chamou de "genealogia", a que atribuía

> uma forma de história que relata a constituição dos conhecimentos, dos discursos, do campo de influência dos objetos etc., sem ter que se referir a um sujeito, tanto um sujeito transcendental em relação ao campo dos acontecimentos quanto um sujeito que persegue sua identidade vazia ao longo da história.[3]

Foucault é muitas vezes enquadrado no "pós-estruturalismo", apesar de sua aversão ao termo. E existem razões para isso. Foucault continuou e, de fato, desenvolveu o tema da descentralização do sujeito, introduzido por Saussure e Lévy-Strauss. No trabalho de Foucault, a descentralização do sujeito se converteu em um fenômeno tanto metodológico quanto, de certo modo, substantivo. A história foi constituída em *epistemes* ou, posteriormente, em campos de poder por meio dos quais os assuntos humanos foram expostos; e, na era atual, estamos nos afastando de um tempo dominado por um tipo particular de constituição da subjetividade. Nós estamos testemunhando o "fim do indivíduo", frase que contrasta fortemente com a empregada reiteradamente por Horkheimer e Adorno no final de suas vidas.

Na minha opinião, os temas nietzschianos são muito proeminentes nos últimos escritos de Foucault, embora eles sejam empregados de uma maneira bastante diversa (e, de alguma forma, muito mais interessante) da de outros autores contemporâneos de Foucault na França – mesmo dos autores a que ele estava intimamente ligado, como Deleuze. Esses temas incluem não apenas o caráter onipresente do poder, sua prioridade em relação aos valores e à verdade, mas também a ideia de que o corpo é a superfície sobre a qual o poder atua. O poder, para Foucault, era declaradamente avesso ao espectro que, tal como aparecia na teoria marxista, assombrava e concomitantemente era procurado – ou seja, uma expressão nociva da dominação de classe capaz de ser transcendida pelo movimento progressista da história. O poder, afirmava Foucault, não era inerentemente repressivo, não era apenas a capacidade de dizer não. Se o poder fosse apenas isso, perguntou Foucault, nós realmente obedeceríamos a ele de forma tão consistente? O poder exerce sua força porque não atuava simplesmente como um peso opressivo, um fardo a ser suportado. O poder era realmente o meio pelo qual todas as coisas aconteciam, a produção das coisas, do conhecimento e das formas de discurso, e do prazer.

A teoria do poder forma o eixo da história da sexualidade de Foucault. "A sexualidade", afirmou, tal como entendemos esse fenômeno na sociedade ocidental contemporânea, era um produto do poder, ao invés de o poder ser o repressor da sexualidade. O sexo teve um significado especificamente político nos tempos modernos porque abarcava características e atividades que estavam na interseção entre disciplina do corpo e controle da população. Existem, aqui, conexões evidentes com a explicação de Foucault sobre as origens da prisão, que me parece ser seu trabalho mais brilhante e o foco da maioria das coisas importantes que ele tinha a dizer sobre o poder. Suponho que essa obra seja conhecida e não vou procurar reproduzir sua estrutura pormenorizadamente. De acordo com Foucault, a amplitude da adoção da prisão nas sociedades ocidentais no século XIX assinalou uma transição decisiva nos campos de poder. Na esfera da punição, o encarceramento substituiu as execuções públicas, torturas ou outros "espetáculos". Isso implicava um "duplo processo" de mudança: a desaparição do espetáculo e a eliminação da dor em favor da privação da liberdade e disciplina corretiva. Isso sintetizou o desaparecimento de um tipo de ordem social baseada no "modelo representativo, cênico, significativo, público e coletivo" e a emergência de outro "modelo de poder de punição, coercitivo, corporal, solitário, secreto".[4]

Disciplina e vigilância eram os aspectos-chave da prisão, de acordo com Foucault, e, na sua opinião, tornava-se essencial perceber que não eram peculiares às prisões. Pelo contrário, elas permeavam toda uma gama de outras organizações que ocuparam o primeiro plano no capitalismo industrial do século XIX: fábricas, escritórios e locais de trabalho, hospitais, escolas, quartéis e assim por diante. A disciplina, afirmava Foucault, dissociava o poder do corpo, ao contrário das práticas tradicionais, nas quais o corpo era marcado – no caso da punição pública. Simultaneamente, a ênfase recaiu na "interiorização" do poder. O poder disciplinar, na frase de Foucault, era "exercido por intermédio de sua invisibilidade"; aqueles que o experimentavam consentiam nessa nova tecnologia de poder e seu consentimento era uma parte essencial dela. Não é difícil, em tal contexto, perceber como essas noções podem estar vinculadas à análise da autoridade que Sennett desenvolveu na sua obra – e não estou me referindo apenas ao livro *Authority*, mas também ao seu trabalho anterior. Sennett entende por "danos ocultos" de classe, na minha compreensão, não apenas o fato de os "danos" da classe dominante estarem "escondidos", mas a ideia de que faz parte da natureza da dominação de classe, no capitalismo contemporâneo, que ela seja "praticada por intermédio da sua invisibilidade".

Entretanto, a invisibilidade do poder disciplinar, advertia Foucault, tinha na vigilância uma contrapartida visível e um mecanismo que a sustentava. A ideia de que os indivíduos devem estar constantemente "em observação", disse ele, era a contrapartida natural da disciplina, uma vez que esta última se manifestava externamente na regularidade de conduta dos "corpos dóceis". Assim, o caso-tipo da planta da prisão era o plano de Bentham do Panóptico, com sua torre central de observação. Mas essa era apenas uma forma "ideal" de traçado físico que acompanhava inevitavelmente a relação entre disciplina e vigilância. Pois o poder disciplinar abrangia a delimitação específica do espaço, a repartição do espaço de acordo com um critério especializado de identificação ou de atividade. Esse sequestro espacial fazia de tal maneira parte das fábricas, escritórios e outras organizações mencionadas, que não deveríamos nos surpreender com o fato de encontrá-los, na sua totalidade, semelhantes às prisões. Talvez não seja exagero dizer que, para Foucault, eram sobretudo a prisão e o asilo que exemplificavam a era moderna e não a fábrica ou o lugar de produção, como para Marx. E, seria possível acrescentar, esse contraste expressa, por sua vez, a versão particular de Foucault sobre a substituição de Marx por Nietzsche.

Não devemos perder de vista a importância do trabalho de Foucault, que, na minha opinião, talvez seja a contribuição mais significativa para a teoria do poder da administração desde os textos clássicos de Max Weber sobre a burocracia. Contudo, é também importante não aceitar precipitadamente sua influência: é nessa conjunção que eu gostaria de iniciar uma série de observações que conduzirão a uma rejeição da "retomada nietzschiana" na teoria social. Gostaria de fazer várias críticas importantes àquilo que Foucault tinha a dizer sobre o poder, a disciplina e a vigilância; e elas, ao final, vão nos conduzir de volta aos temas suscitados pelos discursos veementes dos novos filósofos. Acredito que os pontos que levantarei tenham relevância tanto para a teoria social como um todo, tal como atualmente ela se constitui, quanto para as questões políticas.

1 Penso que é muito importante romper com o estilo "pós-estruturalista" de pensamento, no qual Foucault permaneceu. Foucault parecia conectar a expansão do poder disciplinar com o surgimento do capitalismo industrial, mas ele o fez de uma maneira muito geral. Assim como as "transformações epistêmicas" documentadas nos seus primeiros trabalhos, a transmutação de poder emanava de um pano de fundo obscuro e misterioso da "história sem um sujeito". Aceito que "a história não tenha sujeito" se a frase se referir a uma visão hegeliana da progressiva superação da autoalienação da humanidade; e aceito o tema da descentralização do sujeito se isso significar que nós não podemos considerar a subjetividade como um dado. Mas

não aceito de forma alguma a ideia de uma "história sem sujeito", se essa expressão significar que as questões sociais e humanas são determinadas por forças das quais os envolvidos estão totalmente inconscientes. É precisamente para combater tal opinião que desenvolvi a teoria da estruturação.[5] Os seres humanos, na teoria da estruturação, são sempre e em toda parte considerados agentes conscientes, embora ajam dentro dos limites historicamente específicos de condições desconhecidas e das consequências não intencionais de seus atos. O "método genealógico" de Foucault, na minha opinião, dá continuidade à confusão que o estruturalismo ajudou a introduzir no pensamento francês, entre história sem um *sujeito transcendental* e história sem *sujeitos humanos conscientes*. Entretanto, são coisas muito diferentes. Devemos desconsiderar a primeira, reconhecendo, contudo, a importância fundamental da segunda — a significação que Marx expressou sinteticamente em sua famosa observação de que os seres humanos "fazem a história, mas não escolhem as condições em que a fazem".

2 Essa primeira crítica tem implicações concretas que se referem às análises que Foucault elaborou sobre a prisão e a clínica. A "punição", a "disciplina" e especialmente o próprio "poder" foram mencionados por ele de forma característica, como se fossem agentes — de fato, os agentes reais da história. Mas o desenvolvimento das prisões, clínicas e hospitais não foi um fenômeno que apareceu simplesmente "à revelia" daqueles que os projetaram, ajudaram a construí-los ou foram seus ocupantes. A esse respeito, o trabalho de Ignatieff sobre as origens das prisões constitui um contrapeso útil a Foucault.[6] A reorganização e expansão do sistema de prisões no século XIX estavam intimamente ligadas às necessidades, percebidas pelas autoridades do Estado, de construir novas modalidades de controle sobre os criminosos nos grandes espaços urbanos, onde não era mais possível aplicar os procedimentos de sanção da comunidade local.

3 Foucault estabeleceu uma associação por demais estreita entre a prisão e a fábrica. Não há dúvida de que as prisões eram, em parte, consideradas conscientemente modelos por alguns empregadores no começo do capitalismo, em sua ânsia pela consolidação da disciplina do trabalho. O trabalho escravo foi realmente utilizado algumas vezes. Mas existem duas diferenças essenciais entre a prisão e a fábrica. O "trabalho" constitui apenas uma parte, embora normalmente a

que consome mais tempo, da vida cotidiana dos indivíduos fora da prisão. Ora, o local de trabalho capitalista não é, como as prisões são, e as clínicas e os hospitais podem ser, uma "instituição total", nos termos de Goffman. É ainda mais importante observar que o trabalhador não é encarcerado à força na fábrica ou no escritório, mas entra no local de trabalho na qualidade de "trabalho livre e remunerado". Isso dá origem aos problemas historicamente específicos da gestão da força de trabalho, que é formalmente "livre", analisada de modo interessante por Pollard, entre outros.[7] Simultaneamente, tornam-se possíveis formas de resistência dos trabalhadores (especialmente a sindicalização e a ameaça de abandono coletivo do trabalho) que não fazem parte dos procedimentos normais para o estabelecimento da disciplina na prisão. Os "corpos dóceis" que, como Foucault afirmou, a disciplina produzia mostraram, com frequência, não serem tão dóceis assim.

4 Coerente com sua "hermenêutica da suspeita" nietzschiana, Foucault criou, ao tratar a prisão como exemplo de poder disciplinar, uma visão demasiado negativa das "liberdades burguesas" ou "liberais", e do zelo reformista que elas contribuíram para inspirar. Estamos bastante conscientes das "hermenêuticas de suspeita" marxistas, que consideram as liberdades do liberalismo a vestimenta ideológica de uma dominação de classe coercitiva e exploradora. Ninguém pode negar, de forma plausível, que a liberdade do trabalho "livre e remunerado", no princípio do capitalismo industrial, era em grande parte uma farsa, um meio para a exploração do poder do trabalho em condições não controladas pelo trabalhador. Mas as "meras" liberdades burguesas, a liberdade de movimento, a igualdade formal perante a lei e o direito de organização política mostraram ser liberdades bem efetivas à luz da experiência das sociedades totalitárias do século XX, em que estavam ausentes ou radicalmente limitadas. Foucault afirmou, sobre as prisões, que "a reforma da prisão" nasceu junto com a própria prisão: fazia parte do seu próprio programa. Mas o mesmo pode ser dito, e em tom menos irônico, sobre várias das transformações políticas e econômicas introduzidas com o colapso do feudalismo. O liberalismo não pode ser identificado com o despotismo, o absolutismo ou o totalitarismo, e o *ethos* burguês de justiça racional e universalizada possui o mesmo caráter duplo das prisões e da sua reforma. Mas há uma diferença fundamental: aos

prisioneiros são negados justamente aqueles direitos que o restante da população possui formalmente. Tomadas em conjunto, a liberdade contratual e a liberdade de organização política contribuíram para o surgimento de movimentos de trabalhadores que têm sido um desafio e uma poderosa força de mudança interna das ordens políticas e econômicas do capitalismo.

5 Há uma "ausência" surpreendente no cerne das análises de Foucault: uma interpretação do Estado. Em Marx, essa falta pode ser atribuída ao seu envolvimento com a economia política. Em Foucault, suspeita-se, ela está relacionada com a própria onipresença do poder como disciplina. O Estado é aquilo que Foucault descreveu como a "tecnologia calculada da sujeição"; formulado de modo amplo, *a* matriz disciplinar que supervisiona as outras. Se Foucault realmente acreditava nisso, para mim é, no melhor dos casos, uma verdade parcial. Necessitamos não apenas de uma teoria sobre o "Estado", mas de uma teoria dos *Estados*; e esse ponto acarreta implicações tanto "internamente" quanto "externamente". "Internamente", não faz sentido sustentar que a própria existência do "Estado" nega os princípios liberais. Falas difusas sobre a preponderância do poder e da força incontestável do Estado geram uma aquiescência que é tão fracamente fundamentada quanto a tagarelice marxista sobre a sua transcendência.

"Externamente", parece-me importantíssimo seguir Tilly e outros que enfatizam a associação entre o surgimento do capitalismo e do sistema de Estado. Foucault escreveu o seguinte:

> Se o salto econômico do Ocidente começou com as técnicas que tornaram possível a acumulação de capital, talvez se possa afirmar que os métodos de administração da acumulação de homens tornaram possível um salto político em relação às formas de poder tradicionais, rituais e dispendiosas que logo caíram em desuso e foram substituídas por uma sutil e calculada tecnologia de sujeição.[8]

Contudo, essa análise conduz a enganos, assim como muito do que se fala sobre o Estado em geral. Nunca existiu um "Estado capitalista", existiram sempre Estados-Nação capitalistas nos quais os processos internos de pacificação que Foucault comentou se fizeram acompanhar por uma temível concentração dos meios de violência nas mãos do Estado. Há uma relação direta entre o contrato de trabalho capitalista, como um meio de poder de classe, e a apropriação dos meios de violência pelo Estado.[9] O contrato de trabalho capitalista começou como uma relação puramente econômica, na qual o empregador não possuía nem sanções morais nem a força da violência para garantir a submissão da força de trabalho no local de trabalho. Essa "exclusão" dos meios de violência do contrato de trabalho significou que a obediência era garantida em alto grau pela nova tecnologia de poder que Foucault descreveu. Mas dificilmente se pode alegar que "formas de poder violentas e caras" foram dispensadas no contexto das relações entre os Estados-Nação.

Foucault e aqueles que foram influenciados de uma maneira mais frouxa por Nietzsche estavam corretos ao insistir em que o poder estava presente crônica e inevitavelmente em todos os processos sociais. Aceitar esse fato é reconhecer que o poder e a liberdade não são antagônicos; e que o poder não pode ser identificado nem com a coerção nem com o constrangimento. Mas nós não devemos nos deixar seduzir por uma radicalização nietzschiana do poder, que o eleva a uma posição primordial na ação e no discurso. O poder, então, se converte em um fenômeno misterioso, que assola por toda parte e subjaz a todas as coisas. O poder não possui uma primazia lógica sobre a verdade; significados e normas não podem ser vistos apenas como o poder congelado ou mistificado. O reducionismo do poder é tão deficiente como o reducionismo econômico ou normativo.

Notas

1 Bernard-Henri Lévy, *Barbarism with a Human Face*, New York, 1980, p.x.
2 Eugene Fleischmann, De Weber à Niezstche, *Archives européennes de sociologie*, v.V, 1964.
3 Michel Foucault, *Power, Truth, Strategy*, Sydney, 1979, p.35.
4 Foucault, *Discipline and Punish: The Birth of the Prison*, London, 1977, p.131.
5 *Central Problems in Social Theory*, London, 1979.
6 Michael Ignatieff, *A Just Measure of Pain*, London, 1978.
7 Sidney Pollard, The Genesis of Modern Management, London, 1965.

8 Foucault, *Discipline and Punish*, p.220-1.
9 *A Contemporary Critique of Historical Materialism*, London, 1981.

ÍNDICE REMISSIVO

Abel, Theodore, 228-31
absolutismo do Estado, Durkheim e, 125-9
ação, 10
  conceitos de Habermas e, 297-310
  Durkheim e, 155-8, 161-5
  e poder, 250, 256-8, 323
  importância na teoria sociológica, 284-92
  positivismo e, 176-8, 195-7, 230-5
  Weber e, 52-4, 66, 289-90, 304
  ver também agir, interação
ação com sentido, 285, 295-6
ação comunicativa (Habermas), 301-2, 306-7
ação social, *ver* ação
Adorno, Theodor W., 209, 212, 237n.55, 264, 271, 277, 300, 317
agir, 17, 230-2, 233, 256, 286, 295
  Durkheim e, 155, 160-2
  e teoria da estruturação, 319
  punitivo, disciplina e poder em Foucault, 320
  ver também ação
Albert, Hans, 213, 215
alienação, 58, 266

Althusser, Louis, 210
ambientalismo, 22
análise da conversação, 293
anomia (Durkheim), 105, 107-8, 114-5, 118, 123, 132, 138, 142, 151-5, 157, 159, 162-3
antropologia, 10-1, 178, 197, 296
  ver também antropologia filosófica
antropologia filosófica, de Marcuse, 217, 274
associação ocupacional (corporações), Durkheim e a, 115-7, 124, 127-30, 137-9
Associação Sociológica Alemã, 98n.36, 213
ativismo estudantil, 263, 270
atomismo lógico, 184
Austin, J. L., 17, 212, 269
Áustria, 75
autoria, 17-8
autoridade moral, Durkheim e a, 105-8, 112, 115-6, 120, 124, 131-3, 151, 153
autoridade racional-legal, *ver* Estado
autoridade, Parsons, o poder e a, 244, 247, 249-50, 254-5, 258
  ver também autoridade moral

Bacon, Francis, 179, 182
Bartley, William, 214
Baumgarten, Hermann, 26
Bebel, August, 78
behaviorismo, e positivismo, 194, 228, 230-1
behaviorismo social, *ver* behaviorismo
Bell, Daniel, 271
bem-estar social, 11
Bendix, Reinhard, 12, 21
Bernstein, Eduard, 79, 83, 209
biografia, 19
Birnbaum, Norman, 96n.9
Bismarck, Otto von, 25, 27-8, 33, 35, 40, 48, 50, 63, 77-8, 80-1
Blum, Alan, 293
Bonald, Louis de, 172
Bourdieu, Pierre, 20
Boutroux, Emile, 179
Bradley, F. H., 185
Braithwaite, Richard Bevan, 191
Brentano, Lujo, 26
Bridgman, Percy, 195
Brunetière, Ferdinand, 108, 124
burguesia
　alemã, 31, 41, 76, 78
　Marx e a burguesia alemã, 76-7
　russa, 29
　Weber e a burguesia alemã, 28-32, 35, 38-9, 45, 48, 81
burocracia
　Durkheim e a, 110, 130
　Weber e a, 34, 36, 39-40, 46-8, 56, 58-65, 67, 80-1, 94, 95n.8, 319

calvinismo, 44, 56, 85, 100n.63
capacidade explicativa, em etnometodologia, 293-5
capital, O (Marx), 84, 89, 98n.46, 113
Capitalism and Modern Social Theory (Giddens), 11-2
capitalismo, 21, 272, 322-3
　Habermas e o, 301
　Marx, marxismo e o, 22-3, 48, 73-94, 273
　uso do conceito em Marcuse, 272-4
　Weber e, 26-7, 39, 41-2, 48, 52, 56, 58, 61, 73-94, 273
capitalismo industrial, 21, 319
　Weber expansão do capitalismo alemão, 30, 33, 40-3
carisma, liderança e, 37, 51, 55, 60, 62, 64, 66-7, 92
Carnap, Rudolph, 185, 187-92, 196, 201, 236n.22
cartesianismo, 210
causa e efeito, Durkheim e, 168n.21
cesarismo, Weber e o, 32, 37, 40, 63
China, Weber e a, 55, 70n.45, 99n.57
Cicourel, Aaron, 293
ciência(s)
　ciências naturais e sua distinção das ciências sociais, 15, 20, 188, 206, 226-35, 284, 289
　ciências naturais como exemplo para a sociologia, *ver* positivismo
　e progresso em Mach, 182-4
　e sociedade, 20
　Marcuse e a, 268
　Weber e a relação de, para o sentido e os valores, 56-7
　ver também filosofia da ciência; tecnologia
ciência objetiva, compreensão e, 288; *ver também* positivismo
ciências naturais, *ver* ciência(s)
ciências sociais
　ciências naturais como exemplo para as, *ver* positivismo
　diferenciadas das ciências naturais, 15, 20, 188, 206, 226-35, 284, 289
　generalização nas, 179, 196, 234-5
　influência do positivismo sobre, *ver* sociologia positivista
　ver também sociologia
cientificismo/cientismo, Weber e, 66
cientificização/cientização da política (Habermas), 302
Círculo de Viena, 169-71, 181, 184-92, 194, 201, 210
círculo hermenêutico, 293
classe, 47, 58, 88, 91, 141, 258, 266, 272,

315, 317-8, 321
ver também burguesia; *Junkers*; classe trabalhadora
classe trabalhadora, 271
Marcuse e a, 266
Marx e a, 76-7, 265
Weber e a classe trabalhadora alemã, 32, 34, 40, 43, 48, 80, 83
coação social, Durkheim e a, 155-7, 162-4, 232
coerção
Durkheim e, 125-7, 135, 138, 156-7
Parsons e, 244-50, 254
ver também coação social
Cohen, M. R., 196
compreensão, 214
tácita, ênfase na etnometodologia, 288
ver também hermenêutica; *Verstehen*
Comte, Auguste, 13, 19-20, 105-7, 116, 169-78, 194, 226
influência sobre Durkheim e o positivismo lógico, 139, 178-84, 186, 195, 231
comunismo
colapso do comunismo soviético, 13
Durkheim e o, 114, 140
comunismo soviético, colapso do, 13
conceito de poder de "soma zero", a crítica de Parsons do, 241-7, 250, 255, 257
Condorcet, Antoine-Nicolas de, 172, 178
conflito
Durkheim e o, 105, 134-5, 163, 167
Habermas e o, 309-10
Marcuse e o, 278
Parsons e o, 241, 250, 257-8
ver também luta de classe
conflito social, *ver* luta de classe; conflito
conscience collective (Durkheim), 107, 123-4, 127, 131, 139, 149-50, 154, 166-7
consciência coletiva, Durkheim e a, 11
ver também conscience collective
consenso
Durkheim e o, 134

Parsons e o, 250, 255-6, 285
conservadorismo, 313-4
dos apologistas católicos franceses, 172, 176
Durkheim e o, 119, 134, 142
"nova filosofia" e, na França, 314-23
Constituição de Weimar, 30, 38
contexto, importância no
etnometodologia, 288
história intelectual e, 16, 18
convencionalismo, 185
corporações, Durkheim e, *ver* associações ocupacionais
corporativismo, francês, 115
Coser, Lewis A., 12, 119, 145n.50
criação cultural, 16
crise ecológica, 22
crítica tomista da sociologia, 109
culto do indivíduo, *ver* individualismo
cultura e sociedade industrial, Marcuse e a, 267-8

Dahrendorf, Ralf, 11, 21
Davy, Georges, 110
Deleuze, Gilles, 317
democracia
burguesa, 278
Durkheim e a, 117, 126, 128-31, 139
Weber e a, 32-4, 37-8, 40, 62, 64, 67
democracia burguesa, liberdades, 278-9, 311
democracia parlamentar, sistema, 77
Weber e a, 35-8, 61-2, 80
Deploige, Simon, 143n.17
desenvolvimento social, evolução, 54, 92-4, 287
Habermas e, 301-4, 309
determinismo, 231
em Parsons, 285
em Weber, 94
dialética, Marx e a, entre sujeito e objeto, 93, 211
Dilthey, W., 25, 226-8, 288
dinheiro
análogo ao poder, em Talcott Parsons, 242-6, 253, 255-6

Marx e Weber e o, 89-91, 99n.60
divisão do trabalho, 92
 Durkheim e a, 104, 123-7, 138, 140-2, 147, 149, 151, 166
 Weber e a, 47, 56, 58
 ver também burocracia
Divisão do trabalho social (Durkheim), 104-38 *passim*, 148-50, 152-3, 160, 165-6
dominação, *ver* poder
Dray, W. H., 192
Dreyfus, o caso, 107-8, 112, 124
Droysen, Johan Gustav, 226
dualidade fato/valor, *ver* valores
Duhem, Pierre, 220
Durkheim, Emile, 46, 103-42, 301, 303
 avaliação crítica de seu pensamento político, 133-42, 256
 base social e política do seu pensamento, 105-19
 e o individualismo, 147-67
 e o positivismo, 171, 178-81, 195, 226, 231-2
 estrutura e substância de sua sociologia política, 96n.17, 120-33, 142
 status "clássico" de, 10-8

educação
 Durkheim e a secularização da, 110
 Weber e a racionalização das universidades, 60-1
Egito antigo, como burocracia, 33-4, 81
egoísmo, Durkheim e o, 107-8, 112, 122-3, 131-2, 140, 150, 154, 158-9
empatia, 193, 196, 227-8, 289
empirismo, 11, 52, 170-1, 173, 176, 180, 182, 184-5, 192-3, 210, 217, 219, 227-8, 234
 Popper e o, 201-4
Engels, Friedrich, 11, 73, 93, 95n.3, 98n.35 e n.49, 100n.63
 ver também Manifesto Comunista
Escola de Chicago, 12
Escola de Frankfurt, 171, 208-16, 268, 275, 300
 ver também seus membros individualmente

Escola do *Année Sociologique*, 110
especialização, 59, 149-51
Estado
 Durkheim e o, 103-42
 Foucault e o, 322-3
 Marx e o marxismo e o, 45, 315, 322
 novos filósofos franceses e o, 314-5
 Weber e o, 44-50, 61-6, 140
Estado alemão, 75-9
 Durkheim e o, 105, 139-40
 Weber e o, 25-52, 64-5, 106
Estado-Nação, Weber e o, *ver* nacionalismo
Estados Unidos
 o contraste de Weber entre a Alemanha e os, 46
 perspectivas na sociologia, 9, 12
estrutura, *ver* estrutura social
estrutura social, 142, 232, 295; *ver também* instituições
estruturação, teoria da (Giddens), 320
estruturalismo, 17, 20, 239n.81, 320
estruturalismo funcionalista, 308
Ética protestante e o espírito do capitalismo, A (Weber), 10, 28, 40, 43-5, 52, 56, 59, 73, 82
etnometodologia, 283-96
evolução, Mach e a, 183
explicação, 180, 192-3, 195-202, 213, 226

fabianismo, 11
fatalismo, 177
fatos, *ver* fatos sociais
fatos sociais, Durkheim e os, 155-8, 161-5
Fauconnet, Paul, 235n.11
Feigl, Herbert, 186, 192
fenomenismo, 169, 183, 187-8, 201, 219, 225, 230
fenomenologia, 288, 292-3
 existencial, 232, 288
 ver também fenomenologia hermenêutica
fenomenologia existencialista, 232, 288
fenomenologia hermenêutica, 212, 228, 283, 291-4

fenômenos econômicos, a crítica de
  Weber a Marx, 83-6; ver também
  materialismo histórico
Feuerbach, Ludwig, 87-8, 91
Feyerabend, Paul, 201, 206-7
filosofia da ciência, 171
  comentários sobre, 216-26
  modelo em rede de ciência, 220-6,
  229, 234
  modelo ortodoxo de ciência, 190-1,
  201
  pós-positivista, 171, 201-8, 216-26,
  229, 292-3
  ver também postivismo lógico; filosofia positivista
filosofia da linguagem ordinária/comum, 20, 189, 212, 269
filosofia da vida, 227
filosofia lingüística, ver linguagem
filosofia positivista, 170, 189-91, 200,
  204, 208
  críticas à, 171, 201-16
  influência sobre a sociologia, ver
  sociologia positivista,
filosofia utilitária, crítica de Durkheim
  da, 108, 115, 120, 122-3, 131, 148-9,
  152-5, 157, 160-4
filosofia, pós-Wittgenstein, 223, 232, 294
física social, ver sociologia
fisicalismo, 188-9, 194, 201, 219, 230
Fleischmann, Eugene, 316
força, ver coerção
Foucault, Michel, 18, 20
  e a sexualidade, 275, 317
  temas nietzscheanos, 316-23
França
  base social e política do pensamento
  de Durkheim, 105-19
  "novo conservadorismo" filosófico,
  314-23
  ver também Revolução Francesa
Frank, Philipp, 184, 189, 196
Frege, Gottlob, 185
Freud, Sigmund, 264, 274-5
Freyer, Hans, 277
Fromm, Erich, 275

funcionalismo, 197, 199-200, 226, 231,
  295
  Durkheim e o, 120, 170, 178, 180,
  231, 256
  Hempel e o, 195, 199-200
  parsoniano, 231, 256, 286, 308
funcionalismo estrutural, 239n.81
funcionalismo normativo
  ver funcionalismo

Gadamer, Hans-Georg, 223, 227-8, 283,
  291, 294
Garfinkel, Harold, 283, 285, 287, 292-4
Geisteswissenchaften, a tradição das, 188,
  193, 206, 226-8, 283, 288
  ver também Vertehen
Gelhen, Arnold, 277
Gerth, Hans, 12, 97n.33
Ginsburg, Morris, 12
Gödel, Kurt, 189
Grupo Naumann, 69n.12
grupos de status, 85
Guerra Mundial, Primeira
  Durkheim e a, 118
  Weber e a, 35
Guesde, Jules, 111
Guyau, Marie-Jean, 167n.9

Habermas, Jürgen, 20, 209-15, 218, 223
  sobre o trabalho e a interação, 297-310
Hahn, Otto, 184-5, 189
Hegel, G. W. F., 54, 84, 90-1, 95n.2, 119,
  185, 209, 211, 264, 319
  sobre a relação entre Marx e Hegel
  em Habermas, 211, 297-9, 300
Heidegger, Martin, 264, 276, 283, 291,
  293
Held, David, 280n.3
Hempel, Carl G., 189, 192-3, 195, 198-9
hermenêutica, 17, 20, 214, 223-4, 228-9,
  283-96, 306
  ver também Verstehen
Herrenvolk, Weber e, 65-6
Hesse, Mary, 201, 220-1, 223
história intelectual, controvérsias sobre, 16
historicismo, 17-9

Hobber, Thomas, 120, 132, 157
Hobhouse, Leonard Trelawny, 12
Hofmannsthal, Hugo von, 236n.20
holismo idealista, a crítica de Durkheim do, 161
homem universal da cultura humanista, 59-60, 150
Horkheimer, Max, 209-10, 237n.55, 264, 271, 277, 300, 317
Horney, Karen, 275
Hume, David, 171, 184, 186, 210, 219
Husserl, Edmund, 288, 293

idealismo, 187, 223, 227
  a crítica de Weber do, 43, 52, 54
  de Durkheim, 104, 164-5
  de Hegel, 54, 247
  de Parsons, 252
idealismo holístico, a crítica de Durkheim, 161
ideologia
  a tese do fim da ideologia, 21, 272
  Marx, o marxismo e a, 45, 87-91
Ignatieff, Michael, 320
Iluminismo, 171-2, 210-1; *ver também philosophes*
imperialismo, alemão, 64-5, 119
Índia, Weber e a, 55, 70n.45, 99n.57
individualismo, Durkheim e o, 106-7, 110, 117, 119, 121-3, 132-5, 142, 147-68
  ver também individualismo metodológico
individualismo metodológico, 52, 147, 154, 160, 289-91, 294
individualismo moral (Durkheim), *ver* individualismo
industrialização da Alemanha, 27-8, 30, 40-1, 78
Inglaterra
  industrialização, 30, 41, 78
  influência da filosofia no positivismo lógico, 184-6
  política na, 69n.29, 100n.70
  sociologia e antropologia na, 11
ingleses, *ver* Inglaterra
instituições

Durkheim e as, 125, 134
Habermas e as, 308
  teoria das, 232-4
intencionalidade, 232
  e autoridade, 16-9
interação
  e etnometodologia, 287
  poder e, 257-8
  sobre o trabalho e a interação em Habermas, 297-310
  ver também ação; interacionismo simbólico
interação social, *ver* interação
interacionismo simbólico, 12, 285-6
interesses
  Durkheim e os, 164, 167
  e poder, 86, 250-1, 256-8, 310
  e valores, 85, 260n.17
  separados da capacidade de explicação em Garfinkel, 294
internalização, 161, 249, 285, 301, 309-10
interpretação, sociologia interpretativa, 20, 193, 195, 213-4, 283, 289-90, 306
  ver também hermenêutica; *Verstehen*
intuicionismo, Weber e o, 66
irracionalidade, *ver* racionalidade

Jaurès, Jean, 110, 142
Jones, Robert, 17
jovens hegelianos, 87, 90-1
Junkers, 30, 66-7, 140
  Weber e os, 26-8, 32, 40, 42, 49, 64, 81

Kant, Immanuel, 148, 171, 179
kantismo, neo-, 43, 84, 209
Kapp, Wolfgang, 25
Kathedersozialisten, 115
Kaustsky, Karl, 82
keynesianismo, 303
Knies, Karl, 52
Knight, Frank, 10
Koigen, David, 95n.5
Kuhn, Thomas S., 201, 205-8, 216, 221-3, 229, 292

Labriola, Antonio, 111
Lacombe, Roger, 167n.1
Lakatos, Imre, 206, 216-7
Lassalle, Ferdinand, 77-8
Lazarsfeld, Paul F., 195
Le Play, Frédéric, 14, 16
legitimação e poder, em Parsons, 244, 247-50, 254-5
Lévi-Bruhl, Lucien, 310
Lévi-Strauss, Claude, 310, 316
Lévy, Bernard-Henry, 314, 316
liberalismo
　alemão, 77-80
　Durkheim e o, 109, 119, 142
　Foucault e o, 320-2
　Marcuse e o, 279
　Weber e o, 32-5, 44-5, 63, 65, 67, 80
liberdade
　Durkheim e a, 122-3
　Foucault e a, 321-2
　Habermas e a, 308
　Marcuse e a, 278-80
liderança
　Parsons e poder, 249
　Weber e a, 27-8, 31-5, 37, 39, 48-52, 57, 61-3, 67, 80
　ver também carisma
liderança plebiscitária
　democracia, 37-8, 63, 65
Liebknecht, Willem, 39, 78
linguagem
　etnometodologia e a linguagem ordinária, 287-8
　fenomenologia hermenêutica e a, 291, 294
　filosofia da, 20-1, 189, 212, 268-9
　Habermas e a, 303, 308
　Hegel e a, 297
　positivismo, pós-positivismo e a, 184-92, 204, 221, 224, 228-30, 234
　sociologia positivista, 197
　Verstehen e a, 228-30, 290, 293-4
Lipset, Seymour M., 21, 271
Locke, John, 210
Lockwood, David, 11, 260n.17

Löwith, Karl, 52, 297
Luhmann, Niklas, 303, 308
Lukács, Georg, 39, 64, 316
Lundberg, George Andrew, 198
luta, ver luta de classe, conflito,
luta de classe, conflito, 83, 85, 110, 134, 142, 163, 279
luteranismo, Weber e o, 44
Luxemburg, Rosa, 39

Mach, Ernst, 181-4, 186, 190, 194, 219
Maistre, Joseph de, 172
Manifesto Comunista (Marx e Engels), 39, 84, 96n.12
Mannheim, Karl, 11
maquiavelismo de Weber, 64-5
Marcuse, Herbert, 64, 173, 209, 263-80, 300, 305, 311n.8
Marshall, T. H., 11
Marx, Karl, 27, 31, 47, 58, 100n.65, 136, 143n.3, 146n.93, 173, 258,
　crítica de Habermas a, 297-301, 303-5
　crítica de Weber a, 67, 73-94
　Durkheim e, 111
　e Estado, 315, 322
　Marcuse e, 264-5, 269, 275-6
　status "clássico" de, 11, 13, 15, 22-3
　substituição por Nietzsche entre os "novos filósofos" na França, 314-5, 319, 321
　ver também Manifesto Comunista; marxismo
marxismo, 12, 111, 209, 249, 252
　da Escola de Frankfurt, 209-11
　Durkheim, 111-4, 135
　e o Estado, 45
　e o poder explicativo da não ciência, 202
　Marcuse e o, 270-7
　Weber e o, 43-5, 54, 67, 74, 82-3
　ver também Partido Social-Democrata
materialismo, 88, 211
　de Durkheim, 165
　ver também materialismo histórico

materialismo histórico, 87-8, 304
    Weber e o, 43-5, 73-4, 82-4, 93-4
Mauss, Marcel, 110, 235n.13
McHugh, Peter, 293
McTaggart, John McTaggart Ellis, 185
Mead, G. H., 286
Merton, R. K., 10
metafísica, condenação da, 170-1, 173, 181-2, 187, 269
Michels, Robert, 61
Mill, John Stuart, 177-9, 226, 260n.10 e n.12
Mills, C. Wright, 97n.33, 241-2, 272
Mises, Ludwig von, 184
modernidade, 21-2
Mommsen, Wolfgang J., 25, 64-5, 68n.6
Montesquieu, Charles Louis de Secondat, barão de la Brède e de, 13, 135, 172, 178
Moore, G. E., 185
moral, separação do racional, 53; *ver também* valores
Mosca, Gaetano, 93
motivação, 231-2; *ver também* ação; intencionalidade
movimentos de trabalhadores, 77-8, 322
mudança social
    Condorcet e, 172
    Durkheim e, 128-9, 134-7, 140, 142- 3, 164-6, 179-80
    Marcuse e, 265-7, 269-71, 273-4
    Parsons e, 251-2
    positivismo e, 177-8
    Weber e a relação entre a racionalização e, 64
    ver também progresso; revolução; desenvolvimento social
Musil, Robert, 236n.20

nacionalismo
    alemão, 75
    místico, de Durkheim, 103
    Weber e o, 33-4, 40-1, 64-6, 80
Nagel, Ernest, 196-9, 233
naturalismo
    Durkheim e o, 179

Garfinkel e o, 292
Popper e o, 213
natureza
    em Hegel e Marx, 229-30, 297-8
    Marcuse e a, 229-30
Neurath, Otto, 184, 188-90, 194-5, 210
neutralidade ética (Weber), 60-1
Nietzsche, Friedrich Wilhelm, 64, 67, 278
    influência sobre os "novos filósofos" na França, 314-23
Nisbet, Robert A., 104, 145n.50
normas
    interação e as, 298, 300-10
    Verstehen e as, 293-4
    ver também internalização; valores
Nova Esquerda, 263, 313

One-Dimensional Man (Marcuse), 263-80
    comentários sobre, 271-4
    tecnologia, liberdade e política em, 273-80
    temas principais, 264-71
operacionalismo, 194
Oppenheim, 192
ordem social, 176, 180, 294-5

pais fundadores da sociologia, 10-7, 22, 93
Panóptico, 319
paradigma, 9, 206-8, 216, 222-4
Pareto, Vilfredo, 93
Parsons, Talcott, 9-14, 103, 140, 167n12, 168n.22, 232, 285, 303, 308-10
    sobre o poder, 241-58
Partido Social-Democrata, 30-6, 43-8, 74, 77-81, 93
partidos políticos, Weber e os, 33-4, 37, 84-6; *ver também* Partido Social Democrata
pessimismo de Marcuse, 271
philosophes, 172, 176; *ver também* Iluminismo
Piaget, Jean, 303
poder,
    Durkheim e o, 127, 133, 135, 138, 140

em Parsons, 241-58, 308-10
etnometodologia e o, 295
Habermas e o, 308-10
Marcuse e o, 279
"novos filósofos" na França e o, 314-23
Weber e o, 41-2, 46-7, 49-52, 56-8, 60-4, 66, 80, 85-6, 95n.8, 247
ver também coerção
Poincaré, Henri, 185
Pollard, Sidney, 321
Popper, Karl, 189, 201-6, 212-9, 223, 292
pós-estruturalismo, 17, 20, 316, 319
pós-modernidade, 21-2
pós-modernismo, 19
positivismo, 19-20, 52, 105, 169-235, 268
  Comte e o, 169, 171-8
  crítica da Escola de Frankfurt, 208-16
  de Durkheim, 104, 178-81
  de Marx e do marxismo, 299-300
  definido, 169-70
  lógico, *ver* positivismo lógico
  novo, 185
  origens do positivismo lógico, 177-86
  ver também filosofia positivista; sociologia positivista
positivismo lógico, empirismo, 169, 210, 219, 228, 231
  crítica de Popper ao, 201-8
  e empirismo moderno, 186-93
  influência de Comte e origens, 177-86
  na sociologia, 197
pragmatismo, 189, 212
praxis, 305-7, 310
  poder e, 257
Princípio da Verificação, 186-7, 192, 203, 219
progresso, 172, 174, 176-7, 180, 182-44, 194, 314
  científico, 207-8, 219
  ver também mudança social; desenvolvimento social
progresso social, *ver* progresso
proletariado, *ver* classe trabalhadora
protestantismo, 56, 59, 83, 89, 121, 151

ver também calvinismo; luteranismo
Prússia, 25, 27, 30, 42, 44-6, 75, 140; *ver também* Estado alemão
psicanálise
  e explicação, 202-3
  Marcuse e Habermas e a, 276
psicologia, 184, 189
  e o suicídio, 159
punição
  Durkheim e a, 126-7
  e poder em Foucault, 317-21
Putnam, Robert, 190

questão polonesa, a Prússia e a, 27, 42, 75
Quine, W. O., 220-1

racionalidade, técnica/instrumental, 211, 268-70, 272-3, 279, 300-1, 304
racionalidade instrumental, *ver* racionalidade, técnica/instrumental
racionalidade/irracionalidade em Weber e Marx, 53-5, 66, 92, 94, 121
racionalismo, 183
  crítica do, 209-16
racionalização (Weber), 54-64, 281n.17
Radcliffe-Brown, A. R., 10-1
razão, *ver* racionalidade, técnica/instrumental
realismo, 187, 223, 226
  sociológico de Durkheim, 103
reducionismo
  de Habermas, 306
  do poder, 323
reflexividade, 15, 18, 184, 232, 286
refutabilidade/falsificabilidade (Popper e Lakatos), 202-5, 207, 213, 215, 217-9, 223
refutabilismo metodológico (Lakatos), 217
Reich, Wilhelm, 275
Reichenbach, Hans, 189
relações internacionais, Durkheim e as, 117-9, 139
relativismo, 16, 18, 173, 182-3, 208, 222-3

religião
    Comte e a, 171, 174
    Durkheim e a, 112-3, 121-3, 127, 150, 166-7, 179
    Marx, marxismo e a, 44, 87, 90-1, 100n.63
    Weber e a, 29, 44-5, 54-5, 59, 82, 85, 99n.57
reprodução social, 272, 307, 310
republicanismo
    Durkheim e, 109, 117, 128
    Weber e, 29
revolução
    científica, 206-8, 222
    Durkheim e, 110, 134, 141, 180-1
    Marcuse e, 270
    Marx e, 76, 173
    Parsons e a deflação de poder, 252
    Partido Social-Democrata e a, 34, 48, 78-9, 81
    Weber e, 34, 38-9, 48, 57, 92
Revolução Francesa, 105-9, 110, 121, 150, 172
Rex, John, 11
Richter, Melvin, 109
Rickert, Heinrich, 43, 84
Ricoeur, Paul, 283, 291
riqueza, ver dinheiro
Roma antiga
    Marx e, 89-90, 92, 99n.60, 100n.65
    Weber e,26, 55-6, 61, 100n.65
Roscher, Wilhelm, 52
Rosemberg, Morris, 195
Roth, Günter, 95n.9
Rousseau, Jean-Jacques, 116-7, 157
Rubel, Maximilien, 95n.6
Russell, Bertrand, 185
Rússia, Weber e a política na, 29, 42, 58

Sacks, Harvey, 293
sagrado, Durkheim e o, 122, 127, 150, 166-7
    ver também religião
Saint-Simon, Claude H., 21, 106-7, 112-3, 116, 172, 179, 280
Sartre, Jean-Paul, 305

Saussure, Ferdinand, 316
Schäffle, Albert, 14, 16
Schegloff, Emmanuel A., 293
Schelsky, Helmut, 277
Schleiermacher, Friedrich, 227
Schlick, Moritz, 184-6
Schmitt, Carl, 69n.16
Schmoller, Gustav von, 26, 60, 115
Schulze-Gaevernitz, 27
Schutz, Alfred, 232, 288, 290, 293
Sennett, Richard, 318
senso comum, 284, 295-6
sentido (significado), 16, 56, 66, 290-2, 294-6, 307
    autor e, 18
    filosofia da ciência, 186-7, 223, 229
sexualidade
    Foucault e a teoria do poder, 317
    Marcuse e a, 267, 275
Shapere, Dudley, 219
simbólico, Habermas e a ação comunicativa, 301, 307
símbolos sociais, ver simbólico
Simmel, Georg, 12, 14, 61, 100n.65
Skinner, Quentin, 17
Small, Albion, 12
Smelser, N., 253
socialismo, 211, 249, 279
    desintegração do, 13, 21
    Durkheim e o, 109-15, 119, 122-3, 131, 140-2, 153-4, 179
    Weber e o, 38-40, 43, 48-9, 67, 80-1, 85
    ver também Marx; marxismo
socialização, 161, 309-10
sociedade, 21
    contraste entre sociedade tradicional e sociedade moderna, ver Durkheim
    debates sobre a natureza do moderno, 21-2
    sociedade/personalidade relação em Parsons e Habermas, 309-10
    ver também sociedade industrial
sociedade alternativa em Marcuse, 269
sociedade burguesa
    e a Lei Romana na formação da, 105

e Revolução Francesa, 100n.65
sociedade civil, 314
sociedade industrial, 21
　crítica de Marcuse da, 263-81
　teorias da, 314
sociedade industrial avançada,
　ver sociedade industrial
sociedade pós-industrial, 21
sociologia
　Comte e a natureza científica da, 170, 172, 174-7
　"debate do positivismo" na, 212-6
　desenvolvimento e preocupações da, 9-23
　Durkheim e a, 109, 111-3, 135-7, 147, 155, 178-81
　ver também sociologia positivista
sociologia clássica, 9, 11-7
sociologia marxista, 11, 21, 194
　ver também Escola de Frankfurt; Habermas; Marcuse
solidariedade mecânica (Durkheim), 104, 107, 149, 151, 161
solidariedade orgânica (Durkheim), 104, 107, 127, 150, 161
solidarismo, 115
Soljenítzyn, Alexander Isayevich, 315
Sombart, Werner, 16, 27, 82, 95n.9, 97n.26, 111
Sorel, Georges, 118, 144n.25
Spencer, Herbert,12, 108, 117, 126, 161, 178, 180
Stammler, R., 97n.27
Stirner, Max, 90
Strauss, David, 87, 97n.28
subjetividade/objetividade, 184, 196, 226, 228-32
　Weber e a, 52, 54, 66, 290
subjetivismo, fenomenológico, 294
suicídio, Durkheim e o, 152, 154, 159, 162
sujeito
　descentramento do, 316, 319
　Marx e a dialética entre sujeito e objeto, 93, 211-2

Tarski, Alfred, 189

Tawney, R. H., 10
tecnologia
　e a sociedade moderna, 20, 266, 269-71, 275, 277-80
　Marx e a, 85
　ver também ciência
tempo/contexto, importância na etnometodologia, 287
teoria crítica, 23, 171, 208-16, 223-4, 265, 271, 308
　ver também Escola de Frankfurt
teoria dos sistemas, 303, 308
teóricos épicos (Wolin), 15, 18
terror, o Estado e o, 315
tese do fim da ideologia, 21, 272
Thier, Erich, 98n.46
Tilly, Charles, 322
tolerância/dessublimação repressiva (Marcuse), 267, 274, 278
Tönnies, Ferdinand Julius, 27, 111, 149
totalitarismo, 321
　da sociedade unidimensional, 266-7, 273, 278
Toulmin, Stephen Edelston, 201
trabalho, 211
　Habermas e interação e o, 297-310
　ver também divisão do trabalho; classe trabalhadora
Treitschke, Heinrich von, 25, 118, 140

universidades, *ver* educação
utópicos, Marcuse e os, 271, 274

valores
　dualismo entre fato e valor, 43, 53, 63, 66, 86, 170, 209, 215, 268
　e interesses, 85, 260n.17
　e mudança social, 251, 269
　religião e os, 88
　Weber e os, 53, 62, 65-8, 85-6, 94, 209
　ver também internalização; normas
Verein für Sozialpolitik, 26, 96n.21, 111
Verstehen (compreensão), 193, 226-30, 283, 288-94
Vico, Giambattista, 13

voluntarismo, 231, 285
voto universal, 37, 63, 79, 252

Wagner, Adolph, 26, 115
Waismann, Friedrich, 189
Weber, Alfred, 111
Weber, Marianne, 25, 34, 69n.11
Weber, Max, 100n.65, 121, 124, 140, 227, 273, 300, 304, 311n.8, 319
   atitude em relação a Marx e o marxismo, 67, 79-86, 111
   contexto político da sociologia de, 41-51
   e o poder, *ver* poder
   política e sociologia no pensamento de, 25-68
   relação com Marx e o desenvolvimento do capitalismo, 73-94
   sociologia e teoria social, 28, 43, 51-63, 65-6, 74, 86, 209, 289-90, 294
   status "clássico" de, 11-3, 15-6, 18
Winch, Peter, 223, 283
Windelband, Wilhelm, 84
Wittgenstein, Ludwig, 17, 185-6, 189, 212, 230, 269, 292, 294
Wohlin, Sheldon, 14-5
Worms, René, 14, 16

Zetterberg, Hans L., 195, 197-9, 234

SOBRE O LIVRO

Formato: 14 x 21 cm
Mancha: 24 x 44 paicas
Tipologia: Gouldy Old Style 11/13
Papel: Off-white 80 g/m² (miolo)
Cartão Supremo 250 g/m² (capa)
1ª edição: 1998

EQUIPE DE REALIZAÇÃO

Edição de Texto
Olivia Frade Zambone (Assistente Editorial)
Gilson César Cardoso de Souza (Preparação de Original)
Ingrid Basílio, Luicy Caetano de Oliveira e Janaína Estramaço (Revisão)